金陵老年大学老年教育研究（2023）

周朝东　主编

浙江工商大学出版社·杭州
ZHEJIANG GONGSHANG UNIVERSITY PRESS

图书在版编目（CIP）数据

金陵老年大学老年教育研究. 2023／周朝东主编
. — 杭州：浙江工商大学出版社，2023.9
ISBN 978-7-5178-5654-2

Ⅰ. ①金… Ⅱ. ①周… Ⅲ. ①老年大学－教育研究
Ⅳ. ①G777

中国国家版本馆 CIP 数据核字（2023）第 153238 号

金陵老年大学老年教育研究（2023）
JINLING LAONIAN DAXUE LAONIAN JIAOYU YANJIU（2023）
周朝东　主编

责任编辑	沈明珠
封面设计	姜莉莎
责任校对	沈黎鹏
责任印制	包建辉
出版发行	浙江工商大学出版社
	（杭州市教工路 198 号　邮政编码 310012）
	（E-mail：zjgsupress@163.com）
	（网址：http://www.zjgsupress.com）
	电话：0571-88904980，88831806（传真）
排　　版	杭州朝曦图文设计有限公司
印　　刷	杭州高腾印务有限公司
开　　本	787mm×1092mm　1/16
印　　张	16.75
字　　数	405 千
版 印 次	2023 年 9 月第 1 版　2023 年 9 月第 1 次印刷
书　　号	ISBN 978-7-5178-5654-2
定　　价	72.00 元

本书编委会

主　任　赵文玉(金陵老年大学副校长)

副主任　陆剑杰(教授、中国老年大学协会老年教育学术委员会顾问)

委　员　(以姓氏笔画为序)

　　　　王小锡(南京师范大学教授)

　　　　王国聘(南京晓庄学院教授)

　　　　刘长生(中国老年大学协会老年教育学术委员会办公室主任)

　　　　吴澄清(中共南京市委党校副教授)

　　　　张宝林(中共南京市委党校教授)

　　　　陈善卿(南京晓庄学院教授)

　　　　周朝东(中共南京市委党校教授)

　　　　胡东原(中国人民解放军陆军工程大学教授)

　　　　唐启国(南京市社会科学院教授)

　　　　黄讠太成(南京市教育科学研究所副研究员)

本书编辑部

主　编　周朝东

编　辑　徐　来

目　录

校长论坛

老年教育的现代化战略思考 ·················· 叶南客 / 1
办好老年大学的思与行 ·················· 黄法祥 / 7
以教育现代化引领老年大学标准化建设发展 ·················· 王少东 / 14
论老年人智能技术教育中老年大学的责任担当 ·················· 施布民 / 20

理论研究

试析当代老龄教育功能的影响要素 ·················· 董之鹰 / 27
上海市老干部大学"十四五"发展规划实施路径研究
·················· 周鸿刚　查正和　刘　恩　孙梦蕾　李君健 / 37
无锡市老年大学新发展的研究报告 ·········· 中共无锡市委老干部局课题组 / 43
积极老龄化背景下老年教育发展的新样态 ·················· 朱学标 / 49
数字化背景下老年教学资源共建共享路径 ·················· 王玉珍　高发生 / 55
场景时代"智慧助老"与推进银发经济发展的策略研究
——以哈尔滨为例 ·················· 王　江　白　锐　王彦奇 / 61
人口老龄化战略背景下广东省老年教育发展路径研究 ·················· 叶菲菲 / 68
依托开放大学搭建老年教育资源共享和公共服务平台研究 ········ 安徽老年开放大学 / 74
社区老年学习者学习新样态:现实观照与优化策略
——基于江苏省部分城市调查 ·················· 高　红　朱冠华　乔维德 / 79
加强老年大学一体化建设　推进老年教育新发展 ·················· 于卓营 / 88
肇庆市老年教育高质量发展问题初探 ·················· 杨亚娟 / 91
具身认知理论视角下的老年大学课堂教学评价 ·················· 尤梦迪 / 95
开发心理资本是完善终身教育体系的重要目标 ·················· 周朝东 / 99

教学改革

关于提高老年教育发展质量的思考 ·················· 左哲夫 / 105
推进老年大学线上线下教学有机结合的实践探索 ·················· 任梓荣 / 109
疫情防控下高校老年大学的教学创新 ·················· 卜　建　彭建华 / 113
关于粤港澳大湾区老年生命教育协同发展研究 ·················· 黄桂荣 / 116
探索"学养教游"一体化教学模式的实践 ·················· 胡庆甫 / 121
"优化课程建设,塑造现代老人"的实践与思考 ·················· 胡国良 / 126
打造老年大学高效课堂的思考与实践 ·················· 郑　勇 / 132

教学改革案例

北京中关村学院老年学历教育工作 ·················· 北京中关村学院 / 136

以"双嵌入、双服务"模式推动老年教育向社区发展 …………… 济南老年人大学 / 139

甘肃开放大学创新发展老年教育 ……………………………… 甘肃开放大学 / 140

教师团队型授课应用于合作办班 ……………………………… 金陵老年大学 / 144

探索"互联网＋老年教育"的新型办学模式 ………………… 贵州老年大学 / 148

上饶市老年大学坚持深入开展老年教育理论研究 ………… 上饶市老年大学 / 150

探索"学养教游"一体化老年教育新模式 ……… 乌拉特中旗老年大学 / 152

虹口区老干部大学实施线上教学与线下教学融合模式的实践探索 …………………

…………………………………………………… 上海市虹口区老干部大学 / 155

基层发展

宝钢老干部大学办学转型实践的探索 …………………………………… 刘威宇 / 160

关于上海市加强军休老年大学建设的研究 ……………… 崔宗胜 李 霞 / 163

关于提高基层老年教育发展质量的研究 ……………………………… 戴世宁 / 169

怀化市沅陵县大力发展农村基层老年教育 … 怀化市老干部大学课题研究组 / 175

关于办好村级老年学校的调查与思考 …………………… 李久南 陈火胜 / 178

关于汤山街道老年大学发展网络教育的调查研究 ……… 李春萍 崔於义 / 183

统筹推进"两线"教学的客观必然性及其对策探讨 ……… 南京市浦口区老年大学 / 187

系主任论坛

强化目标管理的教学效应 ………………………………………………… 汪亚兰 / 192

提高老年大学教学质量须着力教材建设 ……………………………… 周 苹 / 197

老年大学实现优质发展须提高班级管理质量 ………………………… 姚积茂 / 201

完善老年大学线上教学的思考 ………………………………………… 张振亚 / 206

系统性规划课程是提高老年大学办学水平的关键 …………………… 叶 欣 / 209

金陵老年大学书画研究院为老年人才提供发光平台 ………………… 朱美红 / 211

金陵老年大学文史语言系课程教学调查研究 ………… 文史语言系课题组 / 217

老年大学须在改革中不断提高教学管理质量 ………………………… 王 江 / 223

金陵老年大学讲台上的"父女兵" ……………………………………… 鲍 平 / 227

教师论坛

卢沟桥建筑艺术与卢沟晓月鉴赏 …………………………… 黄沐天 黄 强 / 229

略论太和县白果树信仰现象 …………………………………………… 徐 媛 / 233

从宫廷要司到清闲衙门：明代南京宗人府略论 …………………… 雷晓凡 / 236

于无声处听惊雷

——深挖《犬之力》 ………………………………………………… 朱庆颜 / 239

老年大学钢琴教材曲目选择的实践探索 ……………………………… 张 睿 / 246

提高老年声乐教学质量的关键是培养情感与审美能力 …………… 金 红 / 249

提高老年舞蹈教学质量须重视舞蹈的美育教育 …………………… 左媛媛 / 252

试论校本课程的开发与应用 …………………………………………… 张传龄 / 255

老年教育的现代化战略思考

叶南客

2018 年,中共中央、国务院印发的《中国教育现代化 2035》明确提出:"大力发展老年教育。加快发展城乡社区老年教育,结合多层次养老服务体系建设,推进养教结合。创新老年教育体制机制,鼓励和吸引更多社会力量举办不同类型的老年教育机构,扩大老年教育资源,丰富教育内容与形式,满足老年人多元学习需求。"2019 年初,国务院办公厅印发《关于推进养老服务发展的意见》,提出要大力发展老年教育,优先发展社区老年教育,建立全国老年教育公共服务平台,鼓励各类教育机构通过多种形式举办或参与老年教育。2019 年 11 月,《国家积极应对人口老龄化中长期规划》出台,提出要构建老有所学的终身学习体系,创新发展老年教育,实施发展老年教育行动计划。国家还明确提出要建设老年友好型社会,聚焦全民意识提高和全社会自觉参与,形成老年人、家庭、社会、政府共同参与的良好氛围。从国家政策层面来看,近年来老年教育的地位和作用日益突出。

推进老年教育高质量发展,是践行"以人民为中心"发展思想的重要工作,是开展终身教育的重要内容,是积极应对人口老龄化的重要任务,也是提高老年人生活生命质量的重要路径。截至"十三五"末,南京市常住人口 931.47 万,其中,60 周岁及以上人口 176.77 万,占 18.98%,65 周岁及以上人口为 127.6 万,占 13.7%,已接近 14% 的深度老龄化标准。近年来,南京市老年教育的规模、数量、质量、效益都有了较大的发展和提升,从整体上看走在全国的前列。但是与国内外先进城市相比,南京市老年教育的发展仍然面临着供需失衡和区域失衡、管理体制与运行机制不顺、经费保障与社会支持不足等问题,亟须着力解决以改善现状。

一、城市老年教育发展取得的主要成效——以南京为例

"十三五"期间,南京市老年教育取得了良好成效,无论是老年教育发展的规模、数量,还是老年教育质量、效益,都有了较大的发展和提升,一定程度上满足了越来越多老年人的精神文化需求,从整体上看走在全国的前列,为"十四五"时期老年教育高质量发展奠定了良好基础。

（一）老年教育发展增速较快

南京全市老年大学（包括老年学校、教学点）已发展到 1126 所，在校（在点、在线）老年学员共计 29 万多人。其中规模以上老年大学（街道以上有一定规模的老年大学，包括南京企业办的老年教育、高校办的老年教育，不包括社区老年学校）共 37 家，在校生约 5.2 万人。市、区两级老年开放大学建成率达到 100%，各级公共文化设施均向老年人免费开放。其中，11 个区级和江北新区社区学院，102 个街道社区教育中心，1247 个社区村/居民学校，围绕服务老年群体多样化学习需求，不断完善老年教育服务项目、充实老年教育课程体系、丰富老年教育服务内容、创新老年教育服务方式方法，老年教育培训活动丰富多彩。

（二）初步形成老年教育发展的两大品牌

金陵老年大学和江宁区老年教育这"一点一面"是南京老年教育发展的示范和标杆。一是金陵老年大学。金陵老年大学是全国最早创办的具有影响力的老年大学之一，被评为首批"全国示范老年大学"。金陵老年大学是中国老年教育协会老年教育学术委员会所在地，参与和引导全国老年教育学术研究，金陵老年大学是中国老年大学协会教学工作委员会副主任单位，在教学理念、教材建设、教学管理及课程开发等方面在全省和全国老年教育中有一定的地位和较强的影响力。二是初步形成老年教育发展的江宁模式。江宁区老年教育的主要发展特点在于其已经初步形成了"区—街道—社区"三级全覆盖的老年教育网络。截至"十三五"末，全区有老年大学（分校、学校）238 所，其中区级校 1 所，街道老年大学 12 所，集镇分校 9 所，福利中心、敬老院、养老机构校 14 所，社区校 202 所。教学延伸点 78 个。老年入学人数 71301 人，入学率 35.7%。在线、网络学习 40016 人，在校和在线参加学习总学员数 111317 人，参学率 55.6%。实现了"社区校规范化达标、养老机构办学、志愿者团队建立"3 个全覆盖。江宁区的老年教育发展在全市各区中遥遥领先，全市 37 所规模以上老年大学中，江宁区有 11 所，占比接近 1/3。

（三）实现全市老年开放教育全覆盖

"十三五"期间，南京市教育局办公室、市终身服务指导中心联合印发《南京老年开放教育体系建设方案（试行）》，以南京开放教育为龙头，依托全市各区开放教育（社区学院）建设南京老年开放教育体系，启动南京老年开放教育市、区、街（镇）、社区 4 级办学网络体系建设。到 2019 年，全市区级老年开放教育已实现全覆盖。全市老年开放教育系统参与学习学员总数达 21480 人，教学环境明显改善，教学质量稳步提升。另外，启动建设"金陵学堂"社区教育培训项目及其子项目"金陵银发学堂"，运用个性化的活动吸引更多的老年人参与老年教育学习。

（四）探索社区老年教育"养教结合"新模式

南京市通过整合利用社区居家养老资源，在居家养老服务中心、社区养老服务站、社会福利中心、乡镇敬老院等场所设立老年课堂，提供老年人固定的学习场所，采取开设专业课程、举办讲座、展示学习成果等形式，组织形式多样的老年教育学习活动。积极探索养教一体化，推动老年教育融入养老服务体系，丰富住养老人的精神文化生活。

二、老年教育发展面临的主要问题

(一)老年教育整体供给不足且资源分布不平衡

老年教育是南京市教育供给中的短板。伴随着南京高水平全面建成小康社会,市民生活水平的逐年提高,老年教育的供给与需求之间差距大,矛盾日益凸显,老年大学学位呈现"供不应求"局面。南京市老年教育资源还存在着区域失衡和结构失衡问题。一是区际分布不平衡。老年教育的区际发展差异较大,发展较好的江宁区,规模以上老年大学有 11 所,而有的区尚无区级老年大学。二是公办、民办发展不平衡。37 所规模以上老年大学中公办老年大学占绝对主导,有 35 所,只有 2 所民办。三是发展质量不平衡。老年大学之间的发展规模、教师数量、课程质量等差别很大,使得老年大学的发展呈现"冰火两重天"——好学校报名"挤破头",一座难求;差学校"吃不饱",勉强维持。

(二)老年教育的管理体制与运行机制不畅通

长期由党委、组织部、老干部局、教育局、老教协会、文旅局、民政局、老龄办等部门作为分管单位,使得南京市老年教育的管理呈现"九龙治水"局面,没有明确的行政主管部门和统筹协调部门。长期多元化主管并存使得老年教育的发展缺乏一体化管理,导致老年教育发展的资源整合力度不够,缺乏统筹规划、顶层设计和相关制度政策支持。

(三)老年教育发展的规范化问题较为突出

南京市老年教育在管理规范化和教学规范化方面从整体上看缺乏可量化、可监督、可比较的规范标准,这使得长期以来南京市的老年教育名称规范、教育装备、教学面积与场地、学校运作与管理、学科建设和课程设置、教育督导评价、教师队伍建设等方面都缺乏相对统一的规范标准。一是老年大学的性质定位和名称规范问题。老年大学到底是公益类事业单位,还是民办非企业,还是社团,性质定位不清会带来资源配置和运作障碍。当前老年大学的称呼比较混乱,有的社区老年学堂也称老年大学,缺乏统一规范称呼。二是缺乏相对统一的教学与教材体系。长期以来,南京市没有相对统一的老年教育教材体系,各校、各位任课教师自编教材,学校之间、不同教师之间,相同专业教学质量参差不齐。三是教育督导管理不到位。老年教育的师资队伍来源复杂,资历、教学水平和教学方法差异较大,存在教学内容不规范、教学计划不符合要求、教学方法不适合老年人等问题,亟须组织专业团队对老年教育的教学工作和教学管理进行监督、检查和指导。四是缺乏统一的教师队伍培训。当前老年教育的教师队伍素质不一,非科班教师所占比例较大,教师队伍的培训渠道和培训平台相对缺乏。

(四)老年教育发展的政策与社会支持不到位

老年教育的政策扶持不足。江苏省、南京市尚无老年教育地方性法规。2016 年国家《老年教育发展规划(2016—2020 年)》出台后,南京市尚无相关的落实文件,也没有明确老年教育发展目标和工作要求。由于南京市老年教育工作缺乏统筹规划和顶层设计,使得老年教育的社会支持很难到位。社会力量举办老年教育机构普遍存在无稳定的教学场所、缺少政府的资金和政策扶持、缺乏政府部门的牵头管理和指导、引入社会资本难等问题。

(五)老年教育的财政经费保障相对不足

因为主管老年教育的部门不同,经费的来源及保障各不相同。总的情况是:老年教育缺乏稳定的经费保障,政府对老年教育的经费支持有一定的随意性,缺乏固定的财政预算科目。各学校的课程收费也比较混乱,有的区老年教育全免费,大部分老年教育收费很低。老年教育存在质、价分离的情况,难以靠自身力量发展壮大。

三、城市老年教育发展的现代化目标导向

习近平总书记视察江苏省的几次重要指示,提出对江苏提高发展质量的要求和对江苏率先探索现代化的期望。"十四五"时期,江苏省的发展总体定位是"高质量发展、高品质生活、高效能治理",南京市的发展定位是"高质量发展的创新名城、高品质生活的美丽古都",这就要求南京市老年教育发展要以"高质量发展"为目标,以老年教育的高质量发展助推老年人的"高品质生活",并力促南京成为老年友好型城市,促进南京在率先实现老年教育现代化上走在全国前列。

(一)主要目标

"十四五"期间推进南京市老年教育高质量发展,要以习近平新时代中国特色社会主义思想为指导,坚持"党委领导、政府主导、社会参与、全民行动"的老龄工作方针,以扩大老年教育的供给和保障为重点,以创新老年教育体制机制为关键,以提高老年人的生活生命质量为目的,整合社会资源、激发社会活力,提升我市老年教育现代化水平,推动老年教育向均衡化、人本化、规范化、特色化、现代化、国际化"六化"方向发展,努力实现"以各种形式经常性参与教育活动的老年人占老年人口总数的比例达到20%以上"的目标。

(二)发展方向

"十四五"期间,南京市老年教育要向均衡化、人本化、规范化、特色化、现代化、国际化"六化"方向发展,这既是市级层面对老年教育发展的希望和要求,也是老年教育自身的发展追求和目标导向。

1. 均衡化

均衡化是指老年教育的发展要改变目前不平衡的现状,努力实现全市老年教育整体发展的适度均衡,主要包括区域布局的适度均衡、老年教育办学质量的适度均衡等。

2. 人本化

人本化就是老年教育的发展要以老年人为中心,想老年人之所想,从老年人的根本需求和老年人的身心健康出发来设计课程,办好让老年人满意的老年教育,把发展老年教育作为践行以"人民为中心"发展思想的重要工作来抓。

3. 规范化

推进老年教育规范化建设一直是南京市老年教育建设的重要抓手,新发展阶段的规范化建设要以原有的规范化建设内容为基础,着力解决阻碍老年教育发展的性质不清、名称不规范、多头管理且责任主体不明、教学与教材体系混乱等突出问题,深入推进老年教育的规范化建设。

4. 特色化

老年教育特色化是指针对本地教育对象的特点和本地或本校的实际情况和文化特色,设立有针对性的特色教育课程,形成独特的办学风格、个性化的教育理念和办学思路等。新

发展阶段南京市老年教育的发展应在课程体系、教学内容等方面体现"南京特色",如开发设立南京学、六朝史、六朝文化、南京白局、南京非遗、民国建筑、秦淮灯谜、抖嗡等特色课程。

5. 现代化

伴随着高水平全面建成小康社会的目标达成,南京已经开始积极探索基本实现现代化的新征程。老年教育的现代化,包括老年教育的管理现代化和教育理念、教育方式等的现代化,它以老年教育的均衡化、规范化、特色化和信息化建设为基础。其中信息化建设是其重要内容,老年教育信息化建设既包括信息化管理,也包括信息化手段教学,这是推进老年教育高质量发展的重要内容之一。新发展阶段应着力推进我市老年教育的信息化发展,以大数据和互联网为基础提高老年教育现代化、信息化水平。

6. 国际化

推动老年教育国际化、开展国际交流合作,是全球老龄化背景下文化相融、政策沟通的重要渠道。老年教育在创立之初就借鉴了国际老年大学的经验,目前形成了中国特色的老年教育发展模式,面向未来,新发展阶段我市老年教育的发展仍然需要走向国际化,加强国家之间的沟通交流,互学互鉴。

四、老年教育现代化发展的对策建议

(一)成立市老年教育工作委员会,创新老年教育管理体制

创新体制机制是当前影响南京市老年教育高质量发展的关键。按照国家《老年教育发展规划(2016—2020年)》的要求,加强对规划的组织实施和检查督导;建立健全党委领导、政府统筹的老年教育管理体制,将老年教育工作纳入对各级政府相关部门绩效考评内容。要着力改变南京市老年教育"九龙治水"的现状,明确南京市老年教育牵头主管部门是教育行政主管部门(由于老年教育的基本属性是教育,老年教育是国家教育事业的重要组成部分,是终身教育的最后阶段),建立健全党政统一领导的教育部门牵头各相关涉老部门共同参与的老年教育领导机构——市老年教育工作委员会,由教育部门负责对小学资质、教学内容、师资、教师权益等进行业务管理;财政局、组织部、发改委、民政局、文化局、老龄委等其他相关部门按照职责分工共同参与,密切配合,通过规划编制、政策制定、指导监督,共同推进老年教育发展。

(二)整合现有资源,扩大老年教育资源供给

国务院和江苏省老年教育行动计划,均明确了老年教育工作布局和组织体系,提出"以各种形式经常性参与教育活动的老年人占老年人口总数的比例达到20%以上"的目标。南京市整合利用现有文化、教育等各项社会资源,为老年人提供多形式、多层次的教育服务。一是促进各级各类学校开展老年教育。推动地处南京的众多普通高校和职业院校积极接收有学习需求的老年人入校学习,面向老年人提供课程资源。推动各级各类学校向区域内老年人开放图书馆、设施设备等资源,为他们便利化学习提供支持。二是整合利用市区各级文博场馆、文化宫、图书馆等公共文化场所,开展面向老年人的公益专场、社教活动或短期培训活动,财政可以按照公益活动给予补助,或在现有保障政策内向老年教育活动倾斜。三是充分利用社会教育资源为老年群体服务。鼓励现有少儿教育机构、成人教育机构有针对性地

设计开发老年课程,开展老年教育服务,使社会闲置教育资源为老年教育所用。

(三)打造市级和基层"两个中心",搭建老年教育的一体化发展平台

市级中心指的是成立市老年教育信息化服务中心。南京市为推进老年教育的信息化、现代化发展,把"全国示范老年大学"的精品课程开发成网上教学,打造一批优质的网上学习资源,不断满足老年人的"线上服务需求"。加强老年教育课程学习需求的信息采集和数据分析,根据不同的学习需求开展菜单式的资源推介与配送。建立老年教育师资库,完善老年教育师资信息储备、查询、配送与反馈,搭建优质教师资源集聚和共享平台。基层中心指的是城市街道层面老年教育服务中心。"十四五"期间,江苏省将优化社区养老服务设施布局,将街道老年人日间照料服务中心提档升级为城市街道综合性养老服务中心,打造集托养、医养康养、上门服务、居家探访、失能老人帮扶、老年教育于一身的综合体。借助街道综合性养老服务中心,将老年学校、老年开放教育、老年社区教育整合起来,形成适应社区老年人需要的社区老年教育一体化发展平台,由街道根据属地各社区老年人的不同需求,开展不同类型的老年教育。

(四)开展老年教育"六化"评估,规范老年教育发展体系

为引导全市老年教育要向均衡化、人本化、规范化、特色化、现代化、国际化"六化"方向发展,建议创建老年教育"六化"评估指标体系,围绕各级老年教育的硬件保障、学校管理、学生培养、师资水平、课程设置、办学成效、对外交流合作等方面开展评估,引领老年教育的高质量发展。根据办学规模等要素,规范老年大学名称。区级及以上主办称老年大学,镇街主办一般称老年学校(达到1000人及以上招生规模的申请升级为老年大学),村居主办一般称老年学堂。在全市范围内推广江宁区老年教育发展模式,逐步建立健全"市级老年大学—区老年大学—街道(乡镇)老年学校—社区居委会(村)老年学堂"4级老年大学教育体系;发挥金陵老年大学引领作用,鼓励设立金陵老年大学分校,带动全市老年大学(学校、学堂)的发展;积极发挥南京老年教育协会的作用,成立老年大学教育联盟,扩大联盟资源共享与经验推广。

(五)鼓励社会力量发展老年教育,建立老年教育经费筹措运作机制

倡导、鼓励、支持行业企业、社会组织和个人等各类社会力量举办或者参与老年教育,政府及相关部门加强对社会力量办学的统筹协调、政策指导、业务管理,积极鼓励民办老年教育,通过制定相应政策、协调出租、转让闲置的学校、培训机构等举措,帮助破解民办老年教育发展难题。学习借鉴宁波市"五个一点"(政府投一点、部门助一点、专项补一点、企业捐一点、个人收一点)的老年教育经费筹措运作办法,由市级层面出台文件,将老年教育正式纳入公共财政保障范围,明确落实财政专项预算、政府购买服务、项目合作等具体办法,支持和鼓励民间资本、社会资本以不同方式举办或参与老年教育,对非营利性民办老年教育机构采取根据学位进行补贴、基金奖励、捐资激励等扶持措施,形成多元化、可持续的老年教育经费筹措机制。

(六)推进老年教育立法工作,加大老年教育发展规划与政策支持

促进《中国教育现代化2035》、国家和江苏省老年教育行动计划中相关要求落地落实,一是建议尽快出台《南京市"十四五"老年教育发展规划》,由市、区人民政府负责统筹协调

本行政区域内老年教育工作,把老年教育纳入本地区经济社会发展规划和教育事业发展规划;将老年教育高质量发展纳入经济社会发展规划,纳入全市高质量建设指标体系范畴。二是适时推进老年教育立法工作。有法可依是老年教育事业能够长足发展的根本保证。目前,上海、福建、宁波等省市出台了终身教育条例,其中包含老年教育内容。天津、安徽、徐州等省市出台了专项的老年教育条例。"十四五"期间推动南京市老年教育地方立法,对实践情况进行总结提升,明确老年教育的宗旨、功能与性质,制定老年教育的各项规章制度,通过法治力量促进和规范老年教育。同时,结合实际修改完善市教育督导条例、市养老服务条例等相关法规,增强法律法规对老年人群体的针对性、友好性、适应性。

作者简介:中国老年大学协会老年教育学术委员会主任,金陵老年大学副校长,南京大学历史学院教授、博导。

办好老年大学的思与行

黄法祥

多年来,镇江市老年大学积极探寻办学规律,在思想引领、文化熏陶、制度规范等方面不懈探索,取得了良好效果,有关经验与思考多次在省和全国会议上进行交流,学校先后被评为江苏省优秀老年大学、江苏省示范老年大学、全国先进老年大学、全国示范老年大学。2017年荣膺"全国老年教育宣传工作先进单位"和全国、省"优秀成人继续教育院校"。

一、思想引领

思路源于思想,从事老年教育工作的同志知晓老年教育的特质,认清老年教育的现状与趋势,主动探究其规律,需要思想引领,才能知其然且知其所以然,才能主动作为谋发展。老年学员同样需要思想引领,才能明晰来校学习的宗旨,才能增强学习的主动性,提升老年生活的幸福感。

(一)开展学习培训

镇江市老年大学每两周至少组织一次工作人员集中学习研讨、工作交流。为每个系征订专业杂志,给每个工作人员订送一份报刊;办好校阅览室,添置公共报纸杂志,专人值班,为读者提供优质服务;每学期至少开展一次专题培训,积极派员参加省以上培训;每年至少组织一次管理团队外出学习考察。引导全体工作人员深化对老年教育本质特征的认识,老年教育是终身教育的重要组成部分和最后环节,与其他各类教育相比,其显著特征是没有"功利"色彩,某种意义上讲是回归教育本质的教育。认清老年教育在幸福个人、和谐家庭、稳定社会等方面不可替代的巨大作用。真正明白老年教育的根本宗旨是努力培养乐于学习、融入社会、康乐向上的现代老年人、中华优秀文化的传承人、中国特色社会主义事业的传业人。引导教师和学员确立符合时代特征和老年教育特质的教学质量观和积极的人生观：学校的教学质量观——学员满意度高，引导学员确立积极的人生观——学习是最好的养老。老年大学开启人生新起点。据此，我校确立的办学目标是：办成老年学员满意度高、社会美誉度好、充满活力的示范老年大学。

（二）加强思想教育

坚定正确的政治方向是老年大学健康发展的保障，重视学员的思想政治教育是坚持"政治立校"的根本保证，也是实现育人目标的必然要求。

学校充分利用校报校刊、板报橱窗、校园网站、户外大屏等，大力弘扬社会主义核心价值观，宣传党和国家有关老年教育的大政方针等。积极开展经常性的时政教育，每学期举办时政报告会，回应学员关切，宣传党的方针政策，使校园成为学习宣传党和国家大政方针的理想课堂，传递社会正能量的可靠阵地。

每学期制订好具有鲜明主题的工作计划，引导师生员工紧跟时代步伐，把握发展方向。例如：2015—2016学年第一学期，既是"十二五"规划的收官学期，也是谋求学校事业新发展，促进办学水平新提升，开拓创新跨进"十三五"新征程的布局学期，具有承前启后的特殊意义。镇江市老年大学提出的工作主题为"主动作为谋发展，开拓创新促提升"。

2017—2018学年第一学期，适逢学校获评首批全国示范老年大学，又迎来建校30周年庆典。抓住30周年校庆的机遇，展现全国示范老年大学的形象，应当成为全校师生的自觉行动。为此，镇江市老年大学提出的工作主题为"争先争优为示范学校增光，创业创新为三十校庆添彩"。

2021—2022学年第一学期，是建党100周年和中华人民共和国成立72周年的双喜学期，又是"十四五"起步的关键学期。我校提出的工作主题是"高扬爱党爱国主旋律，开启学校发展新征程"。

（三）组织纪念活动

抓住重大纪念活动契机，举办专题书画展，出版专刊专辑，组织文艺演出，通过一系列丰富多彩的活动，引导老同志凝聚正能量、树立新风尚。

老年教育的对象特征，决定了老年大学比其他类别的学校教育更需要活力。组织丰富多彩的活动，才能让进入校园的学员感受快乐年轻，使老年人在生命的长河中提升品质，让更多老年人品味人生新起点的无穷魅力。

二、文化熏陶

学校文化通过物质文化、精神文化、制度文化、行为文化彰显学校的教育精神。学校文化的实质是学校教育精神的集中体现，也是学校个性特质的主要标志，还是学校生命力之所在，更是促进老年人身心发展的深厚土壤，是学校人文传统与良好校风的根本之源。因此，老年大学应当致力于营造内涵丰富、个性鲜明的学校文化。

（一）科学提炼学校"标识"

学校标识包括校标、校训、校风、校歌。我校于2016年开展"三风一训一歌"修订工作，在广泛发动的基础上，面向全社会公开征集"三风一训一歌"。组织专家评审，确定了"风范至上"的校训和"文明友善"的校风、"敬业善导"的教风和"乐学进取"的学风,把"三风一训"融入极具地方特色的校歌之中。

(二)精心设置学校"标识"

将"三风一训"的内容设置在校园的最醒目处,在主楼门厅背景墙上安置"人生新起点"寄语,彰显学校的核心理念和价值追求。

(三)营造浓郁的文化氛围

利用文化长廊、电子大屏、宣传橱窗、黑板报、网站、校报、《常青树》校刊等阵地,大力宣传校歌和"三风一训"的思想内涵,为师生提供精神盛宴。广泛开展"唱校歌、明校训、树三风"活动,让"三风一训"融入学员心田,益于老年学员实行,让"树长者风范、当风范长者"成为校园独特风景。

三、制度规范

1983年9月17日,中国第一所老年大学在山东省诞生。经过近40年的发展,全国老年大学(学校)达6万余所,在校学习者超过800万人。但相比于普通高校和中小学,由于管理体制等复杂原因,管理规范和制度体系还处在不断探索、逐步完善过程中。但是,老年大学也应顺势而为,紧跟时代步伐,自觉加快建立现代学校制度,逐步建立符合现代学校制度要求的管理机制和制度规范,规范办学行为。

(一)为老年教育地方立法鼓与呼

现代学校制度的要义是"依法办学、自主管理、民主监督、社会参与",规范政府与学校、学校与教师、教师与学员、学校与家庭之间的关系。发展老年教育不能仅靠我们东奔西跑去打动领导,而应着眼于政策法规的保障。为此,镇江市老年大学立项了镇江市社会科学课题——《镇江市老年教育条例》地方立法研究,并研制出《镇江市老年教育条例(建议稿)》,为市有关部门决策提供参考依据,为推动全市老年教育发展步入法制轨道发挥了积极作用。该课题从206项社科应用研究立项课题中脱颖而出,荣获2016年度镇江市"社科应用研究精品工程"一等奖,并被编入市委宣传部主编、江苏大学出版社出版的社科丛书。

(二)制订学校章程

制订学校章程是建立现代学校制度的必然要求。镇江市老年大学于2016年组织调研,在广泛听取校内外专家同行的意见和建议的基础上,研究制订了《镇江市老年大学章程》(以下简称《章程》),《章程》分总则、组织机构、教职员工、教学工作、常规管理、后勤管理等五章,对办学方向、教师聘用、管理机构、规章制度等,进行了明确的规范。同时,明晰了政府和学校的权责边界,理顺了政府主体责任和学校主体地位的关系,得到了教育主管部门的认可与批准。在办学过程中,我们把《章程》作为学校精神的集中体现和行为规范的总则,为学校编制发展规划、规范办学行为、实现自主发展提供了准绳。

(三)研制五年一轮的学校发展规划

依据学校章程与科学研制发展规划,就是学校发展策略谋划的睿智之举。研制科学可行的发展规划有两个方面最为关键,一是规划文本高质量。既把住方向,又接住地气,指导思想端正,背景分析精准,发展目标"跳一跳够得着",实施路径切实可行,保障措施针对性强。二是编制规划的方法途径得当。首先，校内广泛发动，全校师生参与，使研制规划的过程真正成为凝心聚力谋发展的过程。其次，加强对外宣传，通过多途径多形式地征求意见，使研制规划的过程成为扩大社会影响，吸引社会各界更多关注参与的过程。再次，科学论证规划，要针对性聘请主管及相关部门的领导和行业专家参与论证，既确保规划的权威性，又争取上级有关部门为实现学校发展目标提供更多更好支持、帮助排忧解难营造良好氛围。规划这样研制，就能实现效能最大化，真正发挥其"引领"功能。

镇江市老年大学"十三五"发展规划确立的学校五年奋斗目标，即实现办学条件现代化，管理水平精细化，内涵发展优质化，学校环境人文化，办成全市知名、全省有名、受老年人欢迎的全国示范老年大学。学校的四大任务是：建立和完善现代学校制度、提高办学质量和效益、提高现代化建设水平、开发和利用老年人才资源。"十四五"发展规划确立的发展目标是：为老年人提供更美校园环境、更多课程选择、更优教育服务，把学校办成校园活力更强、学员满意度更高、社会美誉度更好的幸福乐园，建设更高水平的全国示范老年大学。主要任务是：提升社会服务能力、提升教育服务能力、提升智慧学习能力、提升文化康养能力、提升内涵发展能力。

（四）修订完善校规校纪

建立具有时代气息、符合老年教育规律的校本管理制度，是学校事事有章可循、处处有据可依，实现制度管人、规章管事的根本保证。镇江市老年大学依据学校章程修订工作人员岗位职责、常规管理制度和工作人员轮岗制度。完善《教师守则》《学员守则》等管理规范，出台了《镇江市老年大学劳动报酬发放办法》，以向一线倾斜、向责重者倾斜、向绩优者倾斜为导向，有效调动了教师和管理人员的工作积极性、主动性和创造性。

四、课程支撑

课程、教师、设施构成学校教育资源的三大支撑，其中，课程是学校教育的核心资源。而课程结构水平又是学校内涵的主要标志，从某种意义上讲，课程实施水平决定学校的办学水平。

（一）优化课程结构

一是改造升级传统课程。随着时间的推移，学员的知识结构、能力结构不断变化，5年前，电脑基础班供不应求，一座难求。近年来，该专业报名人数直线下降。究其原因，近几年退出工作岗位的老同志普遍都有良好的电脑基础。据此，压缩电脑基础班，增开电脑提高班和视频编辑班，让电脑专业焕发新的生机。与此同时，音乐、舞蹈、书画、摄影等专业也适时调整教学内容，相继增设提高班。通过对传统课程的改造升级，使一大批传统课程满足了老年学员的新需求。

二是增加现代科技课程。现代科学技术正在深刻地影响和改变着包括老年人在内的人们的生存理念和生活方式。为顺应时代发展趋势，满足老年人对美好生活的新追求，学校及时增加现代科技课程，近几年先后开设了数码照片后期处理、智能手机应用、空中摄影等课程，深受学员欢迎。

三是开发地方特色课程。镇江是一座具有3000多年历史的文化名城，积淀了无数灿烂的文化印记。这些文化遗存是老年大学不可多得的课程资源。学校组织专家，深入研究，制订地方课程开发方案,同步编写相关教材。经过几年努力,学校开发了镇江地域文化、旅游文学赏析、江南旅游等具有地方特色的课程,较好地发挥了老年大学在传承地方历史文化方面的宣传教育功能。

经过多年努力,形成了门类众多(46个专业、166门课程)、结构完整,具有时代特征、地方特点、校本特色,充满活力的课程体系。为老年学员提供了较为丰富的课程资源。

(二)用评选促课程提质

学校研制了优质课程、特色课程、品牌课程标准,启动3年左右为一个建设周期的课程评选机制,已连续开展了3轮评选,评出优质课程17门、特色课程18门、品牌课程5门。同时,把进一步优化"基础—提高—研修"三类课程的层次结构,进一步提升课程水平,再创优质课程4—5个、特色课程3—4个、品牌课程2—3个,为学员提供更多的课程选择,作为"十四五"期间提升学校教育服务能力的重要内容,写入学校发展"十四五"规划。

(三)重视教材建设

把教材建设作为课程建设的重要抓手,鼓励授课教师编著出版教材,已正式出版了《音乐基础实用教程》《二胡基础教程》《老年按摩》《针灸学》《中老年旅游》《智能手机》《丝网花艺术教程》《一生一食》等多本教材,在辖市(区)老年大学中广泛使用,《中老年旅游》《智能手机》《音乐基础实用教程》《丝网花艺术教程》《一生一食》被评为全国老年大学优秀教材。学校被评为江苏省老年大学教材建设先进单位。镇江市老年大学是中国老年大学协会教学工作委员会"课程体系建设项目组"成员单位,也是华东地区教材编写协作组成员,正参与多本教材的联合编写工作。

(四)提出课堂教学方针

针对老年人的特点,提出"态度亲、难度小、节奏慢、互动多"的十二字课堂教学方针。态度亲,即教师对学员的态度亲和,语言亲切;难度小,即教师选择的教学内容适切,教学要求适当;节奏慢,即教师须遵循教学大纲、掌控好教学节奏,不赶进度,语速平缓;互动多,就是教师要充分发挥学员的主体作用,讲练结合,气氛活跃。在此基础上,学校出台了《镇江市老年大学课堂教学"十二字"方针实施细则》,为打造活力课堂,提高老年人学习质量注入了新动力。

(五)组织联合教学

为推动全市老年大学实现共享资源、共谋发展,2015年5月,镇江市老年大学联合辖区、市老年大学,成立了镇江市老年大学中心教研组,举行隆重的成立大会,首批成立音乐、舞蹈、戏曲、健身、摄影、书画等6个教研组,并制订"参与教研活动的教师视同授课、报销交通费、对积极参加教研活动并做出显著成绩的个人给予表彰和适当奖励"等鼓励措施。每学期开展联合教研活动,每学期初,针对课堂教学中存在的问题,商定学期中心教研组活动课题,组织专题研究,保证了研有所得、研有所改、成果共享,使教研活动成果最大化。还与镇江市教科所联合举办镇江市老年教育论文评选活动,为探索一条符合老年教育规律、具有镇江区域特征的研究与教学相结合、科研与教研相融合的教科研新路子发挥了积极作用。

(六)开展教学评价

建立"评教学评管评"一体化的教学质量评价机制,制定以学员满意度为核心的教学质量评价标准,实施班主任随堂听课制度,及时发现并解决课堂教学中出现的问题。每学期开展"评教学评管评"测评,加大学员对教学测评结果的考核力度,解决学员的共同关切,采纳学员的合理建议,进一步提升学员对教师的满意度。同时,也让教师了解学员的需求,进一步和谐师生关系,为共同营造活力课堂奠定坚实基础。

高水平的教学质量和成果,吸引了包括中央电视台等媒体来校拍摄,中央电视台《寻味大运河》节目组来学校拍摄烹饪班师生制作的糖醋鳜鱼,在央视黄金时段播出,扩大了学校烹饪课的影响。

五、活动提升

课外活动是老年大学课堂教学的拓展和延伸,更是老年学员愉悦身心的载体和舞台。老年大学不仅提供了老年人学习求知的机会,而且搭建了老年人交流交友的平台。

（一）建立"校节"制度

隆重举办校园节日,不仅能丰富校园生活,凝聚人心,提升精气神,也为学员提供集中展示才华的舞台,拓宽学员交流交友的平台。镇江市老年大学根据老年人的特点和学校实际,确定每两年一届举办体育节、艺术节。把每届体育节或艺术节作为学校的重大节日,精心组织,广泛发动,全员参与。体育节隆重的开、闭幕式,热闹非凡的体育健身活动,运动会上的精彩瞬间永存记忆。艺术节上,精彩纷呈的文艺表演,响彻校园的快乐歌声,浸润肺腑,久久回荡。体育节、艺术节的隆重举办,愉悦了老年学员身心,再现了青春活力。

（二）培育"社团"组织

积极培育学校社团组织,不仅有利于老年朋友的合作学习,更有利于老年人交流交友。学校先后成立了学委会、志愿者大队、老年体协、摄影协会、书画协会、作家协会、常青树文学社、壮心诗社、东吴印社等社团组织,开展形式多样的文体活动,不仅丰富了校园生活,而且凝聚了人心,提升了学员的精气神。学校还组建了舞蹈、合唱、时装、戏曲等演出团队,常年深入社区、农村、学校、部队,传播精神文明,传递时代新风。校艺术团参加中国老年大学协会举办的全国第三届、第四届、第五届老年大学文艺汇演,连获金奖;在第四届比赛中,时装节目两次获金奖最高分,是全国唯一双获金奖的队伍。

（三）开展"主题"教育

每学期都精心设计一个主题鲜明的教育活动,近几年先后组织了"畅游金山湖,放眼新镇江""走进新农村,体验乡村美""共庆十九大,喜看新变化""讴歌改革开放,喜看城乡巨变""庆新中国70周年,看城乡盛世新颜"等系列主题教育,极大地丰富了二、三课堂,让学员受到生动的"爱祖国、爱家乡、爱自己"的教育,激发了学员们的青春活力和创作热情。

六、机制创新

老年大学是改革开放的产物,伴随着改革开放步伐发展壮大。进入新时代,更需要发扬主动作为的办学精神,大力进行机制创新,推动办学活力的不断释放,才能更好担当起老年大学助推文化康养的伟大使命。

（一）着力办学机制改革

重点做好三篇文章。

一是做好开放办学的大文章。老年大学是老年人回归社会的一座桥梁,老年大学最忌封闭式办学。镇江市老年大学十分重视一、二、三课堂建设,重视将社会作为课堂,教学活动从课内向课外延伸,从校内向校外拓展,精心选择适合老年人特点,能拓宽视野、陶冶情操、提升境界的实践场所。在镇江风景区、恒顺醋业集团、翰雅有机农场、市救护站和医院、养老院、乡镇和社区,建立了10余个校外活动基地,教师带领学员们在基地考察讲学,开展形式多样的社会实践活动,有效拓宽了学校的二、三课堂,为学员施展才艺、发展兴趣提供平台和空间,也为学员架起密切师生、同学关系的桥梁,增强了班级凝聚力。更让学员们激发了生命活力,体验了"人生新起点"的无穷魅力。

二是做好联合办学的活文章。近几年,镇江市老年大学每年以10%左右的速度扩大招生规模,学校容量虽已处于饱和状态,仍难满足老年群体有学上、上好学的需求。为解决"一座难求"问题,我校在各辖区老年大学建立分校,并通过辖区老年大学把触角伸向乡镇、街道、社区延伸,统一招生时间、教学计划、教材使用、质量考核、收费标准"五统一",每学期组织全市中心教研组活动。还在市老干部活动中心建立分部,将其设为学校南校区,不仅缓解了场地设备不足的矛盾,而且,让优质教育资源走向大众化。与镇江电信集团公司等单位联合办班,电信集团公司免费为学校架设Wi-Fi,促进老年教育课程现代化。

三是做好多元办学的新文章。积极探索多元办学的新模式,支持有条件的系与企事业单位开展冠名,艺术一系与市双拥办冠名为"镇江市拥军艺术团"、与拜博口腔医院冠名为"拜博口腔艺术系",艺术二系与江苏文广国际旅行社冠名为"文广公社艺术系"等,通过冠名活动,开拓了新的联合办学实体,为学员提供教学与实践的新平台,也为老年朋友提供了更多选择和更优服务,提升学员走进校园的幸福指数,更为学校办学注入了生机活力。

(二)着力管理机制改革

从老年大学实际出发,探索简约高效的管理模式。

一是实行"校一系一班"三级管理模式。将重心下移,全面实施班主任指导下的班长负责制。做到"放手不放任,指导不包办"。

二是实行全员聘任制。教师和管理人员全部实行聘任制,实现了优秀人才进得来,出得去,留得住,用得好的目标。

三是实行激励性酬金方案。实行"向一线倾斜、向责重者倾斜、向贡献大者倾斜"的分配方案,制定工作人员基本工作量标准,对超工作量和做出突出成绩者给予奖励。每年年底隆重召开年度工作总结表彰大会,表彰奖励先进工作者、优秀教师、文明学员、优秀班干和省以上荣誉获得者。多措并举,有效调动了教职工的积极性、主动性和创造性。

(三)着力运行机制改革

镇江市老年大学南、北两个校区,占地15余亩,场地教室仍不能满足日益增长的入学需求,为了有效缓解办学资源的供求矛盾,我们着力在运行机制上进行改革。

一是建立阶梯形课程结构。经过多年实践探索,已形成并逐步优化"基础班、提高班、研修班"三个层次的梯形结构。

二是实行长短结合的学制。根据不同的课程类型,设计了一年制、二年制、三年制等长短结合的学制,对特殊骨干专业实行弹性学制。

三是实行两部制教学。热门课程采用甲班提前上、下课,乙班延迟上、下课时间的办法,同一个教室一个单元时间供两个班级使用。

四是"静动结合、双轮驱动"。即课内与课外相结合、校内与校外相结合,课堂教学与游学实践双轮驱动,拓宽文化康养平台。学校放假不放"学"。每年暑期组织 200 人左右规模的游学团队,赴内蒙古、新疆、贵州、山西、陕西、青海等地,开展主题游学实践、文化交流活动,让老年朋友走近大自然、饱览祖国壮美山河。可谓一举多得,既提升了老年生活的幸福指数,又增强了学校的办学活力,也助推了老年产业发展。

作者简介:江苏省老年大学协会副会长、镇江市老年大学校长。

以教育现代化引领老年大学
标准化建设发展

王少东

教育现代化是使教育适应时代的发展,反映并满足现代生产、现代科学文化发展需要,达到现代社会发展所要求的先进水平。其基本内容包括教育观念的现代化、教育目标的现代化、教育结构的现代化、教育内容的现代化、教育手段和方法的现代化及教育理论和教育研究方法的现代化。教育现代化,既要体现国民教育的现代化,更要体现终身教育的现代化。老年教育是终身教育体系的组成部分,老年大学是实施老年教育的主要阵地和载体。积极推进老年大学现代化、规范化和标准化建设,为老年学员提供增长知识、丰富生活、陶冶情操、促进健康的优良服务,这是办好老年大学、服务现代社会的必然要求和重要体现。

老年大学标准化建设是在积极老龄化国家战略背景下老年教育现代化的最新实践探索。创新发展老年教育,实施发展老年大学行动计划,以教育现代化引领老年大学的标准化建设发展,以标准化推动老年教育的科学、稳定和持续发展,切实提高老年大学的教学和办学质量,满足老年大学教学管理的实际需要,使教学管理更科学、更统一、更规范,真正发挥标准的支撑和引领作用,这是老年教育、老年大学建设发展的必然要求。

一、以创新发展彰显老年教育本质特征

老年教育现代化理念是人们对老年教育现代化的理性认识,反映了人们对老年教育的价值追求和理想憧憬。老年教育现代化是以创新发展理念为指导,在优秀传统文化中汲取营养,在文化自信的思想起点上,吸收国际先进的教育理念,形成有中国特色的老年教育核心理念体系。老年教育现代化理念,包含以人为本理念、积极老龄化理念、终身教育理念、全纳教育理念、学习化理念和信息化理念。在积极老龄化背景下的老年教育将呈现三个新的价值取向,即,学习活动将从个体转为群体,从权利转为义务,从教育转为学习。

2002 年,苏州市委、市政府决定,将市老年大学划归市教育局主管,将老年教育纳入终身教育体系,成为教育事业的重要组成部分。市政府出台《关于进一步加强老年教育工作的意见》,召开全市老年教育工作会议,要求以市老年大学为龙头,全面推进全市老年大学现代化建设,以教育现代化引领老年大学的健康规范发展。学校乘势而上,驶上了快车道,开始了新征程,在教育现代化的指引下,创新发展思路,改革招生制度,适应体制转变,扩大服务对象,面向全市所有老年人服务,率先实行全纳开放政策。老年大学招生不分身份,不分户籍,不分城乡,按需供教。老年教育由中心城市走向乡村社区,老年大学由过去服务对象的单一性转变为服务全社会,让所有老年人都能走进学校,努力满足老年人的学习需求,使教育公平理念得到真正实现,使教育的本质特征得到彰显,使政府公益事业的普惠性得到充分体现。

学校通过改革,完善管理体制,成立董事会,制订章程,建立发展基金会,争取社会各方面的支持,推进现代化建设。市民政部门将福彩基金投入到苏州市老年大学,添置教学设施设备、支持学校文化艺术活动。市体育部门为苏州市老年大学配备了健身运动器材,丰富学员课余生活。市卫生、社保部门批准在苏州市老年大学开设学校医务室,开通社保专线,方便学员在校就医。保险公司为学员集体购买公益人身意外伤害保险,构筑安全保障。在养老机构、社会福利机构设立分校、办学点,派出教师免费讲课,派出艺术团上门慰问。学校还与其他社会机构开展合作:一是与银行等机构联合举办冠名的计算机应用竞赛、拳操比赛、文艺汇演、理论研究征文等活动;二是与医疗机构合作,开辟医学知识专业课程;三是与地方高校合作,设立大学生实习基地;四是加强对外交流与协作,拓宽教育视野。

现在,苏州全市形成了市—市(县)区—乡镇(街道)—村(社区)老年教育四级办学体系。市老年大学在部分市(县)、区挂牌设立分校,充分发挥学校在推进教育现代化发展、教育教学改革、师资队伍建设等方面的龙头示范作用,在教师资源调剂、教材开发使用、招生信息宣传、政策性优惠措施享有等方面开展合作交流,做到资源共享、经验分享,全面促进老年大学教育教学质量和水平的提高。

二、以信息化推动高质量发展

随着大数据、人工智能、5G 等新一代信息技术的快速发展和在教育领域的广泛应用,教育的理念、文化、生态发生了翻天覆地的变化,教育教学方式乃至整个育人模式正在发生前所未有的变革。加快教育的数字化转型和智能化升级,以教育信息化引领教育现代化和推动高质量发展,已经成为老年教育高标准建设发展的极为重要的战略路径。

党中央、国务院多次发文强调信息化建设和数字经济、数字中国建设发展,多次强调数字化、网络化、智能化在中国特色社会主义现代化建设中的重要意义,明确指出"没有信息化就没有现代化"。因此,把教育信息化作为发展的战略制高点,以教育信息化推动教育高质量发展,以教育信息化引领教育现代化和标准化建设,这是现代老年大学发展的根本要求。

教育高质量发展,归根到底是要满足人的全面发展和社会全面进步对教育的高质量需求。老年教育遵循教育发展规律,科学谋划教育信息化发展,在教育中彰显"以老年人为本"的价值、提高发展水平,抓住并解决老年人最为关切的日益增长的精神需求问题,不断增强老年人的教育获得感。数字赋能,以老年人为本,让教育更加公平普惠,让教育更加优质多元,让教育更加温暖有爱,只有这样,才能开创老年教育信息化工作的新局面。

国务院办公厅《关于切实解决老年人运用智能技术困难的实施方案》明确要求,要推动老年人享受智能化服务,解决老年人面临的"数字鸿沟"问题。苏州市老年大学始终坚持以教育信息化全面带动教育现代化的发展战略,努力推动新一代信息技术与教育教学的深度融合,初步形成网络体系化、校园智慧化、资源普惠化、管理精准化的智慧教育模式,实现了由传统管理方式向现代科学管理模式的转变,学校在现代化的环境下得到了质的提升,进入了全新的科学发展阶段。

苏州网上老年大学致力于打造老年大学线上教育优质课程体系,解决老年人线下学校"一座难求"问题。建立老年线上教育内容供给网,解决老年人学习课程资源少的问题,丰富课程内容,开拓内容供给渠道,将优质资源提供线上共享。打通手机一键报名系统,解决老年人"报名难"问题。在苏州网上老年大学端口,设置专栏,解决老年人学习、才艺展示和交流问题。建立苏州老年教育大数据库,运用信息化手段,提高教学管理效率,并提供各类教育教学数据的统计分析。设立教师档案,打造师资管理体系,学员可以通过手机看到苏州市老年大学所有网上教学的师资基本信息、教授课程,也可以根据教师信息搜索选择学习课程,从而实现了学员的自主性学习。

开设网上课程,打造没有围墙的老年大学,这是适应新时代老年大学现代化建设的必然要求,也是解决人口深度老龄化与日益紧张的老年大学资源矛盾的有效方法。早在2017年,手机端苏州市老年大学就正式开通了,没有围墙的老年大学受到广大老年学员的热烈欢迎。手机端老年大学开办以来,先后直播和录播的课程,累计点击率达几千万人次,获得了较好的效果。2020年初以来,受新冠疫情影响,"线上教学"课程成为应急之策,更是发挥了独特优势,在网上为广大老年学员提供了丰富的学习资源,积极推动了健康老龄观和积极老龄化的实践。据统计,仅2020年1月以来,老年大学开设体系化课程录播课与个性化课程直播课共计196节,涵盖全校8个系科的大多数专业,点击收看量达到1500万人次左右。

三、以文化建设促进内涵提升

党的十九大报告指出:"文化是一个国家、一个民族的灵魂。文化兴国运兴,文化强民族强。"到21世纪中叶,要全面提升物质文明、政治文明、精神文明、社会文明、生态文明,全面形成绿色发展方式和生活方式,人与自然和谐共生,全面实现生态环境领域国家治理体系和治理能力现代化,建成美丽中国。多年来,苏州市老年大学树立文化意识,利用得天独厚的文化资源优势,继承和发扬传统文化精华,注重优秀传统文化的引领,不断创新校园文化建设,营造文化氛围,丰富课程文化内容和底蕴,凝聚文化精神,倡导文化修为,积极引导广大老年学员积极向上,做一个现代文化老人,以文化建设丰富学校内涵,努力建设美丽的现代化老年大学。

（一）学校在建设中强化文化底蕴

在古殿大院举办老年大学,这为校园文化建设提供了得天独厚的条件。几经建设改造,古殿大院发生了翻天覆地的变化,注入了新的活力和生机。学校建设过程中,特别注重文化氛围营造,力求让校园里的一草一木、一砖一瓦充满着文化气息,让每面墙壁都述说着学校的历史,让每条楹联都给人以文化的熏陶,让学校空间弥漫着文化的味道,让广大老年学员步入校门就能感受到文化带来的愉悦和滋润。

连接新老两个校区的那扇圆门,把校园分割成两幅截然不同的精美画面,犹如苏州刺绣中的双面绣,古典与现代交相辉映,传统与时尚相得益彰。不仅校园充满浓郁的文化氛围,而且教学楼样式和走廊的装饰,也是按照姑苏城特有的粉墙黛瓦的样式建设、布置装点。特别是师生创作的楹联、匾额等,更是夺人眼球,引人驻足,老年学员行走在古诗词和绘画装点的教学楼走廊里,如同步入中国江南的山水画之中。富有文化特色的学校硬件潜移默化地熏陶着广大老年学员,给社会传播着城市传统文化的美丽和魅力。

(二)深化课程改革,加大人文课程比例

用文化引领教学,用文化提升素质,用文化激励精神,这是现代化老年大学的重点文化建设,也是塑造培养文化老人的重要途径。学校着力于课程改革,力求加强课程的文化性。目前,在学校所开设的所有课程中,人文课程比例占到了23%,并着力于课程体系的建设:将中国古代诗词讲析系列化,将古代诗词讲析与创作紧密结合,将苏州地方文化系列化,将旅游文化系列化,等等。这样,不仅为创建校本课程体系打下了一定的基础,而且大大增加了课程的文化厚度,也将培养现代文化老人的目标落到实处。现在,老年大学学员已经完成了由过去的到学校纯粹娱乐到接受文化知识教育再到现在的提高人文素养的根本转变。

(三)组建专家团队,把握教育文化方向

学校组建的特聘教授专家团,聘请了包括苏州大学、苏州科技大学等高校的教授、市广电总台著名主持人、医学和文史专家、书画家以及热心老年教育事业发展、在相关领域较有成就的专家学者担任成员。重点是谋划学校改革发展,指导学校教学和科研,评估教学成果,引领教师专业发展,提升校园文化内涵,把握教育文化方向。

(四)开辟文化平台,提升学校文化品质

一是建设社团文化。积极发挥社团作用,实行民主办学。目前,学校共有包括万寿宫艺术团、学员联合会和万寿宫书画院等13家社团组织,参与的老年学员超过千人。社团组织广泛开展文化交流活动、展示文化成果,丰富校园文化生活,产生了较大的影响。社团组织积极参与学校管理工作,充分发挥自主管理的主力军作用,成为校园的一道文化风景。

二是搭建文化平台。精心打造文化品牌,促进文化融通,展现文化风采。举办校园艺术节、书画摄影展,出版师生文化作品集,开办老年大学第二课堂,艺术团到山塘街的古戏台、社会福利养老机构、街道社区服务中心、老年大学分校、小学幼儿园等教育实践基地慰问联欢等活动,既展示了苏州文化的魅力韵味,更展示了老年学员的精神风貌,还展示了老年教育的文化成果。学校举办的儒学、孙子兵法、国政、时事、历史、外交等专题讲座,以及开设的人文历史等课程,大大促进了学校文化内涵的提升。老年学员从过去到学校"说说笑笑""唱唱跳跳"到现在的提升文化素养、增加知识容量,努力做文化老人、树长者风范,精神面貌焕然一新,文化品质不断提升。

三是创作文化作品。为了积极提升老年学员的文化内涵,学校与新闻媒体合作举办文艺副刊专栏,刊载学员作品,学校社团定期刊印《晚霞》《秉烛诗语》《白云茶舍》等刊物。《万寿宫》《秋实》校报校刊内容丰富多彩,成为广大学员重点关注的校园读物。此外,还有学校文化长廊展示、苏南五市老年大学书画联展、美丽校园摄影展、师生书画展、灯谜展以及编印《万寿新韵》新画册等,极大地丰富了学校文化内容,提升了文化发展水平。

（五）组建志愿者团队，弘扬奉献精神文化

2017年，苏州市老年大学在全省率先为劳动模范实行免费入学，赢得了社会的广泛赞誉，这是对尊重劳动、尊重劳模、尊重先进的中国传统优秀文化的传承，是弘扬社会主义核心价值观的具体体现。同时，学校组建学员志愿者团队，这是对弘扬奉献精神文化的具体实践。学员报名踊跃，积极参与学校的各种活动，心甘情愿为大家服务，展示了文化老人、风范长者、智慧学员、幸福公民的形象风采。这为美丽学校建设增添了亮丽色彩。丰富的校园文化给予了老年学员积极的影响和熏陶，重新焕发了他们的精神风貌，点燃了蓬勃向上的火热情怀。正像学员在学校校歌里所唱的那样："不甘英年韶华逝，再做校园读书郎，我们的生活充满阳光。"

四、以规范管理完善教学体系

老年大学不同于普通中小学，也不同于正规大学，有其自身的特殊规律。老年大学办学要兼顾老年教育的特殊要求，要依据社会实际需要实行自主办学，服务社会。

（一）编制教学大纲

为课程实施制定规范纲领，为编写教材和教师开展教学活动提供主要依据，为检查评估学员学业成绩和衡量教师教学质量提供重要标准。编制好教学大纲是加强老年大学规范化建设、提高教学质量、实现内涵发展、推进教育现代化的必然要求。学校组织力量编制了包含有120门课程、40余万字篇幅的《苏州市老年大学教学大纲（2020年版）》。新版教学大纲力求符合老年教育特征，具有基层老年教育特点，体现科学性、规范化，重实效、有特色。新版教学大纲的编制，也反映了基层老年大学在没有统一教学大纲的背景下所做的有益思考和积极探索，丰富了老年大学的教学内容，支撑了老年大学的教学体系。

（二）加强教材建设

这是老年大学提高教学质量的基本保证，也是推进老年大学规范化、现代化建设的重要内容。针对没有全国统一的老年大学教材的现实情况，近年来，学校不断加强教材建设，进一步规范适应老年学员使用的通用教材的选用工作，编写地方课程和特色课程校本教材17套33册，同时，发挥"长三角地区老年大学教材编写协作委员会"常务理事单位的作用，积极参与教材的共编共用工作，参与编写出版多套教材。学校多种教材在省、全国优秀教材评比中被评为优秀教材。

（三）完善教学体系

加强课程建设，及时调整课程设置，修订教学计划，适应社会发展和老年学员需求，努力建设现代化老年大学。如，数码相机使用普及后，学校及时开设了数码摄影和图像动画处理技巧课程，并出版了校本教材。随着网络技术的发展，网上银行、网上购物已成为流行趋势，学校又在计算机课程里增添相关内容，同时开设智能手机应用课程，及时普及这方面的知识，提高日常应用能力。文史方面除了传统的经典课程之外，根据学员需求陆续新增了"古文观止""涉老法律案例讲析""中华上下五千年""环球旅行"以及"苏州掌故""苏州乡镇文化""旅游文化"等"吴文化"课程。同时，还专门开设了传承世界非物质文化遗产的昆曲和国粹京剧等课程，让老年学员兴奋不已。

(四)制定规章制度

实施依法治校。老年大学的本质属性是教育,有其自身的规范要求,应按照教育的规范要求进行管理。老年大学教育教学管理规范化是遵循国家有关法律法规的规定,通过一定的制度规章,采取适当的手段和方式,充分利用校内外的资源和条件,优化教学环境,为实现老年大学培养目标所实施的一系列教育教学组织活动提供保障。没有规范化的教育教学管理,就不能实现老年大学的现代化发展。

苏州市老年大学归口教育行政部门管理、纳入终身教育体系以后,加快制度化、规范化、现代化建设,不断完善管理体系、运行机制,根据学校性质特点和发展需要,制定了各项规章制度,推动学校规范健康发展。为适应创建全国老年大学标准示范校建设,近期又对学校规章制度进行了全面修订,力求对学校各项工作做出规范要求,理顺各方面关系,实行依法治校,规范管理,把学校建成真正的现代化标准示范老年大学。同时,推行自主管理,实行民主办学,提高教学管理水平,加强服务的现代性,实现学校管理人性化,教育管理民主化,教学管理科学化。

五、以理论研究指导教育实践

加强理论研究,把握教育发展规律,指导工作实践,促进学校健康发展,是教育现代化的重要内容,更是教育现代化的本质要求。学校积极开展老年教育科研与实践活动,在教育教学、规范管理、课程改革、校园文化、学员心理等方面开展积极探讨研究,并积极参加市、省和全国的老年教育学术研讨和征文活动,每年都有多篇文章获奖。

近年来,学校承担和参与了省、市多项研究课题,形成了一批研究成果。其中,学校与市老年大学协会共同承担的江苏省教育科学规划重点资助课题"苏南发达地区老年教育现代化的区域实践研究",以及苏州教育战略性和政策性重点课题"苏州老年人口发展与老年教育发展关系比较研究""区域老年教育课程建设现代化实践研究""优先发展城乡社区老年教育区域实践研究"等均取得重要成果,受到鉴定专家的高度评价。《老年教育现代化实践课题报告汇编》集中展现了这一理论研究成果。理论研究成果有效地推动着老年教育的实践发展,推动着学校现代化不断前进。

近期,学校又积极申报了苏州教育战略性和政策性重点课题,"积极老龄化背景下老年教育发展现状及策略研究"重点研究在积极老龄化背景下,苏州老年教育的总体发展现状、推进老年教育现代化发展方面取得的经验,尤其是老年教育在构建养教结合、智慧助老、均衡发展等模式与路径的探索创新以及存在的问题与不足,根据党中央积极老龄化的国家战略,开创老年教育新格局,打造老年教育新样态,形成促进老年教育发展的苏州经验,进而提出促进苏州老年教育进一步发展的决策建议和实践。

作者简介:苏州市老年大学校长。

论老年人智能技术教育中老年大学的责任担当

施布民

2020 年 11 月 15 日,国务院办公厅国办发〔2020〕45 号文件发出通知提出《关于切实解决老年人运用智能技术困难的实施方案》,提出开展老年人智能技术教育。将加强老年人运用智能技术能力列为老年教育的重点内容,通过体验学习、尝试应用、经验交流、互助帮扶等,引导老年人了解新事物、体验新科技,积极融入智慧社会。推动各类教育机构针对老年人需求研发全媒体课程体系,通过老年大学(学校)、养老服务机构、社区教育机构等,采取线上线下相结合的方式,帮助老年人提高运用智能技术的能力和水平。毋庸置疑,我们老年大学应积极响应,承担起其中组织、带领老年人学习、掌握智能技术的历史使命。

一、老龄化与数字化的激烈碰撞导致社会各种矛盾逐步显现

(一)重温人口老龄化

人口老龄化,是指人口生育率降低和人均寿命延长导致的总人口中因年轻人口数量减少、年长人口数量增加而导致的老年人口比例相应增长的动态。一是指老年人口相对增多,在总人口中所占比例不断上升的过程;二是指社会人口结构呈现老年状态,进入老龄化社会。国际通例:当一个国家或地区 60 岁及以上老年人口占人口总数的 10%,或 65 岁及以上老年人口占人口总数的 7%,即意味着这个国家或地区的人口处于老龄化社会。以江苏省为例,1986 年进入人口老龄化社会,比全国提前 14 年,是我国最先进入人口老龄化社会的省份,目前人口老龄化率仅次于上海、北京,居全国第三位,平均 4—5 人中就有 1 名 60 岁及以上的老人。国际人口学会定义:65 岁及以上老年人口比例超过 14% 或 60 岁及以上人口比例达到 20% 就是"深度老龄化"。根据第七次全国人口普查数据,全国有 149 个地市进入了深度老龄化社会,有 11 个地市进入了超老龄化社会,其中,南通市是我国老龄化程度最深的城市。南通 60 岁及以上人口为 231.86 万人,占 30.01%,其中,65 岁及以上人口为 175.13 万人,占 22.67%,已经进入重度老龄化社会。

(二)认识数字化

数字化是数字计算机、多媒体技术、软件技术、智能技术的基础,是信息社会的技术基础。数字化技术引发一场范围广泛的产品革命,各种家用电器设备、信息处理设备都将向数字化方向变化。衍生出诸多崭新的概念:数字化时代、数字经济、数字化社会、数字化社区、数字化企业、数字化工厂、数字化管理、数字化技术、数字化营销、数字化运营。还有数字化

制造、零售业数字化、医疗数字化、教育行业数字化、数字电视、数字广播、数字电影、数字通信网络等。

(三)部分老年人"害怕智能手机"

数字化把一部分老年人抛在世界后面。据第七次全国人口普查数据,在我国,60 岁及以上人口占比高达18.7%,有2.64 亿人,网络普及率仅38.6%。有整整1.62 亿老人不会使用智能机——每 9 个中国人里就有 1 个。数字时代的迷失造成了老年人"智能手机恐慌"。面临绚丽多彩、纷繁复杂的信息数字化,老年人失落和失语了。原因很简单,没什么人有耐心教老年人使用智能手机,年轻人说:"这些简单的问题,都讲了好几遍了。"智能手机复杂的操作,把老年人搞得晕头转向,但又不敢问子女。年轻人没有耐心,老年人也伤了自尊。久而久之,手机成了摆设,老人守着孤独。

(四)部分老年人已成为"智能手机控"

信息化时代的社会生活需求逼迫部分老年人逐步熟练使用智能手机,帮助他们重建社会网络,充实现代生活,融入信息时代。很多老人在学会使用微信后,不仅能通过视频通话、微信语音和儿孙保持远程联系,还能和老朋友们建立微信联系,不孤独了,自然就开心幸福了。"活到老,学到老",玩转智能手机不仅仅是学知识,还是一种"尝试人生新可能"的好机会。一部名为《老有手机》的纪录片,讲述了老年人在晚年决定从头学习一项新技能的故事。武汉封城的窘境逼迫李某某主动走进手机班。为了让自己的老年生活不再被"困",李叔叔学习技能,如今买菜购物得心应手。80 岁的武阿姨起先没觉得智能手机有什么好,但老伴胃癌去化疗的路上,看着寒风中十几辆车从她面前开过都被打车软件约走,逼迫她又当回学生,认真学习智能手机。对于独居的她来说,手机是个"好伴侣",她也因此结识了一大群老年朋友。

(五)老年人遇到新问题

如何把部分老年人的"怕智能手机"转化为"智能手机控"? 当人口老龄化遇见数字化,国家怎么办? 怎样引导老年人在数字化社会中不断学会生存? 2020 年 11 月 23 日,央视新闻报道:"50 件! 让老年人从'只能'到智能,国家出手了!"具体介绍了国家为解决老年人使用智能手机问题采取的措施。

二、帮助老年人运用智能技术是国家应对人口老龄化的重要举措

必须承认,智能技术是老年人跟上时代步伐、融入信息社会的"拦路虎",智能化是把"双刃剑"。一方面,快速发展的信息技术,为人们享受现代生活开辟了便利通道;另一方面,却在老年人面前划出一道"数字鸿沟",网上挂号、网上购物"障碍"重重。近 2 亿老年人不熟悉智能手机,出门处处受限,与社会产生严重的脱节感和疏离感。

(一)如何积极应对老龄化?

关于这个问题的答案林林总总,不胜枚举。国家找到了一个抓手,一个突破口,这就是国务院《关于切实解决老年人运用智能技术困难的实施方案》。家家都有老人,人人都会变老,关心帮助老年人,解决老年人运用智能技术的困难,就是最好的抓手,可谓牵一发而动全身,这样的突破口,事关亿万老年人获得感、幸福感和安全感,代表一个国家的温度,是深入

贯彻落实以人民为中心发展思想的重要举措，是实施积极应对人口老龄化国家战略的重要内容，是完善社会治理、促进公平正义、保持社会和谐稳定的重要保障。

（二）中央政府在行动

对老年人的智能技术教育是国家部署、政府行为。国家和各省（自治区、直辖市）都提供了官方动作的蓝本。全国老龄办《关于开展"智慧助老"行动的通知》提出，到2022年底，全国通过建立常态化工作机制、开展志愿服务、强化技能培训、加大宣传力度等措施，使用智能技术帮助老年人更好地适应信息社会的发展。"智慧助老"行动重在强化组织领导。卫生健康部门（老龄办）牵头抓好组织实施工作，发展改革、财政、教育、民政、老干部等部门积极配合、落实责任、及时研究解决老年人运用智能技术困难工作中的问题，形成统筹推进、分工负责、上下联动的工作格局。

（三）江苏省在行动

为有效解决老年人运用智能技术困难、帮助老年人跨越"数字鸿沟"，江苏省政府发布苏卫老龄〔2022〕2号文件《关于实施老年人运用智能技术专项普及培训工程的通知》，纳入省政府2022年民生实事扎实推进。2022年，为省内60—79岁的具备培训条件的城乡老年人提供免费培训50万人次。明确智能技术培训重点任务：广泛引导参与。通过科普讲座、广电报刊、大众传媒等形式，引导老年人正确认识网络信息和智能技术的时代特征，消除恐惧和排斥心理，积极主动接受培训，不断扩大培训覆盖面。广泛动员各方力量，培育壮大志愿服务队伍，以灵活的形式、丰富的内容，开展以智能技术运用培训为主题的助老志愿服务。加强公益宣传，营造全社会帮助老年人解决运用智能技术困难的良好氛围。改进培训方式，不断增加课程设置的互动性、趣味性。充分发挥基层自治组织、涉老社会组织、志愿者队伍、家庭成员等组织和人员作用，开展集中授课、分组讨论、结对教学、巡回培训等多元化培训，帮助老年人了解新事物、共享新科技。

三、老年人智能技术能力是老年教育的不可或缺的重点内容

（一）教育部在行动

贯彻落实《国务院办公厅印发关于切实解决老年人运用智能技术困难的实施方案的通知》，教育事业乃至老年教育理应成为主力军。2021年7月13日，教育部办公厅发布〔2021〕15号文《关于广泛开展老年人运用智能技术教育培训的通知》。要求各地要加强组织领导，研究制订落实推进计划和具体措施，明确目标任务，做好部署安排。

（二）落实主要举措

各地教育行政部门强化政策引导与统筹协调，将"开展老年人智能技术教育、加强应用培训"作为社区教育、老年教育的一项重要内容，列入"十四五"教育相关规划和年度工作计划等政策文件；老年教育机构充分发挥扎根社区、贴近居民等优势，紧紧围绕老年人在日常生活中运用智能技术所遇到的高频事项和应用场景，聚焦实际问题和突出困难，做好需求分析和问题梳理，将学习场景与生活场景有机融合，倡导学中用、用中学，激发老年人学习兴趣，主动搭建平台，通过邀请行业专家等方式开展专题培训，帮助老年人在智慧出行、智慧医疗、掌上金融、手机购物等领域的实际生活中应用所学技能，切实提高教育培训实效；鼓励社

会多元主体参与智能技术教育。引导社区教育和老年教育机构面向社会选聘能者达人作为兼职教师或志愿者,动员社会公益组织、行业专家等主体参与老年人智能技术应用培训,通过举办应用讲座、送教进社区、个别辅导等方式,助力老年人有效提升运用智能技术的能力。

(三)提倡"智慧助老"

为提升老年人运用智能技术能力,帮助老年人更好地适应并融入信息社会,教育部联合相关部门到 2022 年底,拟推介"智慧助老"优质工作案例 100 个、优质教育培训项目 200 个、优质课程资源 500 门,围绕老年人出行、就医、消费、文娱、办事等高频事项和服务场景,聚焦解决老年人运用智能技术的困难,助力老年人享受智慧生活。要从老年人视角和立场出发,充分尊重老年人,关心关爱老年人,为广大老年人提供更周全、更贴心、更直接的便利化服务。

四、老年大学是帮助老年人提高智能技术能力的主渠道

(一)老年大学该怎样帮助老年人跨越"数字鸿沟"?

国家在行动,全民在行动,老年大学怎么办? 老年大学以积极应对人口老龄化为己任,就要勇于接受国家交付推动解决老年人运用智能技术困难的任务,深刻认识当今老年教育事业发展的指导思想、基本原则,及时调整老年大学办学的目标要求和重点任务,以明确帮助老年人运用智能化战胜老龄化为历史使命和今后办学主攻方向,细化各自推进智能技术教育的时间表和路线图,精心设计智能技术教育的专业教学大纲和计划,编辑符合老年人实际情况的智能技术教育教材,灵活运用各种教学方式方法,以实际行动贯彻落实国务院办公厅《关于切实解决老年人运用智能技术困难的实施方案》。

老年大学要主动对接政府众多部门,持续深入推进"智慧助老"行动,把加强老年人运用智能技术能力列为老年教育的重点内容,推动针对老年人研发全媒体课程体系,通过老年大学(学校)、养老服务机构、社区教育机构等,采取线上线下相结合的方式,帮助老年人提高运用智能技术的能力和水平。

1. 开展全员智能技术培训

"数字鸿沟"凸显,帮助老年人适应时代迫在眉睫,让老年人共享科技发展的红利,为帮助老年人解决运用智能技术方面的现实困难,带动老年人享受"数字化"便捷,融入智慧生活,组织有需求、愿意学的老年人加入,普及"活用"智能手机应用知识,帮助老年人能快速融入"数字化"生活。

2. 开设智能技术专业课程

为提升老年人运用智能技术能力,帮助老年人更好地适应并融入信息社会,老年大学要为老年人跨越"数字鸿沟"提供专业智能技术教育服务,迅速提高智能技术在老年教育教学实践中的比例,围绕老年人出行、就医、消费、文娱、办事等高频事项和服务场景,开辟、推介优质智能技术课程资源,创新构建各种老年人感兴趣、能学会的智能技术课程,如智能手机、手机摄影、智能家居、手机视频、图像处理、微信使用、智慧健康、抖音、快手、机器人、无人机等,聚焦解决老年人运用智能技术的困难,助力老年人享受智慧生活。

3. 开辟智能技术教育专栏

在老年大学网站栏目、微信公众号等小程序内开设智能技术教育专栏,不断丰富线上智

能技术课程内容,适应老年学员学习习惯,提供智能手机功能应用、预防电信诈骗等多类课程知识内容,聚焦老年人出行、就医、消费、文娱、办事等高频事项,促进智能技术有效推广应用,让老年学员能用、会用、敢用、想用,有效弥合老年人与数字社会的隔膜,保障信息时代老年人的合法权益,进一步引导老年学员积极融入智慧社会。

4. 开展智慧助老专项活动

老年大学要广泛开展中老年人数字技能学习提升活动,广泛宣传科技产品的使用方法,通过制作使用手册和视频教程、举办技能大赛等形式提高老年人数字技能。树立老年人使用数字技能标兵,发挥同龄示范作用,促使更多老年人主动学习基本数字技术和应用知识,跟上数字社会发展步伐。老年大学在智慧助老中扮演着极为重要的角色,要不断丰富"智慧助老"行动内涵,逐步总结积累经验,积极参加全国老年大学创建5G智慧校园示范先进学校的活动,共同深入落实智慧助老行动。

5. 突出信息安全防范措施

帮助老年人学习智能技术要兼顾安全用网与防止过度依赖问题。智能技术在为老年人带来便利的同时,存在易被忽视的安全隐患。老年人缺乏个人信息保护意识,辨别能力较弱,极易陷入"标题党""养生保健党"等虚假信息构建的网络信息场,被诱导购买理财产品、保健产品,导致网络维权困难。部分科技产品利用老年人容易被"赚钱""省钱"等字眼吸引的心理,设计套路,趁机"收割"流量,如"做任务抢红包""0元购"等,令老年人过度沉迷并产生依赖性,导致老年人个人信息泄露及危害个人健康,甚至可能造成财产损失。老年大学组织培训中,要将老年人的安全贯穿始终,要将防诈骗、防信息泄露等技巧作为培训的重点内容,讲清隐患和危害,有效保障老年人安全使用智能化产品、享受智能化服务。

6. 适度推广科技适老化产品

越来越多性价比优、操作体验便捷的适老化软硬件产品出现,为老年人平等参与信息化的社会生活创造了条件,推动面向老年人需求的数字社会建设,让老年人在科技发展中有更多的获得感、幸福感、安全感。实现语音朗读、语音导航、大字体、大音量、大图标、远程协助、SOS呼叫、健康监测、语速减慢等多种辅助功能,将适老化改造深入到产品功能设计流程,方便老年人看得见、听得清、用得了。推动穿戴设备、康复机器人、智能家居等智慧养老终端设备研发与落地应用,方便老年人同步享受智能化服务。

7. 依托高校师资、专业、资源优势

组织引导教师按照适老化、便利化、个性化原则,积极参与面向老年人的智能技术应用培训,通过师资输送、开展老年人运用智能技术相关师资培训、视频公开课等方式,扩大优质课程资源共享,为有效提升老年人运用智能技术提供支持服务。以老年人实际需求为导向,畅通反馈渠道,建立长效机制,有效弥合老年人与数字社会的隔膜,保障信息时代老年人的合法权益,进一步引导老年学员积极融入智慧社会,为老年学员提供更周全、更贴心、更直接的便利化服务。

五、老年大学开展智能技术教育的有效路径和成功范例

数字化生活使智能手机成为人们生活的必需品,但同时也成了老年群体融入社会的障

碍。南通市老年大学积极研究探索,帮助老年人应对生活智能化对他们的影响,在学校微信公众号、LED屏等电子平台上宣讲人口老龄化状况及国家应对方略。学校开通网上报名、使用智能班牌等智能化教学设施设备等,不断提升学校智能化办学水平,使学员能直观地感受、触摸、共享智能化发展变化的新成果,更容易接受和理解智能化学习。通过开设智能手机运用专业班,举办各类智能化服务功能讲座,编写《智慧助老简明读本》及各类智能服务操作流程图,不断提升老年学员智能化操作能力。

(一)推进以用领学

数字化在我们的生活中无处不在,倒逼着不会使用智能手机和智能设备的老年人,被动地学习智能技术。特别是疫情防控期间,进出公共场所包括学校、公交车都需要出示"健康码""行程码""场所码"。南通市老年大学组织班主任培训先行学会出行实用技能,然后手把手教老年学员操作智能手机与常用App、出示健康码与行程码等,还组织年轻的志愿者开展指导服务,对于理解慢的老人,工作人员就反复演示操作步骤,直到其完全掌握,让老年学员也能享受到数字化带来的成功喜悦,老年学员从扫码出行渐渐地学会手机支付、叫网约车、预约挂号、微信语音、视频通话、抖音、快手……很多老年人从玩不明白,到沉溺其中,玩得不亦乐乎。

(二)推进范本导学

为帮助老年人跨越"数字鸿沟",南通市老年大学持续深入推进"智慧助老"行动,把加强老年人运用智能技术能力列为老年教育的重点内容,根据老年学员学习、生活习惯,在学校微信公众号上开设"智慧助老"专栏,发布《智慧助老简明电子读本》,让老年学员将丰富的线上智能技术课程内容简化为智能手机相关功能应用,聚焦老年人出行、就医、消费、文娱、办事、旅行等高频事项和服务场景,便于老年学员随时检索查阅,促进智能技术有效推广应用,让老年学员能用、会用、敢用、想用。

(三)推进讲座引学

南通市老年大学数次举办智能手机讲座。2022年5月26日上午,学校在文化中心举办了常青藤文化讲坛的第七期"智慧助老乐享生活——智能手机实用操作技巧专题讲座"。邀请了2021年江苏省老年达人运用智能技术大赛特等奖获得者薛凤鸣主讲。采用线上线下相结合的方式进行,共约150人参加。讲座现场,围绕智能手机、微信、购物、支付宝实用操作技巧,通过详细讲解和互动教学的方式,对老年学员进行"手把手"教学,带领老年朋友们感受科技的温度。讲座在全场观众的热烈掌声中结束。会后,老年学员意犹未尽,久久不愿离去,纷纷向薛老师请教自己在手机操作中遇到的问题。

(四)推进以赛激学

2021年下半年,南通市老年大学组队参加了江苏省第一届"老年达人"运用智能技术大赛南通市选拔赛,荣获冠军,继而队长薛凤鸣又组队出战江苏省第一届"老年达人"运用智能技术大赛总决赛,荣获特等奖。江苏省各地广泛开展选拔赛、初赛,以赛促学、以赛促培、以赛促练,进一步促进老年人运用智能技术专项普及培训工程成果转化,充分展现老年人老有所学、老有所乐的精神风貌,调动老年人学习积极性,提升运用智能技术的信心。

(五)推进以防促学

智能手机等设备虽让老百姓的生活更加便利,但同时也面临着网络安全、信息安全等风险,老年群体信息吸收量小、自防意识薄弱,更容易上当受骗。对此,南通市老年大学专门开展了老年人智能手机课程,耐心地教老年客户智能手机使用方法,讲解电信网络诈骗特点、预防对策等,让老人知晓如何保护个人身份信息及密码信息,提高防范意识和辨别能力,增强老年人的"免疫力"。

帮助老年人学习智能技术,老年大学任重而道远。全国的老年大学要加快推进数字化、信息化体系建设,提升网络教学服务智能化水平,帮助老年学员跨越"数字鸿沟",让学员进一步享受智能化服务带来的便利,引导、鼓励老年人优雅体面地老去,更要鲜活有趣地老去。

作者简介:南通市老年大学副校长。

理论研究

试析当代老龄教育功能的影响要素

董之鹰

在当代老龄教育发展进程中,依据教育管理的影响要素,研究分析老龄教育功能在管理中的局限性和制约性,进行老龄教育的科学规划、方案策划和从优选择,推进学习型大国建设,是探索新时代中国特色老龄教育现代化的路径选择。

一、政治功能要素的时代性

教育政治功能指传播社会的政治意识形态,通过传播思想、塑造品德与培养情感的活动路径,完成育人的政治社会化;通过政治教育,端正育人方向,确立育人目标和规划育人课程,提高老年群体的政治素质。不忘初心、牢记使命,传承红色基因,赓续红色血脉,发挥社会长辈正能量作用,富有时代性。

(一)育人方向要素

育人方向是回答育人原因和育人方法的问题。老年人是社会人中的一员,且多为退休人,有其自身的局限性和社会制约性。因社会角色大都脱离,社会信息相对封闭,老年人晚年生活的社会需要感和幸福感受到影响。但退休生活并不意味着生活在真空里,时代、社会、家庭的影响依然存在。晚年对个体发展而言,只是社会角色的转换。对群体发展而言,则需要社会参与和社会融合。

老龄教育的培养方向是培育和弘扬社会主义核心价值观。2019年中共中央办公厅、国务院办公厅《关于深化新时代学校思想政治理论课改革创新的若干意见》提出:"全面贯彻党的教育方针,坚持马克思主义指导地位,贯彻落实习近平新时代中国特色社会主义思想,坚持社会主义办学方向,落实立德树人根本任务,坚持教育为人民服务、为中国共产党治国理政服务、为巩固和发展中国特色社会主义制度服务、为改革开放和社会主义现代化建设服务。"

我国教育确立的政治总方向与老龄教育的培养方向是一致的。老年群体是社会群体中具有重要影响力的群体,面对"世界百年未有之大变局",要"不忘初心、凝魂聚气、强基固本"。学习百年党史,深刻理解习近平总书记对世界发展形势、历史演变趋势、时代变化态势中"危和机"的分析、研究和判断,坚定中国特色社会主义道路、理论、制度和文化自信,全面推进依法治国。在价值判断中,既不能脱离社会文化背景环境,又不能混同于社会潮流。老年人的世界观和方法论,是坚定理想、信仰,体现赡养尊严和实现人生价值。因此,育人必须重视意识形态领域的思想政治建设。

(二)育人目标要素

育人目标是回答培养什么人的问题。老龄教育在面临社会转型的挑战中,社会结构、人口结构、城乡结构都发生了很大的变化。受到经济文化全球化的影响,国家公共政策的变化,多元价值观并存,冲突是不可避免的。中国工程院院士、中国工程院副院长、中国医学科学院北京协和医学院校长王辰曾经在学员毕业典礼时,强调了教育培养什么样人的问题。通过阐述科技、社科、人文的关系,表明既要增长见识,开阔眼界,又要眼光独到,明辨是非,最后达到有远见卓识,以无我为自我。追求三大品性,即志远、德厚、才盛的理念。终身教育不分年龄大小,男女老少,每个人的自我实现与自我超越,是以德才积累、健康生存、幸福发展为维度的,老年人的目标同样是为共建共享现代社会贡献自己的智慧和力量。

(三)育人课程要素

育人课程是回答怎样培养的问题。党的二十大报告指出,要提炼展示中华文明的精神标识和文化精髓。老年人的思想政治课,通常以国情教育为主,不断发挥国情课在课程体系中的政治引领和价值引领作用,坚持问题导向和目标导向相结合,增强国情课的思想性、理论性、针对性和亲和力。

老年人的生活环境不是世外桃源,各种诱惑风险都存在。国际社会无论是发达国家与发展中国家冲突,还是传统观念与现代观念冲突,在国内无论是家庭冲突,还是社会冲突,人际冲突,还是代际冲突,以及社会流动带来的新旧移民冲突等,都对老龄社会产生深刻影响。当我们面对"为老不尊"现象发生,社会上流传"坏人变老了"还是"老人变坏了"等负面提问时,更能够意识到思想政治课程面向老年人的必要性。要从讲授"形势与政策"课入手,积极传播马克思主义科学理论、弘扬社会主义核心价值观。人到老年,在人生的最后阶段,依然保持健康的人生观、价值观,保持有尊严的生活,就要坚持上好思想政治课,以乐观积极的心态应对晚年生活的挑战,不断提高思想政治理论素养。

二、经济功能要素的可持续性

老龄教育的经济功能是服务于人口老龄化与社会经济可持续发展的需要。包括:一是延缓衰老,增强老年人的生活自理能力,适应新时代社会经济生活;二是开发退休后的老年资源、潜能,提高老年劳动者素质;三是创新生活和生产性老龄化同步发展,体现教育的经济效益的可持续性。

(一)人力资本维度要素

教育与经济增长的关系,主要指教育人力资本对经济增长的贡献。从人力资本的视角分析,我国老年学家邬沧萍教授在研究长寿红利中强调终身学习和社会参与。他认为:"积极老龄化是一项长期战略任务,对老年人的各种投入是一种投资而不是消费。"[1]焕发老年

---

① 李娟娟、孙鹃娟编,邬沧萍口述:《百岁人生——邬沧萍口述实录》,人民出版社 2021 年版,第195 页。

第二青春期,开发老年第二次人口红利,是老龄社会与经济社会可持续发展的需要。

联合国教科文组织终身学习研究所于 2012 年 5 月发布《成人学习和教育全球报告》(教育科学出版社 2012 年版),报告通过阐述世界成人学习和教育的发展趋势与特点,全面系统分析有关政策、管理、法规、参与、平等、质量与经费等方面问题,指出其发展的多样性和不平衡性及成人教育的改进之路。报告以剖析问题为导向,揭示了未来成人教育发展趋势。7 年后,联合国教科文组织于 2019 年 12 月发布《成人学习和教育全球报告(四)》,报告指出:"在大约 1/3 的国家中,15 岁及以上成年人参与教育和学习项目的比例不及 5%;残疾人士、老年人、难民、移民、少数民族以及其他社会弱势群体参与成人教育项目的比例偏低。"报告认为,尽管在课程、评价、教学方法以及成人教育者受聘用等方面有所提升,但经费投入不足是对社会弱势群体的最大打击,并阻碍新政策的落实和有效的社会治理实践。报告呼吁:"各国应改进推进成人学习和教育的方法和路径,保证充足的资金投入,降低民众参与学习的成本,提高社会对参加成人学习和教育成效的认识,确保每个人都有机会参与成人学习和教育并能从中受益,为最终实现《2030 年可持续发展议程》的目标做出贡献。"报告以加大资金投入为切入点,进一步突出了成人教育人力资本提升的重要性。

因此,提升老年人力资本,是老龄社会发展的重要任务。20 世纪 60 年代经济学家舒尔茨提出人力资本理论,他指出,人力资本的积累是社会经济增长的源泉。其主要原因有三个:其一,人力资本投资收益率超过物力资本投资的收益率;其二,现代经济发展不能单纯靠自然资源和人的体力劳动,必须提高劳动者的智力水平,促进经济的增长;其三,根据经济条件的变化,合理分配自己的各种资源,如财产、劳动、金钱及时间等,提高人们处理不均衡状态的能力,促进个人或社会的经济增长,增加个人和社会的经济收入。在老龄社会,提升老年群体人力资本与不同年龄群体同等重要。据我国老龄事业发展公报数据,截至 2021 年末,全国 60 周岁及以上老年人口 26736 万人,占总人口的 18.9%;全国 65 周岁及以上老年人口 20056 万人,占总人口的 14.2%。人均预期寿命达到 78.2 岁。我国进入老龄化社会的同时,也进入了长寿时代,老年人力资源占世界首位。在老年人力资本中,具有经验丰富、时空自由的优势,也有衰老因素影响、时代信息不足的弱势。因此,延缓衰老,延长有效劳动岁月和提高自理生存能力,获取长寿健康生存资本与文化知识资本共赢,才能创立和发展健康老龄化社会和积极老龄化社会。

(二)金融机能要素

金融机能教育是经济功能要素的重点教育。老年金融机能研究,是跨越自然科学和社会科学领域的研究。其中生物学、医学、护理学、法学、社会学、心理学、科技智能等知识,都是日常生活方式不可或缺的。延长资产寿命,与延长健康寿命、生命寿命同步,要"尽可能长期维持充分的金融机能"。[①] 老年群体要提升综合资产管理水平、养老金保值增值能力,投资旅游、兴趣爱好,应对医疗保健与护理,生前赠予和遗赠等,必须强化金融应用的教育课程。

在金融交易中,老年人的权益保护问题是难点。目前不少老年大学开办了以"防诈骗、保安全"为主题的金融课程,让老年人学会理性投资,切实保障人身安全和财产安全。通过

---

① [日]清家笃:《老年金融学》,殷雨涵译,中信出版社 2020 年版,第 205 页。

真实案例,分析金融诈骗事件,总结出金融防骗小妙招,把握金融防范常识及个人安全常识,增强个人防范意识和自我保护意识,识别各类诈骗手段,防止上当受骗,切实维护老年消费群体的合法权益。因此,老龄教育要将帮助老年人提升科学素养作为重要课程,提升他们辨别"伪科学"的能力,有效预防和应对网络谣言、电信诈骗,打造科技特色的老年教育平台,提升老年人金融领域的信息获取、识别和使用能力,助力老年人跨越"数字鸿沟",促进智能技术与老龄化协调发展。

为金融机能教育提供服务,应是金融机构的社会责任。2019年7月,中信银行与中国老龄协会签署战略合作协议,为银发族提供全方位的金融教育服务,以多种形式支持老龄教育活动。搭建"云服务"平台,实现在线报名、缴费、选课,进行大数据分析,为老年大学课程体系优化提供参考。同时,中信银行将老龄教育作为公共教育的组成部分,提供经济投入支持。该行与中国老龄协会联合发布老年产业发展报告,为补教育短板,对场地、设施、师资、教材、网络等多方面投入,支持开展老年公益活动和文体活动。

(三)养教服务要素

养教结合是经济功能要素的新理念,构建养教服务体系,是新时代养老方式的选择。近年来,我国一些老年大学、老年开放大学和老年活动中心共同发起,部分高校、老年教育机构、涉老教育企业和媒体参与,特别是进入社区、养老机构,按照资源融合、互联互通、共建共享、携手发展的原则,以需求为导向,深化教育教学改革,形成中国特色的老龄教育共同体。各地涌现了"银发智囊团",开展文化传承、法律援助、科技推广,参与乡村振兴、扶贫攻坚活动,提供精准化常态化的教育资源与服务。2018年,泰康保险集团利用寿险产业链,搭建"医养康养"的教育平台,以活力养老、文化养老、健康养老为特色,将保险产品与养老服务结合,融合养教价值认同和情感认同,用全新的养老观念,打造老年人的晚年幸福生活。

三、文化功能要素的传承性

教育的文化功能是指教育对文化传承人类精神文化财富的功能。在多元文化并存的社会,处理好对传统文化、外来文化与未来文化的继承、学习、鉴别、扬弃等问题,吸收、补充、更新各民族的文化精华,体现对文化发展的本土化与国际化的并存局面。同时,通过教育对文化的创新,延续文化的生命力和活力,为现代社会和未来社会创造更为美好的文化精神财富。

(一)学校铸魂要素

文化是一个学校的灵魂,凡是办得好的学校,都重视铸魂。校园文化是学校力量的源泉,体现学校办学的核心思想。通常,由校徽、校训、校歌表达教育的思想和情感,激发人们刻苦、专注、恒心、自信的学习精神,不畏挫折和失败,让学校的每一位教员、学员都为置身所在学校中而深感自豪、荣耀,构成了学校的灵魂。

不论是近代,还是当代大学的校徽校训,都深刻地揭示了教育的本质:育人为本,立德树人。校徽以北京大学为例(北京大学 PEKING UNIVERSITY)。北京大学的校徽是鲁迅先生最早于1917年设计完成,北大两个篆字上下排列,由上面两个侧立的人和下面一个正立的人构成三人成众。代表了中国传统文化的理念:以人为本,开启民智。后人谕示了师生的功能寓意:下面是教师,代表着学校的支撑力量,教师是甘为人梯;上面是学员,站在巨人的肩膀上,代表着学校的收获,青出于蓝而胜于蓝。2007 年进行修改后为双圆套形,中心以鲁迅设计的北大篆刻二字作为核心要素,内圈为红色标准色,命名为"北大红",外圈上为北大英文表示,下为建校年。体现广博开放,兼容并蓄。1950 年毛主席为北大校名题字,成为教师和学员一直佩戴的学校徽章。

校训校风以清华大学为例。它秉持"自强不息、厚德载物"的校训和"行胜于言"的校风,坚持"中西融汇、古今贯通、文理渗透"的办学风格和"又红又专、全面发展"的培养特色,弘扬"爱国奉献、追求卓越"传统和"人文日新"精神。

校歌的杰出代表是中国人民抗日军政大学,简称"抗大",是在抗日战争时期,由中国共产党创办的培养军政干部的学校。抗大的校歌歌词"黄河之滨,集合着一群中华民族优秀的子孙。人类解放,救国的责任,全靠我们自己来担承。同学们,努力学习,团结紧张,严肃活泼,我们的作风。同学们,积极工作,艰苦奋斗,英勇牺牲,我们的传统。像黄河之水,汹涌澎湃,把日寇驱逐于国土之东,向着新社会前进,前进,我们是劳动者的先锋!"形象地表现了抗大青年蓬勃的青春活力和豪迈的革命气概,曲调庄严、沉稳、雄壮、有力,鼓舞青年学员成为抗日先锋,发扬努力学习、所向披靡的战斗精神。

无论是校徽,还是校训、校歌,都是以文化智慧管理学校的象征。尽管时代千变万化,但教育文化的本质没有改变,因而体现学校特色文化的校徽、校训、校歌等作为传统,从建校沿用至今,并随着时代的发展赋予了新的内涵。我国老年大学将校训作为师生员工共同遵守的基本行为准则与道德规范,突出办学理念和治校精神,强化校园文化建设,体现学校文化精神。山东老年大学创办于 1983 年,作为全国第一所老年大学的校训是"弘德、尚学、修身、乐为"。武汉老年大学是我国 1985 年较早建立的老年大学,其校训是"求知达观、康乐有为",老校长杜子才作为学校领导者、开创者、管理者,是具有党龄 80 载的百岁网络达人,他倡导的教育理念是普惠全体老年人。天津市老年人大学的校训是"乐学、乐教、求新、有为",这些校训既有传统文化元素"学无止境""修身养性",又含现代文化元素"开拓进取""乐于奉献"。各地老年大学的校歌带有各地特色。网上流传一首《思南县老年大学校歌》,部分歌词"五峰欢聚,乌江欢腾,夕阳辉映思南山城;鹤发童颜走进学校,开启人生新的征程。……在这里让我们再献一份力量,共度夕阳好时光。"表达了老年人进入老年大学的深情愿望。各地校训校歌让文化养老成为促进老年大学发展的动力。

(二)古今文史要素

东方文化博大精深,蕴含了丰富多彩的教育内容和形式,体现了系统性、包容性、开放性和自省性。儒家"仁义礼智信",是中华传统文化的主流,"天人合一""身心一统""尊重差异""和而不同"流传千年不朽,现代人追求"美人之美""各美其美"和"美美与共"的和谐文化思想。针对社会上出现传统道德丧失、社会良知堕落等问题,教学过程不是单纯的"授业解惑",而要赋予"传道"内涵。既需要普及科技文化知识,也需要提高道德教化素养。各老年大学从规划到课程设置,从教学大纲到各种教材,都将传统与现代文化教育作为历史使命融入教学阵地,提升针对性教育质量,体现终身启示教育的实效性理念。

当古今文史课程进入精品课程时,学员们从中领会经典的灵魂:放眼中华文化五千年的历史长度,了解古今文史名人各自独到文采的深度,体会社会感情色彩的温度,沉浸经典形式和内容所贯穿的美度,让学员体会经典穿透力的力度。扩大视野,探寻经典价值,增强文化自信。

（三）多元互动要素

20世纪后期迎来全球化时代，多元文化形成"文化泛滥"的时代，其间充满了文化冲突。关于文化冲突（Culture Conflict），是指两种或者两种以上的文化相互接触所产生的竞争和对立状态。由于对多元文化的分析角度、思维方式、价值观等评判标准的差异，产生文化之间相互抵触、相互排斥、相互对立的演变过程，引发文化冲突，在教育领域也很突出。

美国文化人类学家、普林斯顿大学高等研究院教授克利福德·格尔茨，曾著有《文化的解释》一书（译林出版社1999年版），探讨文化与人性的关系、文化与宗教的关系，是符号人类学和释义人类学的倡导者。作为解释世界的工具，认为宗教信念是人们借助符号体系，将真实世界与想象世界联系在一起，表明文化作为多元符号体系，对思维和行为的影响，不同的符号系统下会产生不同的行为，揭示文化的深层内涵，将理论深度与人性和智性融为一体。但反思《文化的解释》，在全球化时代，多元符号体系的互动格局，能否过渡为包容差异及和谐共存？如何弥合发生在教学中产生师生员工之间的心理冲突？老龄教育要分析东西方文化、传统现代文化以及代际文化的差异，寻找造成文化冲突的原因，在互动中化解冲突。马克思主义的唯物史观表明，世界历史的发展趋势是文化构筑的人类命运共同体。

四、社会功能要素的实践性

什么是教育的社会功能？教育的社会功能是有意识、有目的地影响或塑造人类行为，通过社会视角，开发人的潜能、提高人的素质、促进人的社会化，引导人的社会实践，不仅使人能够适应社会的发展，而且能够推动社会的变革与发展。教育的社会功能具有若干特点：既有间接性、潜在性，也有迟效性和超前性。教育所培养的社会实践主体既作为社会整体的存在、延续、演变和发展，在生产、科技、经济、政治和文化等社会生活各个领域能够发挥作用，也通过教育的培养和提高，发挥个人能动性、创造性，以实现社会个体的生存与发展。

（一）社会化要素

在教育领域中，社会化与人的发展是密切联系的。教育的正向功能是指教育有助于社会进步和个体发展的积极影响和作用。当社会工业化、城市化发展迅速，教育观念与教育政策倾向于实用主义和功利主义的社会思潮时，如果追求文化科技知识与追求社会至善至美发生冲突，不择手段利用所学知识谋取个人利益，甚至违法乱纪侵害公共利益，将是教育的最大失误，属于社会化负面功能。

20世纪上半叶，杜威的实用主义教育专业理念占据主导地位，适应了美国社会发展的特点与需要，推动教育向专业化与职业化发展，培养了大批优质的专业人才。但过分强调实用性，忽视了人文性，人的全面发展受到影响。针对实用主义教育思想，美国教育家赫钦斯提出通识教育思想，对教育界，甚至是教育发展史产生重要影响。他认为，大学教育的目的一方面是明晰真理和获取智慧，另一方面是通过追求"至善"，培养全面发展的学生。现代通识教育，指关注人的生活、道德、情感和理智等融合发展的教育，包括人文、社会、自然科学等选修课程，是专业教育与人文教育的结合，是科学的素质教育，超越功利性与实用性。以增加学员知识的广度与深度，培养兼备人文素养与科学素养的"全面发展的人"。从而消解实用化、庸俗化、拜金化对学员的负面影响。

实际上,现代人的理性思辨能力与专业实用技能缺一不可,文明理念与现实生活接轨,接地气,才能体现完整的社会功能。孔子曰:"知之者不如好之者,好之者不如乐之者。"山东老年大学倡导"学习是最好的养老",以学习为乐,是养生的最高标准。老年人不能作为病态的、有缺陷的弱势代表,老龄教育不是单纯谈养生保健,而是注入"无龄感""忘年交"的助老智慧教育,是学、乐、为三者共享。老龄教育如组织讲红色故事、排练歌舞戏剧、摄影课程安排无人机航拍学习等。既有传统文化课程如剪刻艺术操作展示,也有社会化课程如组建学员志愿服务队等,创建更多的选择空间,将传授知识、陶冶情操、乐在其中的综合性课程落实到位。

(二)健康化要素

21世纪,人类面对社会老龄化的挑战,全面健康教育思想是教育重要的社会功能之一。把健康教育纳入老龄教育,让先进的健康知识和信息进课堂,普及健康知识,让老年人终身接受健康教育。

1948年世界卫生组织对健康的定义是:"健康不仅仅是指没有疾病或病痛,而且是一种身体上、精神上和社会上的完全良好状态。"并提出"衡量是否健康的十项标准:1.精力充沛,能从容不迫地应付日常生活和工作;2.处事乐观,态度积极,乐于承担任务,不挑剔;3.善于休息,睡眠良好;4.应变能力强,能适应各种环境变化;5.对一般感冒和传染病有一定的抵抗力;6.体重适当,体态均匀,身体各部位比例协调;7.眼睛明亮,反应敏锐,眼睑不发炎;8.牙齿洁白,无缺损,无疼痛感,牙龈正常,无蛀牙;9.头发光洁,无头屑;10.肌肤有光泽,有弹性,走路轻松,有活力"。这就是大健康社会观。

大健康社会观源于大健康意识,是根据时代发展、社会需求与疾病谱的改变而产生的全方位健康理念。它围绕着人的衣食住行以及人的生老病死,关注各类影响健康的危险因素和误区,提倡自我健康管理,是在对生命全过程全面呵护的理念指导下提出来的。它追求的不仅是个体身体健康,还包含精神、心理、生理、社会、环境、道德等方面的完全健康。当老年人处于衰老、病魔困境时,从学习中得到安慰、启迪、康复手段,提倡的不仅有科学养生,而且懂得健康消费,如营养、锻炼等,不仅是生存长寿,而且是健康生存长寿等生活方式。它的范畴涉及各类与健康相关的信息、产品和服务,并采用健康行为。

大健康社会观:一是健康价值观,指健康不只是个人最宝贵的财富,也是社会资产,维护健康更是一种社会责任;二是健康经济观,指健康投资是回报最大的投资,把健康投资作为个人支出的重要组成部分,把健康投资作为提供公共产品、扩大内需、拉动经济发展的最直接增长点;三是健康人文观,健康体现了一种人文精神,更体现了人类文明进步的程度。

大健康社会观,倡导健康的生活方式,不仅是"治病",更是"治未病";消除亚健康、提高身体素质、减少痛苦,做好健康保障、健康管理、健康维护;从透支健康、对抗疾病的方式转向呵护健康、预防疾病的新健康模式,倡导"生得优、活得长、不得病、少得病、病得短、走得安"的健康核心理念。生老病死是不可抗拒的自然规律,健康则是人的生存与发展的根基,获取幸福的源泉。

(三)积极化要素

学习需要动力,拥有"教育学之父"声誉的捷克教育家夸美纽斯认为,"教育是形成人的品德和智慧的最重要的工具"①。对老年人而言,积极化要素既在于培养学习兴趣,进行快乐休闲教育,也在于掌握学习能力,开展潜能开发教育,是老年人融入社会、参与社会的有效途径。

在社会转型中,学校教育也在转型,从重"分数教育"向重"核心素养教育"转变,从单纯"塑造教育"向满足"自主教育"转变,从靠"灌输教育"向启动"创新教育"转变。虽转型多指青少年教育,但老年人的学养也会在转型中受益,能够充分调动老年人学习的积极性、自觉性和主动性。

"立德树人"是教育的根本任务。老一代承担着关心下一代的历史使命,承史育美,扬史立德。在我国老年大学实践中,将颂扬和宣传党的百年奋斗精神贯穿于课堂:在战争年代,如红楼精神(新文化运动、五四运动的策源地、中国共产党的孕生地)、红船精神(诞生初心和使命)、井冈山精神(根据地燎原之火种)、苏区精神(苏维埃廉洁政府)、长征精神(无坚不摧)、延安精神(自力更生与艰苦奋斗)、西柏坡精神(两个"务必")等革命精神;在和平建设时期,如王国藩"穷棒子"精神(互助合作社)、雷锋精神(永不生锈螺丝钉)、大庆铁人精神(为国分忧与为民族争气)、大寨精神(自力更生、与时俱进)、"好八连"精神(永不褪色旗帜)、硬骨头精神(传承红色基因,苦练打赢本领);在改革开放时期,如小岗村大包干精神(创新改革敢为天下先)、航天精神(科学严谨与拼搏奉献)、女排精神(勤学苦练与勇攀高峰)等拼搏奋斗精神。各类典型事迹大都是几代老年人的亲身经历,通过举办专题讲座,借故事传承新人,也鼓舞自身奋进"中国梦"的勇气,续写好人生晚年历史。

当进入了教育3.0时代,即以素质统领的时代。从"双基"(基础知识、基本技能)教育的1.0版,到三维目标(知识与技能、过程与方法、情感与价值观)教育2.0版,现进入"核心素养"教育3.0版(掌握和运用人类智慧成果,追求真善美的统一,发掘自身潜能,成就多彩人生)。"核心素养"教育深化拓展了老龄教育模式。如济南老年人大学将教学点嵌入社区党群服务阵地,送教学服务;将志愿服务点嵌入新时代文明实践阵地,送志愿服务,推动老龄教育与基层治理互促共赢。从老年学员到老年志愿者,从"自惠型"到"惠他型",运用所学知识技能,建设和谐社区,学习效能积极化要素叠加。

五、生态功能要素的保护性

什么是教育生态功能?运用生态学方法研究教育与人的发展规律,研究学校内外生态环境,建立生态平衡环境,提高教学效率,促进教育健康发展。发挥教育的生态功能,开展生态教育,提升生态意识,启迪智慧生态文明理念,陶冶生态情操,倡导健康领域的生态元素,将经济效益、社会效益和生态效益结合,人与自然和谐相处,权利与义务对等。认清反生态言行,坚守绿色发展。生态教育包括生态哲学、生态美学、生态伦理学等多学科多维度,物质层面崇尚节俭环保生存,校园环境优美,精神层面崇尚社会责任意识,校内外人文素养高雅,人际、代际关系和谐友好。

(一)环境观要素

随着信息技术不断发展,互联网进入老年大学,生态环境发生很大的变化,加快了教育

---

① ［捷］夸美纽斯:《大教学论》,人民教育出版社1957年版,第34页。

现代化进程。教育理念、教学方式在改变,"创新、开放、共享"的智能化价值理念深刻促进了教育的良性发展,形成教育的主体——学校、教师,与客体——老年学员,线下现实课堂,与线上虚拟课堂的新型教学关系。共享优质的教育资源,追求更高的教育质量。

环境观辐射的是教学生态系统。教育生态学家劳伦斯·A. 克雷明在《公共教育》(中国人民大学出版社 2016 年版)著作中,呼吁营造一种良好的教育氛围,使学生在合作、理解、宽容的环境中学习,并享受一种和谐的精神生活。华东师范大学教授范国睿在《教育生态学》(人民教育出版社 2000 年版)著作中,重点论述了教育生态环境。他认为:"生态学是研究生物与其环境之间关系的学科,教育的生态环境是以教育为中心,对教育的产生、存在和发展起制约和调控作用的多元环境体系。是以教育为中心,综合外部自然环境、社会环境和规范环境组成的单个的或复合的教育生态系统,反映教育体系内部的相互关系;以学生的个体发展为主线,研究外部环境包括自然、社会和精神因素组成的系统,考虑教育对象内在的生理和心理环境。"这些论述诠释了环境观要素。

环境观与场景化密切相关联。老龄教育学家周朝东教授在论述"场景时代的老年大学教学模式改革"时,从八维度揭示了环境生态目标。包括教育普及度(入学率、覆盖率、参与率)、公平度(机会均等、资源配置)、质量度(学员综合素质、学校办学水平)、开放度(资源共享、国际化水平)、保障度(投入、师资、信息化水平)、统筹度(布局与结构、体制与管理)、贡献度(受教育水平、社会服务能力)、满意度(对学校与政府的满意度)等。[①] 场景模式维度的提出,促使老龄教育领域的生态场景综合维度设计更为成熟,为进一步分析和研究环境观打下良好的基础。

(二)科学观要素

科学的目的、科学的精神和科学的方法,是科学三要素。不论是社区、单位、学校还是居家,都需要打造科学的学习生态环境。老年教育不是以竞争、淘汰为目的,而是以公平、发展为目的,充分调动老年人追求科学的积极性、主动性精神,利用共享科技特色的老年终身教育平台,提升老年人科学素养,享受公共服务和公共福利,促进智能技术发展与老龄化发展相协调。

我国老教授协会、老年科技工作者协会等拥有人才资源优势,与高校院所紧密协作,组建兼职教师、志愿者教师相结合的师资队伍,以满足教学各种需求。2022 年,北京老年科技大学成立,最显著特色是突出"科技",以提升老年人科学素养和健康素养为重点内容,拟开设"时事政策""前沿科技""科学健康""实用技艺"四类主题的课程。充分利用北京科学中心场地资源,推动建立社区科普大学及科普场地等,建成"1 + N"一体化老年教育服务体系。开发老龄科技科普人力资源,利用他们丰富的专业知识、技术特长及实践经验,在决策咨询、科技创新、科学普及、推动科技为民服务等方面发挥重要作用,充分建构了科学观要素。

(三)平衡观要素

生态平衡观是促进环境因素、行为因素向有益于老年人健康生存与发展的综合观。重视生态平衡发展有四个方面,包括:一是有生态教育的公共政策;二是有良好的教育环境及

---

① 周朝东:《关于场景时代下老年大学教学模式改革的初步研究》,载《金陵老年大学老年教育研究(2022)》,河海大学出版社 2022 年版,第 111 页。

资源;三是有社区教育培训基地;四是有支持老有所为、社会参与的具体措施。平衡的三要素是环境和谐、信息畅通、群体协作。实现教育生态平衡,需要补短板,包括预防和化解忧郁、悲伤、焦虑、边缘化情绪。老年人积累丰富经验的优势是对信息判断稳重、执着,其弱势也不可忽视,生理弱势如受视力听力减弱的影响,出现获得信息闭塞、迟滞、不完整的情况;心理弱势则是因环境、家庭不和睦,受歧视、不能获得尊重等,使老年人免疫功能下降。针对生理、心理弱势导致生态平衡受阻,让老年人在生存与发展的博弈中实现共赢,必须学习唯物辩证的思维和行为方式,获得生态平衡观。

六、网络功能要素的共享性

老龄教育在网络时代,可以自由掌控,终身学习,具有时空组合优势。教育管理的五大功能:政治、经济、文化、社会和生态功能,可在网络空间实现交融共享优势(见图1)。

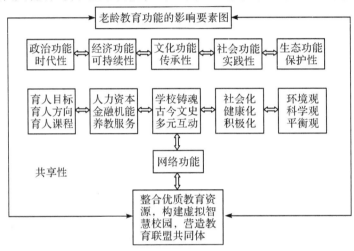

图 1　老龄教育功能的影响要素图

(一)整合优质教育资源要素

构建国家网络教育智慧环境,促进传播内容、传播模式的全面创新,通过国家级教育网络服务平台,将文化教育宣传和精品课直播内容向全国乃至全球传播,利用中国网国际传播工作的发展脉络和体系架构,积极探索全新的教育发展路径,切实推进国际传播工作高效化开展,共同讲好中国老年人的故事。通过共享资源,实现整合优质师资,策划教学方案,展示教学成果,提高教学质量。为适应新时代,2020年中央国家机关老年大学联合教学组成立,把"人口老龄化国情教育大讲堂"与中央国家机关老年大学"网络直播精品课堂"相结合,联合打造精品课程体系。尤其是在新冠疫情期间,利用手机、电脑、电视网络智能化,让"网络直播精品课堂"上线,全国各地老年大学可共享课程。利用老年大学编排的短视频进社区的方式,把人口老龄化国情教育生活化。以"中国长寿之乡"为切入点,提供游学课程设计并联合制定相关标准,实现了老龄教育在长寿时代的价值导向。通过线上线下教育,将知识结构化、可视化,产生从形象思维、直觉思维、发散思维到逻辑思维和辩证思维效果,让每位老年人听得懂、学得会,学用结合,循序渐进补短板,获得新知识、新技能,收到终身学习的良好成效。

（二）构建虚拟智慧校园要素

虚拟智慧校园的交融，降低了教学成本，确保公平性。构建学校网络智慧校园，推动网络信息化与老龄教育工作的融合发展。线上直播教学的优势充分体现，实行录播录像教学，短视频点播教学，并实现课程回放，共享优质精品课程，满足老年人的多种需求，成为中国老龄教育的发展走向。如浙江省委老干部局联合浙江日报报业集团，启动浙江省老年大学智慧校园。设立教学管理、网上报名、网络学习、信息宣传、业务指导、党建活动、数字档案、师资库、校园安防等九大平台，构建了一套安全、高效、便捷的校园管理系统。省委要求，要以推进老年大学智慧校园建设为契机，加快推动老年大学信息化、规范化和精准化建设，推动全省老龄教育资源力量整合，促进全省老年大学高质量发展。

（三）营造教育联盟共同体要素

教育联盟共同体的交融，提高老年人参与终身学习的积极性。营造教育联盟共同体，与老年人的特点和需求相关。老年人既有阅历积累广、经验丰富的优势，也有因衰老对新科技、新理念、新思维认识不足的弱势。同时，老年人年龄跨度大（指 60 岁至 100 岁以上），文化层次差异大（指文盲到小学，中学到大学的文化程度都占有一定比例），职业各异［从事工农林牧副渔、商医教法军警干、科研（包含生物考古数理化、文史哲经政社）及国际外交领域等］。既有需要扫盲、弥补基础知识的群体需求，也有学习科普及现代知识和技能的群体需求。因此，坚持按需施教，仅靠学校教育是不够的，还要有社区教育、涉老企事业单位、文化馆、图书馆、博物馆、体育馆、医疗卫生等场馆部门加盟，实现老龄教育共建共享的需要。

作者简介：中国社会科学院教授。

上海市老干部大学"十四五"发展规划实施路径研究

周鸿刚　查正和　刘　恩　孙梦蕾　李君健

"十四五"时期，是我国开启全面建设社会主义现代化国家新征程的第一个 5 年，也是上海市老干部大学实现转型发展的关键 5 年，制定和实施《上海市老干部大学"十四五"发展规划（2021—2025）》（以下简称《规划》）具有重要意义。

一、《规划》制定的背景

（一）"十三五"期间老干部大学取得长足发展

"十三五"期间，学校坚持"四个基地"办学目标和"八字校训"精神，贯彻老年素质教育理念,加强院系和课程建设,提升办学的社会贡献度,被国家卫健委和全国老龄办授予"敬老文明号"光荣称号。

"十三五"期间,学校在以下方面取得了长足发展:一是厘清建校以来办学脉络,明确学校发展方位;二是深化素质教育理念,把准学校发展方向;三是形成具有老干部大学特色的课程体系,完成课程指导方案和课程标准编写;四是推进事业单位分类改革,完善学校治理结构;五是加强信息化建设,提高管理现代化水平;六是丰富校园文化内涵,大力发展学习团队和志愿者队伍;七是应对新冠疫情,构建了线上教学与线下教学融合的教学模式;八是强化素质教育指导中心建设,提升对全市各级各类老年学校素质教育的指导能力。

（二）上海人口老龄化加剧和老年教育新政策提出

第七次全国人口普查数据显示:2020 年,上海市 60 岁及以上常住人口为 581.55 万人,占总人口的 23.4%;60 岁及以上老年户籍人口为 533.5 万人,占户籍总人口的 36.1%,其中,离退休干部有 60 万人。这表明老年(老干部)教育的适需对象规模空前庞大。

针对这一情况,上海近年来出台了有关老年(老干部)教育的一系列文件,其中包括《关于上海市进一步加强和改进离退休干部工作的实施意见》《关于进一步加强上海市老年教育工作的若干意见》《关于在老年教育中培育和践行社会主义核心价值观的指导意见》《上海市老年教育发展"十四五"规划》等。这充分显示了有关领导部门对老年(老干部)教育的高度重视。

（三）"十四五"是老干部大学完成转型的关键时期

1984 年建校以来,上海市老干部大学长期以离休干部为招生对象。2008 年,中组发 10 号文颁发,把退休干部纳入老干部工作管理服务对象,老干部大学开始兼收离退休干部学员。到 2020 年底,上海还有离休干部 10043 人,平均年龄 90.8 岁。以此推算,到"十四五"期末,全市离休干部平均年龄将达 96 岁,总数将急剧减少,能来校学习的更是凤毛麟角。这意味着,老干部大学招生对象将转型为纯退休干部。

与离休干部相比,退休干部学历高、视野宽,精神需求多样、思想多元。老年学员这一系列结构性变化将影响老干部大学建设发展的许多重要方面:办学指导思想的深化,政治引领、教育引导、组织凝聚职能的强化,教育教学内容和形式的变化,办学社会效益的显性化,以及与此相应的管理服务的现代化,等等。"十四五"时期对老干部大学系统来说,是完成这一历史性转型的最后阶段。

二、《规划》内涵的阐释

（一）规划和发展规划

规划是指为达到预期目标对未来活动进行安排,而发展规划是一个行业发展方向、思路、任务和活动的重要指导性文件。在此需要指出的是,(发展)规划并不是静态的,而是在内外部因素交互影响中不断变动的环境下所制订的最优化战略方案和重要指导性文件,事关个体、群体乃至单位、组织或产业、行业甚至国家未来(一段时间)的发展。

（二）上海市老干部大学"十四五"发展规划

上海市老干部大学"十四五"发展规划,是学校 2021—2025 年发展的蓝图和全体师生员工共同奋斗的纲领,通过"党建引领、数智赋能、治理提质、科研增效"发展策略,着力把学校建成"建设高标准、治理高水平、教学高质量、奉献高能级"的全国一流示范老年大学。

(三)实施路径

为了达成《规划》目标而制定的、可供选择的行动计划或路线,通过设计关键行动路线,带动整个规划的实施,使得规划的实施更为简单和更易于执行。实施路径是发展规划得以落地执行的有效途径。

三、《规划》的制定

《规划》的制定,凝聚了全校师生员工的智慧和心血。2022 年,学校全面启动"十四五"规划的编制。2021 年,学校起草小组根据市委组织部、市委老干部局和市教委、市老年教育小组办等领导部门颁发的相关文件和规划精神,结合老年教育和学校发展实际,运用 PEST分析、SWTO 分析和头脑风暴法,数易其稿,编制了《规划》草案。学校召开多次座谈会,认真听取专家、系主任、教师、学员和办学工作者的意见与建议,对《规划》文稿进行修改和完善。再经校长办公会审核,形成最终文件。这份《规划》成为未来 5 年学校发展的蓝图和全体师生员工的奋斗纲领。

《规划》分 5 个部分 13 条,主要包含以下内容。

(一)指导思想

以习近平新时代中国特色社会主义思想和关于老干部工作的系列重要论述为根本遵循,突出四个"三":"三新"——立足发展新阶段、贯彻发展新理念、构建发展新格局;"三全"——全员、全程、全方位落实积极老龄观和健康老龄化;"三高"——推动高质量发展、创造高品质生活、实现高效能治理;"三有"——做有作为、有进步、有快乐的新时代"三有"老人。

(二)发展目标

坚持"四个基地"办学目标,向上海乃至全国老年教育中"党建引领的示范者、数智赋能的先行者、科研提质的引领者、治理增效的践行者、服务社会的标杆者"迈进。建立"高质量的教学体系、高水平的科研体系、高适配的数智体系、高效率的治理体系、广覆盖的志愿服务体系、强有力的指导服务体系"。

(三)主要任务

第一,实施数字化教学;第二,落实教研科研全员化;第三,推进治理体系现代化;第四,凸显志愿服务特色化;第五,突出指导服务个性化。

四、《规划》实施面临的问题

"十四五"期间,老干部大学转型发展面临许多问题和挑战,归纳起来主要包括但不限于以下几个方面。

(一)"党建引领、政治立校"需要强化

1."党建引领"尚有差距

2022 年 5 月,中办印发《关于加强新时代离退休干部党的建设工作的意见》(中办发

〔2022〕31号），明确要求加强离退休干部的党建教育。老干部大学也须强化党建引领，对老年学员的党建教育和系统校党建加强指导。

2．"政治立校"还需努力

老干部工作是政治工作，老干部大学是离退休干部思想政治工作的重要阵地，必须突出政治立校。目前，学校思想政治课程面临继续巩固和不断创新的挑战，老干部大学的系统学校更需加强指导和帮助。

3．干部教育应予普及

老干部大学从本质上说是党的干部教育的延续，是改革开放和干部离退休制度的产物，新形势下更要坚持党的干部教育方针，但目前老干部大学系统校还未做到全市的全覆盖。

（二）科研需要提升、课程需要创新

1．科研水准亟须提高

在编人员全员科研能力需要提高，科研项目聚焦重大战略、联系办学实际有待加强，专家咨询、项目管理、科研激励等机制有待建立，科研成果社会影响力有待提升。

2．课程设置亟待丰富

大量高学历退休干部的加入，使老年学员的学习需求呈多元化、高层次的特点，既有课程已无法充分满足老年学员日益增长不断变化的学习需求，开设更多高层次、适需性、学术性课程时不我待。

3．教学手段需要创新

信息化时代，教学手段要加快数字化建设。目前学校硬件设施相对落后，网络教学刚刚起步，师资培训尚显不足，教材编撰更待规划。

（三）"数智赋能、基层指导"需要加强

1．"数智赋能"亟须强化

学校信息化教学设备已相对落后于全国和上海部分老年大学，亟须按教学要求加强教学设备的数字化改造；信息化管理平台、大数据运用和可视化服务未能与有关部门对接，影响学员的学习满意度。

2．素质教育有待深化

老年素质教育在理念上需巩固深化，在理论上需完善优化，在实践上需探索强化；支持老年学校素质教育指导中心的各项工作和活动并带头落实，老年素质教育需进一步发展。

3．服务指导需要加强

系统校建设缺乏中长期规划，师资、课程、教学、科研等方面的指导、共享和合作机制发展滞后，影响系统校的整体发展活力，制约了市校对系统校服务指导功能的发挥。

五、《规划》实施的对策建议

"十四五"期间，要贯彻落实《规划》提出的各项任务，实现老干部大学的转型发展，就要在以往建设发展的基础上，针对新形势新任务的挑战和当前学校工作的薄弱环节，分清主次

轻重,找准最佳路径,循序渐进地推动工作开展。

(一)强化党建引领,坚持政治立校,把准办学方向

1. 强化党建引领

认真贯彻《关于加强新时代离退休干部党的建设工作的意见》(以下简称《意见》),老干部大学应抓住契机、明确要求,着力推进老年学员的党建工作。一是召开老干部大学系统学校工作会议或党建工作专题会议,学习贯彻《意见》精神,统一思想认识,进行面上动员,提出总体目标和分阶段实施要求,推动老干部大学系统学校老年学员的党建工作整体发展。二是宣传推广系统学校既有学员党组织开展活动的成功经验,提炼制定相关制度机制,使老年学员的党建工作学有榜样、做有规范。三是深入细致地做好组织指导工作,重点选好党组织书记,抓好经常性工作例会和学习培训,发挥核心骨干作用,保证学员党组织发展可持续、活动有成效。四是每年开专题会议、推示范典型、定具体要求、做评估指导,推动系统校党建工作持续发展。(目标:各系、艺术院、志愿团队建立党支部,下设若干党小组;区校70%建立学员党组织。)

2. 坚持政治立校

坚持“四个基地”办学目标和“八字校训”精神,贯彻老年素质教育理念,将老干部大学建成离退休干部思想政治工作的重要阵地。其实施路径:一是加强思想政治课程建设,包括政治理论、时事形势、新闻综述、政策法规等,使之成为老干部大学可持续发展的核心品牌课程。二是探索开设思想政治课程的途径,在相关课程中开展社会主义核心价值观、爱国主义、人文素养、积极养老观等教育,全面提升学员素质。三是创新开设专题短训班,如,结合中心工作、时事形势、专项问题等,协助市局开展离退休党支部、学习活动团队、志愿者组织负责人和骨干培训,扩大老干部大学办学的溢出效应。四是指导老干部大学系统学校开好思想政治课程,无论是自主、合作还是委托办学,核心课程必须掌握在老干部工作部门手中,市校也应给予系统学校帮助和指导。(目标:市校的核心课程成为全市老年教育品牌课程;尝试开设一种专题短训班;各区校开设一门核心课程。)

3. 普及老干部教育

老干部大学是改革开放和干部离退休制度的产物,是新形势下党的干部教育的延续,其本质姓“党”又姓“教”。10多年来,退休干部持续大量加入,已逐步成为学员主体,因此,更应坚持党的干部教育方针。针对目前部分行政区(青浦区、奉贤区)还未建立老干部大学的实际,市校在市委老干部局领导下,共同深入有关区委老干部局开展实地调研,帮助他们解决实际困难和问题,促成他们早日建立老干部大学。(目标:实现全市各区学校的全覆盖。)

(二)加强教科研究,丰富课程设置,提升办学质量

1. 加强教学改革研究

科研是学校发展的理论先导。“十四五”期间,一要完善“全员科研”体制,教学科研岗位在编人员每年至少参加一项调研、提交一篇论文,形成人人参与科研、不断提升研究能力的良好局面。二要积极参与市委老干部局、市教委、全国老年大学协会和市老年教育协会等交办、合作的理论研究课题和项目。三要继续组织引导老干部大学系统校开展教科研,做好发布、立项、实施、指导、评价等工作,不断提高系统校科研质量和水准。四要进一步办好校

报、学报，特别是提升学报的理论含量，为全员科研提供交流平台。五要主动参与长三角协同发展计划，在老年教育资源、师资、科研等方面加强合作；主动服务高质量共建"一带一路"，在可能的条件下加强老年教育国际交流。

2.丰富课程设置

"十四五"期间，随着高学历、广阅历退休干部的大量加入，学员对课程设置提出了更高的新要求。学校应针对不同类型的学员群体，增加满足其需求的课程。一是对中低龄、身体健康的退休干部学员，尤其是刚入学的新学员，可考虑开设学习新技能的课程，如，英语口语、智能手机运用、微视频制作、Photoshop等；愉悦身心的课程，如钢琴、合唱、形体舞蹈、时装模特、旅游文化等。二是对高龄、身体欠佳的离退休干部学员，可考虑设置助其跨越"数字鸿沟"的信息科普课程，应对老年生活环境变化（丧偶、空巢等）的心理咨询、精神慰藉课程，以及养生保健、安全防范、突发事件应对等的健康医疗课程，通过网络送课上门。三是对高层次的退休市管干部，可考虑开设形势政策研究、文史研究、文博鉴赏、艺术欣赏等课程。总之，对不同年龄、不同层次的学员，要实现多元化设计，层次化施策，精确对接学习者的个性化需求，每年推出一定量的新课程，让学员在终身学习中不断有所收获。

3.加强网络教学

进入信息化时代，教学手段创新已迫在眉睫。新冠疫情暴发加速了这个进程，我校和部分条件较好的老年大学已尝试开设了线上课程。"十四五"期间，一要继续加强网络教学的硬件建设，提升智慧教室等级，装备更好的技术手段（如5G、人工智能、区块链、大数据等），使之能适应线上教学的各方面需要。二要大力开发优质课程资源，将尽可能多的核心课程、品牌课程、适需课程充实上网，增强线上教学的吸引力，并做到可持续发展。三要指导和帮助系统校，特别是条件较好的区校，加强信息互通，整合与共享线上课程资源。通过"线上课程""线上线下融合式教学"，使学校教学突破时空限制，将课程送到学有所需的离退休干部身边。

4.创新教学模式

除了课堂和线上授课形式之外，还可针对中低龄退休干部学员，探索开展参观交流、实践体验等新模式教学。一是组织参观纪念馆、博物馆、美术馆、音乐厅、历史建筑等，直观了解人文历史、艺术自然，此类活动特别适合文史艺术类课程。二是通过组建学习社团等方式，满足学员个性化学习发展需求，不仅有助于提高学习品质，更能感受相互间的关怀和慰藉。三是倡导社会实践教学模式，通过学校社区教育志愿工作站、老干部志愿服务大队、慈善志愿服务大队的"一站两队"志愿服务平台，以文化传播、代际互学、社会服务等实践活动，为社区、基层、老年群体提供多种服务，同时也提升办学的社会贡献度。四是适度发展游学交流，与外地老年（老干部）大学携手，定期开展学员对口交流。

（三）加强基础建设，完善基层指导，增强发展潜能

1.加强基础建设

近年来，学校已拓展成相对独立的公益一类事业单位，市局也给予了相应的人员编制和职级职称，为学校发展创造了条件。"十四五"期间，应在原有的基础上着力加强以下方面。一是加强职能部门建设，根据核定编制和实际需要，将办公室、教务部、编研室、艺术院等内设机构的人员和岗位充实、调整到位，并压实责任，加强考核，动态管理，以利于各项工作的

扎实开展。二是争取经费财政拨付,根据学校发展定位和承担任务,适当增加经常性经费比例;特别应在智慧教室建设和升级、数字化管理和建库、所有教室智慧化改造等方面,争取更多专项经费;还应争取各种社会渠道的资金来源和实物捐助。三是加强制度建设,抓紧修订、完善学校的各项规章制度,并编撰完成学校规章制度汇编,使各项工作有章可循、有制可依。

2. 支持素质教育指导中心工作

积极配合市教委、市老年教育小组办公室和市老年教育协会,支持素质教育指导中心工作,加强对上海市400所老年大学和老年教育机构的素质教育工作指导:一是加强实践基地和实验区建设,逐步扩大范围、增加项目、提高质量、多出成果。二是继续开展"最美"系列评选活动,推荐更多教师、学员、办学工作者参与其中。三是加强老年素质教育课程建设,开展思想政治示范课的评选和推广,发挥教师在开展素质教育中的重要作用。四是探索老年素质教育高质量发展路径,持续推进老年素质教育"长三角一体化"合作发展。

3. 指导系统学校工作

上海市老干部大学现有的26所系统学校,是一个关系紧密的整体,市校负有指导、服务的责任和义务。"十四五"期间,一要健全完善联系指导机制,做好常规性指导工作:召开系统学校工作会、宣传通联会、理论研讨会、片区联络会等,传达精神、交流经验、布置工作、开展培训、组织活动。二要推进系统学校达标、创优建设,力争做到区校全部达标,并培育若干所办学优质、特色鲜明的系统校。三要加强分类指导,重点抓好区校建设:首先,要实现全市各区老干部大学办学全覆盖,将老干部教育和思想政治工作重要阵地扎根到市、区两级;其次,要实现政治理论、形势政策、法律法规等核心课程在区校全覆盖;再次,要大力推进老年学员的党建工作,力争有2/3区校建立学员功能型党组织;最后,要在师资、线上课程资源等方面帮助区校创新课程设置,开发受退休干部学员欢迎的各种课程。同时,要帮助企业系统学校平稳实现过渡,鼓励办学工作者坚守岗位,完成老干部教育的光荣任务。

作者简介:①周鸿刚,上海市老干部大学校长。
②查正和,上海市老干部大学副校长。
③刘恩,《上海市老干部大学学报》责任编辑。
④孙梦蕾,上海市老干部大学编研室副主任。
⑤李君健,《上海市老干部大学校报》责任编辑。

无锡市老年大学新发展的研究报告

中共无锡市委老干部局课题组

为贯彻落实《中共中央、国务院关于加强新时代老龄工作的意见》(以下简称《意见》),

实施积极应对人口老龄化的国家战略,不断满足我市日趋庞大的老年人群对美好生活的精神需求,在研究总结无锡市老年大学发展经验的基础上,提出无锡市老年大学适应老年教育新发展的建议和对策,促进无锡市老年教育走在全国前列。

一、无锡市老年大学发展现况

（一）无锡市老年大学简要的发展历程

无锡是全国最早开办老年大学的城市之一。1983年,无锡市户籍老年人口占户籍总人口的10%,比全国进入人口老龄化城市平均水平早16年,面对无锡市人口老龄化"早、快、高"的实际情况,无锡市委、市政府解放思想、实事求是、引领创新,创造性地提出了"思想上有位子、领导上有班子、规划上有盘子、办实事有票子、工作创新有路子"的老龄事业发展思路,率先提出解决"一老一小"民生问题,规划了无锡市老年大学等4项老龄事业标志性民生工程。1986年,在无锡市槐古桥堍正式创办了无锡市老年大学,建校舍面积1000平方米左右,奠定了无锡市老年教育事业发展根基。2005年10月,市委、市政府为解决更多老年人"老有所学"的精神需求,移址新建了无锡市老年大学,把校舍面积扩建至8000平方米,使其成为引领无锡市老年教育发展的示范性工程,有力地推动了无锡老年教育事业的蓬勃发展。

党的十八大以来,无锡市委、市政府坚决贯彻我国积极应对人口老龄化,推进老龄事业与经济社会全面协调可持续发展的宏伟构思、顶层设计、战略举措,围绕"老有所养、老有所医、老有所为、老有所学、老有所乐"的"五个老有"目标,在老年人智慧康养医养、为老优待服务、保障合法权益等方面采取了切实有效的措施。2022年9月,市委书记杜小刚到老年大学走访时要求学校要高度重视老龄工作,把积极老龄观、健康老龄观理念融入老年教育全过程,把老年教育纳入终身教育体系,鼓励国有企业和社会资本参与老年教育,努力为老年人打造更多更好的文化养老精神乐园,给老年大学进一步发展壮大带来了崭新希望和不竭动力。

（二）无锡市老年大学积累的基本经验

无锡市老年大学发展36年来,在党和政府的正确领导下,经过全校师生的共同努力,走过了初创摸索、规范完善、科学发展和创新提高的发展历程,取得了许多宝贵的办学经验。

一是始终坚持以政治建校为根本出发点。厚植红色基因,强化政治引领,积极做好新形势下老年群体思想政治教育,坚决守住老年群体思想阵地,在维护社会稳定、推进和谐文明、创建全国文明城市中发挥着积极作用。

二是始终坚持"增长知识、丰富生活、陶冶情操、促进健康、服务社会"的办学宗旨。在满足老年人多元学习需求的同时,丰富老年人精神生活,帮助老年人跨越"数字鸿沟",发挥老年学员经验优势,助力"银发生辉"工程建设。

三是始终坚持不断提升教学质量内涵。紧跟时代发展,创新教学课程,拓展教学内容,打造特色亮点,学校已经成为老年人"老有所学"的学习乐园、"不忘初心"的精神家园。

四是始终坚持注重发挥"头雁"效应,作为全市老年大学会长单位,持续提升办学规范化、标准化水平,充分发挥引领示范辐射作用,促进了全市老年教育事业蓬勃健康发展,成为推动全民终身学习、建设学习型社会重要阵地。

五是始终坚持校园文化建设。积极搭建活动展示平台,着力培养骨干队伍,努力打造星级社团,培育"三有"(有作为、有进步、有快乐)老人,不断浓厚崇尚先进、争做先锋的氛围,在全国和省市各类活动比赛中展现我市老年人良好的精神风貌和时代风范,为全面推进中国式现代化无锡新实践贡献智慧和力量。

(三)无锡市老年大学取得的主要成效

36 年来,无锡市老年大学在引导老年人加强思想政治建设、服务社会治理、服务老龄事业发展、促进老龄事业发展、提升老年人精神文化生活品质等方面发挥着不可或缺的重要作用,引领推进了全市老年教育发展,促进了我市基本形成老年学校教育、远程教育和社会教育相结合的老年教育体系。从 1986 年 5 月开班至 2022 年春季学期,无锡市老年大学办学规模不断扩大,班级数由创办时的 4 个增加到现如今的 270 个,学员人数由每学期 117 人发展到每学期 7043 人,10138 人次。学校聘任兼课教师也发展至目前的 111 名。课程设置由最初的书法、国画 2 门课程发展为 11 个大类 139 门课程,并以每年研发 2—3 门新课程逐年递增扩围。无锡市老年大学组建的 11 个老年社团,活跃于我市精神文明建设的各项文化活动中,每年在全国和省市举办的各项大赛中获奖,已逐渐成为我市发展公益事业为社会服务做贡献的骨干力量。经过不懈的努力奋斗,无锡市老年大学办学取得了显著的成绩,2009 年 10 月被中国老年大学协会评为全国先进老年大学,2013 年被全国老龄工作委员会评为敬老文明号,2014 年 12 月被江苏省老年大学协会评为江苏省示范老年大学,2016 年 12 月被中国老年大学协会评为全国示范老年大学。

二、当代老年大学新发展的意义和要求

(一)当代老年大学新发展的意义

据统计,2021 年底,无锡市户籍老年人口已达 136.29 万,占全市户籍人口的 26.44%,其中,60—69 岁占老年人总数的 48.59%,70—79 岁占老年人总数的 35.84%,人均预期寿命已达 83.42 岁。自 2022 年起,由于 1962—1976 年出现的第二次出生人口高峰,无锡市将迎来进入 60 岁的老龄人口高峰。据有关部门预测,2035 年,无锡市户籍老年人口将超过 189 万,占户籍人口总数的 35.4%。

随着我市老年人寿命日渐延长,健康水平逐渐提升以及物质生活条件不断改善,老年人对充实精神文化生活、提高知识水平、深度融入现代社会有了更强烈的要求。老年教育是老年人保持身心健康并实现老有所学、老有所为、老有所乐的有效途径,而老年大学则承担了不可或缺的角色。当前,我市应立足当代老龄社会发展全局,进一步重视老年文化教育的现实意义和社会价值,不断促进老年文化教育事业的繁荣和发展,不断满足老年人群实现积极老龄观的新期待。

1. 发展老年大学有利于做好老年人思想政治工作

当今社会的老年群体生活在我国进入全面建设社会主义现代化国家、向第二个百年奋斗目标进军新征程的重要时期,要使他们跟上时代的发展步伐,就要贯彻"老有所教、老有所学"的方针,积极做好新形势下老年人的思想政治工作,深入持久地用新时代中国特色社会主义理论体系、社会主义核心价值体系等教育武装老年群体,使其加深理解党的基本路线、方针、政策,对党的路线方针政策做到思想上认同、情感上依赖、生活上依靠,始终与党中央保持一致,同心同德同行,共同为实现中华民族伟大复兴梦而努力奋斗。

2. 发展老年大学有利于保持老年人身心健康

《中华人民共和国老年人权益保障法》明确规定,老年人有受教育的权利,要求政府和社会要为老年人创造学习的条件。有研究表明,"学习可能是未来最好的养老",与养老机构的"床位"相比,老年大学的"座位"是一种更积极、更主动、更经济的养老。老年人通过积极学习,能大大减缓大脑的衰退,切实延长老年人的健康寿命,增强老年人的生命质量和生活质量,减轻国家、社会和家庭的负担,这是党对老年人的关怀,也是法律赋予老年人的应有权利。

3. 发展老年大学有利于丰富老年人的精神文化生活

老年大学不仅是个学习平台,而且是老年人的社交平台。通过书法、摄影、电脑、舞蹈等各种教学课程和集体活动的开展,既满足了老年人提升自我修养赢得尊重的渴望,也满足老年人实现价值追求赢得友谊的需求,促进他们身心健康。

4. 发展老年大学有利于开发利用老年人力资源,促进地方经济社会可持续发展

积极老龄观认为,老年人是社会发展进步的动力和财富。研究与实践表明,60—69岁低龄老人,思维能力保持着普通人智力高峰期的80%—90%,部分人智力和创新能力甚至会进入一个新的高峰期。因此,发展老年大学能够帮助老年劳动者不断更新知识和技能,提升人力资本积累水平,继续为经济社会发展做出贡献。

（二）当代老年大学新发展的要求

2021年11月18日出台的《意见》,是贯彻落实党中央、国务院关于老龄工作重要指示精神的集中体现,是指导当代老龄工作的纲领性文件,对老年教育提出了明确的要求。我们认为,学习贯彻《意见》的要求,促进老年教育的可持续发展,需要整合多方力量,依据中长期发展规划,分步骤多渠道,多措并举,稳步提升老年教育水平,特别是在老年大学发展上,目前主要在以下三个方面下功夫。

1. 扩大资源供给

《意见》提出:"将老年教育纳入终身教育体系,采取促进有条件的学校开展老年教育、支持社会力量举办老年大学(学校)等办法,推动扩大老年教育资源供给。"为此,我们要充分发挥政府主导、市场参与作用,统筹和引导各类教育资源,扩大老年教育资源供给。尤其要办好龙头学校,引领老年教育事业发展,推动老年教育向区、镇、村(社区)乃至社会养老机构、社区文化机构等拓展延伸。

2. 提升专业水准

《意见》提出:"鼓励有条件的高校、职业院校开设老年教育相关专业和课程……编写老年教育相关教材。"无锡市老年大学多年来注重科学设置课程,并积极开发新课程,通过课程的横向拓展、纵向深化、时尚跟进等方式,满足不同老年学员的学习需求,集中力量,定期修订教学大纲,加大自编教材力度,健全教学行为规范,以适应和满足老年教育发展的要求。但由于自身师资力量有限,课程建设的科学化、标准化、规范化、特色化还不够。我们要鼓励高校和职业学校等积极参与老年大学教育工作,通过共享优质院校资源,形成与老年大学教学互为补充、相互促进的局面。

3. 加强人才培养

《意见》提出:"加强学科专业建设与人才培养。"除课程学科建设、教师专业人才队伍建设外,还要注重管理人才和学员骨干等队伍建设。一方面,要鼓励高校和职业学校,运用现代教育理念,发挥其在专业建设、人才培养、理论研究等方面的示范和引领作用,针对老年教育特点和需求,为老年大学培养高素质专业教师和管理人才;另一方面,吸纳使用教育系统退职退休甚至部分现职的、具有丰富教学经验、热爱老年教育事业并甘愿奉献的教师和管理人才,为老年教育做贡献。还要进一步支持老年大学的社团建设,挖掘培养更多的学有所长、活动积极、号召力强的骨干学员,发挥其组织带动、示范引领等作用,为社会培育"银发人才"。

三、无锡市老年大学新发展的思考与探索

(一)无锡市老年大学发展中存在的突出问题

1. 需求与供给不平衡

《江苏省"十四五"老龄事业发展规划》中明确,到 2025 年,参加老年学校教育学习的老年人比例要达到 25%,而目前,无锡市老年大学市级 3 所、市(县)区 8 所,街道(乡镇)、社区(村)办的老年学校、老年学堂 500 多个,还远远满足不了老有所学的社会需求。

2. 发展保障机制有瓶颈

由于历史原因,老年教育发展的体制机制问题还没有解决,市各级老年大学由老干部部门、民政部门、教育部门等多头管理,单位管理也不尽相同,还存在着教学环境建设与办学水平不相适应等问题。

3. 资源共享待提升

如果能将老年大学体制纳入政府教育部门,就可以共享教育系统的师资、课程等资源。同时,将老年教育融入养老、文化、旅游、体育等产业发展,可以满足新时代老年教育消费需求,促进银发产业提档升级。

(二)当代无锡市老年大学新发展的思路

老年教育已经成为积极应对人口老龄化的国家战略,无锡市老年大学将以习近平新时代中国特色社会主义思想为指导,深入学习贯彻《意见》,落实国家、省、市老龄事业发展规划目标任务,全面贯彻落实党的教育方针,以党的建设引领学校事业发展,更加自觉扛起"三大光荣使命",更高站位、更加科学、更多努力做好老年教育工作,更好满足广大老年人多样化多层次的学习需求,把学校打造成老有所学的学园、老有所乐的乐园和老有所为的精神家园。以建设"全国一流老年大学"为目标,秉持"政治建校、文化立校、人才强校、科研兴校、民主治校"办学理念,以创新老年教育模式为重点,以制度机制创新为突破口,不断提升教学管理质量,专业课程建设、师资队伍、学校管理、互联网 + 老年教育模式、网络数字化教育资源、向基层社区延伸发展远程教育教学点和示范辐射达到一流水平,建成全国一流的老年教育名校,全面提升学校综合实力,全力塑造老年教育品牌,努力成为全国老年教育的领航学校。

1. 以党建为引领，加强思想政治建设

认真贯彻当代党的建设总要求和组织路线，始终坚持党对一切工作的领导，探索功能型党组织建设，不断扩大党的组织和党的工作有效覆盖，根据自身特点和实际情况，开展党的组织生活，发挥党员先锋模范作用，推动新时代党的建设总要求在老年大学落到实处。遵循党的教育方针，坚持办好思想政治理论课，用马克思主义武装老年人，守好老年教育这块阵地，让广大老年学员成为社会主义核心价值观的践行者、推动者、弘扬者。

2. 以创新为突破，加强信息化建设

充分利用物联网、大数据、人工智能等新一代技术手段，推动学校信息化建设，构建"云、网、数、端"的教育信息化新形态，着力夯实数字化的应用管理环境、智慧化的教学环境，构建"互联网＋老年教育"新模式。扩大网络教学规模，推动远程教育教学点向基层社区延伸发展，持续加强老年大学规模影响和品牌建设，逐步解决供需不平衡和资源共享难等问题。

3. 以机制为保障，加强品牌建设

强化党委领导、政府统筹，健全完善老年教育工作机制，组织部门、老干部局、财政局、教育局、卫生健康委、民政局、人力资源和社会保障局、文广旅游局、体育局等部门协作配合支持老年大学发展，将老年教育纳入政府老龄事业的基本公共服务，纳入终身教育体系。持续完善和创新学校环境文化、制度文化、精神文化，总结提炼具有政治方向和时代精神的校训、校风、教风、学风、校歌、校旗、校徽，不断开发高品质有独具特色的课程资源，增强校园文化内涵底蕴，以独具特色的校园文化凝聚人、鼓舞人、培育人，做优做强老年大学的品牌。

4. 以"一流"为目标，加强标准化建设

围绕全国老年大学示范校要求，按照老年大学标准化建设方案，对标对表抓好落实，加强老年教育教学研究，深化教师队伍建设，完善教材规范化管理，提升课堂教学质量，开发高品质课程及江南特色文化资源，形成具有无锡特色的老年教育发展体系，建成党委政府高度赞同、老年人和社会高度认同、国内同行高度认可的国家老年大学标准示范校。

作者简介： ①课题组组长：严健媛，中共无锡市委组织部副部长、老干部局局长、离退休干部工委书记。

②课题组成员：章雷，中共无锡市委老干部局副局长；陈晓海，中共无锡市委老干部局副局长；孙长波，中共无锡市委老干部局四级调研员；杨韵辉，无锡市老年学学会副会长兼秘书长；王稼伟，无锡市老年大学校长、无锡市老年大学协会会长。

积极老龄化背景下老年教育发展的新样态

朱学标

一、老年教育得益于积极老龄化的推进

习近平总书记指出,要着力增强全社会积极应对人口老龄化的思想观念。要积极看待老年人和老年生活。要认识到,老龄化社会是人类社会发展的必经阶段,是经济社会发展到一定阶段的产物。积极应对人口老龄化,不仅能提高老年人生活质量,维护老年人尊严和权益,而且能促进经济发展、增进社会和谐。①

老年教育是以提高老年人道德修养、科学文化和身体素质,满足老年人增长知识、丰富生活、陶冶情操、促进健康、服务社会所实施的教育活动,是教育体系的重要组成部分,是终身教育的重要阶段,更是建设学习型社会和提高社会文明程度的重要体现。应对老龄化问题,就要加强老年教育,就要办好老年大学,适应当代经济和社会发展的需要,为广大老年人提供优质服务,为现代社会发展添砖加瓦。

积极老龄化就是最大限度地提高老年人"健康、参与、保障"水平,确保老年人不断提升生命质量,促使老年人能够充分发挥自己的潜能,保证老年人能够按照自己的权利、需求、爱好、能力参与社会活动,并得到充分的保护、照料和保障。积极老龄化最重要的贡献就是充分肯定了老年人仍然是积极群体,为老年教育的发展提供了可能性、必要性和重要性。积极老龄化重视老年人的生命和生活质量,强调老年人潜能的开发,发挥老年人在教育人才、开发人才等方面的作用,指明了老年教育的开放性、开发性和发展性,为老年教育发展指明了发展方向。党的十九届五中全会将积极应对人口老龄化上升为国家战略,标志着我国老龄事业实现了跨越式发展。这是党中央立足我国人口老龄化的发展态势和经济社会发展全局,审时度势,做出的重大战略部署,必将对我国老年教育事业发展产生重大而深远的影响。

二、老年教育是终身教育的收官之作

终身教育作为一种理念,是1965年联合国教科文组织法国教育专家郎格朗在提交给国际成人教育发展委员会的提案中首次提出来的。1970年,联合国教科文组织出版了郎格朗的著作《终身教育引论》,比较详细地阐述了终身教育的思想,并提出了实施终身教育的一系列原则和建议。另外,在以埃德加·富尔为首的国家教育发展委员会向联合国教科文组织提交的一份题为《学会生存》的重要报告中明确指出:"教育应该扩展到一个人的整个一生。

---

① 吴玉韵:《应对人口老龄化重在制度建设》,《经济日报》2021年9月8日第10版。

教育不仅是大家都可以得到的,而且是每个人生活的一部分。教育应把社会的发展和人的潜力的实现作为它的目标。"由雅克·德洛尔任主席的国际21世纪教育委员会向联合国教科文组织提交的报告《教育——财富蕴藏其中》指出:教育在一个人生活中的地位越来越重要,因为它对促进现代社会发展的作用越来越大。今天,谁都不能再希望在自己的青年时代就形成足够其一生享有的原始知识宝库,因为社会的迅速发展要求不断地更新知识;今后,人的整个一生都要进行学习,要建立一个融获取知识、更新知识和使用知识为一体的学习化社会以满足人们终身学习的需要。教育已经不仅仅是个人的事情,而是成为所有人的事情,涉及全体公民。

作为政府的号召、国家的策略,终身教育在我国则是进入20世纪90年代才开始的。1993年,中共中央、国务院颁布的《中国教育改革和发展纲要》第一次在权威性的国家文献中正式提出"终身教育"这个概念,即"成人教育是传统学校教育向终身教育发展的一种新型教育制度"。1995年,《中华人民共和国教育法》第一次用法律形式确立了"终身教育"在我国教育事业改革和发展中的地位,明确提出要在我国"建立和完善终身教育体系"。1999年5月,在全国教育工作会议上,中共中央、国务院向全党、全国人民发出了"深化教育改革全面推进素质教育"的动员令,并要求逐渐完善终身教育体系,加快建立我国学习化社会的进程。

老年教育是人生最后阶段的教育,在终身教育体系中对人的一生起着完善和总结的作用,是终身教育的收官之作。可以说,没有老年教育,就没有完善的终身教育,或者说就没有完善的终身教育体系。老年教育与基础教育、高等教育、职业教育不同,它是以提高国民素质为目标而进行的非定向的、非专门的教育。它的知识教育、技能教育不是为了选拔、升学和择业而设置的,而是尽可能地为人的身心全面发展和生活幸福安康提供最佳的发展支持条件,使老年教育成为焕发老年人的生命力的教育。这是老年教育的主要目标和动力,也是构建终身教育体系的必然要求。

三、老年教育在发展实践中形成的现代化理念和价值取向

(一)老年教育现代化理念

老年教育在发展实践中,形成了自身的现代化发展理念,即老年教育必须顺应经济、社会现代化发展需要,以老年人为教育服务对象,以增长知识、丰富生活、陶冶情操、促进健康、融入社会、服务民众为宗旨,以提高老年人的生命和生活质量为目的,以教育的终身性、人本性、公平性、生命性、自主性、时代性为核心,使老年教育达到现代化社会所要求的先进水平。老年教育现代化是教育现代化的重要组成部分,是构建终身教育体系的重要环节,是中国特色老年教育改革发展的必然选择。

一是以人为本理念。以人为本作为老年教育发展的最高价值取向,要贯穿在老年教育及其发展的全方位和全过程。老年人是国家和社会的宝贵财富,尊重老年人,理解老年人,关心老年人,不断满足老年人的精神文化生活,促进老年人的全面健康发展,提高老年人的生命和生活质量,这是基本出发点和根本目的。以人为本的老年教育从根本上讲是生命教育,是基于生命、直面生命、为了生命、通过生命所进行的人类生命事业的人类实践活动。在生命教育的意义上,老年教育与其他类型教育相比,超越了功利主义和工具理性,为老年人

的生命质量、生命价值、生命体验提供了最深切的关怀，从而可以真正和完全地体现生命教育的本质和以人为本教育的生命本质。

二是终身教育理念。终身教育是社会为了自身的进步和每一个社会成员个性的和谐发展与潜能的充分发挥而设计和提供的，它涉及各年龄段的各种形式、各种内容的教育的总和。这是一种现代化的教育理念，其基本内容是从胎教直至老年教育贯穿始终的一种学习活动，核心思想是以人的一生主动自愿学习为基础，以个性化、多样性、非职业化学习为特征，实质是以人为本、技能为先、适应时代，不断促进人的全面发展。终身教育理念告诉我们，人们的教育不是在正规学校教育结束时便告终止，而是一个终身教育和学习的过程。它包括并统一于所有的教育阶段，既包括正规教育，也包括非正规教育。它在纵向上寻求教育的连续性和一贯性，在横向上寻求教育的综合协调，要义在于打破以往人们接受教育的时空局限性，对人的一生负责，实现终身发展。

三是"全纳教育"理念。"全纳教育"是一种蕴含着理解、尊重和包容的教育思想，一种倡导民主、平等和合作的全新教育理念。联合国教科文组织的定义是："全纳教育是通过增加学习、文化和社区参与，减少教育系统内外的排斥，应对所有学习者多样化需求，并对其做出反应的过程。""全纳教育"所蕴含的中华优秀传统文化中"有教无类"思想，所强调的容纳所有学生、反对歧视排斥、促进积极参与、注重整体合作、满足不同需求等基本理念，所倡导的教育权利观、公平观、民主观、合作观等现代教育观念，对老年教育现代化具有十分重要的现实指导意义。实现"全纳教育"，就是要为老年人老有所教、老有所学提供更多的机会和更好的条件，使老年人都享有平等接受教育的机会和权利，坚持按需施教，满足老年人不同的、多样化的学习需求，倡导康乐向上、积极参与、融入社会和老有所为。

四是学习化理念。学习化社会，是指人们学习意识普遍化和学习行为社会化的一种新型社会形态。它意味着所有社会成员在其一生的每一个年龄阶段，都可以利用国家、社会提供的教育设施和条件，并按照社会的要求和个人的意愿，去享受各种学习和训练机会。在这种社会环境中，学习活动和教育活动都将发生很大的变化：学习从无意到有意、从被动到主动；学习活动从个体扩大到群体；教育活动转为学习活动；教育将从社会权利变为义务。在学习型社会的背景下，老年教育将要寻找适合自己的发展策略及发展空间，将以全民终身学习的理念为指导，加快发展老年教育，使每个公民特别是老年人都能意识到终身教育、终身学习既是人应当享受的一项基本权利，也是人必须对社会及自身承担的义务与责任。老年教育的发展，将朝着真正意义上的人自身的智、乐、善为基本人生价值的转换。

五是信息化理念。信息化是指培养、发展以计算机为主的智能化工具为代表的新生产力，并使之造福于社会的历史过程。数字化学校是以数字化信息和网络为基础的，尤其是要发挥大数据技术的优势，通过对教学、科研、管理、服务等信息进行收集、处理、整合和传输，形成一种虚拟化、互动化、信息化、泛在化的教育环境。这对老年教育的发展，对老年人在信息化条件下的学习提出了历史性的课题，需要广大老年人普遍树立信息化的理念，跟上信息化的步伐，适应信息化的环境，接受信息化的知识。否则很难在信息化、数字化的社会教育管理环境中充分地学习和生活。

（二）老年教育现代化的价值取向

随着社会发展水平的不断提高，医疗水平的日益进步，人们注重身心健康的意识明显增强，人均寿命也在不断延长，这对开展老年教育和一切与老年人有关的社会事业发展提出了新的挑战。未来老年教育将进一步加快发展，尤其在老年教育现代化的发展方向上，将呈现三个转向：从个体性需求转向社会性需求，从权利转向义务，从教育转向学习。

一是从个体性需求转向社会性需求。当前，许多国家所开展的老年教育及其相应的教育设置主要着眼于满足老年人的生命成长需求，充实和丰富老年人的晚年生活，许多老年人也主要是从自身的兴趣、爱好、生活需求等方面来选择相应的课程和活动。这种教育和学习方式，在价值取向上是一种满足个体性、个性化需求的导向，在教育关系上主要是一种教育者与受教育者之间的关系，教育的效果主要取决于老年人的精神文化需求满足程度，或者学习满意度。但老年教育不同于基础教育和高等教育。从社会未来发展的角度看，从社会整体收益最大化的维度看，老年教育应当向着为社会增益的角度发展，把"负担"变成"能量"。未来的老年教育不仅仅着眼于满足老年人群体的个体化需求，还应着眼于社会发展的社会性需求的满足。从老年人角度来说，就是一方面其自身的需求得到满足，另一方面还要主动去为包括老年人在内的其他社会成员或组织提供力所能及的服务，以"发挥余热"的形式回报社会。这样，老年教育就不再仅仅是一种消耗性的行为，同时也是一种增益性的行为，老龄化社会将不再意味着社会整体的负担加重，反而会变成一种新的发展动力的加盟和启动。

二是从权利转向义务。在权利意义上，老年教育将保证老年人有一种比较充实和有意义的晚年生活，这也是对他们多年来对社会做出贡献的必要回报。同时，对老年人的尊重和关爱也在一定程度上标志着社会的文明和进步。所以，提供完善的老年教育体系和足够丰富的老年教育资源，保证每个老年人都接受适合的教育服务，是每个文明社会所必须做好的事业。每个老年人都有权利享受适合的老年教育。但是，从未来社会发展的角度来看，如果老龄人口不断增加，对老年教育资源的需求量越来越大，而社会又无法提供足量的资源予以满足，那么老年人的这种权利的实现，将给社会带来越来越大的负担。因此，就需要老年群体主动转变观念，由权利意识转向义务意识，通过履行接受老年教育的义务，获得必要的知识和技能，反过来为社会提供服务，主动满足社会性需求。这不但是保证老年人满足一定的社会性需求的必要途径，也是提升全体社会成员整体素质、促进社会健康发展的有力保障。

三是从教育转向学习。随着社会的发展和进步，特别是现代化信息化程度的提高，老年教育将逐渐被老年学习所取代。从未来社会发展的角度看，只要具备了足够的学习能力，每个社会成员都可以便捷地获取海量的学习资源，取得很好的学习效果。老年人在老年教育机构接受教育将成为一种选择，老年人可以自寻适合自己学习的资源。老年教育将会发生根本性的变化，为老年人提供教育服务的人，将可以是任何有资质的社会成员，包括老年人自身。每个老年人都可以据其所长和优势，为包括其他老年人在内的社会成员提供服务。他们在其优势领域可为师，在其劣势领域可为生，每个老年人都兼具教者和学者双重身份。事实上，当前一些老年人自助互助组织，就是充分利用了老年人的所长和优势，互相指导、取长补短。有理由相信，未来社会中的老年教育将切切实实地满足相当的社会性需求，为整个社会的增益性发展和最优化效益做出重要的贡献。

四、积极老龄化背景下老年教育发展的新样态

20世纪90年代以来，我国逐渐进入深度人口老龄化社会。第七次全国人口普查结果显示，全国60岁及以上人口为2.64亿，占总人口的18.7%。我国现在是世界上老年人口最多

的国家。预计到 2025 年 60 岁及以上老年人口将突破 3 亿,2033 年将突破 4 亿,2053 年将达到 4.87 亿的峰值。国务院《老年教育发展规划(2016—2020 年)》明确指出:"发展老年教育是积极应对人口老龄化、实现教育现代化、建设学习型社会的重要举措,是满足老年人多样化学习需求、提升老年人生活品质、促进社会和谐的必然要求。"据此,在积极老龄化背景下,我国老年教育将呈现新的发展样态。

(一)大力推进老年教育现代化发展

老年教育现代化是指顺应经济、社会现代化发展需要,以老年人为教育服务对象,以增长知识、丰富生活、陶冶情操、促进健康、融入社会、服务民众为宗旨,以提高老年人的生命和生活质量为目的,以教育的终身性、人本性、公平性、生命性、自主性、时代性为核心的教育现代化特质,使老年教育达到现代化社会所要求的先进水平。老年教育现代化是教育现代化的重要组成部分,是构建终身教育体系的重要环节,是中国特色老年教育改革发展的必然选择。从总体来看,我国老年教育发展的水平与质量离教育现代化的要求还有很大差距,老年教育现代化发展的路还很长。因此,在老龄人口不断增加、进入深度老龄化社会之际,积极推进老年教育现代化建设,不断提高老年教育现代化水平,让广大老年人获得健康美满、充实快乐的晚年生活,具有非常重要的时代价值和现实意义。

(二)积极构建老年教育课程现代化体系

老年教育课程是针对老年人身心发展特点而编制的、满足老年人精神文化需求的结构化的知识、技能及系列活动的教育内容总和。其特征是知识性、趣味性、时代性和发展性,其内容都是为了丰富老年人晚年生活、满足老年人精神文化需求,不追求知识体系的专业性和系统性,而是追求最大程度地满足老年人的学习需求和学习愿望。老年教育课程现代化是根据教育现代化办学理念而选择、能够引导老年人适应高速发展的现代社会,营造自信、愉悦、充实、丰富且有价值的晚年生活的各种课程。既要符合老年人的身心特点,又要满足老年人多方面的精神文化需求,更要顺应社会发展对现代老年人的时代要求;既要坚持人本性、导向性、丰富性、实用性、渐进性(层次性)、时代性的原则,又要体现适应性课程设置与引导性课程设置、拓宽外延的"教育超市"设置与提升内涵的"阶梯攀登式"课程设置、共性化课程设置与个性化课程设置"三结合"的特点。

(三)努力推进城乡社区老年教育均衡发展

《老年教育发展规划(2016—2020 年)》明确要求,优先发展城乡社区老年教育,完善基层社区老年教育服务体系,整合利用现有的社区教育机构、县级职教中心、乡镇成人文化技术学校等教育资源,以及群众艺术馆、文化馆、体育场、社区文化活动中心(文化活动室)、社区科普学校等,开展老年教育活动。建立健全"县(市、区)—乡镇(街道)—村(居委会)"三级社区老年教育网络,方便老年人就近学习。发展农村社区老年教育,有效整合乡村教育文化资源,以村民喜爱的形式开展适应农村老年人需求的教育活动。加强对农村散居、独居老人的教育服务。推进城乡老年教育对口支援,鼓励发达地区以建立分校或办学点、选送教师、配送学习资源、提供人员培训等方式,为边远地区和农村社区老年教育提供支援,实现老年教育全覆盖。这些规定和措施为我们大力发展老年教育指明了方向,也充分说明优先发展城乡社区老年教育是今后一段时期我国老年教育发展的基础工程,当务之急,必须加以高度重视。

（四）创新养教结合的新模式

探索养教结合新模式,整合利用社区居家养老资源,在社区老年人日间照料中心、托老所等各类社区居家养老场所内,开展形式多样的老年教育。积极探索在老年养护院、城市社会福利院、农村敬老院等养老服务机构中设立固定的学习场所,配备教学设施设备,通过开设课程、举办讲座、展示学习成果等形式,推进养教一体化,推动老年教育融入养老服务体系,丰富住养老人的精神文化生活。积极开发老年人力资源,用好老年人这一宝贵财富,充分发挥老年人的智力优势、经验优势、技能优势,为其参与经济社会活动搭建平台、提供教育支持。发挥老年人在传承中华优秀传统文化、引导全社会特别是青少年培育和践行社会主义核心价值观等方面的积极作用,彰显长者风范。鼓励老年人利用所学所长,在科学普及、环境保护、社区服务、维护社会治安等方面积极服务社会、奉献社会。这是近年来在老年教育领域广大老年教育工作者共同探索的老年教育新途径和新方法,并且收到积极的成效和普遍的欢迎,成为另一道老年教育的景象。

（五）加强民办老年教育的发展

"政府主导、市场调节。发挥政府在制定规划、营造环境、加大投入等方面的作用,统筹协调各部门老年教育工作。激发社会活力,继续探索和完善政府购买服务机制,引导社会力量积极参与,带动相关产业发展。"这是《老年教育发展规划（2016—2020 年）》中规定的内容。国家鼓励创新老年教育发展机制,支持社会力量参与老年教育,充分激发市场活力,推进举办主体、资金筹措渠道的多元化,通过政府购买服务、项目合作等多种方式,支持和鼓励各类社会力量通过独资、合资、合作等形式举办或参与老年教育。运用市场机制调节供需关系,进一步优化老年教育的市场结构、内容和布局。加强规划指导和外部监管,营造平等参与、公平竞争的市场环境。鼓励养老机构兴办老年教育。鼓励互联网企业、网络教育企业参与老年教育,充分利用"互联网＋",促进互联网与老年教育深度融合。

（六）智慧助老成为新时代老年教育的主导

我国老年教育经过 40 年的快速发展,取得了历史性成就,成为中国老龄事业发展一道亮丽的风景线。同时,随着人口老龄化的加速发展,老年教育发展不平衡、不充分的矛盾更加突出,老年人多样化、个性化、高品质的教育需求更加鲜明,新时代呼唤老年教育进一步改革创新转型发展。《中共中央、国务院关于加强新时代老龄工作的意见》和《"十四五"国家老龄事业发展和养老服务体系规划》都把发展老年教育作为实施积极应对人口老龄化国家战略的重要任务进行重点部署,把推动新时代老年教育从"娱乐型"向"赋能型"转型发展作为主导,强化积极老龄观教育,实现思想赋能。中共中央办公厅、国务院办公厅《关于新时代进一步加强科学技术普及工作的意见》也对老年人提出了加强科普,科技赋能的要求。这是新时代老年教育新的工作任务和方向。

（七）建立健全促进老年教育发展的法律法规

推动法规制度建设,完善涉及老年教育的相关法律法规制度,这是老年教育发展的重要保证。首先,要确立积极老龄化理念,形成社会各方面在老年教育高质量发展上的共识,这是老年教育高质量发展的内生动力。积极老龄化理念的核心是老年人在健康、参与和保障三个方面实现最佳化,老年人不但老有所养、老有所乐,而且老有所学、老有所为,从而提高老年人生活质量。其次,建立健全老年教育的政策法规体系,保障老年教育的健康发展。近年来,我国虽然出台了一些法律法规,对我国老年教育的发展起到了一定的推动作用;但与国家日益严重的人口老龄化形势,与实现国家现代化伟大事业相比,还远远不够。必须进一步健全和完善保证老年教育健康发展的法律法规和制度,把积极老龄化国家战略落到实处。

作者简介: 苏州市老年大学协会常务副会长兼秘书长,苏州市老年大学研究室主任,江苏省老年大学协会智库专家,中国老年大学协会老年教育学术委员会委员。

数字化背景下老年教学资源共建共享路径

王玉珍　　高发生

我国老年教育经历40年的发展,办学模式日益多元,招生规模逐步扩大,办学质量显著提升。但与西方老年教育发展相较,我国老年教育质和量的发展尚有较大空间。教育机构还存在区域发展不均衡、入学率普遍不高、教育资源供给不足、社会力量参与度较低、场地条件有限等发展桎梏。随着信息技术发展,融合"互联网+"理念,转变老年教育传统办学理念成为新兴发展趋势,专家学者积极倡导依托广播、电视和互联网等载体,通过构建便于老年人学习的学习平台,以满足不同层次老年群体的个性化需求,创新发展线上老年教育。全国各地老年教育机构、学校也陆续尝试推出"直播课堂""空中老年大学"等教学模式,越来越多的老年教育课程从线下教学走到线上教学,从实体教室走向虚拟空间,为创新发展老年教育提供了多渠道的实践土壤。

本文以省、市老年大学实践个案为基础,梳理总结当代老年教育的线上线下教学资源共享现状,探讨共建共享的建设路径,为加快搭建老年教育共享平台、推进老年教学资源的共享贡献我们的绵薄之力。

一、研究背景与实践经验

(一)互联网+老年教育:以顶层设计营造良好外部环境

互联网信息与移动应用技术的飞速发展,带动教学资源线上线下加速融合。构建"互联网+老年教育"是个系统工程,需要充分整合多方资源,为老年人提供在线学习平台,为老年教育提供专业的配套设施,同时吸纳专业人才参与老年教育。《中共中央、国务院关于加强新时代老龄工作的意见》提出,要推动扩大老年教育资源供给,鼓励有条件的高校、职业院校开设老年教育相关专业和课程,筹建国家老年大学,搭建全国老年教育资源共享和公共服务平台。2021年和2022年,中国老年大学协会颁发的《中国老年大学工作要点》提出,要鼓励有条件的学校开通共享网络教学,整合教育、文化、体育、科技等资源,构建老年大学学习资源体系,搭建老年大学终身学习平台。《老年教育发展规划(2016—2020年)》(国办发〔2016〕74号)、《国家积极应对人口老龄化中长期规划》等国家中长期发展规划及相关政策文件的颁布,也为老年教育发展营造了良好的外部环境,为老年人学习服务指明方向,为老年教育的顺利开展提供人才、技术、智力等支持。

(二)"共享经济"理论:以资源让渡推动可持续发展

教育共享平台的搭建借力"共享经济"理论。共享经济理论由美国学者在20世纪70年代提出,是指拥有闲置资源的机构或者个人有偿让渡资源使用权给他人,让渡者获取回报,分享者利用分享他人的闲置资源来创造价值的一种新型商业模式。《失控》作者凯文·凯利指出:"把最不可能共享的资源实现共享,这就是未来最大的机会。"经济学家范恒山认为,共享经济是一种节约经济、效益经济、开放经济、福利经济,也可能成为一种和谐经济。教育平台以"共享经济"的资源有偿让渡理念为支撑,加快推进线上线下老年教学优质课程共享、优秀教学方法共享,最终实现优质教学资源互联,是目前老年大学求发展、求突破的重要方向。老年大学通过对教学课件、直播课堂、教学方式、特别是优质师资的共享有利于促进老年教育整体效能发挥。共享涉及诸多主体,只有利益上的合理让渡,才可能最大限度地盘活内部资源、汇集社会闲置资源、获取尽可能多的外部资源,从而推动老年大学形成深度关联、有机衔接的整体,实现终身教育可持续发展。

(三)共建共享共治:以创新实践指导体系迭代升级

大数据和老年教育融合极好地契合了当前老年教育的"开放、共享、普惠"的特征。2020年新冠疫情发生后的半年时间里,以中国老年教育网、老年大学学习网、老年大学站群为核心的远程老年教育进入了蓬勃发展阶段。中国老年大学协会推出了"网上老年大学"教学资源,截至2020年11月,有300多所老年大学接入"空中课堂",活跃总人数达34万余人。湖南省搭建"市(州)—县(市、区)—乡镇(街道)—村(社区)"四级老年教育基础服务网络,推进线上教学与线下互动结合。安徽省出台《老年教育条例》鼓励老年教育机构之间开展协作,共建共享教学资源,实行优势互补,提高教育资源的使用效益。福建老年大学搭建的"福建老年大学新媒体电视平台建设工作"平台在全国教育系统脱颖而出,由全省县级及以上114所老年大学共建共享,获全国"终身学习品牌项目"。通过搭建教学资源共享平台,让学员不受时间和空间限制,真正做到时时学习、处处学习,极大拓宽了学员的学习途径,提高了学习效率。各地老年大学的诸多创新实践成效明显,全国逐步形成了"学校教育、社区教育、远程教育、自我教育、社会教育"五位一体的老年教育发展模式。

二、目前存在的主要问题

在我们对金陵老年大学开展老年教育调研中发现,学校教学资源已基本实现了线上教学与线下教学相融合,师生普遍对发展线上教学与线下教学融合教学模式热情高涨,给予了高度评价,与此同时,线上教学资源平台建设尚需技术支持,老年群体网络能力尚有不足,教学资源的时效性、精准性和完整性尚待提高。为进一步深化研究和验证假设,研究人员采取实证研究方法,针对南京市部分社区老年教学情况进行了网络抽样问卷调查,选取老年大学学员为抽样对象,投放问卷200份,收回有效问卷160份,问卷内容涵盖了学员基本情况、教学资源共享、学习成效反馈等内容,并对问卷结果做出一些基本分析。

（一）网络能力明显不足

抽样问卷调查显示,能在家自主使用网络平台学习的学员只有10%,需要教师、子女和朋友帮带才能进入在线学习的占了20%,需要多次专门学习长期学习的有27%,通过学习后仍然不能熟练操作电脑和智能手机的学员有43%(见图1)。

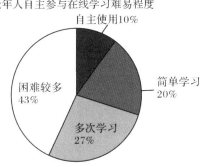

图1　老年人自主参与在线学习难易程度统计

据不完全统计,虽然在线老年教育在多个城市推广,但能熟练掌握和运用数字化技术服务的老年人还不具有普遍性。我国近10亿网民中,60岁及以上人群仅占6.7%,老年人使用手机、电子产品等方面的知识不足。社会撤离理论认为,随着年龄增长,老年人会逐步丧失生活角色,降低行动能力,受身体和思维影响,逐步希望摆脱社会参与,自愿脱离社会,愿意成为社会边缘群体,对学习新生事物的兴趣和自信心也会逐年降低。互联网作为新兴产业,老年人对其有兴趣,但真正接触和使用进而能熟练操作,离理想还有一些距离。

（二）教学条件不平衡

在线老年教育借助互联网技术为老年教育技术赋能,但老年人的特殊性决定了教育形式与教学内容等方面和普通学校教育存在较大差异。在针对教学条件部分提问中,老年人认为教师能灵活掌握在线授课技能的占比达80.3%以上,认为教学平台使用很方便的占54.1%,认为会坚持使用平台学习的学员仅占20.2%(见图2)。

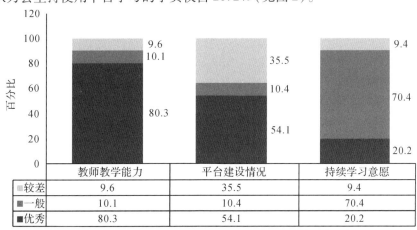

	教师教学能力	平台建设情况	持续学习意愿
较差	9.6	35.5	9.4
一般	10.1	10.4	70.4
优秀	80.3	54.1	20.2

■优秀　■一般　■较差

图2　老年人对教学条件认可程度统计

我们看到,在线老年教育仍旧处于初始阶段,专业技术人员指导缺乏,数字化教育软硬件还不齐全,当前有能力开展在线老年教育的场所与独立学校还比较少。国务院办公厅印发《关于切实解决老年人运用智能技术困难的实施方案》,各级政府积极组织开展"智慧助老"行动,但并非所有老年人都有条件可以连接到互联网,也不是每个老年人有条件或有意愿在虚拟环境中学习新知识。与此同时,老年教育资源长期以来以较发达城市为中心,城乡差异也很明显。图书馆、纪念馆、公共设施等对老年人群体关注度不够,适老化改造不能完全满足老年人需求。老年教育公共服务配置失衡、结构矛盾突出。

(三)资源共享存在局限

目前,老年大学线上教学资源主要依靠部分省、市老年大学协会(省、市老年大学)建立的多所学校共享和各级老年大学建立的校内共享,国家、地方、学校之间还没有完全建立线上线下教学资源的互通共享。教学资源缺少有效整合的情况,在老年大学中普遍存在。通过问卷调查发现,学校与学校之间的教学资源极少流通互鉴,教学资源比较单一;科研论文、在线课堂、教学课件、教学方式等教学资源相互割裂分散,没有统一管理体系;在线学习平台功能比较单一,操作界面不统一,教学资源重复使用率也比较低,老年大学的老年学员以兴趣为选课依据,学员需求不同,学习时间不同,往往重复上某几门比较喜欢的课程,比如声乐、舞蹈、书法等,统一制作好的在线课件普适性较低(见图3)。

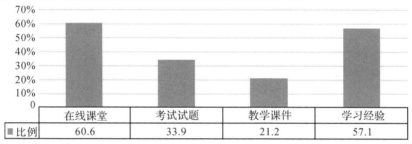

比例	在线课堂	考试试题	教学课件	学习经验
	60.6	33.9	21.2	57.1

图3　老年大学从其他学校取得的学习资源情况统计

学校之间能够共享的教学资源,除了省市开放大学资源之外,目前以学习经验为主,而教学过程中核心要素的学习课件、教学内容、考试试题等能共享的教学资源比较少。

三、基于大数据技术的老年教学资源共享机制

(一)资源配置机制

一是教学资源共享包括校内校外资源共享、学科之间资源共享、教育参与主体之间资源共享等,通过整合教学方法、实习基地、试题试卷、教学经验、学术讲座、课件、教学名师等优质教学资源,建立大规模开放在线课程,形成优质课程共享机制,充分借助微信群、学术沙龙、教师资源网等社会资源,促进老年教育均衡化发展。

二是发挥大数据强大的数据分析和整合优势,将学校教学资源结构形式、主要教学内容、学员到课率、师生满意度反馈等情况加以综合分析,通过分类整合,列出学员偏好,梳理归纳出学校优势和薄弱环节,确定年度教学重点。

三是碎片化学习是一种无时不有、无处不在的学习方式,老年学员因身体和精神状态等原因,更适应有别于专业性、集中式、连续性的常规学习方式,而身体上的"健康态"与心理上

的"年轻化"能进一步加快碎片化学习的普及速度。实际操作中既要注重常态学习资源的配置,更要注重老年学员体能的"健康态"与心理的"年轻化"的教化与引导。

(二)社会融合机制

一是提供就业政策引导专业人员、技术人员进入在线老年教育领域,吸引专业人才到老年大学或街道社区组织开展为老服务。比如,聘任专兼职教师,积极发展志愿者,鼓励低龄老年人帮助高龄老年人等,达成学校间、社区间教育人才资源共享。

二是融合行业协会、街道社区等多方主体,筹募政府、企业、高校、媒体等为老服务资金,联合社会组织开展社会服务,通过确定资源投向,明晰服务内容,确定责任义务,以区域资源联动的形式实现资源共享、连片抱团。

三是大数据技术帮助师生之间、学员之间更加方便快捷地交流和联系,顺畅线上教学与线下教学交流互动、互鉴共享。教师结合不同层次老年人的学习需求,制定更加有针对性的学习套餐,学员及时反馈学习体验,帮助教师拓展教学新方式方法,达成最佳教学效果。

(三)资源共享机制

一是明确老年教学资源共享制度,对现有教学资源进行平台化整合,成立规范统一的规则、程序或协议,调动政府、企事业单位和老年人参与教学资源共享的积极性,吸引各类主体踊跃提供教学资源,为平台建设打下坚实基础。

二是多方共同拥有和使用教学资源,实现收益共享。根据各主体在教学资源产权中所占的比例,通过教学资源共享平台运营,促进资源可持续开发和利用。教学资源共享平台最大的收益就是各主体能更多地享用资源,更大层面上满足不同层次老年学员的个性化需求。

三是资源受损风险共担。各类主体既是资源的需求方也是资源的供给方。每个主体身兼二任,利益共享和风险共担集于一身。各类主体只有清楚地意识到这一点,方可自觉规避不完全信息、尽可能降低交换成本、将风险降到最低程度。

四、老年教学资源共建共享路径

在数字化背景下,构建以"个性化服务 + 借助网络利用集体智慧"为特征的教学资源管理模式,加快推进资源共享实践,为实现老年人自主学习奠定基础。建议从五个方面入手加快构建老年教学资源共建共享体系。

(一)搭建全国统一平台

搭建全国老年教育资源共享和公共服务平台。国家级层面搭建全国老年教育资源共享和公共服务平台,各省(直辖市、自治区)同样也在这一大平台下,建立相应的网页,省(直辖市、自治区)下面的市(区)、县(市、区)再向下延伸建立分页,建立起从国家到省(直辖市、自治区)市、县(市、区)四个层级(各级老年大学链接到本地平台)的开放、兼容、共享的全国老年线上教育体系。各级平台可设置共享的"名师课堂""名校线上课堂"等栏目,为教师和老年学员提供具有专业性和普适性的开放课程资源。

(二)定期采集各类数据

平台的生命力在于数据的不断更新。这需要各级各层面定期向大平台提供客观准确的数据。对教学资源平台数据进行收集整理,充分了解平台各功能环节。重视教师日常教学课件、教学设计、经验汇报等内容收集，加强学员学习反馈、考试结果等意见建议，在数据分析的基础上，建设优质课件资源库，为后续平台迭代更新提供有力支撑。加强学校之间合作和研讨交流，实现教学资源互通互补，拓展学校教学资源库。

（三）互通共享教学资源

通过建立层层开放的平台网页，畅通老年教学资源利用渠道，制订科学合理的教学需求计划。打造学校间、教师间、学员间学习交流平台，通过不同主体的交流协作、意见搜集，加快推动系统迭代优化。通过设置互通共享栏目，引导老年大学积极发布各类资源，进一步驱动在线教学资源，鼓励学员登录平台和使用教学资源，系统管理员对教学资源进行分类分层管理，并按照学科类别、上课频次、教学方式等对教学资源进行梳理归纳，通过教学活动动态管理配合教学资源随时调用、互通共享。

（四）健全完善功能模块

教学是具有一定时间周期的实施过程。要提升对教学资源的综合应用，让教师和学员能够对各类教学资源进行合理组织，集成创新，及时对在线教学资源进行清理和归档。随着科技的发展，教育分支细化，新的服务功能和模块会不断出现。引导先进的教学资源和平台管理方法，防止数据丢失和提升数据安全性，为教学资源合理使用提供条件。建立健全系统功能模块，增加查询和统计，集成自动问答引导机器人，优化资源搜索功能。利用微信、小程序等载体，打造资源共享平台配套系统，例如记事本、时间管理器等，提升平台使用人员的使用体验。

（五）精准高效反馈机制

老年教育教学资源共享平台工作效率如何？需要跟踪检测，需要建立精准高效的反馈机制。定期开展教师和学员对资源共享平台的意见搜集，确定下一步平台建设调整和优化方案。对社会热点问题、热点内容、变化情况及时跟进，加强老年大学终身教育的时代链接。利用大数据技术为特定群体进行个性化信息推送，进行智能化资源匹配，节省教学资源筛选时间成本，提升使用者体验，提升资源共享效率，提升学习教学资源的管理水平，更便利、更集约地有效服务于区域内主体对教育资源的需求。与此同时，加快推进老年教学资源内外融通、上下共促，从纵向和横向上开展配套设施建设。

作者简介：①王玉珍，中国老年大学协会教学委员会副主任，金陵老年大学副校长。
②高发生，金陵老年大学文史语言系系主任。

场景时代"智慧助老"与推进银发经济发展的策略研究

——以哈尔滨为例

王 江 白 锐 王彦奇

近年来,伴随着国家科技兴国战略的提出和 5G 信息技术的广泛应用,互联网、大数据、人工智能和实体经济深度融合,建设数字中国、智慧社会的进程不断加快。在场景时代的大背景下,各种电子设备融入人们生活的方方面面,同样,信息技术与老年人的生活也息息相关、密不可分。例如,远程医疗、在线教育、交通出行、文化娱乐、人工智能等等,特别是新冠疫情暴发以来,信息技术、数字经济、网络平台消费在支持抗击新冠疫情、恢复生产生活方面发挥了重要作用。如今,在积极应对人口老龄化的国家战略大背景下,仍有很大一部分老年人未接触过或很少接触互联网,无法在信息社会充分享受智能服务带来的便利,甚至可以说在精神生活和物质生活上产生了不同程度的困惑与障碍。因此,深入研究如何帮助老年人更快更好地融入信息社会,推动银发经济的发展,具有极强的社会意义。

一、绪论

(一)政策依据

随着人口老龄化的日益加剧,人口老龄化凸显出的种种问题受到了社会的广泛关注,如今,积极应对人口老龄化已上升为国家战略,从国家到地市出台了一系列关于人口老龄化问题的应对策略。

1. 国家政策

2021 年 11 月 18 日发布的《中共中央、国务院关于加强新时代老龄工作的意见》指出,要实施积极应对人口老龄化国家战略,把积极老龄观、健康老龄化理念融入经济社会发展全过程,要着力构建老年友好型社会,培育银发经济等。《中华人民共和国国民经济和社会发展第十四个五年规划和 2035 年远景目标纲要》提出,要实施积极应对人口老龄化国家战略,完善养老服务体系,发展银发经济,开发适老化技术和产品,培育智慧养老等新业态。

2. 省市政策

黑龙江省第十三次党代会工作报告《奋进新征程 再创新辉煌 为实现黑龙江全面振兴全方位振兴而奋斗》中提出,健全完善养老托育的服务体系,着力建设幸福黑龙江。

(二)研究背景

1. 哈尔滨市老龄人口现状

综观全国人口年龄构成,除西藏外,其他 30 个省份 60 岁及以上老年人口比重均超过总人口的10%。其中,10个省份60岁及以上老年人口比重超过20%,而黑龙江60岁及以上老年人口占比高达23.22%,居全国数据第三位。由此分析,黑龙江在应对人口老龄化问题上面临更为严峻的挑战。

根据国家统计局2020年第七次全国人口普查数据,哈尔滨市常住人口为10009854人,其中60岁及以上人口2200060人,占21.98%,65岁及以上人口1466109人,占14.65%。与2010年第六次全国人口普查相比,60岁及以上人口的比重上升9.21个百分点,65岁及以上人口的比重上升6.56个百分点,老龄化程度快于全国平均数值,属中度老龄化城市。同时,据哈尔滨历年统计公报,2021年末,其九区人口和户籍城镇人口也首次下降,比上年末分别减少1.6万人和1.9万人,且大多数外流人口为中青年,老龄人口占比相对增加。

2.哈尔滨市老龄人口消费现状

据2021年哈尔滨市国民经济和社会发展统计公报,全市城镇居民家庭年人均可支配收入42745元,比上年增长7.4%;人均生活消费支出29922元,增长10.0%。农村居民家庭年人均可支配收入21512元,增长9.6%;人均生活消费支出14167元,增长17.6%。

通过研究发现,在当今哈尔滨区域经济大环境下,在疫情及"房住不炒""双减"等政策的交叉影响中,城乡居民家庭日常大额支出的消费方向已悄然从购房、购车、教育和旅游向生鲜粮食、家庭喜丧支出与减少消费增加储蓄倾斜。市场信心不足也使得城市经济增长有所放缓。在居民收入增长普遍放缓的同时,退休人员的基本收入则在今年实现了18连涨。这说明,有稳定收入、有空闲时间且身体机能尚可的老年群体必将成为新时期社会消费的主力军。

3.场景时代消费模式的改变

伴随5G信息技术的广泛应用和各种电子设备的普及,数字经济与人们的生活息息相关、密不可分。特别是新冠肺炎疫情暴发以来,数字技术、数字经济在抗击新冠疫情、恢复民生方面发挥了重要作用。实体购物、现金支付等正逐渐被网络购物、电子支付所取代,数字经济正在改变着人们的消费模式、消费习惯乃至日常生活。

在积极应对人口老龄化国家战略大背景下,以"智慧助老"为根本,帮助老年人跨越"数字鸿沟",切实解决老年人运用信息技术困难的问题,扩大老年教育资源供给,发展银发产业,让老年人更好适应信息社会发展、参与社会活动、实现自身价值。与此同时,大力发展银发经济,通过"智慧助老"激活银发购买力,也成为当今拉动哈尔滨市区域经济增长的可行路径。帮助老年人更快融入信息社会,享受智能技术带来的便利,促进银发经济的发展,首先要对老年人网络平台消费影响因素进行深入分析。

二、影响老年人使用信息技术消费的因素分析

(一)影响老年人使用信息技术的主体因素

伴随着人类年龄的增长,身体的各项机能也在不断发生变化,这些变化在生理、认知、社会特征层面表现得尤为突出,这给老年人使用信息技术消费带来了深刻的影响。因此,影响老年人使用数字技术上网消费的因素分析必须建立在对老年人的生理、认知、社会特征的深入分析基础之上。

1. 生理特征

伴随着老年人年龄增长引起身体机能变化的主要表现是生理变化,包括由视力与听力构成的感知能力以及精细行为能力的衰减。相关研究表明,首先,在视力层面,老年人的晶状体老化与白内障导致其视觉搜索能力不断降低;其次,在听力层面,老年人普遍存在的听力衰减乃至缺失,导致其对提供语音服务的数字平台应用存在较大的困难;最后,在精细行为能力层面,老年人由于关节老化所导致的手指灵活程度的降低,同样对老年人操作数字设备带来了负面影响。综上可见,老年人的听力、视力、精细行为能力所构成的生理机能的减退,对其使用数字平台造成了一定的负面影响,因此,在数字平台、智能终端的开发与设计过程中,要充分重视老年人的生理体征,将设备与平台的可访问性作为首要因素进行考虑。

2. 认知特征

老年人由年龄增长引起的身体机能变化的另外一个重要表现是认知能力的变化,主要由晶体智力和流体智力的发展变化所构成。相关研究表明,首先,在流体智力方面,成年期以后流体智力就呈现逐渐下降的阶段。因此,老年人的流体智力水平处于低位状态,是其智力结构的薄弱方面,这直接导致了老年人知觉速度,工作记忆能力,注意、推理和空间能力的降低。其次,与流体智力相反,人类的晶体智力的发展则同年龄成正比,老年人普遍具有较高的晶体智力水平,这成为老年人智力结构的优势及长处。因此,与晶体智力水平相关的语言能力、知识与经验以及心智模型都没有较为明显的衰退迹象,所以在网络消费平台设计与开发过程中,如何利用老年人晶体智力的优势弥补流体智力的缺陷,同样是需要考虑的重要因素。

3. 社会特征

伴随着年龄的不断增长,老年人群的社会特征也在不断发生着变化,本研究所指的社会特征,是老年人所处的社会发展背景对其使用网络平台消费所产生的影响。主要体现在因信息科技的发展,自身具备的教育资源的差异、健康状况对老年人所产生的影响。首先,由于信息科技飞速发展,老年人多处于退休阶段,对于信息技术的学习缺少硬性要求及外在压力,导致老年人对掌握数字技术与实际生活应用具有较大的困难;其次,在自身具备的教育资源差异方面,老年人受教育程度较年轻一代具有参差不齐的特征,文化水平相较年轻人低,直接导致其对新鲜事物的接受能力降低,智能终端的普及、使用难度加大;最后,正如上文所述,老年人身体机能指标的日趋下降,也对其认知机能带来了较大的负面影响。

综上所述,通过老年人身体特征的分析表明,虽然伴随着身体机能的下降,老年人在生理特征、认知特征、社会特征中的多个因素对其使用网络消费平台产生了负面影响,需要网络平台设计者予以重点考虑。同时需要引起重视的是,老年人的晶体智力所包含的语言能力、认知与经验以及心智都是其使用网络平台的优势,这就要求设计师在设计过程中充分利用老年人的年龄优势以弥补其在不断损失及下降的机能,以此提升老年人使用网络平台消费的能力与意愿。

(二)影响老年人使用信息技术的主观因素与客观因素交互作用

在对老年人主体特征进行分析的基础上,研究将自主学习过程与技术接受模型(TAM)相融合,选取人格因素中的责任感、开放性、外倾性(风险倾向)作为老年人自主学习与应用信息技术的内部影响因素;结合老年人生理、认知以及社会特征的分析结果,选取技术支持可用性、外部设备可访问性作为老年人自主学习与应用数字技术的外部影响因素,对老年人使用数字技术影响因素进行深入分析。

1. 经验开放、风险倾向对老年人使用信息技术产生的影响

经验开放、风险倾向两个人格特征因素通过自主学习计划阶段的任务分析和自我激励信念对学习信息技术及其应用过程的各个阶段产生正向影响。通过定量分析可知,风险倾向所产生的影响远大于经验开放性。上述结论一方面说明,老年人自身的经验开放度、接受或规避风险的倾向能够对其学习与应用数字技术的行为产生积极影响。经验开放度、风险倾向高的老年人更易于学习与应用数字技术,且风险倾向对老年人的影响作用更为明显。

2. 技术支持可用性、外部设备可访问性对老年人自主学习与应用信息技术产生的影响

技术支持可用性、外部设备可访问性两个外部因素通过老年人自主学习与应用信息技术阶段的任务分析和自我激励信念对学习与应用信息技术的各个阶段产生正向影响。通过定量分析可知,二者的影响程度基本相同。

上述结论,一方面,说明容易掌握、访问的技术和设备是老年人学习、应用数字技术的重要前提条件,简单易用的硬件设备及人性化的软件设计能够有效促进老年人学习与应用信息技术。另一方面,老年人在学习与应用信息技术前及过程中能够得到有效的技术支持也是学习与应用行为的激发与保持的重要条件。最后,技术支持可用性与外部设备可访问性对老年人学习与应用数字技术均发挥了至关重要的作用,二者缺一不可。

3. 感知有用性与感知易用性对老年人自主学习与应用信息技术产生的影响

学习与应用信息技术的感知易用性和有用性通过学习与应用信息技术的态度,对表现产生正向影响,进而促进表现对反思产生正向影响。从定量关系上看,感知有用性对态度的影响强于感知易用性。

（三）制约老年人在网络平台消费的影响因素

在对老年人特征以及信息技术使用的影响因素进行深入分析的基础上,制约老年人在网络平台消费的影响因素主要体现在以下几个方面。

第一,数字平台的感知有用性,指老年人预期感觉到使用网络平台消费可以为其带来的便利、安全等益处的程度。

第二,网络平台的感知易用性,指老年人感知到使用数字平台消费的容易程度。

第三,外部设备可访问性,指老年人用于访问数字平台的智能终端的用户友好性。

第四,技术支持的可用性,指老年人的朋友、家庭成员可以帮助其解决使用数字技术过程中遇到技术问题的能力和可能性。

第五,经验开放,指老年人对使用数字平台消费的容忍和探索。

第六,风险倾向,表示老年人是否承担应用数字平台消费失败风险的一般意愿。

综上所述,通过对老年人主体特征以及老年人使用信息技术的客观影响因素交互作用的深入分析,总结出制约老年人在网络平台消费的影响因素。

三、场景时代"智慧助老"与促进哈尔滨市银发经济发展的策略

（一）场景时代为"智慧助老"提供了大量的技术支撑

场景时代为现代老人提供了大量可使用的信息技术和手段。"智慧助老"离不开智能手

机的普及与应用。智能手机得以在中老年人中间普及,得益于微信、淘宝、拼多多等App功能的开发与应用。当酒桌饭局中的开场语从"你家有什么特色菜"变成"你家有没有团购"之日起,这些与生活息息相关的节假日抢红包、电子支付、团购优惠等功能,促使第一拨中老年用户拿起了智能手机;第二波智能手机的普及,则是在疫情的助推下健康码的广泛使用,使得绝大多数老年人也开始使用智能手机。数据显示,2022上半年,我国智能手机出货量为0.74亿台,同比下降14.1%,据2021年底国家发改委数据不完全统计,我国的智能手机普及率现已达到了70%以上,远超城镇化率的64.72%,除去普遍没有手机的少年儿童及无法使用智能机的耄耋老人,可以看出智能手机市场已趋于饱和。而现有的智能应用,其"适老功能"却仍寥寥无几,广大老年用户虽手握智能手机,但仍用现金结账、道旁问路、银行排队办业务等低效率旧方式来处理日常琐事,劳心劳神又事倍功半。因此,相关涉老机构应及时开设老年人智能应用教育公益课程,在普通智能应用中须增设"适老功能",从而为"智慧助老"提供技术支撑,使老年人早日享受数字社会发展的红利。

各类老年大学、老年培训机构、社区学校应着力落实国家关于助老跨越"数字鸿沟"政策,《国务院办公厅印发关于切实解决老年人运用智能技术困难的实施方案的通知》(国办发〔2020〕45号),在开设专门的手机操作、手机打字、手机摄影、手机影视剪辑、网上购物、智能生活、旅游(交通)应用等课程外,还应聘请相关专家为各科教师与全体在读学员开设专题讲座,全方位地普及智能应用。

老年教育机构、社区应设立咨询热线,定期开设培训辅导班,鼓励老年人通过上述方式对学习过程当中遇到的问题进行咨询。同时组织有需要的老年人开展学习心得交流活动。宣传部门则将智能技术应用的方法与技巧制作成通俗易懂的视频、文字教学、宣传材料,并纳入日常社区宣传与老年教育内容当中,如移动支付等功能,通过社区、公共交通广告、老年大学等渠道广泛宣传,促进智能技术知识的普及,为老年人智能技术的学习与应用营造良好的氛围。

(二)开发"适老型"智能终端为加快信息社会建设提供保障

1.引导社会力量参与智能终端开发

首先,通过政府采购或加盟形式,引导信息技术企业参与智能终端的建设与运营,不断扩大数字经济的影响力,进而吸引更多民营资本的参与,在实现平台建设的同时,实现各类主流App的整合,打造产业化养老智能服务平台。

其次,为投身智能养老产业的企业提供扶持政策。政府相关部门应统筹规划,在税收、融资、场地等方面为投身智能养老产业的企业与社会力量制定相应的优惠政策,提供政策支持,鼓励更多的社会力量参与到智能助老产业中来。

最后,在吸引社会力量参与的同时,政府也应统筹协调相关职能部门养老服务的信息化、智能化建设与升级,在保证数据安全的基础上,向养老服务平台及相关企业提供数据接口,为老年人的业务办理提供便捷、智能化的服务。

2.针对外部设备可访问性提高对老年人学习与应用智能技术的影响

首先,相关部门应尽快以提升设备与应用的可访问性为指导思想,建立统一的老年人智能产品设计标准。如,在软件开发之初,应从行业行政审批层面增加准入标准,硬性规定加入适合中老年人的运行(操作)模式。可参照抖音等App,打开应用时即提示"是否开启青少年模式"，将开启操作更加简易的老年模式功能加入应用。同时通过信息采集、建立大数据库等方式，简化登录流程或自行识别是否进入老年模式，使之更符合老年人操作习惯。

其次，在行业发展的政策法规制定过程中，要与时俱进地考虑行业适应市场需求的自我完善性。例如，针对中老年人视力问题，可设置字体大小调整功能；针对打字输入难的情况，可开发语音输入功能，语音输入要依托大数据开发并完善方言包，方便各地老年人来哈后尽快融入本地社会，成为消费新主体；老年大学、各大银行、超市等需要排队咨询、办业务的机构，可针对中老年人操作困难来增设智能终端，并设置专人专岗为其服务；大力简化支付流程，继续推行网络支付、数字货币、ETC 支付等便捷支付手段，从技术层面消除老年用户使用障碍。

（三）建设老年消费数据库为促进银发经济发展提供依据

1. 针对老年人应用智能技术产生的特点，相关部门应充分利用人工智能、大数据等信息技术，搭建智能养老服务平台

首先，建立哈尔滨市老年人数据库。细化、优化各类老年人数据资源，通过大数据分析，实现信息资源的共享和功能的集成整合，提供服务与应用的智能化、个性化、精准化推送。

其次，以数据库为基础，整合各类主流 App，将诸如本地天气、新闻热点、景区开放时间、常见应急处置方式、生活小妙招、保健养生、健康食谱查询等一系列老年人关注的信息，以及目前缺失的身体状况监测、健康咨询、一键呼救、一键叫车、本地黄页、超市商场优惠信息发布与查询等功能整合进平台，使老年人通过平台可以足不出户实现购物、出行、医疗、金融、保险及各类业务的预约与办理。

最后，智能应用制造企业应为开办老年教育、涉老专业的学校（培训机构）提供、共享大数据，促进相关行业可持续发展。老年教育从业者则应具备趋势洞察力，及时转变观念，将已趋于放缓的扩张型发展战略变更为提升服务质量，深耕现有生源，尽早吸引有学习意愿的老年人参与老年教育活动的发展战略。并可通过大数据来给老年学员制作行为画像，设置老年教育课程，让老年教育机构与老年学员建立更深的联结。在可预见的将来，待80后、90后成为新一代老年人，现在火爆的计算机、智能手机设备等课程必将过时，而新的学科也必将取代旧课程，老年教育学科比重将再度变化。所以行为画像数据便可成为老年教育机构发展的依据。例如，历史课讲到仓颉、甲骨文和金文，学员就很有意愿学习说文解字的课程，学校即可分类推送相关课程；再如，刚步入校园的新学员都是追梦型求学者，学习声乐、舞蹈、器乐的意愿更加强烈。但随着时间的推移，家中子女结婚生子或者有人生病，那么这部分学员的学习兴趣就会转变为烹饪、育儿、保健，待家中儿孙慢慢长大，这部分学员就可能转变为学习手工、国学。故此，可依靠大数据，逐个分析情况，推送相关内容，使之成为一路追随的老年学员。

2. 大多数老年人是伴随着家中儿女的实际需求而决定消费走向

2022 年 7 月，国家发改委出台了优化假期的新规划《国民旅游休闲发展纲要（2022—2030 年）》。在可预见的未来，随着节假日设置得"更加深入民心"，国民休闲旅游也将成为经济的新涨点，老年旅游产业也必将迎来新一轮的腾飞。可通过老年旅游人群数据库的建立，细化分析年轻人乃至老年人的出行数据，包括旅游目的地、餐饮目的地、网红打卡地等，适时开设老年游学、红色（历史）之旅、康养线路等游学养相结合的旅游资源，使被动参与家

庭出行的中老年人变为主动带领家人出行的"领路人"。

(四)为银发经济产业发展提供保障

产业发展普遍是以需求端为导向,银发经济也不例外。如同市场规模达 1600 亿元的我国电竞产业发展,不仅带动了配套产业(互联网大厂、网吧网咖、电竞酒店)与配套服务业(游戏展、虚拟币交易)的长足发展,在其巨大的市场规模影响下,还催生了各大高校的本科电竞专业,其产业发展蔚为壮观。

而老年教育行业作为智慧助老的主阵地,根据《中国老年文娱产业发展报告(2020)》显示,预计到 2050 年,中国老年教育市场规模超千亿元。国家老龄委提供的数据显示,现在老年教育市场的年需求达 1 万亿元,预计 2050 年左右将达到 5 万亿元。同时,工信部统计数据显示,2021 年老年产品及服务市场总规模达 5.7 万亿元,预计 2030 年我国老年经济市场规模将超过 20 万亿元。

通过数据可以看出,现阶段我国涉老产业供需极不平衡,存在巨大的商机。因此,在当今经济社会和供需环境背景下,各大高校,尤其是师范类高校,开办老年教育专业乃至行业研究院及专门的老年教育职业学院也是可行之举。其专业内容不仅应将智慧助老、智能应用技术学习列为专业内容,更可将"立德树人"教育、打造"三有"现代老人,以及如何过好后半生、正确看待老年消费观融入其中,让专业人才在就职老年教育机构之后,通过潜移默化的影响,主动影响和重塑老年人的价值观,从而推动老年人更好融入社会生活。反之,老年教育机构、社区老年教育学校亦可成为为师范高校老年教育专业提供大数据支撑及人才实习的基地。

同时,加强顶层设计,在政府及相关涉老机构层面着力打造法律法规、制度机制、人才专业、助老产业配套的数字友好型助老社会,为有需要的中老年人提供心理咨询辅导、法律咨询服务、防诈反诈培训、防暴防恐防疫培训及设备操作培训等有偿社会服务,在软实力上赋予银发经济新动能。

四、结束语

在出生率放缓且青壮年人口外流严重的背景下,哈尔滨市老龄人口所占比重必将继续加大。如能将银发人群所形成的经济效能充分发挥,则势必会成为当今拉动城市经济发展的"马车"之一。所以,在场景时代采取有效措施推进"智慧助老",促进老年人学习与使用智能技术,充分激活银发购买力,是助力银发经济破局、破解老龄社会治理智能化、现代化发展瓶颈的重中之重。本次研究结果表明,老年人学习与应用信息技术受内部、外部及主客观因素交互作用的共同影响,是一个动态、复杂的过程。因此,上述策略在实施过程中需要根据新问题、新现象灵活调整实施路径,以确保策略的有效性,从而使智能技术更广泛地惠及老年人,以此反哺区域经济,助其取得新的发展。

作者简介:①王江,中国老年大学协会学术委员会副主任,哈尔滨老年人大学党组书记、校长。
②白锐,中国老年大学协会学术委员会委员,哈尔滨老年人大学教研处处长。
③王彦奇,哈尔滨学院继续教育学院副教授、副院长。

人口老龄化战略背景下广东省老年教育发展路径研究

叶菲菲

一、中国人口老龄化发展趋势及其特点

人口老龄化已成为全球普遍现象,中国人口老龄化规模大、程度深、速度快,"十四五"时期的人口老龄化压力比"十三五"时期要大。2022年《政府工作报告》提出:"积极应对人口老龄化,优化城乡养老服务供给。"应对人口老龄化已上升为国家战略。满足老年人多方面需求,让老年人能有一个幸福美满的晚年,是各级党委和政府的重要责任。

国家统计局发布的第七次全国人口普查数据显示,全国人口中,0—14岁人口为25338.4万人,占17.95%;15—59岁人口为89437.6万人,占63.35%;60岁及以上人口为26401.9万人,占18.70%。其中65岁及以上人口为19063.5万人,占13.50%(见图1)。我国人口老龄化程度已高于世界平均水平(65岁及以上人口占比9.3%),但低于发达国家平均水平(65岁及以上人口占比19.3%)。预计2033年左右,进入占比超过20%的超级老龄化社会,之后持续快速升至2060年的35%。

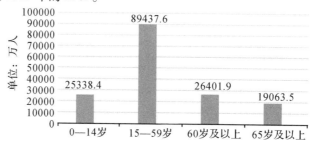

图1 第七次全国人口普查各年龄层人口数量统计

根据任泽平团队发布的《老龄化研究报告2022》显示,中国人口老龄化趋势呈现出以下五大特点。

一是老年人口规模庞大。2020年,我国65岁及以上老龄人口达到1.91亿,占总人口比重为13.5%,全球每4个老年人中就有一个中国人。预计2057年,中国65岁及以上人口达4.25亿人的峰值,占总人口比重32.9%—37.6%。

二是老龄化速度快。2001年,中国65岁及以上人口超过7%,标志进入老龄化社会,用了21年的时间即2021年步入深度老龄化,65岁及以上人口占比超14%,时间短于法国的126年、英国的46年、德国的40年。

三是高龄化、空巢化问题日益突出。2020年,中国80岁及以上人口3660万,预计2050

年将增至 1.59 亿,高龄老人可能面临更为严峻的健康问题,空巢老人和独居老人的增长将弱化家庭养老的功能。

四是老年抚养比大幅上升,养老负担加重。2020 年,老年抚养比 19.7%,预计 2050 年突破 50%,意味着每两个年轻人需要抚养一位老人(见图 2)。赡养老人和养育小孩成本高昂,年轻人两头承压。

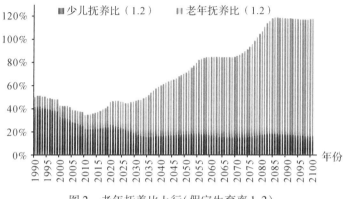

图 2　老年抚养比上行(假定生育率 1.2)

五是未富先老明显。中国人均 GDP 接近发达经济体下限,但 13.5% 的老龄化程度已经超过中高收入经济体 10.8% 的平均水平,将面临经济增长和养老负担双重压力。可见,人口老龄化是世界人口发展的大趋势,也是我国今后相当长一段时间的基本国情。

二、发展老年教育的意义

老年教育,也称老年人教育、老龄教育或老年公民教育、第三年龄教育,目前国内对老年教育的概念尚无统一的界定。吴观忠的《人口科学辞典》对老年教育的定义表述为:让老年人继续学习而进行的教育活动,它是整个教育事业的一个组成部分。老年教育不是为职业生涯做准备,也不是职业培训,既不同于普通教育,也不同于职业教育和专业进修教育,而是根据老年人的生理和心理特征进行的一种特殊教育。

为适应老年人不断增长的精神文化需求,我国把发展老年教育作为积极应对人口老龄化、实现教育现代化、建设学习型社会的重要举措。近 10 年来,《中华人民共和国老年人权益保障法》《国家中长期教育改革和发展规划纲要(2010—2020 年)》《老年教育发展规划(2016—2020 年)》《中国教育现代化 2035》《中共中央、国务院关于加强新时代老龄工作的意见》《国家积极应对人口老龄化中长期规划》《"十四五"国家老龄事业发展和养老服务体系规划》等重要文件相继出台,对我国发展老年教育提出了具体目标、任务和要求。

由于老年教育对解决老龄化问题具有积极的作用,老年教育发展问题引起了国际社会的关注。2002 年,联合国提出了"积极老龄化"的"健康、参与和保障"三大维度,并把发展老年教育、扩大老年人受教育权利作为解决老龄化问题的基本途径之一。同年,世界卫生组织也提出了"积极老龄化"的目标愿景,并指出教育干预是帮助老年人有意义地参与社会和积极享受生活的有效/必要的途径之一。

三、广东省老年教育发展状况

广东省委、省政府认真学习贯彻习近平总书记关于老龄工作的重要指示精神,从全局和战略高度深刻认识做好老龄工作的重要性紧迫性,深入贯彻积极应对人口老龄化国家战略,把中央的决策部署落实到位,政策法规体系基本形成。出台了《广东省养老服务条例》《广东省老年人权益保障条例(2017年修订)》《广东省民办社会福利机构管理规定》《广东省加快推进养老服务发展若干措施》等省政府文件;《养老机构服务规范》《社区居家养老服务规范》等省地方标准在内的一系列养老服务政策法规文件,支撑了养老服务体系建设的各个方面。2021年,广东省民政厅发布的《广东民政事业发展"十四五"规划(2021—2025年)》中明确提到要构建大养老服务体系,实施积极应对人口老龄化国家战略,推动与健康中国、乡村振兴、粤港澳大湾区建设等战略衔接,全面加强老龄工作,把积极老龄观、健康老龄化理念融入经济社会发展全过程,让老年人共享改革发展成果、安享幸福晚年。

除此之外,广东省出台了一系列与老龄教育相关的政策文件或实施意见,如,《广东省教育厅关于大力发展社区教育推进学习型社会建设的意见》(粤教职〔2016〕3号)、《广东省人民政府办公厅关于大力推动老年教育发展的实施意见》(粤府办〔2017〕41号)等,大力推动老年教育发展。

(一)广东省老年人口数据分析

广东省第七次全国人口普查结果显示,全省常住人口①中,0—14岁②人口为23749882人,占18.85%;15—59岁人口为86697562人,占68.80%;60岁及以上人口为15565066人,占12.35%,其中65岁及以上人口为10813000人,占8.58%(见表1)。若按国际通行判断标准,早在2013年广东就已经进入老龄化社会,但由于外省流入人口的年龄结构相对年轻,使得广东常住人口老龄化进程较全国缓慢。随着改革开放的不断深入,广东经济发展持续激发新活力,未来人民生活水平、卫生医疗条件将得到更进一步的改善,人口预期寿命也将逐渐提高,人口老龄化程度将逐步加剧的背景下,老年教育在积极应对人口老龄化国家战略中发挥重要的作用和担当。

表1　广东省第七次全国人口普查人口年龄构成情况　　单位:人、%

年龄	人口数	比重
总计	126012510	100.00
0—14岁	23749882	18.85
15—59岁	86697562	68.80
60岁及以上	15565066	12.35
其中:65岁及以上	10813000	8.58

数据来源:广东省第七次全国人口普查公报(第四号),广东省统计局

---

① 全省常住人口是指省内21个地级以上市的人口,不包括居住在省内21个地级以上市的港澳台居民和外籍人员。

② 0—15岁人口为24937244人,16—59岁人口为85510200人。

（二）广东老年教育存在的问题与不足

1. 不同观念和不同区域之间影响老年教育均衡性发展

老年教育的均衡发展，不仅只是教育资源的合理配置，更体现了教育的公平性。总体而言，老年教育需求与经济社会发展水平密切相关，目前，老年教育参与度较高的是城市老年人群，因此，教育资源供需不平衡的矛盾主要体现在城市中。同时，由于经济社会文化发展不平衡导致珠三角与粤东西北的城市之间、珠三角城市之间、城市与农村之间老年教育发展存在较大差距。即使在发达地区也同样存在不同阶层、不同居住区域与不同老年人群在参与学习活动过程中表现出行为及观念分化与差异。

2. 师资、硬件等各类教育资源供给不足

随着时代的变化，各类专业人员编制不足的情况愈加突出。为解决这一问题，目前，老年教育机构的大部分师资由志愿者和外聘兼职教师担任。随着老年教育的进一步普及和发展，师资供需矛盾将更加突出。以广东省肇庆市为例，投入 2700 多万元对学校校舍进行改造后，学校硬件设施得到有效改善，但与省内老年教育事业较为发达的兄弟城市相比仍有较大差距。

3. 保障体制机制不够健全

由于老年教育工作涉及教育、组织、老干、民政、卫生等政府相关部门，缺乏一个统筹协调、承担有效的沟通协调和管理职责的政府部门，客观上存在多头管理、条块分割严重的情况，导致工作部署和资源使用方面的体制机制保障力度不够，办学资源效应没有得到有效发挥。从政策支持的角度来看，对于大部分欠发达城市而言，发展老年教育事业各方面经济工作的压力比较大，老年教育没有被纳入统筹管理，体制机制有待健全，资金投入和政策支持力度在一定程度上还需要加强。

四、推动广东省"十四五"期间老年教育高质量发展的建议

（一）提升老年教育发展目标高度

提高人口老龄化意识，是以教育为路径促进老年人的社会参与并实现积极老龄化社会的新理念。满足老年人的学习需求，保障其教育权利的实现，这既深刻影响着老年人的生活质量，又是实现老年人"养、为、学、乐"的重要路径。一方面，各地各部门要广泛宣传党和国家关于发展老年教育的方针政策，主动把老年教育列为政府工作规划的重要组成部分，努力营造全社会关心、支持和参与老年教育的良好氛围；另一方面，要通过各种手段充分调动老年人参与学习的积极性和主动性，积极培育老年学习文化，使学习风尚融入老年人生活，使老年教育成为增进老年人福祉的重要内容。

1. 尊重老年人主体地位

老年教育应坚持以老年人为本，关切老年人实际需求，采取多种措施为老年人提供多种精神生活产品。老年教育的目标除了满足老年人基本的娱乐、健身、新知识、新技能需要，还应注重对老年人的情感支持和心理关怀，注重老年人的自我整合、自我完善以及再社会化等方面的内容。

2. 增强社会和家人关怀

随着社会经济发展，相对物质来说，老年人更需要社会和家人的关怀，他们希望认识、了解、关怀别人，并愿意对别人和社会承担责任；希望在擅长的领域继续奉献，在精神世界发挥创造性；老年人希望与别人、社会接触，体现自己的社会价值，探求生命的意义。

3. 开展人口老龄化国情教育

在人口老龄化、高龄化、空巢化的趋势下，发挥老年教育"一人入学，带动一家，影响一片"的正能量以及维护社会和谐稳定的滚动效应，是积极应对老龄化的有效路径。

（二）挖掘老年教育发展思路深度

1. 深化顶层设计

深化老年教育改革，需要政府主导，明确政府在市场、社会组织间的作用，寻找积极的合作方式，强化政府责任。一是坚持制度创新，完善老年教育管理运行机制。各级政府应高度重视，加强对老年教育工作的规划、领导、组织和管理。建立指导协调机构，统筹、指导、协调老年教育工作。老年教育是涉及民生的社会公益事业，涉及诸多部门、社会各方面，需要统筹协调，使各部门通力合作，社会各界广泛参与老年教育只有做到明确责任，有人管有人抓，才能落到实处。二是完善与人口老龄化趋势相适应、与社会发展协调、与终身教育体系相衔接的老年教育政策体系，对老年大学、老年学校的隶属关系、资金来源、机构设置、人员编制、办学规模、课程设置、考核机制等做出明确规定，使老年教育工作走上法制化轨道。应当对老年教育予以明确定位，将其纳入政府的教育体系，与其他教育工作同安排、同部署、同考核。

2. 深化课程体系建设

课程体系建设是一项持续变化的创新过程，其跟随着时代的脚步不断向前推进，不断满足老年学员的学习需求。随着经济社会的发展，老年人对现代科技、时尚信息等都有所关注，这些都对老年大学优化课程结构、提升内容质量提出了要求。相关课程应与老年人的生活息息相关，如，衰老与健康、就业与退休调适、消费与理财、闲暇与社区生活、家政与家庭生活等。除了这些，还应包括老年人的心理建设、自我完善、再社会化等内容。老年教育的教学形式，所采取的方法手段都要适合老年人的生理和心理特点，如，采用线上学习、线下交流体验、面授加网络、游学参访等多种形式，形成公共课程与专业课程相结合、基础课程与提高课程相配套的课程体系。要注重结合新媒体手段，打造网络课程，方便老年人随时随地学习。

3. 深化数字化学习平台建设

随着新媒体技术的发展，数字化学习平台的建设应该进一步加强。许多老年人由于经济、家庭、身体和交通等问题不方便去老年大学就读。而数字化学习平台正好满足了老年人的个性化学习需求。以福建省为例，2011年，由省教育厅牵头，福建广播电视大学与福建老年大学经过多次调研和论证，依托"福建终身教育在线"打造了"福建老年学习网"。该平台通过高速网络面向全省所有老年人提供远程学习服务，让老年人享受到优质的网络学习资源，为老年人提供足不出户就可随时学习的良好环境，满足他们的精神文化需求，实现老年人老有所学、老有所乐的美好愿望。

(三)拓展老年教育路径广度

1.提高老年教育的覆盖率

尊重每一位老年人的学习权是国际社会共同的价值观和发展趋势。当前,从受教育人群来说,目前老年教育政策的受益群体主要是城市、初老年龄、受教育水平较高、经济条件较好的老年人群体。在供给不足的背景下,推进老年教育发展迫切需要定位于"基础性"需要、底线满足之上,提供"广覆盖、保基本、合标准、有质量"的多样化老年教育公共服务,满足每一个老年人的终身学习需求。坚持公平、普惠的发展追求乃是老年教育的公益性、公平性的集中体现。为此,一是坚持老年教育的公共服务由精英型向大众型转变,实现老年人接受教育权利的平等共享。二是坚持基本保障老龄群体公平普遍享受基本教育公共服务,努力实现老年教育公共服务均等化。

2.提高优质资源的流动率

促进优质老年教育资源合理流动,是实现老年教育均衡发展的重要途径。省、市老年大学作为老年教育的龙头,要发挥其示范引领作用,引导其跳出原有的老年大学教育圈子,融入全社会的老年教育,坚持教育资源共享,在办学模式示范、教学业务指导、课程资源开发等方面对区域内老年教育发挥带动和引领作用,将老年教育的优质资源拓展、渗透到乡镇老年学校,山区、农村等基层社区和村镇。

(四)加强老年教育投入力度

1.加大经费投入

老年教育的发展须有必要的经费来保障。政府须加大老年教育经费的投入,并积极探索多渠道经费投入的长效机制。各级政府应建立稳定的老年教育经费保障机制,积极拓宽经费投入渠道,改变过去以政府经费补助为主的单一经费来源形式,调动社会各方面的力量参与其中,形成多主体多渠道筹措经费机制。注重社会性教育机构和社会民众主体性的充分发挥。叮以适当提高老年教育的学费标准,以弥补学校办学经费的不足,经费投入逐渐从政府单一责任转变为政府、社会、市场、学员等多渠道共同参与。

2.加强教育资源整合

加强整合社会各类老年教育的师资、课程和活动场所。一是扩充老年教育的专职教师,同时,通过多种渠道挖掘、聘请社会上各行各业的人才,担任老年教育的兼职教师,保证有充足的专兼职教师力量。志愿者队伍作为老年教育人力资源的重要组成部分,也要积极培育。二是鼓励各级各类学校、图书馆、科技馆、博物馆、纪念馆、公共体育设施和文化设施等,向老年人开放,达到资源共享目的。三是研究制定社区老年教育资源整合的保障机制和激励策略,以社区老年人需求为宗旨,构建家庭、学校、社会的社区老年教育共同体,完善社区老年教育服务体系建设。

作者简介:中共肇庆市委党校讲师。

依托开放大学搭建老年教育资源共享和公共服务平台研究

安徽老年开放大学

一、引言

2021年11月18日，《中共中央、国务院关于加强新时代老龄工作的意见》发布，明确提出"依托国家开放大学筹建国家老年大学，搭建全国老年教育资源共享和公共服务平台"。教育部和国家开放大学联合成立了国家老年大学工作专班，组织召开了数十场专班例会和线上线下调研工作会，形成了《国家老年大学筹建工作方案（征求意见稿）》。国家老年大学将承担为全国老年大学提供教学资源和公共服务、学历教育服务、建设专兼职教师队伍、建立康养基地、建设老年教育学分银行、开展老年教育国际交流和研究、建设老年教育大数据中心等职能。其中，搭建老年教育资源共享和公共服务平台，是开放大学办好自身老年大学、促进自身办学体系建设以外最主要的功能，也是转型发展的开放大学体系未来最重要的社会职责之一。

二、老年教育资源共享和公共服务平台概述

公共服务平台是为了促进区域经济和文化发展，针对某类用户群体一定时期的公共需求，通过组织整合、集成优化各类资源，提供可共享共用的基础设施、设备和信息资源共享的各类渠道，以期为此类用户群体的公共需求提供统一的辅助解决方案，以达到减少重复投入、提高资源效率、加强信息共享的目的。老年教育资源共享和公共服务平台，是教育行政部门为了满足老年群体对终身教育的需求，基于互联网技术搭建的软硬件环境，所提供的教育教学服务资源。其用户群体即服务对象有五类：老年大学在校学员、社会学员、老年教育教师、老年大学以及合作伙伴，不仅要为用户服务，也要为资源提供者服务。服务内容主要有三个方面：一是空间服务，为学员、教师、学校提供网络学习和支持服务的空间；二是公益资源服务，由国家级、省市级老年大学平台提供优质的免费开放的数字教育资源；三是第三方资源和应用服务，要通过一定的激励、评价和审查机制来吸收更多的资源供给。只有更多的学校、企事业单位、社会机构和行业专家来提供资源进行分享，平台建设才能走上可持续发展道路。

基于当前实际，建设老年教育资源共享和公共服务平台，需要解决以下几个问题。一是教学资源的转化和整合问题。传统的老年大学教学资源主要是教材、教师讲义、教学观摩课的简单录制，这些要转化为网络教育资源，不仅要进行数字化处理，还要重新组织和设计。这既有技术的问题，也有新的教学设计思想的问题。普通高校和职业院校的相关专业课网

络资源,也需要根据老年人的学习需求和老年学校的教学要求,进行形式上的改造或内容上的重建,以提高资源的适配性和实用性。二是资源共建共享机制问题。目前的老年教育资源供给方包括国家及省市开放大学、老干部老年大学系统、普通高校、职业院校、行业企业等,各类资源归属不一。老年教育资源具有"准公共产品"的属性,其供给应采取政府和市场共同分担的原则。在实际运行中,如果缺少完善的资源交易机制,无法调动各主体的参与性。各类资源交易后,其版权归属也存在问题。这些问题不解决,优质教育资源难以实现共享、整合。三是平台的技术架构和数据安全保障问题。教育领域中能够提供公共服务平台的数据存储模式,通常采用两种技术架构实现:一种是相对传统的门户网站加上后台中心化存储的结构,另一种是门户网站加上云平台的新型结构。尽管两种模式都能够为大众提供最基本的教学相关服务,并在一定程度上实现了教学资源的高效共享,但是无法实现真正意义上的互信,也无助于解决应用中的数据安全问题。四是教学资源信息量超载问题。老年远程教育发展初期数字化、信息化低量的困扰,随着网络教育的迅速普及,很快就会被信息化超载的冲击所取代。首先,资源多并不等于资源好,也可能多了许多垃圾性资源;其次,资源多不等于资源有用,不一定符合老年学员的兴趣和老年大学教学的需要;最后,资源多并不等于资源合理,学习是在一定时间内完成知识建构的过程,不合理的资源会影响教学过程的完整性、逻辑性,是对学习者时间的浪费,久而久之会引起学习者的冷漠感或反感心理。五是平台的运营模式问题。公共服务平台除了要有完善的软硬件之外,还要有一套运营机制来保障整个平台的运行。老年教育服务平台需要政府规范引导、企业建设运营、学校购买服务,同时要建设资源共享机制,保护资源开发者与服务提供者的发展需求。部分省市和老年大学近年来都搭建了平台,积累了一定的资源,因此还要处理好在建平台与已有平台的关系,中央、省及地市的云服务协同工作关系。

三、开放大学建设公共平台、资源中心的优势

2016 年《教育部关于办好开放大学的意见》中,明确开放大学定位为"服务全民终身学习的新型高等学校"。新时代背景下,在完善终身教育体系、建设学习型社会、积极应对人口老龄化等重大社会工程中,党和政府赋予开放大学以重要的使命和担当。2018 年 12 月《中华人民共和国老年人权益保障法》修正版中,首次以法律形式明确"国家发展老年教育,把老年教育纳入终身教育体系,鼓励社会办好各类老年学校",引发了老年教育中国模式的深刻变革。开放大学作为高校参与老年教育的主要力量,以"四个面向"的办学定位、合作共享的发展理念、灵活开放的教学管理体制、充分运用信息技术的服务手段为新时代老年教育贡献了一种新的教育模式。

由国家开放大学承担筹建国家老年大学,搭建全国老年教育资源共享和公共服务平台的任务,是政府和社会对开放大学(广播电视大学)和老年远程教育多年的努力和经验积累的肯定,是寄希望于开放大学发挥在系统、资源、平台等方面的优势,开展多层次的学历与非学历教育,为拓宽老年教育通道、完善老年教育服务体系、推动老年教育均衡发展、实现教育现代化和积极老龄化贡献力量。

(一)政策支持优势

从国家层面来说,国务院办公厅下发的《老年教育发展规划(2016—2020 年)》中提出:

"探索以开放大学和广播电视大学为主体建设老年开放大学，开发整合远程老年教育多媒体课程资源。"《"十四五"国家老龄事业发展和养老服务体系规划》中提出"依托国家开放大学筹建国家老年大学，搭建全国老年教育资源共享和公共服务平台。鼓励各地开放大学举办老年开放大学"。

从地方层面来说，2020年11月颁布的《安徽省老年教育条例》第八条明确指出"支持开放大学举办老年大学，开展老年远程教育，建设老年教育网络学习平台"。2021年11月，安徽省教育厅等五部门印发《关于积极推进老年大学（学校）建设与发展的若干意见》，提出了"发挥安徽老年开放大学作用。与安徽省老年大学协会共同推进全省老年远程教育，依托'安徽老年远程教育网'和安徽老年开放大学微信公众号学习平台，为全省老年大学提供公益性的数字学习资源服务"。在安徽省委最近部署的"暖民心"行动中，安徽开放大学作为"老有所学"行动的责任单位之一，承担"改造升级老年教育网络学习平台和老年教育资源中心"等任务。这些政策法规赋予了开放大学开展老年教育，建设资源和网络学习平台的法定职责，对开放大学拓展社会服务范围，增强社会服务功能，明确了新要求、新任务。

（二）融合发展优势

开放大学与老年教育相结合，一是促进了老年教育与开放教育的融合。老年教育与开放教育融合具有内在逻辑：教育属性一致，都是成人教育和终身教育的重要组成部分；方向目标一致，都是致力于完善终身教育体系和推进学习型社会；重点任务一致，包括终身教育制度的建立、终身学习资源的供给、终身学习文化的形成等。开放教育首创"六网融通"模式，积累了丰富的网络平台建设和网络教学管理经验，是开展老年远程教育的重要基础。

二是促进了社区教育与老年教育的融合发展。社区教育和老年教育重点服务人群高度重合，但在实践中由于办学主体不同、管理体制分割等原因，在资源互通方面存在障碍。各地教育行政部门通常都是在所辖区域内开放大学（广播电视大学）设立社区教育研究中心，发挥资源网络的优势，开展相关工作。安徽开放大学从2009年起就在安徽省教育厅指导下成立了安徽省社区教育研究指导中心，承担全省社区教育平台、组织网络建设等任务。不论是从开放大学系统长期以来的实践，还是从政策层面赋予开放大学的责任，开放大学都必然成为社区教育与老年教育资源融合的有效连接点。

（三）远程教育优势

"互联网＋"时代，信息技术对老年教育的影响主要体现在教育模式和学习模式的变革。对于教育者而言，云计算、大数据、区块链等新技术的发展，可以切实提高老年教育的可及性和适切性；对于学习者而言，需要提升智能技术运用能力，积极融入智慧社会。开放大学近年来致力于积极探索、完善"互联网＋老年教育"服务模式，为更多的老年人创造学习条件、拓展学习渠道、提供学习机会；借助VR、AR、5G、人工智能等技术手段，创新老年人学习方式，助力老年人跨越"数字鸿沟"，共享智慧社会带来的便利性、快捷性和智能性。

（四）体系办学优势

开放大学的前身是邓小平于1978年亲自倡导并批准创办的中央广播电视大学。办学40多年来，国家开放大学和44所省级开放大学，以及市州分校、区县工作站，共同组成了覆盖全国的开放教育一体化办学体系，走出了"先进传播手段＋名师名教"的发展之路，形成了

"敬学广惠、有教无类"的优良传统,积累了低成本、高效益举办高等教育和面向成人开展继续教育的中国经验,彰显了"集中力量办大事"的中国特色社会主义制度优势。

安徽开放大学作为长期开展现代远程教育的省属本科高校,经过40多年的发展,现已融合形成覆盖全省城乡各地的现代远程教育办学体系,建设了功能强大的网络平台和丰富优质的教学资源,在服务终身学习方面取得丰富经验,形成了鲜明的远程教育特色。举办老年开放大学,承担区域老年教育的平台建设、资源开发、业务指导、师资培训、教育示范、理论研究、政策咨询、信息服务等工作,必将发挥开放大学(广播电视大学)在系统、平台、资源、多元服务等方面的优势,对于完善老年教育服务体系、拓宽老年教育领域、构建终身教育体系具有重要意义。

四、省级开放大学老年远程教育发展现状及问题分析——以安徽为例

近年来,安徽开放大学积极履行全民教育、终身教育职责,利用自身教育资源兴办老年开放大学,建设全智能化的老年远程教育示范基地,同时与省老年大学协会合作,发展老年远程教育,建设网络平台、教学资源、服务体系、办学体系、师资队伍,从理论与实践结合的层面,探索老年教育发展规律,充分发挥理论指导实践、服务实践,用实践再发展理论的作用。

(一)工作进展

一是探索构建"双轮驱动"发展模式。2018年7月,安徽开放大学与安徽省老年大学协会签订了《合作开展全省老年远程教育工作协议》,全面开展合作,发挥两大系统优势、整合两类资源、建设两支队伍、凝聚两股力量,线上与线下融合教学,共同推进全省老年远程教育。目前,已建立安徽老年开放大学市分校17个、县学院21个,全省累计建设老年远程教育共建教学点32个,老年教育实验区15个,"省—市—县—乡镇(街道)"四级老年远程教育网络基本形成。

二是扩大老年远程教育资源供给。2018年,安徽开放大学经省教育厅批准成立安徽老年开放大学,开通"安徽老年远程教育网"和"安徽老年开放大学"微信公众号,实现在线学习、资源服务、互动分享和数据统计等功能。建设"省—市—县—乡镇(街道)"四级远程老年教育网站集群,实现资源"互通共享、上通下达"。开发有直播课堂、课程管理、资源管理、证书管理、教务管理、活动管理、学习小组管理、学习积分管理、智能推荐等20多个功能模块,满足老年学员一站式学习。通过多种形式建设老年教育数字化学习资源库,已建成成体系的课程595门、1.22万余讲,总时长达17.2万分钟,累计服务全省老年远程教育学习点1413个,服务老年学员28.7万余人,平台总访问量876万余人次。"安徽老年开放大学"微信公众号总关注人数达40141人,累计阅读量达33万余人次。完成全省老年远程教育示范基地建设,建有智慧生活学习体验馆、书法国画、电子钢琴等直播教室11间,实现了直播、安防、求助、门禁、班牌、测温的全智能化管理。开展"老年教育系列讲座"活动,2021年以来,通过自主开发的直播平台,面向全省老年人群开展直播教学10余场。

三是开展"智慧助老"专项行动。围绕老年人的出行、就医、消费、文娱等高频事项,以"智慧助老,跨越数字鸿沟"为主题,积极面向社区、面向基层开展送教进社区活动;制作开发

了《老年人智能生活》教材,其中"智能生活——旅游出行""智慧生活好帮手——智能手机篇""智能手机微课教学"等系列课程,获教育部首批"智慧助老"优质课程资源称号。印制老年智能生活系列推文、彩页,免费向社区老年群体发放,帮助解决智能时代老年人出行、就医、消费等"急难愁盼"的问题。

四是深化老年教育理论研究。2020年3月经安徽省委编办批复成立安徽老年教育研究院,同时挂牌中国老年大学协会老年教育研究基地。围绕老年教育重大理论和实践问题,积极开展应用性和政策性研究,为老年远程教育发展提供智力支持。承接了中国老年大学协会关于"全国老年大学示范校标准""老年教育中国模式""老年教育发展历史、现状及现代化路径研究"等课题攻关,《新时代老年大学校长读本》等教材编写任务。参与了《安徽老年教育条例》的立法调研和条例颁布后的宣传实施活动。完成了省教育厅委托的《关于积极推进老年大学(学校)建设与发展的若干意见》《安徽省"十四五"老年教育事业发展规划》《安徽省老年教育机构办学指南》等重要文件起草任务,服务政府决策、服务老年教育事业发展、服务基层老年大学办学需求的智库作用开始显现。

(二)存在的问题

就如何加强我省老年远程教育,提升"安徽老年远程教育网"平台的服务能力和老年教育资源的应用率等问题,我校与省老年大学协会集中组织了3次调研,召开多次专题会议和座谈会,听取市、县老教委,老年大学,特别是基层老年学校的意见,反映的问题主要集中于几个方面。

一是以平台为依托的运行机制尚不完善。老年远程教育教学模式在市县以下层面推动力度不够,管理体制和运行机制还不顺畅,开放大学在远程教育方面的系统优势尚未充分发挥。网络平台功能尚不完善,未能有效激发老年学员的学习动机和学习兴趣,针对基层老年教育的适用性不足,未能让老年学习者、教师、学校管理者产生友好的用户体验。

二是网络教学组织不够规范。网络教学管理缺乏有效性,在教学计划、教学组织、教学质量提升等方面并无充分有效的管理手段和管理措施。对学习者的反馈、教学过程的监督、学习方法的优化等关键问题未予以足够重视。在促进老年学习者在线学习成果的获得与转化方面,未采取有效措施调动老年学员主动学习的积极性。

三是教育资源利用率不高,共享意识淡薄。远程教育课程资源的数字化改造水平不够、完整性不够、覆盖面有限,未能有效满足各级老年学校教学需要与个人学习需求;与社会资源整合力度不够,各级各类老年教育机构之间只能在很有限的范围内共享资源;针对远程教育资源的建设和应用缺乏全省或区域性规范和指导。

四是老年远程教育模式研究有待深入。老年远程教育基本数据统计存在统计主体不统一、统计口径不一致、统计范围不确定等问题,统计技术手段未得到有效应用。针对不同层次的老年学习者上网学习需求研究不足,对于网络教学资源开发、网络课程建设、网上教学支持服务等问题的研究也不够深入。

开放大学在老年远程教育平台建设和资源整合方面具有明显的政府推动和项目拉动的特点,在建设起步阶段更为重视模式构建、数量突破,而对于内涵式发展和能力建设并没有给予足够的重视,这或将成为老年远程教育整体推进中的突出制约因素。作为老年教育的新型模式,特色发展必须依靠内涵的支撑,新模式的新优势才能得以彰显。

五、依托开放大学建设公共平台、资源中心的路径思考

(一)营造老年教育数字化学习环境

采用"边研究、边建设、边应用"的实践路径,在充分调研的基础上,通过系统研发、资源整合和推广应用,搭建一个基于大数据和云计算等在线学习技术的资源共享和公共服务平台,在互联网环境和新的信息条件下为老年学员提供设备、设施、软件和通信,实现老年教育教学一体化、学习服务一站式、过程监控数据化、管理功能智能化。在做好云设施的基础上再进一步开发云平台,整合各方面的云应用、云资源,通过老年用户喜爱的门户来提供各种终端应用的基础环境。

(二)丰富老年教育数字化学习资源

通过建设国家级的老年远程教育资源库,整合、开发优质教学资源,提高资源质量和利用率,着力解决优质教育资源的总量不足,区域资源配置不均衡等问题。基础资源形式包括微课程、知识元、MOOC以及全媒体数字教材等,要根据老年学员对知识表达的需求和特点,开发相适应的课程产品、资源产品。AR和VR资源近些年也在先进地区引入老年人学习过程中,这些资源能让知识在更大程度上实现可视化、立体化,开启全新的沉浸式学习模式。

(三)创新数字化学习的方式与评价

数字化时代学习资源的技术革新日新月异,随时可以推动数字化学习发生根本变革,变革过程中的核心是教师,这些数字化学习资源只有被教师所掌握,并有效地帮助教师提升教学效率时,才会发挥更大作用。这就要求有更多的教师在数字化时代能够开展创造性的教学,创造性地开发和利用数字化学习资源改革传统的教学模式,给学生和社会创造更多的学习机会和更好的学习体验。

作者简介:安徽老年开放大学。执笔:安徽老年教育研究院副院长江丽。

社区老年学习者学习新样态:
现实观照与优化策略
——基于江苏省部分城市调查

高　红　朱冠华　乔维德

江苏省位于长江三角洲地区,历史悠久,是中国古代文明的发祥地,"吴""金陵""淮阳""中原"四大文化交织交融,经济发达,文化昌盛。江苏省卫生健康委、老龄办发布的《江苏省老龄事业发展报告(2020年)》显示,截至2019年末,江苏省常住人口8070万人,是中国

人口密度第一大省,60 岁及以上老年人口达到 1834.16 万人,占户籍人口的 23.32% ,高于全国 5.22 个百分点;65 岁及以上老年人口 1330.29 万人,占比 16.91% ,高于全国 4.31 个百分点;人口老龄化程度仅次于北京、上海。江苏的人口老龄化水平高于全国平均水平,并且苏南、苏中老龄化程度明显高于苏北地区,受中华人民共和国成立后第二次人口出生高峰的影响,"十四五"时期江苏老年人口数量还将有一个迅速增长过程,预计到 2025 年江苏老年人口的比重将超过 27% 。严峻的人口老龄化形势要求社会提供更好的老年教育服务。

老年学习者的教与学关系是老年教育的核心内容。在"以学习者为中心"的理念影响下,老年学习者的学习得到了前所未有的重视,如何服务好老年学习者的终身学习成为教育界思考的重要课题。本研究主要目的就是基于江苏省部分城市的实证调查,通过抽取苏南地区南京、苏州、无锡、常州,苏中地区的南通,苏北地区的连云港等城市的社区为主要代表,通过线上线下问卷调查、实地访谈以及座谈等形式,以江苏省社区老年学习者为调研对象,充分把握老年学习者学习现状,剖析社区老年学习者学习过程中存在的问题,提出应对深度老龄化、推动江苏老年教育高质量发展的策略建议。

一、核心概念界定

学习者,是指从事学习活动的人,是教育活动的主要对象和参与主体,是知识建构的主体。老年学习者作为研究的主要对象,存在鲜明的学习特点:一是主动学习,老年学习者有较强的学习意愿,具有知识获取需求和能力素质提升需求;二是个性化学习,老年学习者的学习没有升学压力,更多的是针对自己个人需求的个性化学习,以此满足自身发展需要;三是体验式学习,老年学习者注重学习体验,能结合生活和工作实际更深刻地体验学习过程,参与学习活动;四是社会性学习,老年学习者作为具有丰富社会阅历的群体,不同年龄不同学历不同职业背景的人构成了学习共同体,他们在互通有无中完成了知识和技能的学习。

社区指居住在一定地域范围内的社会生活共同体。社区老年学习者可以较为清晰地界定为:社区中主动参与学习活动的老年群体。之所以强调社区,是因为社区具有鲜明的地域特性和文化特性,能有效形成一种心理氛围,并为社区居民所接纳,存在广泛的文化认同。

二、研究设计

(一)研究对象

本研究的主要研究对象是生活在江苏省内的,女性 55 周岁及以上、男性 60 周岁及以上并已参与老年教育的老年人群。

(二)研究方法

1. 比较研究法

社区老年教育与基础教育、高等教育、职业教育的教育教学规律不同,但基础教育、高等教育、职业教育的很多理论和方法值得借鉴,通过比较研究,找到更有利于社区老年教育质量提升的方法策略。

2. 问卷调查法

针对社区老年学习者的学习特点,结合江苏省老年教育开展的实际情况,设计面向社区老年学习者学习情况的调查问卷。问卷内容涉及学习者基本情况、学习者经济水平、学习者角色、学习者生理基础、学习者学习动机、目前学习者的学习样态、期待的学习样态等维度,通过问卷调查了解江苏社区老年学习者学习现状、老年教育存在的主要问题以及老年学习者的学习需求。问卷调查主要在 2020 年 5 月—2021 年 4 月进行,通过线上线下两种方式共发放调查问卷 800 份,回收有效问卷 795 份。

3.深度访谈法

访谈小组分工合作,深入走访了江苏省部分老年大学、开放大学、社区学院等,通过与社区老年学习者、社区老年教育工作者、社区教育名师工作室、老龄委专家等开展深度访谈、座谈等来全面了解老年学习者学习现状与问题,与相关教育专家探讨可能的解决路径。

三、社区老年学习者学习现状情况分析

(一)受访者基本情况及分析

1.年龄、性别

受访者中,年龄"55—65 周岁"的占 66.5% ,"66—70 周岁"的占 19.2% ,"71—80 周岁"的占 11.3% ,"80 周岁以上"的占 3.0% 。受访者男女比例为 1∶6。从数据看,55—65 周岁的老年学习者居多,可见在法定退休年龄前后老年学习者参与率较高,女性的学习意愿远高于男性。

2.文化背景

从受教育程度看,"初中及以下学历"占 16.1% ,"高中和大专学历"占 62.9% ,"本科学历"占 18.0% ,"硕士及以上学历"占比不到 3% 。从学科背景看,"理工"和"文科"二者比重均接近 25% ,相对而言,"体育、艺术""农林""医学"学科的占比不到 10% ,还有约 40% 的人选择了"其他",这与文化程度中的"高中层次"形成数据印证,高中文化程度没有专业划分,所以很多老年学习者选择了"其他"选项。

3.职业背景

"教师""医务工作者""公务员或其他事业单位""企业工程师""管理人员""工人"共占样本总量的近 80% ,是老年学习者的绝对主力。其他如"农民""自由职业者""个体经营者"所占比率较小。

4.经济基础

受访者收入情况直接影响着老年人学习活动的参与程度。从个体年收入看,近一半受访者在"3 万—8 万元之间",说明学习者具备良好的经济基础,在物质生活得到改善后积极参与学习。还有不少高收入者(个体年收入在 15 万元以上)积极参与社区老年学习,他们反映高端课程开发不足,希望老年教育能提供更高端的"定制化"课程。

5.角色及家庭支持

社区老年学习者的家庭角色以及家庭是否支持对老年学习者学习影响也较大。调查显示,选择"和老伴一起生活,儿女不在身边"占 52.5% ,选择"祖孙三代在一起"的占 35.3% 。在"家人、子女是否支持"调查中,87.8% 的学员选择"非常支持",家庭支持率非常之高,为

老年学习者全身心投入学习提供了良好的基础。

6.生理基础

受访者中,感觉自己"健康,身体状况良好"的占到98.0%,2.0%的受访者表示"身体欠佳,听觉、视觉或行动力受限",说明良好的身体条件为老年人接受老年教育奠定了必要的生理基础。访谈中有一些70周岁以上的老年学员,随着自己年龄增大,身体状况的下滑,对人际交往产生畏惧心理,或者行动不便,不能参加较远距离的老年学习课程,只能在社区活动,给继续参与老年学习带来诸多不便。

7.学习能力

从受访者学习能力看,"学习能力强,接受快"的占30.7%;"学习能力一般,需要教师加强指导"的占55.4%;"学习能力弱,需要教师进一步的指导和同学的帮助"的占13.9%。大部分学员表示希望教师能加强对自己的指导。

（二）受访者目前学习状态

1.学习场所

学习场所比较单一。开放大学、老年大学所占比例近80%,是老年学习机构的主体。但开放大学和老年大学入学名额经常"一座难求",设置数量还不能满足所有的老年学习者,老年教育师资水平等也有待提高。老年人参与老年学习的自主选择性和灵活性程度还不够高。

2.学习方式

学习方式关系到学习效果,目前,从学习方式调查结果看,72.1%的受访者选择的是"面授学习",选择"线上线下混合式学习"的占24.0%,学员上课仍然以面授为主,现代教育理念指导下的混合式学习虽然取得了一定的成效,但仍显不足。

3.学习时间

学习时间是学习质量的有效保障,学习时长是老年学习者学习投入的重要指标。调查中发现,学习时长达"1—6个月"占20.1%;"6个月—1年"占11.3%;"1—2年"占19.1%;"2年以上"占49.5%,结果让人欣慰。2年以上接近半数,说明受访者老年学习已经开展一段时间,对老年课程教学已有较好了解。

4.学习课程

学习课程是老年学习者具体的学习内容。调查发现,休闲娱乐类、文化类、保健养生类课程最受老年学员欢迎,专业技能类和智能工具类选择比例较小,说明目前社区老年学习者的学习兴趣仍然集中在休闲娱乐和文化养生上,对专业技能提升需求不足,对智能工具类课程的选择也不高,说明这两类课程在开发上还有较大的提升空间,需要通过"有效供给"引领老年学习者学习需求。

5.学习工具

学习工具的高效使用能提高老年学习者学习效率和质量。调查中发现,老年学习者人群中通过"微信、QQ等各类公众号获取信息资讯"的占96.6%;经常观看"抖音、快手"等各类短视频的占40.7%;通过"各类社交App、贴吧,信息交流与共享"的占14.7%;选择通过

"各类专业学习软件或网站(超星学习平台、网易公开课、国家精品课程网站等)获取专业学习资源"的仅占17.65%,可见常见的社交媒体类工具(兼有娱乐、交际功能)老年学习者掌握得比较好,但诸如"超星泛雅""中国大学MOOC"等专业的学习平台老年人了解得还不多。

(三)受访者学习满意度分析

学习满意度是对老年教育办学质量的重要评价。调查中发现,老年学员对老年教育的评价较高,认为"在学习的过程中有益于身心健康、结交志同道合的朋友,帮助老年人了解新事物,更新知识,适应社会的发展,让老年人老有所学、老有所乐,与时俱进,人老心不老,做一个优雅睿智的老人"。在问卷中,对老年教育表示"非常满意"的占56.4%;"满意,但还有不少地方有待改进"的占43.4%。满意者占比达到99.8%,这是广大老年学员对江苏省老年教育办学成效的极大肯定,同时也是一种无形的鞭策。不少受访者认为仍有不少地方需要改进,说明还有很多方面可以做得更好,从而为全国老年教育高质量发展提供"江苏样本""江苏智慧"。

四、社区老年学习者学习存在的瓶颈剖析

(一)办学参与主体力量不足

办学主体是否多元是衡量老年教育供给的重要因素,缺乏有效的多元参与主体,将对老年教育的可持续发展存在较大的结构性影响。调查中发现办学主体仍以开放大学、老年大学为主,而具有传媒优势的电视台、企业资源丰富的企业老年大学、教师资源丰富的高校老年教育学院以及民营老年机构等第三方机构参与较少。访谈中少部分老年学员认为老年教育存在办学质量层次低的现象,这与办学主体单一,缺乏竞争有较大关系,不利于社区老年学习者灵活地、自主地选择学习场所和方式。

(二)平台和课程资源缺乏吸引力

日前,各类学习平台如雨后春笋般涌现,但平台主要面向普通学习者,社区老年学习者由于种种原因尚未较好地适应信息化平台教学,造成通用的学习平台往往不适合社区老年学习者。资源也同样如此,海量的学习资源分布在各大平台,但真正适合社区老年学习者的优质资源却相对匮乏,究其原因,还是老年教育这块市场没有引起高度重视,资源开发参与力度仍不足。调查中70%以上老年学习者提到缺乏合适的老年学习平台,主要是现有平台操作烦琐,不适合老年人使用;没有无障碍访问;缺少互动反馈;平台无法记录老年学员学习行为大数据,无法针对性改进学习过程;平台不能根据学员兴趣或专业背景推荐资源;资源分辨率低、学习体验差、优质资源少、更新慢、资源获取困难等。平台和资源是办学主体重要供给要素,但由于平台设计开发达不到预期,没有针对老年学习者需求开发,课程资源开发力量也同样不足,导致课程资源无法支持老年学习者个性化学习。

(三)师资专业化程度有待提升

师资力量是影响社区老年学习者学习质量的重要因素。调查中发现老年学习者非常关注教师教学和研究方面的核心能力,他们认为,部分专业课程师资力量存在明显的短板,突出表现在专业化程度不高、兼职教师多、教师讲课方法不适合老年学习者、授课形式单一、授课经验不足、信息素养不高、缺乏足够的耐心、缺乏与老年学习者的情感共鸣等。师资结构

不合理、专业化程度不高以及教师本人终身学习能力的不足,导致教师无法驾驭社区老年学习者学习过程中遇到的各种实际问题,不利于老年学习者获得更好的学习体验和学习效果。

(四)学习支持服务支撑不足

学习支持服务也是社区老年教育中的核心内容。由于教育信息化迅速推进,老年教育行业也同样进入了信息化教学时代,电脑、平板、手机授课到处可见,但大多数社区老年学习者由于对信息技术接触较少,存在"数字鸿沟"现象,这对社区老年教育的学习支持服务提出新的更高要求。学习支持服务包括平台、资源、技术团队、学习团队、助教团队、课程团队等。在调查中发现还存在"无法实现个别指导""有时候听不懂教师所讲内容"等现象,这主要是由于老年学习者学习基础条件不一致造成的,如果没有高质量的学习支持服务,不提升服务的内容和方式,老年学习者的学习效果将大打折扣。

(五)教学评价机制缺乏

教学评价是对教学效果进行评估的重要手段,教学效果的提升,除了科学规划教学内容,精心的教学设计,还有赖于多元化评价机制的建立和完善。在基础教育、高等教育、职业教育领域,教学评价对教学质量提升发挥了很好的导向作用,但是老年教育中尚未形成老年教育机构自我评价、政府评价、专家评价乃至第三方评价的有效评价机制。目前,江苏省卫生健康委员会定期发布《江苏老龄工作简报》,每年年底发布《江苏省老龄事业发展报告》等,全面总结老龄事业发展情况,但针对老年教育的质量监控评价体系还不够健全和完善。调查中,无论是举办者、教师还是老年学习者都对评价非常重视,亟须填补老年教育在评价方面的空白。

五、构建社区老年学习者学习新样态的策略

(一)精准供给,完善老年教育公共服务保障

老年教育持续健康发展离不开政府的政策保障和经费投入,但目前政府对老年教育的资金、政策、人力等供给明显不足。政府作为公共服务供给主体,要加强持续精准的服务供给,包括人力、物力、财力、制度的"四重保障"。在人力方面,要加强老年教育服务管理人员配备,提高管理人员的业务管理素质;在物力方面,要能积极建设社区老年学习者学习场所,实现处处能学;在财力方面,要能提供预算方案,并对经费使用情况做绩效评估,做到精准供给;在制度方面,要坚持公办公益的原则,办好老年教育这一利国利民的工程,并进一步明确政府、家庭、社会在保障老年教育事业发展中的权利与责任,用法律政策来为老年人参与老年教育吃上一颗"定心丸"。

(二)政校企协同,推动市场多元主体参与

市场多元化是激发老年教育活力的基本途径。虽然江苏省已经基本建成"省—市—县(区)—乡镇(街道)—居民学习点"的五级老年教育网络,但从调查问卷和访谈的情况看,开办老年教育主体主要是开放大学和老年大学,社区教育中心的参与度不高,其他如教育咨询公司、大型企业、教育电视台、普通高校等参与力度也不够,没能形成多元化办学主体,不利于老年学习的开展。因此,政府层面应做好以下几点:一是给予政策支持,大力发展和支持社会力量兴办老年教育,鼓励多元市场主体参与,赋予老年人更便捷更多元的选择机会;二

是建立老年大学发展联盟,鼓励企业、高校等办学主体间优质资源流动;三是建立市场主体参与机制,规范市场办学准入,稳步提高老年教育办学基准,大力推动老龄产业的发展。

(三)优化学习平台,汇聚老年学习优质资源

1.用大数据指导老年课程开发

学习是终身教育永恒的主题。老龄人口接受教育的兴趣和学习态度高度受制于其早期教育和生活经历,不同的老年个体对学什么、如何学以及在哪里学的偏好差异较青少年群体区别更大。从问卷访谈以及实地考察的情况来看,南京大学的老年大学、金陵老年大学、无锡开放大学乐龄学院、常州老年大学、南通市老年大学、连云港市老年大学等老年教育机构普遍开设声乐、乐器、舞蹈、太极拳、模特形体、瑜伽、绘画、书法、摄影、英语、旅游文化、电脑、视频制作等课程,有的老年教育机构还开设了系列文史类、锡剧、经穴、小儿养护与按摩等特色课程,受到老年学员的欢迎。但由于老年学员需求激增,丰富多样的老年课程不能完全满足老年学员的需求。部分老年学员感觉可学习的面还是过窄,希望开设针对老年人脊椎关节相关疾病防治的指导性课程,以及受众范围较小的诸如古琴、草书、皮雕等特色课程,还有一些老年学员提出"作为老农民,希望能有一些农活课程,忆苦思甜,锻炼身体"。实现老年教育高质量发展,需要不断调研老年人学习需求。通过大数据统计老年人文化及专业背景以及兴趣所在,有针对性地开发丰富多样的各类课程,满足老年群体多元化学习需求,实现"以学习者为中心",在个性化服务过程中建立个人学习档案系统,提供"进阶式"课程表,优化"人人、处处、时时"的个性化学习环境。

2.构建适合老年学习者的专业体系

在调查问卷和访谈中,不少老年学习者提出"知识系统性不够"等问题,希望老年教育机构能按照"分层分类"的原则设置老年课程,使老年学员在"系统学习后能达到一定的水准",这要求老年教育构建专业体系,进而推动专业知识系统发展,以进一步体现老年教育机构的核心内涵和品牌价值。因此,办学主体层面应注重以下几个方面:一是建立特色化的专业体系,要与相关办学机构错位发展,要能体现特色,发挥优势,积聚力量发展特色化的专业品牌;二是专业体系的衔接与调整,要做到课程与专业之间的关联,发挥人、财、物的优势集中,办好相关专业,同时专业体系也要根据老年学习者需求和实际动态调整更新。

3.组建专业化课程开发团队

目前老年教育中很普遍的现象是教师"单兵作战",缺少教师间的协作共建,导致教师资源不能共享,阻碍了课程的高效构建。连云港市老年大学会同市健康学会、市医学学会开设"健康学校",联合医疗机构,设置"中医保健""中医养生""健康管理""老年慢病管理""家庭护理""刮痧"等系列课程,将老年健康教育纳入老年大学教学课程体系,开拓了老年大学健康教育新方向。同时,可以借鉴英国开放大学成立跨学科课程组的举措,建立一支由课程组主持人、课程管理员、学科教师、课程设计师、教育技术专家、多媒体编辑人员等构成的专业化课程开发团队,从而使优质资源如"涓涓细流"般汇聚,发挥 $1+1>2$ 的效应。

(四)提供高质量的学习支持服务,帮助老年学习者跨越"数字鸿沟"

高质量的学习支持服务离不开平台和资源。平台是资源呈现的载体,资源是平台的核心要素,因此平台和资源的适配应得到重视。平台建设应着重考虑:(1)平台的支持服务和

适配情况,即平台能否满足各种终端访问,界面是否友好,操作是否便捷,支持服务是否到位等;(2)平台的标准化建设,包含平台技术标准和资源标准,要与主流平台能够对接,便于平台迁移和资源共享;(3)构建基于平台的学习行为大数据,平台要能根据教学需要记录社区老年学习者学习行为数据,形成报表为教学诊断提供依据,以便更好地优化学习过程。资源建设应注重:(1)特色化的资源建设,根据社区老年学习需求,建设符合地方特色的课程资源,资源建设既要考虑到特色化,又要考虑到通用性;(2)组建资源建设联盟,与相关高校、社区、企业等组建资源建设联盟,共享资源建设成果,同时错位建设,避免重复建设,促进资源更高水平的重组,节约有限资金;(3)资源的再生,学习资源再生能为优质资源建设提供有效路径,通过对技术、内容、需求等深入研究,使得再生的新资源更加适合老年学习者,能够较好地服务于社区老年学习者,更好地促进平台资源的融合和共享。

随着移动互联网、云计算、大数据、物联网的发展,我国提出"信息惠民""互联网＋"行动以及智慧城市建设战略,加快了教育信息化的进程。调查中发现社区老年学习者已经逐步接受线上＋线下的混合式学习方式,疫情之下,老年线上教育获得了极大的认可,它极大方便了老年学习者不用奔波,提供随时随地学习的便捷。访谈中,苏州市的老年人对"苏州App"评价较高,资源丰富、生动精彩的直播课程和录播课程为老年人在线学习提供了强有力的支撑。也有社区老年学习者对智能设备使用表现出担心和焦虑,对于线上平台也提出了相关的问题,包括平台数量少、资源质量不高、操作不友好、资源不丰富等。老年人和年轻人接近、使用新信息技术的机会与能力的差异造成老年"数字鸿沟",具体体现在接入沟、使用沟和知识沟三个方面;获取信息基础设施机会不足和数字素养水平较低是造成老年人群体"数字鸿沟"的重要诱因和表现。2020年11月,江苏省教育厅已经建成并开通"江苏老年教育网",利用"江苏老年教育网"和"江苏学习在线"平台,开发开放一批适合老年群体的智能设备使用手册和视频教程(目前已有500多个视频资源)。"江苏学习在线"平台建设了66门老年信息技术应用课程,涵盖了老年信息技术应用、网络与生活、电脑应用基础和智能手机使用等多个门类。2021年1月,《江苏省切实解决老年人运用智能技术困难重点任务清单》中明确要将"引导和普及老年人运用智能技术"列为老年教育的重点内容。帮助老年学习者跨越"数字鸿沟",首先要完善信息基础设施建设,这是帮助社区老年学习者跨越"数字鸿沟"的基础保障,需要根据老年学习者的特点统筹规划、科学设计、分步实施;其次,构建支持老年学习者跨越"数字鸿沟"的技术支持体系,该体系包括相关老年信息素养课程开发、老年信息素养资源设计、开发与推送、教师支持服务团队建设等。

（五）加强指导与培训,推动老年教育教师队伍建设

教师是影响社区老年学习者学习质量的核心要素。调查中发现社区老年学习者对教师专业化水平要求较高,对教师现状存在担忧和顾虑。目前,老年教育的教师群体少部分是专职教师,大部分是兼职,兼职教师过多容易导致教学的不连续性和不稳定性。部分老年学员已经参与老年教育多年,对所学科目有了一定的基础,他们希望通过系统学习能够达到一定的水准,这要求教师专业基础扎实、知识渊博,能对学员给予更加专业的指导。同时,老年学员对教师"耐心、爱心"提出了更高的要求。很多老年学员提出,希望"教师能像对待孩子一样对待老年人",渴望师生间的面对面交流多一些,并表示课后交流的条件、平台和设备比较欠缺,他们的期待除了能更好地掌握知识和技能,更多地也能满足老年人情感交流的需求。更有

一部分老年学员反馈在线上学习较为"孤独",无法实现与教师、同学间线下般的情感互动。

对此,可以成立老年教育行业指导委员会,建立社区老年教育名师库,对社区老年教育工作者开展系统培训,增进他们对老年人心理疏导、有效面授辅导的沟通技巧以及现代化教学手段、在线教学技巧等的掌握,从而帮助老年人更好地理解课程知识和技能,提升教学质量和教学效果。在线学习中教师要加强对老年学员的情感支持,增加一些温馨的提示语和指导。部分老年人提出希望"本地区各老年大学相同学科之间的师生有一定的学术交流机制及学习成果的展示平台",因此可以开展校际交流与合作,分享老年教学经验,增强教师应对和解决老年教学问题的能力,提高老年教学实效。

(六)创新老年学习内容,开展富有特色的老年游学体验活动

江苏省老年大学协会牛飚副会长在 2020 年召开的"新时代老年大学研讨会"上指出,新时代要求老年教育要服务于老年人更高层次的幸福追求需求,更好地发挥教育提升养、减少医、增添乐、促进为的功能,帮助老年人适应社会变化、健康长寿、文化养老、价值提升。江苏人杰地灵,历史积淀深厚,地域文化独特,南北文化和谐共生,非物质文化遗产灿若繁星。开展老年教育,应将江苏的多元文化和丰富灿烂的民俗非遗文化融入其中,不仅要加大对博物馆、非遗展示馆、文化馆、图书馆的利用和改造,让它们成为老年人学习的重要场所,更要开发利用诸如无锡市"红色太华山 苏南小延安"学习体验基地、苏州昆曲文化教育学习体验基地、扬州高邮市菱塘回族乡民族风情学习体验基地、南京非物质文化遗产专业学院非遗体验馆、无锡的吴文化游学体验基地、宿迁农耕教育博物馆等一批江苏省社会教育学习体验基地、长三角市民终身学习体验基地,开展丰富多样、富有地方文化特色的游学体验活动,在老年人身体状况允许的条件下,打破市域、省域局限,开展1—3个月的深度沉浸式老年文化游学体验活动,实现医、养、学结合,不断丰富老年教育的活动载体和教育形式,创新老年教育的内容,让更多的银发族融入形式多样的"文化养老"中来,体会到老有所学、老有所爱、老有所乐、老有所为的幸福。

(七)聚集学习效果,构建老年学习者个性化、立体化评价体系

一方面,制定并完善对老年学员个人的个性化评价,通过制定"学习者问卷",对比学员在入学初和入学一段时间后在学习上的收获以及疑惑,制订科学合理的教学计划,针对老年学员的实际情况完善教学内容和教学设计,实现老年人学习的"一人一案";另一方面,完善老年教育办学质量评估体系,加强对老年教育课程质量评价,通过学员评价、老年教育机构自我评价、政府评价、专家评价、第三方机构评价等,围绕教师教学态度、教学方法、教学能力、办学机构软硬件、设施设备、教学资源、教学环境等维度构建老年教学评价指标体系,聚焦老年学员的学习需求和学习效果,对教学实施过程中存在的问题及时进行纠偏与弥补,最终形成内部评价与外部评价相结合、个人评价与社会评价相结合的社区老年学习者立体化评价系统。

作者简介:①高红,副研究员,研究方向为终身教育、职业教育。
　　　　　②朱冠华,高级实验师,研究方向为社区教育、职业教育、资源开发。
　　　　　③乔维德,教授,无锡开放大学科研与发展规划处处长,研究方向为社区教育、高等教育、控制工程。

加强老年大学一体化建设
推进老年教育新发展

王卓营

当前，我国老年教育尚处于发展初级阶段，老年人的政治思想教育、科学理论教育、文化艺术教育和医疗保健教育还不够完善统一，各级老年大学和老干部大学应着力加强老年教育与科研、服务与管理、理念与实践一体化建设，形成以科研促进学科、以服务管理提高教学保障能力、以理论与实践有机统一的发展模式，改革教学方式，努力推进老年教育工作适应新时代。

一、加强老干部大学教学与科研一体化建设

教学与科研是老年教育的重要双翅。其中，教学是科研的基础，科研是教学的深化提高，两者紧密相连、相辅相成，以教学带动科研，以科研促进教学，是提高教学水平、实现老年教育可持续发展的有效途径，但两者属于不同领域和部门管理，只有着眼于机制建设，才能实现科研与教学一体化建设有序推进。

（一）建立老年教育教学与科研引领机制

老年教育和老干部教育是教育领域的新生事物，其科研不同于其他普通高校和科研院所，应立足于适应老年大学教学需要，在主要目标和任务上致力于实现主体班教学需求相一致，为实现科研和教学一体化建设打下坚实的基础。为适应老年教育新发展，老干部大学的科研必须以满足广大老同志不断发展的精神文化需求为指导，在确定科研课题、安排科研工作计划、组织开展科研活动上都突出这个重点，引领教师加强老年教育专业研究。老干部大学的教师固然有一定的专业发展方向，学校在规划学科建设时，要充分考虑主体班教学需要，教育和鼓励广大教职人员根据老干部教学工作需要，积极校对和确定专业发展方向，使专业发展和课题研究尽可能与老年大学的教学保持一致，使之通过年度的研究课题或中长期课题研究，把教学中需要解决的问题，把教学改革和教学规律研究作为科研的重要内容，采取课题立项的方式组织教师有计划地开展研究，以课题规划促进科研与教学实现有机结合，使科研真正成为提高教学质量的重要推动力。

（二）建立老年教育科研与教学组织协调机制

一体化建设涉及老干部大学工作的方方面面，加强组织协调尤为重要。学校应建立由主要领导参加的工作小组，总体协调一体化建设工作；建立分管领导、从事教学、科研管理等相关处室协调联络机制，定期协商一体化有关事项，解决工作中遇到的矛盾和问题；建立交

流轮岗制度,使教学、科研、管理、调研等部门熟悉大学各方面的工作,使不同岗位、不同职能的工作人员更多地了解教学需求,主动融入并支持科研;建立由教学、科研等专业人员组织成立的教学科研一体化专家咨询机构,使一体化建设得到专家学者们的关心支持,为一体化建设提供强大智力支持。

(三)建立老年教育教学与科研信息转换机制

保持信息畅通是加强老干部大学一体化建设的重要环节。各级老干部大学应定期组织教务、教研、科研等相关部门召开科研工作专题会议,及时通报教学科研信息和科研成果转化情况,使研究人员准确掌握教学需求,教师了解科研工作成果,为推进一体化提供信息服务。教务部门定期梳理教学中遇到的问题,并反馈科研部门,为拟定研究课题和组织攻关提供第一手资料。教研、科研等工作人员定期向一线教师推荐最新科研成果,促使研究成果迅速进入教学框架,使之在研讨、答疑、调研和课堂教学改革等教学环节中得到运用,促进教学与科研融合发展。

(四)建立老年教育教学与科研激励机制

老年教育是教育行业的特殊教育,其研究课题不容易出成果,尤其为老年教学服务的研究相对于教育学术研究,更不容易出高层次的成果。因此,老干部大学在本级立项时,对教学专题的优先立项,既鼓励研究倾向于离退休老同志所关注的现实教育问题,又注重研究为老年教育主体班教学所需的重大理论问题,尤其对经过认真思考和积极探索取得的专题研究成果,对于在教学、调研、科研等表现突出的人员,应给予一定的物质重奖,着力引导各级各类人员深化为教学和科研服务,并自觉地把科研与教学结合起来,走出教学科研一体化建设的路子,促进教学水平的提高。

二、加强老干部大学服务与管理一体化建设

各级老干部大学自创办至今,认真贯彻深化服务管理的老干部工作方针,坚持教学为本、服务为先、管理为辅的办学方向,加强工作宣传,鼓励和引导老同志走出家门,走进学校学习文化知识,提高生命质量。随着社会发展,老同志学习意识普遍增强,且离退休干部人数每年以5%—6%的速度递增,致使老干部大学"一座难求"。为此,在不断扩大教学规模的同时,应坚持服务与管理并重的工作方向,努力形成提高教学质量和提升服务管理水平齐头并进的良好局面,推进教学保障适应新时代。

(一)用新渠道推进老年教育服务与管理走向一体化

校园无小事,处处有教育;管理无空白,处处可育人。老年教学管理人员也是老年教育工作者,要坚持服务从细节入手,加强与老同志情感沟通,拓展服务育人的渠道,切实发挥班委和班长的作用,使每名学员、每名老同志成为管理的主人翁和志愿者,努力实现"自我服务、自我管理、民主办学"新模式;教学管理人员和教师队伍注重思想沟通,探索全员育人的工作方式,形成教师、老同志、管理和行政服务人员协调一致、互动互补的工作格局,使教学育人的理念融入教学、科研、管理、服务等细节之中,努力实现全员育人的良性循环,形成全员育人的合力,共同促进服务与管理一体化建设。

(二)用新方法推进老年教育服务与管理实现一体化

老干部大学从创办之初的邀请老同志上学,到现在的以教学吸引老同志上学,再到老同

志为走进老年大学学习"一座难求"成为社会关注的焦点,在其发展的每个阶段始终把服务放在首位。当前之所以有些专业"一座难求",究其原因是服务和管理方法单一,每学年只有新生入学,没有学员毕业,从而导致人数爆满。树立新思维,创新管理方法,用大数据创新教学管理,利用信息化手段,探索网上报名,统筹老年教育资源,采取老同志不动,学校动、课堂动、教师动,即"一不三动"的方式分流教育需求,解决好"报名难"问题,最大限度满足老有所学。用大服务统领教学保障,通过属地统一教材管理、教学评价和教师队伍建设、老干部学员管理,解决好教学服务中管理不一、标准不一的问题,全力提高老有所教水平,实现管理有方。用大团队服务方法,统领社区管理,在老干部大学组建艺术团,引导老同志参加社团组织,参与社区服务,丰富辖区老同志精神文化生活,以教师、教材、教学的强大合力,推进服务与管理一体化建设。

（三）用新原则推进老年教育服务与管理一体化建设

老干部大学面对的是广大离退休干部群体,应怀着对广大老干部的深厚感情,坚持新原则强化服务与管理,推进老干部大学一体化建设。一方面坚持服务管理并重,加强校园管理。老干部大学的教学设施、管理方法和校园环境等均应适合老干部特点,方便老干部行动,确保老同志平安学习。另一方面坚持服务与管理不一的原则,充分考虑老年学员年龄结构层次多、受教育程度不一、学习需求多样化等特点,优化教学课程、深化教学服务,努力把特色办学落到实处,使老干部大学切实成为离退休老同志的思想集散地、活动策源地、幸福聚集地。

（四）用新思维推进老年教育服务与管理保持一体化

没有规矩,不成方圆。制度规范化是实现"为老服务、服务育人"的有力保障。加强老年学员管理,提高服务质量,需要依靠制度进行规范化管理,这不仅能提高教学效益,而且能增强组织纪律性和办学责任感,引领老同志为老年教育事业增添正能量。为办好高水平有特色的老干部大学,应着力加强制度建设,加强制度规范化建设,健全制度体系,狠抓制度执行,坚持以制度为准绳,推进各项工作规范化、科学化;应强化老干部大学人事管理改革,规范人员配备,加快建设一支热爱老年教育事业、会服务、懂管理的专业化教职工队伍,为实现服务与管理一体化建设提供人才保障。

三、加强老年大学理论与实践一体化建设

老年大学虽然不同于基础教育和一般高等教育,教育对象也有其特殊性,但教育的宗旨和目标是一样的,都是为社会培养建设性有用人才。为此,应认真遵循"增长知识、丰富生活、陶冶情操、促进健康、服务社会"的教学宗旨,坚持超越普通教育的理念,以提高老年人整体素质为目的,以时代发展为导向,深入挖掘更加符合社会发展的时代内容,深化教学改革实践,强化教学理论与实践一体化建设,推进教学方式适用于新时代。

（一）以开放式办学促进老年教育理论与实践一体化

积极改变传统理论说教和满堂灌的教学方式,把课堂教学与社会实践活动相结合,有计划地组织书画、摄影班等专业班学员,深入国家重点工程建设项目工地和新农村建设示范村、生态村及城市文明社区等采风写生,以新时代中国特色社会主义建设的勃勃生机引领老同志用诗、书、画、影等喜闻乐见的形式,传播中国建设故事,弘扬中国建设精神,促进政治和

业务理论与实践一体化建设。

（二）以延伸课堂教学推进老年教育理论与实践一体化

根据老年学员生理机能下降，行动不便等特点，充分运用现代化教育方式，把传统说教式理论教学与电教化、信息化教学深度融合，着力打造品牌课程，在提高主课堂的教学质量和效果的基础上，组织有专业特长、兴趣爱好的老同志成立艺术团体，开展技能展示、作品展览、文化交流等活动，把课堂教学延伸到课外、延伸到社会，展现老同志老有所学的良好风貌，进一步激发课堂教学活力，推进理论学习与社会实践一体化建设。

（三）以开展志愿服务推进老年教育理论与实践一体化

坚持"双向"服务的教学方针和自觉自愿、量力而行的原则，根据社会需要和老同志的专业开办"志趣特长班"，在进行新知识和新技能培训的基础上，利用老年人积累的知识、技能和经验参与思想教育、传统教育和传授技艺，为社会教育建设发挥作用。同时立足社区，会同街道，开展文艺表演、传统节庆和送课下乡等志愿服务活动，以"老有所学"促进"老有所为"，推进理论学习与实践作为一体建设，实现"学为结合"。

作者简介：河南省老干部活动学习中心副主任。

肇庆市老年教育高质量发展问题初探

杨亚娟

老年教育发展到今天，令人喜悦，思考肇庆老年教育的未来，认真研读相关政策文件，广东省"十四五"规划中指出，支持老年教育大力发展。引导高校发挥资源优势举办老年教育，依托社区教育机构办好社区老年教育，鼓励社会力量兴办老年教育，构建覆盖城乡的老年教育网络体系，"十四五"期间建设80所老年大学示范校。由此可见，现阶段广东省老年教育发展重点主要体现在：一是"十四五"期间要大力发展老年教育；二是高校和社区是老年教育的主阵地；三是鼓励社会力量办学；四是发展老年教育网络体系建设；五是大力发展老年大学示范校建设。广东省"十四五"期间，老年教育不仅要继续扩大覆盖面、提升发展层次，更重要的是要强化内涵建设，体现了老年教育由简单、粗放型向高质量、模式化发展的时代需求。肇庆市老年教育高质量发展必须按照广东省"十四五"老年教育规划的重点要求去落实，因地制宜，向高质量老年教育层面迈进。

一、肇庆市老年教育发展现状

（一）全员覆盖：从老干部（职工）教育到老年教育

自从2000年肇庆市老干局设立了肇庆市老干部（职工）大学，从此开启了肇庆市老年教育的政府面向社会办学的新阶段,进而发展成为以市老干部(职工)大学为中心,辐射到了下面县市区,形成老年教育全覆盖的良好局面。

2018年广东开放大学根据国家开放大学的办学精神,设立广东老年大学,继而各地市、县纷纷开始设立老年大学,立足本地服务地方老年教育,从此在肇庆地区形成了以老干部(职工)大学为主的老年教育模式和开放大学老年教育体系的互补模式,在生源上实现了市老干部大学服务离退休干部、职工和开放大学老年教育服务地区其他退休老年人群的有效结合,扩大了生源的覆盖面,实现了老年教育全员化,充分诠释了教育公平化原则。与此同时,社区老年教育也逐步发展起来,形成老年教育多元化发展的格局。

(二)体系完善:老年教育从单一到多元化发展

肇庆老年教育在教学内容、教学手段、课程资源、教学模式、师资队伍建设等方面发生重大转变。一是专业体系健全、课程资源完善。目前从整体上看,我市老年教育的课程设置灵活,既符合学员需求,又贴近时代,不断壮大课程资源,发展至今大致形成了8个系60多个专业。二是师资队伍有保障。肇庆市老干部大学率先成立老干部大学校董单位,有效解决了招聘教师难、个别专业教师不够专业的困局,源源不断地从我市各高校、职校、医院、协会等企事业单位聘请到专业师资,丰富师资队伍建设。三是教学手段多样化。教学手段从单一的线下教学,逐步丰富为线上线下相结合,同时充分发挥网络课程资源,满足不同层次学员需求,推进网络课程进社区服务广大老年学员,即使在疫情常态化的今天,老年大学依然不停课。有效发挥了传统教学模式与现代信息技术手段相结合的教学模式。

(三)管理与时俱进:老年大学管理信息化手段不断壮大

肇庆地区的老年大学,紧跟信息化发展潮流,特别是肇庆市老干部(职工)大学,在逐步完善5G智慧校园建设的同时,不断拓宽远程网络课程共享平台,大力推广直播课堂日常化,利用其公众号微课堂展示老年教育教学成果。同时在校园管理上充分发挥智慧校园优势,优化管理方式,提高校园教学管理水平,方便老年学员学习日常需要。

(四)保障机制运行良好:场室完善、制度健全

目前,肇庆老年教育几个重点学校有充分的场地和场室保障,特别是市老干部大学的教学大楼、教学设施设备更新换代符合老年大学未来的发展需要,各级地方老年大学也随着老年教育日益增长的发展需求,不断完善独立办学大楼和相应的设施设备。逐步满足日益增长的老年教育发展需求。在此基础上,老年教育各项制度也逐年不断完善。

(五)教学成果丰硕:课堂教学拓展种类多、协会健全、内部刊物有声有色

老年教育的课堂活跃起来,以专业群为阵地的各类协会机制健全,也很活跃,频频参加社会活动,教学成果丰硕。肇庆老年教育刊物办得有声有色,是老年学员和学校及教师沟通表达心声、交流信息的重要平台。社会影响好,有效地推动了老年教育的健康发展。

二、肇庆市老年教育发展的制约因素

(一)政府对老年教育的前瞻性认识须强化

肇庆老年教育基本上满足目前的发展需求,但是,政府对老年教育即将到来的高峰期预估不足,且重视力度侧重明显,除了市老年大学和区老年大学之外,对办老年教育的高校和

相关单位政策及资金投入的方式方法均处于初级阶段,对老年教育发展稳定性和长远发展有一定影响。在做法上侧重日常发展,缺乏未来规划目标落地的措施和时间表,执行协调等方面比较模糊,在实际中宏观意识和引导作用不够明显。

(二)对老年教育的投入欠缺均衡性

经费和硬件设施是开展老年教育工作的基础条件。目前,政府在老年学校建设上的经费投入不均衡且不足,并普遍存在着"部分公办学校一枝独秀"的现象——市老干部大学从办学场室到经费投入再到校园建设,虽然和发达地区相比较略显不足,但从肇庆地区老年教育的相关学校角度看,已经相对完善,而其他老年教育办学机构投入空白,社会力量办学更是凤毛麟角。由于政府部门对老年教育重视度不够,一些老年教育机构经费缺乏,仅仅依靠募集资金以及学员交纳的学费办学,我市老年教育难以满足老年学员学习的需求和高质量发展,也影响多级办学格局迟迟不能建立,无法形成教学资源均衡发展,出现了有些经济条件欠佳的老年人上不起老年大学。同时,现有的老年教育普遍存在着办学规模不大、办学条件发展差异大、硬件设施不完善等问题,这无疑制约了老年教育事业的发展。

(三)老年教育的内容结构单一

目前,肇庆老年学校的教学内容基本上以学习娱乐、习养健康为主,也能紧随时代发展增设新课程,但是在教学内容设置上偏重老年学员自身学习培养,缺乏完善的技能培训模块内容设置,从而导致退休人员退而休之,没有挖掘潜能二次服务社会,发挥老年学员应有的能力。

(四)老年教育师资队伍建设不足、科研力量弱

发展老年教育需要建设一支高素质、专业化、热情高、服务好的师资队伍。但目前肇庆老年教育机构基本没有专职教师,这也是全国老年教育普遍存在的现象,而且从事老年教育的教师待遇相对较低甚至有些是无偿劳动,导致部分老年教育教学质量后劲不足学习效果差的局面。教师队伍内涵建设基本空白,既没有专业的培训项目,也没有老年教育教师提升的专题网络资源,教师自身往往难以提升,也缺乏提升平台。由于老年教育队伍的复杂性,老年教育又是这几年才壮大起来,大多教师没有足够的老年教育心理研究经验,也是制约日常教学效果的重要因素之一。由于教师队伍构成原因和老年大学对聘用教师的管理问题,教师在教学研究、教材编写、教学大纲的制定、教学内容设置评估等方面普遍存在思想和能力上的缺陷。

(五)老年教育主体结构单一,品牌地位不够显著,引领示范效果不突出

目前肇庆范围内,老年教育主要以政府办学为主导,开放大学体系办学为辅,民办老年教育力量明显不足,老年教育进社区发展不理想,老年教育缺乏竞争机制,品牌化发展路子不够宽,内涵建设在内部管理和课程辐射等方面发展较成熟,综合引领示范作用不够突出。

三、对肇庆市老年教育发展的几点建议

随着老龄化人口发展,加之肇庆市本身宜居养老,老龄人口不断增多,老年教育的短板越来越突出,老年教育的供需矛盾、质量需求差异、社会投入与回报差异等因素都会导致老年教育发展矛盾增多,会越来越明显地制约老年教育良性发展。因此,根据国家和广东省老

年教育发展规划、纲要、政策等规定,肇庆市老年教育发展应思考以下六个方面。

（一）加强老年教育发展政策引导作用

肇庆市政府应加强对老年教育工作的规划、领导、组织和管理。完善与人口老龄化趋势发展相适应、社会发展协调、与终身教育体系相衔接的老年教育法律知识、政策体系,对老年大学隶属关系、资金来源、机构设置、人员编制、办学规模、课程设置、考核机制等做出明确规定,使老年教育工作走上政策促发展、制度助提升的良性发展局面。对老年教育予以明确定位,明确老年教育在政府的教育体系中的归属问题,与其他教育工作同安排、同部署、同考核,强化政府的指导引领作用。

（二）提高老年教育社会地位,开拓老年教育多元化发展

肇庆老年教育发展应该以公办教育、老年学校、社区教育、社会力量办学模式多元化局面共同发展,形成百花齐放的发展态势,实行优胜劣汰的办学机制,满足老年教育健康发展需要。同时适时引导社会舆论,提高老年教育社会认识,增强老年教育社会地位。

（三）注重内涵建设,打造老年教育品牌阵地

内涵建设是我市老年教育发展核心,内涵建设包含师资队伍建设、教学目标完善、课程设置、教学大纲、老年教育教材编撰、科研立项、学校管理等方面齐抓共建,全面提升。具体做法应根据实际情况,不能一刀切或生搬硬造。一是在师资队伍建设上分步骤逐步加强师资库建设,完善任课教师的考评机制,在充分尊重教师来源情况下,重视教师自身能力建设,加强教师教学能力大赛及教学活动交流研讨方面的力度,争取提升到制度层面,完善教师激励评价体系。二是特别加强老年教育课程大纲的制定,明确老年教育专业培养目标,确保专业发展有据可依,指引发展方向,特别要重视老年教育课程第二模块的发展问题,在发展常规课程的基础上重视第二模块的开发,即老年教育技能化发展,把部分有能力有实力的老年学员组织起来进行技能培训,甚至针对有需要的学员进行资格证书鉴定,发挥老年学员的专业能力,实现二次就业服务社会。三是目前符合老年教育发展的针对性强的专业教材普遍很少,应加大力度开发老年教育教材的编撰,争取各专业都有实际对路的教材可用。四是加强教师科研能力,提升老年教育综合能力。从而依托市老干部(职工)大学的办学社会影响力,继续打造肇庆老年教育品牌效应,充分发挥示范引领作用。五是实现同专业同课程多级教学模式。由于生源知识技能的基础不同,我们目前的课程以基础课程为主,初步提升课程为辅,不能满足不同层次老年学员的不同需求,因此建议在师资条件允许的情况下,实现新生入学初步分类,课程实现分级教学:实行有针对性教学行为,提高教学目的;提高老年课堂到课率和课堂效果评估;满足学员的不同需求,提高学员的学习兴趣。

（四）保障老年教育资金、物质、政策等投入比重

面对日益增长的老年教育,政府首先从思想上加强认识,重视老年教育发展,制定长远发展目标,从政策上给予保障,从经济上给予支持,应当有计划、有步骤地保障老年教育发展资金投入,加强设施设备配备,改善老年教育办学条件,在投入方面应该多元化,保障各类老年教育办学健康发展。特别是加大县镇级的老年学校的建设,推动老年教育均衡发展。

（五）重视老年教育信息化发展

随着中国经济发展,人们的生活质量不仅提高了,平均年龄和健康状况也都大幅提升,

退休人员不仅在身体和能力方面素养高,对退休生活特别是学习方面质量也要求高,从而推动我市老年教育自身发展不断提升。肇庆市老干部(职工)大学带头建设 5G 智慧校园,实现校园管理、教学教务管理、后勤管理等方面的智能化发展。但是从全市老年教育发展的角度来看,信息化发展程度差异化太大,在未来的发展进程中,我市老年教育不仅要加快信息化均衡发展步子,同时也要重视老年教育信息化建设进社区、进乡镇、进农村。从内涵角度方面,信息化建设应该侧重教学方面,实现课堂教学信息化特色发展、辐射发展、持续健康发展的良好局面,具体来讲,就是线下线上教学转换自如,直播课堂、云课堂、课程资源建设、微课堂、慕课等发展必须走向内质化发展道路,适合老年教育自身需要,做老年教育的课程教学资源,方便老年学员、吸引老年学员,促进老年教育信息化高质量发展。

(六)加强肇庆老年教育对外交流,重视经验分享

老年教育是国民教育的一个重要部分,发展至今,面临的局面是既老又新,不能把老年教育和国民教育割裂开来,不能有"重幼轻老"的思想,在发展过程中,本地区可借鉴的经验和成功案例很少,从政府到学校,必须"放眼亮",针对我市老年教育发展"短板"问题,向优秀老年教育发展地区和学校学习,向国外老年教育成熟国家和地区学习,寻找适合我们发展的"邻居经验",兼容并蓄、扬长避短,促进我市老年教育健康持续发展,建立对外交流学习的长效机制。

放眼国际化大环境,中国目前发展内部稳定、环境优越、人民幸福,特别是疫情下的中国发展,人们信心大增,尤其是老年群体,办好老年教育是稳定大局、有效促进疫情防控、幸福老年群体的有效措施,推动发展高质量老年教育工作是促进地方经济、提高社会效益、优化国民教育的重要举措,我们必须结合国家老年教育发展目标,切实落实广东"十四五"老年教育工作要点,立足本市老年教育群体,砥砺前行,擦亮肇庆市老年教育品牌。

作者简介:广东肇庆开放大学旅游服务与管理系高级讲师。

具身认知理论视角下的老年大学
课堂教学评价

尤梦迪

一、具身认知理论简述

所谓具身认知(Embodied Cognition),主要指生理体验与心理状态之间有着强烈的联系。生理体验"激活"心理感觉,反之亦然。简言之,就是人在开心的时候会微笑,而如果微笑,人也会趋于变得更开心。具身认知是心理学中一个新兴的研究领域。

具身认知理论强调认知与身体直接相关性，"心智锁在身体之中，在任何时候，它都占有一个特殊的空间，且面临一个具体的方向。这些不可否认的事实形成了具身认知的部分基础"①。具身认知理论主张，思维和认知在很大程度上是依赖和发端于身体的，身体的构造、神经的结构、感官和运动系统的活动方式决定了我们怎样认识世界，决定了我们的思维风格，塑造了我们看世界的方式。我们感知到的世界同我们身体的解剖学结构是完全一致的。因此，认知是身体的认知，心智是身体的心智，离开了身体，认知和心智根本就不存在。"心智之所以从根本上是具身的，并非仅仅因为心智的过程必须以神经活动为基础，而是因为我们的知觉和运动系统在概念形成和理性推理中扮演了一种基础性的角色。"②"基于这样一种视角，具身认知拒绝这样一种观点，即认为在知觉运动系统的背后存在一个'心智'，这个心智具备各种形式命题和推理规则，指挥着前者的运作。无论我们心目中的那个理性的、基于规则的和推理的东西是什么，它都完完全全地嵌入我们的身体活动中。"③

由此可见，身体是个体认知形成的逻辑起点，个体所处的环境是认知形成的重要支撑。大脑、身体、环境组成的动态系统是认知形成的根本保障，认知活动的开展是身体、大脑与环境三者相互协调作用的过程。

二、具身认知理论与老年大学教学高度契合

具身认知理论所强调的"大脑、身体、环境组成的动态系统是认知形成的根本保障，认知活动的开展是身体、大脑与环境三者相互协调作用的过程"理念，与老年大学课堂教学的教学主体的身体、大脑与课堂环境三要素高度契合。老年大学课堂教学与其他类型教育虽存在较大差异，但因本质属性都是教育，亦有共性。共性之一，即教学实施均是教学主体的身体、大脑与环境三者相互协调作用的过程。

老年大学课堂教学的构成要素主要有作为教育主体的教师与老年学员的身体、大脑、教学环境。具体表现为：一是教育主体的身体，因老年大学课堂教学多倾向于设置技能类，如舞蹈、钢琴、绘画、摄影、声乐、太极、烹饪、英语口语、普通话朗诵等诸多技能型课程，其教学主体的身体和大脑的重要性凸显。作为"首席主体"的教师，课前备课、课中讲授与对话交流，以及课后教学情况反馈，均需要开动脑筋，在教学中不仅把现代社会的新知识和新技能传授给老年学员，还要发现/发掘老年学员的心理潜能，激发起老年学员的学习兴趣和学习自信，从而树立起晚年生活的新目标。二是课堂教学环境，不仅仅局限于常规教室，有时多在多功能教室甚至在专业舞蹈声乐视频录播教室，并且课堂上利用的教学用具及硬件设施更是纷繁多样，其课堂教学环境的作用性凸显。具有一定现代教学设备，不仅能提高教学质量，而且能使老年学员在课堂教学中产生学习愉悦的沉浸体验。三是课堂互动交流，因为老年人更喜欢合作探究式学习，互动交流是每一节课必不可少的，互动交流的必要性彰显。课堂教学的互动交流不仅丰富了课程，而且促使师生个体的自我成长。由此可见，具身认知理论不仅可以运用于老年大学的课堂教学中，而且可运用于对老年大学课堂教学质量的科学评价中。

---

①②③　燕燕：《梅洛·庞蒂具身性现象学研究》，社会科学文献出版社2016年版，第1—8页。

三、将具身认知理论运用于老年大学课堂教学的评价

笔者认为,具身认知理论不仅与老年大学课堂教学高度契合,而且可运用于对老年大学课堂教学的评价,从而不断提高老年大学的课程评价的质量。各地老年大学从本校实际出发,具有不同的教学评价方式,但都可以运用具身认知理论展开教学评价。我校课堂教学评价主要包括以下几个方面。

(一)课堂教学目标

老年大学课堂教学目标与基础教育高等教育目标有着本质的差异性,老年大学所开设的课程均以老年学员身体心理所需为前提,绝大多数的课程内容均强调的是"实用性、技能性和可操作性",即程序性知识占首位,且以老年人身心愉悦为基本原则,因此,课堂教学目标设计的重点应突出如下几个方面。(1)可操作性。可操作性即具身性,旨在表述内容简洁明了,易于老年学员身体心智参与,以便于他们操作。(2)可预见性。可预见性旨在表述形式上的形象生动,让老年学员能预知该课所学的结果,满足他们的获得感、成就感及自豪感。(3)可实践性。根据具身认知理论,人在开心的时候会笑,而在微笑的时候人会更开心,当老年学员获得心理满足感之后,急切需要生理体验,如此往复,不断激发心理和生理体验快乐情绪,使其越学越兴奋,从而达成修身养性、延年益寿的目的。而可实践性就是在这种理论指导下,旨在激发学员们更进一步的生理心理体验,模拟生活情境使学有所用,重构认知。

(二)课堂教学活动

具身认知理论认为,人的认知学习过程具有身体各器官的参与,情感思维的体验以及自身内部情感思维的互动及与外部情景的全程互动构成完整的认知过程,根据老年学员的特点,课堂教学活动设计须突出以下几个方面。(1)情境性。具身认知理论运用于教学过程中,强调身心融合、感官融合及情境融合的意蕴,表明在此理论下的教学不仅注重学员的身体心智的融合以及强调运用多感官参与而非单一的视听教学,因此,须创设切合老年人特点的课堂教学活动情境,可具体化为社会事件情境、日常生活情境、问题情境以及实用情境等,同时营造调动老年学员积极情感体验的具身环境。还可以将教室桌椅排列方式自由变换、多媒体教学工具交互式选用、师生角色动态性交换等,以保证和促进老年人课堂教学过程中身心与教学情境的有效糅合,以期达成亲身体验学习内容,形成自身对于知识理解和重构。(2)参与性(包括身体及心理体验)。梅洛-庞蒂曾经强调:"身体与世界、与他人处于同一层面,而通感能力则不是身体各感官的互通,还包括身体与世界的互通。正是因为我们拥有通感能力,身体才能以整体感知的方式与世界他人相连,才使得身体主体、世界和他人能完整地对话与融合。"①所以,为促进课堂教学"双主体"身体间的对话、理解及深层次参与交流,达到身心合一融入课堂活动中,教学活动必须从老年学员的身体感知与运动能力出发,设计出能激发或刺激学员的视觉、听觉、动觉等各个感官充分参与的一种融身体各方面感知与运动为一体的教学活动。(3)互动性。雅思贝尔斯在他的《什么是教育》中强调:"教育本身不过是人对人的主体间灵肉交流活动,并区分了教育中训练与交往的区别,训练将人的心灵隔

---

① 崔中良、王慧莉:《互联互通的身体基础——梅洛·庞蒂通感思想研究》,《科学技术哲学研究》2019年第1期,第53—58页。

离起来,而人与人的交往则是我与你精神间的对话。"由此可知,教育本身不仅仅是精神交流,也是教学活动中师生双主体身体间的交往与对话活动,同时也与外部教学情境产生互动交流。而对于老年学员个体而言,学习内容越具情境化,越能刺激身体各感官反应,在实现自我身心互动的前提下,积极与外部环境进行二次互动,在认知过程中的具身实现了知识再构重构。而在此过程中,作为教学双主体,无论是身体动作之间的交流,还是心智思维的相互碰撞,均是老年课堂教学中必不可少的,和谐坦诚平等愉悦的心灵对话沟通,不仅能加深师生之间的情谊,更能为老年学员带来无与伦比的心理慰藉和寄托,有利于老年人身心健康以及心智重构。

因此,在老年大学课堂教学中,教师在课堂教学的实施中通过关注他们的行为,感受他们的情绪,消除他们的自卑,缓解他们的焦虑,慰藉他们的心灵,弥补他们的寂寞,提升他们的修养,终使其老有所乐。

(三)课堂教学方法

具身认知理论将认知过程中的身体、心智、环境融为一体,针对老年学员的身心特点及学习需求,老年教育课堂教学的方法应突出以下方面。(1)教学内容的情景化设计。具身认知理论强调认知的产生依赖于身体与身体所处的环境之间的相互作用而形成的感官身体经验,因而,在老年大学课堂教学中老年人学习活动需要一定适宜的教学内容情景直观化。具身认知理论认为,知识源自认知主体与其所处环境之间的有机、动态交互,是主体身体行动与实践的产物,具有情景化特征。因此,无论是讲授式的陈述性知识讲解,还是程序性知识的传授均需使其情景化,且与之相应的生活情景、社会事件情景、经验情景、艺术表现情景、问题实验情景等紧密联系起来,由于老年学员的生活阅历、人生感悟非常富裕,老年学员更容易将身心融于情景,易于在情景中理解、创新、应用学习内容。(2)教学活动的情境化体验。无论是陈述性知识讲解说明,如摄影理论、声乐符号说明、烹饪食材的调配等,还是程序性知识的教学演示,老年学员随着年龄增加,与青少年相比,其力量和耐力减弱、视力下降、听力降低、身体平衡性降低、思维反应较为迟缓等都是不容置喙的事实,由此,教学活动的情境化体验尤为重要,不仅能增强其感官体验、强化老年人身体参与度,充分调动老年人的感官通道、运动系统等,还能使老年人在身体多器官参与运动过程中加深对学习内容理解。如在教授英语口语时,切不可单纯强调发音技巧及语音语调,而是通过视频、音频、肌体语言,模仿情境中的人物等切身体验,通过视觉、听觉、口语模仿等多种感官体验,获得学习内容的深化重组。(3)教学互动的情感化交流。具身认知理论强化认知是具身的,在老年大学课堂教学过程中的"教及学"是一对不可分割的"双主体",不仅老年学员需要具身化学习,教师作为课堂教学鲜活的"双主体"的另一方要素,同样需要注重自身身体参与度,通过教师具身化行为指导引领参与,如视觉交流、肢体交流,更容易促进师生互动之间的情感交流,增进友谊,愉悦身心,从而创造良好和谐的课堂教学氛围,保证教学健康积极可持续发展。

(四)课堂教学的评价标准

具身认知理论具有三要素:一认知的具身性,即认知依赖于身体感知、运动及其物理属性等发生发展,是该理论的核心内容和本质特征;二是认知的环境性,即由认知的具身性可知认知与身体紧密相关,而身体是存在于环境中的,因此,认知同样深受认知者所处的环境影响;三是认知的生成性,即认知不仅仅存在于大脑中的抽象运算,而是由大脑、身体、环境三者交互作用动态生成的结果。因此,老年大学课堂教学评价的标准即可依据此三要素进行量化分解,对课堂教学关键要素进行科学评估。

鉴于老年大学课程设置种类繁多,各课程课堂教学各具特色,因而,评价的细目及赋分须按照学科内容特点进行科学划分。

作者简介:淮安市老年大学教务处副主任。

开发心理资本是完善终身教育体系的重要目标

周朝东

2021 年 3 月 11 日,中华人民共和国第十三届全国人民代表大会第四次会议表决通过的《中华人民共和国国民经济和社会发展第十四个五年规划和 2035 年远景目标纲要》提出"完善终身教育体系";为了完善终身教育体系,2021 年 11 月 18 日,《中共中央 国务院关于加强新时代老龄工作的意见》提出了完善终身教育的国家政策。中共中央和国务院适时提出"完善终身教育体系",其重要目标是为了开发心理资本,从而使中国在全球化市场竞争中拥有人才竞争优势。目前,中国的社会经济正处于转型发展之中。从人才竞争维度,开发心理资本成为我国经济可持续增长的人才支撑。

一、"心理资本"的界说

(一)心理资本概念的提出

21 世纪初,在全球化的市场竞争中如何获得竞争优势成为各国政府和学者们深入思考的问题,于是,新兴的积极心理学家们不再仅仅关注"人出现了什么问题",而开始研究如何培养和充分开发人的潜能。国际著名管理学家、美国内布拉斯加大学路桑斯(Fred Luthans)教授创造性地将积极心理学的思想延伸到人力资源管理与组织行为学领域,提出了"心理资本"概念,旨在从根本上打造人的竞争优势。路桑斯教授认为,"世界是平的",体力、财力、技术已逐渐不再成为障碍,那么优势从何而来? 决定成败的关键就是"人",人的潜能是无限的,而其根源在于人的心理资本。

(二)心理资本的定义

路桑斯教授在《心理资本》一书中把"心理资本"的内涵定义为:"心理资本是个体在成长和发展过程中表现出来的一种积极心理状态。"其外延具体表现为以下四个方面:(1)在面对充满挑战性的工作时,有信心(自我效能)并能付出必要的努力来获得成功;(2)对现在与未来的成功有积极的归因(乐观);(3)对目标锲而不舍,为取得成功在必要时能调整实现目标的途径（希望）；（4）当身处逆境和被问题困扰时，能够持之以恒，迅速复原并超越（韧性），以取得成功。

路桑斯教授在《心理资本》中还指出，"心理资本"是伴随时代发展而不断发展的高阶位心理概念，主要表现在其外延不断扩展为潜在的心理资本——认知与情感导向的积极能力（如创造力、智慧、幸福感、沉浸体验和幽默），以及未来的心理资本——社会积极能力和更高层次的积极能力等。

（三）心理资本超越人力资本和社会资本

路桑斯教授认为，从理论维度分析，心理资本之所以超越了人力资本和社会资本，是因为心理资本理论不是把人视为资本的一种形态（关注劳动者和管理者的增值性、稀缺性、获利性和专用性），而是从发展角度，关注现实的人"是什么样的人"，进而关注现实的人"正在成为什么样的人"，并着力开发人的潜能，这正是被人力资本理论和社会资本理论所忽略的。如，一个怀有希望的人，就拥有实现目标所需要的"动因"与"路径"，克服困难的动力就强，从而更有自信和韧性。从实践维度分析，心理资本注重在现实生活和工作环境中开发人的积极心理能力，实现人的潜能，让"现实的自我"成为"可能的自我"，从而不断开发和打造出创新型人才队伍。

二、开发心理资本与完善终身教育体系的关系

开发心理资本是完善终身教育体系的重要目标，从开发心理资本高阶位助推中国尽早建成现代终身教育体系，打造出具有积极心理能力的新型人才队伍。

（一）开发心理资本高度契合我国实现现代教育体系的目标

从教育系统维度讲，开发心理资本与我国实现现代教育体系的目标高度契合。直面全球终身学习的趋势，教育正在变成一个持续不断的过程，不仅仅是青年时代，而是整个人生，都要进行教育。为了紧跟世界教育变化的大趋势，为了将中国建设成为人才强国，中共中央、国务院印发的《中国教育现代化2035》提出："到2035年，总体实现教育现代化，迈入教育强国行列，推动我国成为学习大国、人力资源强国和人才强国……建成服务全民终身学习的现代教育体系、普及有质量的学前教育、实现优质均衡的义务教育、全面普及高中阶段教育、职业教育服务能力显著提升、高等教育竞争力明显提升、残疾儿童少年享有适合的教育，形成全社会共同参与的教育治理新格局。"由此可见，完善终身教育体系的目标，即使我国"迈入教育强国行列，推动我国成为学习大国、人力资源强国和人才强国"。而开发心理资本，则是通过教育改革和创新教育实践活动，不止步于受教育者学习知识和学会生存技能，而是进一步着力开发健康个体自我实现的心理积极能力，从根本上打造人的竞争优势，有力"推动我国成为学习大国、人力资源强国和人才强国"。

（二）开发心理资本与我国教育改革的目标与路径一致

从教育类型维度讲，开发心理资本助推现阶段我国各种类型的教育改革。不同类型的教育，其教育方式和培养目标各不相同。现阶段，我国的初等教育、中等教育和高等教育的共性是"培养人的学术能力"，于是，注重知识的传授，集中表现为在高考和分数的指挥棒下，学校、教师、家庭和学生大都为分数而战，注重考试结果，在统一的国家标准下以学生的卷面分数衡量教学质量。心理资本理论则注重从开发人的积极心理能力、打造人的优势的高阶位

否定了我国教育的上述育人理念,从人的发展维度出发,倡导通过教育改革和各种实践活动,开发个体在成长和发展过程中表现出来的积极心理能力,培养出一大批具有明确的发展目标、具有为实现发展目标而坚韧战胜各种困难的自信、自我效能和乐观精神的创新型人才队伍。

(三)开发心理资本与我国老年教育的改革发展一致

从完善终身教育体系维度讲,开发心理资本将推进现阶段我国老年教育改革发展的深度和广度。心理资本理论研究表明,在人的成长和发展过程中,自我效能、希望、乐观和韧性具有举足轻重的影响力。以此为据,笔者认为,当人进入老年阶段后,自我效能、希望、乐观和韧性仍然具有举足轻重的影响力,这是完善终身教育体系必须大力改革/发展老年教育的理论根据之一。因为老年教育的重要功能在于继续开发老年人的积极心理能力,使其在晚年乐观生活,信心百倍地克服晚年生活中的各种困难,不断提高自我效能,进而不断提高生命质量和生活质量,这对"国"对"家"都有极为重要的作用。在这个意义上,把老年大学仅视为"康养之地""老年俱乐部"的办学理念是失之偏颇的。2023年2月7日,中共中央、国务院印发的《质量强国建设纲要》指出:"当今世界正经历百年未有之大变局,新一轮科技革命和产业变革深入发展,引发质量理念、机制、实践的深刻变革。质量作为繁荣国际贸易、促进产业发展、增进民生福祉的关键要素,越来越成为经济、贸易、科技、文化等领域的焦点。当前,我国质量水平的提高仍然滞后于经济社会发展,质量发展基础还不够坚实。"提高质量水平,建设质量强国,关键在人。为此,需要有一大批高素质、高质量的人才队伍。目前,我国退休老年人群体中50—70岁的"年轻老人"逐渐居多,经过心理资本开发,他们完全可以进入人才队伍,为建设质量强国继续发挥其自我潜能。从这个意义上讲,老年大学的教学改革任重而道远。

三、开发老年心理资本是现阶段老年大学教学改革的主题

(一)确立现阶段老年大学教学改革的新主题

老年大学作为终身教育的有机构成,其本质属性是"教育"。教学是学校教育的主要形式,是培养全面发展的人和全面提高教育质量的主要途径,是实施素质教育的主要手段。学校的教学质量关乎培养全面发展的人才队伍,关乎学校办学的成败,老年大学也不例外。40年来,为了不断提高办学质量,教学改革始终伴随着中国老年大学的成长和发展。而中国老年大学发展的每个阶段,教学改革的主题都因当时的形势需求不同而相异。笔者以为,现阶段,为了紧跟建设质量强国的形势需要,老年大学教学改革的新主题是开发老年心理资本,培养出一大批高素质的老年人才队伍。

(二)老年大学教学改革须以培养具有积极心理能力的现代老人为新目标

所谓基点,就是事物的中心,即事物存在和发展的根本和基础。老年大学因本质是教育,其存在和发展的基点是教学质量。老年大学的教学质量决定着老年大学存在和发展的状况,这已经是40年来中国老年大学成长经历所证明的不争事实。

教育学理论指出,课程是学校教育的核心,它是实现教育目标的主要途径,是教学的重要依据,是教育思想价值的载体。因此,现阶段老年大学实现教学改革的新目标须以课程改革为核心,谋求在更高阶位探讨课程改革的路径和实现方式。

笔者在江苏省老年大学的抽样调研中发现,老年大学吸引相当部分的老年人主动积极

地接受老年教育的"磁铁"就是课程。这生动表现为某些地区老年大学的某些专业的"一座难求"现象，换言之，这些老年大学的某些专业课程吸引着老年人的"眼球"。这些专业课程之所以能成功地吸引老年人，笔者在南通市老年大学和其他一些老年大学与授课教师的交流中得出的答案，是授课教师把中等教育学校的"高效课堂"的教学方式运用于老年大学的第一课堂教学，注意开发老年人的积极心理能力，使老年人通过学习专业课程，不仅学习和掌握了现代社会的新知识和新技能，而且从中"意外"地发现自我的潜能（如绘画、书法、摄影、文学创作等潜能），于是，他们积极主动地继续在老年大学坚持更深入的学习和训练，具有了"再创造"的能力，从而对晚年生活充满了新的希望，树立起晚年生活新的奋斗目标，热心于把所学的新知识和新技能服务于社会。

理论和现实要求进入"不惑之年"的中国老年大学教学改革以课程改革为核心，立足于建设高质量的老年大学，通过专业课程的系统结构、层次和要素的改革创新，使老年人树立起在现代社会生活的自信，乐观地面对老年阶段的生活，通过继续学习发现、发掘、实现自己的各种潜能，并且当身处逆境和被问题困扰时，能够持之以恒地克服各种困难并取得成功，从而成为在现代社会生活中具有积极心理能力的现代老人。

（三）现阶段老年大学课程改革的新要求

现代教育学认为，课程不仅仅是"一门课"，而且是涵盖专业课程的授课教师、课程文本（教材）、教学实施、教学对象（学生）和教学实践活动等多维度的集合。笔者认为，建设高质量的老年大学须在现有课程改革的基础上着力于以下方面的改革探索。

1. 课程具有开放性

在传统教育的课程理念中，课程的本质就是知识，课程的主要使命是使学生获得知识。据笔者"走学校"的抽样调研，目前，老年大学课程信奉的是传统的课程理念，注重"知识和技能至上"，即"如何提供更多的学习内容"，通过教学实施获得老年学员认同，而忽略了对老年学员的积极心理能力的开发。换言之，现存的老年大学课程重在向老年学员提供现成的知识和技能，却把教师和老年学员的社会经验排斥在外，忽略了课程实施过程中教师与老年学员的个人发展，使课程处于封闭孤立的状态，封闭的课程难以发掘老年学员的积极心理能力。

提高老年大学的教学质量，必须使老年大学的课程具有开放性，即须在充分发扬教师"首席主体"作用的前提下充分发挥老年学员"学习主体"的作用。在此基础上，将专业课程设计为一种开放系统，在教学过程中，教师和老年学员不断将自己的社会生活经验补充进来，促进课程内容的更新。这样，课程的内容就不再是"圣经"式的确定性文本，课程将教师、老年学员与社会生活关联起来，课程的展开过程就是课程的生长过程，也是教师和老年学员个人发展的过程，教师与老年学员在教学过程中共同创造课程；课程文本要给师生预先留出足够大的空间，把师生在课程生长过程中的经验、成果及时纳入课程，由此，课程的开放性得以实现。开放的课程使教师及时发现老年学员对专业课程的预期（希望），针对性地有效启发老年学员将经验积累乃至自我效能与专业课程相结合，从而使教师和老年学员共同接受学习和生活的各种挑战，激发出较高的教与学的情趣；开放的课程将使师生双方都沉浸在"激活创造力"的情境之中，逐步走向"可能的自我"。

2. 课程具有复杂性

在传统教育的课程理念中，强调课程的开发—编制—实施—评价的相对封闭性程序，这样的课程是成人视野中的知识经过专家的组合向学生进行传递的文本,具有二元线性结构。现阶段,老年大学的课程也是沿用开发—编制—实施—评价的封闭性程序。具体程序的展开是:课程的开发是由各系的系主任在一定调研的基础上找寻外聘教师;请外聘教师编写授课讲义/课件;具体实施课程;在教学进入到一定阶段后评价课程实施的效果。老年大学的课程从开发、编制、实施到评价的这一过程中,老年学员成为被动的课程文本的"接收者"或"复读机",无视了课程须提供开发老年学员积极心理能力的现实机遇。

提高老年大学的教学质量,必须扬弃老年大学现行的课程二元线性结构和课程实施的封闭性程序,凸显课程的复杂性。也就是说,老年大学课程须提供开发老年学员积极心理能力更多的现实机遇。老年大学的课程实际上是教师与老年学员在课程对话交流中的生长与创造,因为老年学员都是具有相当丰富的社会经验的成年人。现实生活世界的意义和价值,是人在亲身经验和体验中主动建构起来的。老年学员以共同的历史为背景,参与到课程实施中,参与到教师与学员彼此之间的教学活动和对话交流之中,师生通过课程的多重解释和转换而寻求或创造新的意义和新的价值。这里,课程实施中师生之间的对话交流、老年学员之间的对话交流、师生与课程文本之间的对话交流尤为重要。课程实施中的对话交流过程实质就是教师与老年学员通过历史性的体验和反思,寻找和安置好自己在社会变化潮流之中的位置,课程的复杂性由此显现,进而拓展了课程的丰富性和创造性。课程的这种"复杂性""丰富性"和"创造性"具体体现为教师对课程的诠释、老年学员结合自己的社会经验对课程的理解及对教师诠释的思考,诸多问题先后涌现。问题的"涌现",使处于课程实施中的师生产生对历史和现实生活的某种新的感知、新的想法和新的体验,促使师生的认知能力(创造力与智慧)、情感能力(主观幸福感与沉浸体验)、自信、解决问题的韧性大大提升,老年学员的积极心理能力就这样在课程中逐步被开发。

3.课程具有多元性

传统教育的课程理念,强调课程的单向度。课程的单向度在教学中的具体表现,即课程只是教师向学生传递课程内容。老年大学也是强调课程的单向度。处于单向度的课程实施中,教师一味地忙于"满堂灌",学生则忙于记录教师的讲授;处于单向度的课程实施中,泯灭了教师"首席主体"与学生的"学习主体"的主体性,缺少了师生之间的心灵碰撞,没有了因对话交流而出现的"问题";课程的单向度使教师无法发现学生的潜能,更谈不上开发学生积极心理能力。笔者在上海市、江苏省、济南市、武汉市等地老年大学随堂听课的抽样调查中发现,现阶段老年大学的课程基本是单向度的。课程的单向度与开发老年学员积极心理能力背道而驰。提高老年大学的教学质量,必须摒弃课程的单向度,建构课程的多元性。

笔者认为,现阶段,老年大学课程多元性至少有以下含义。一是课程目标多元化,即具有知识目标、能力目标和情感价值目标。由于各类课程存在着内容和特点的差异,同一课程内不同模块所存在的内容差异,也必然会形成课程目标中知识目标、能力目标和情感价值观目标的不同方式的组合,使得具体的课程目标呈现多元化。老年大学的初级班、中级班和高级班(研修班)在具体的课程目标中,一方面,须重视课程基础目标的达成,不同等级班级的课程目标必须有层次区别;另一方面,也应增强课程目标的弹性,在初级班、中级班和高级班的教学目标中呈现出鼓励老年学员发挥自己的智慧、能力和个人特点的表达方式。

二是课程内容多元化。即:(1)将确定性的主流知识、地方性知识和学校的、个人的知识相结合。各类专业课程文本,要求教师把处于变革中的、处于发展中的前沿性知识纳入课程知识体系介绍给老年学员;课程实施中,要求师生结合社会生活实际和学习需要,把个人的经验性知识引入到课程中来,使得课程内容呈现出确定性主流知识、地方性知识和学校的、个人的知识相结合的丰富形态。(2)把学术性内容与职业性内容相结合。通过课程使老年学员掌握适应时代发展需要的基础知识和基本技能,同时具有现代社会独立生活的能力、职业意识、创业精神和晚年人生规划能力,为"年轻老人"发挥"余热"打下坚实的基础。(3)把传统文化与现代文化相结合。老年教育承担传承文化、发展文化和创新文化的职能。专业课程必须把中国与世界各国传统文化的精华纳入课程,扩展老年学员的文化视域,拓宽老年学员的兴趣和注意力;发展和创新文化,则是把当代人类文化的最新发展成果纳入课程中,让老年学员通过课程的学习站在当代文化发展的最前沿,从而成为推动文化发展和创新的力量。于是,传统文化与现代文化共存,成为现代老年大学课程的重要特征。

三是课程类型多元化。根据各个老年大学(老年学校)的实际,具体可采取以下课程类型:(1)分科课程与综合课程。分科课程是一种单学科的课程形式,它强调学科门类的相对独立性,强调学科逻辑体系的完整性。综合课程是一种以主题或问题为中心的课程形式,理解这些主题,解决这些问题需要有意识地运用多学科的知识和方法。综合课程对老年大学的教师素质和教学质量提出了更高的要求。(2)学科课程与活动课程。学科课程以文化知识为基础,按照知识的逻辑体系,将课程内容组织为不同的学科。学科课程是最古老、使用范围最广的类型。其主导价值在于传承文明,传递学科知识。活动课程是围绕老年学员的兴趣和经验,以活动的方式组织的课程形态,老年学员的兴趣、动机、经验、实践活动是课程的基本内容,其主导价值在于使老年学员获得现实世界的直接经验,更好地适应现代社会生活。学科课程与活动课程已经广泛存在于我国各地老年大学(老年学校)的第一、第二、第三课堂教学,但需在提升课程质量上狠下功夫。(3)必修课程与选修课程。必修课程是学校规定老年学员必须学习的公共课程,是为保证本专业所有老年学员的基础学力而开发的课程。选修课程是老年学员按照自己专业学习的兴趣和一定的规则自由选择的课程。它依据不同老年学员的个性特点和发展方向,允许老年学员个人自主选择,是为适应老年学员的个性差异而开发的课程。这类课程形式对老年大学的教学管理者和授课教师提出了更高要求。

老年大学建构课程多元性须具备一些基础性条件。一是充分发挥教师"首席主体"和老年学员"学习主体"的主体性,使教师与老年学员成为建构课程多元性的主体的同时,从不同角度发掘和发挥教师与老年学员的积极心理能力(自我效能、乐观、希望和韧性等)。二是启发/开发教师与老年学员共同创设课程的兴趣和能力,主要包括:保证不同社会群体的社会经验受到相同的重视;体现多元文化,接受和欣赏不同的文化、种族、社会阶层、性别差异、宗教信仰等文化的"各美其美",在此基础上达至文化的"美美与共",形成在民主、平等与公平的社会中生活所必备的责任心和公共性。三是定时就探讨老年学员、教师、家庭和社区的现实问题展开对话和交流。通过对话交流,提高教师和老年学员的认知能力,拓展兴趣范围,逐步享受和沉浸于课程实施中对话交流所产生的学习氛围。

作者简介:《金陵老年大学老年教育研究》主编,中国老年大学协会学术委员会委员,中共南京市委党校哲学教授。

教学改革

关于提高老年教育发展质量的思考

左哲夫

老年教育走过了40年的历程,从无到有,从城市到农村,呈现着强劲的发展势头。"十三五"期间,国务院办公厅印发《老年教育发展规划(2016—2020年)》,"十四五"开局,中共中央、国务院又下发《中共中央　国务院关于加强新时代老龄工作的意见》,紧接着国务院公布了《"十四五"国家老龄事业发展和养老服务体系规划》,为积极应对人口老龄化,发展老龄事业,出台的政策规格之高、密度之强,前所未有。在这样的大环境下,我们来讨论"提高老年教育发展质量"恰逢其时。下面结合工作实践和体会,就如何"提高老年教育发展质量"谈几点思考和建议。

一、加大基础建设投入与外部相向因素的整合

(一)硬件投入是基础

提高老年教育发展质量,硬件投入是基础。从目前我市乃至全省情况看,县级以上老年教育经费和人员配备已不再是发展中的主要矛盾,但老年教育的校舍尤其是在乡镇(村)仍旧是个突出的难点和重点。没有教学场所,提高老年教育发展质量从何谈起? 当然,校舍的"投入"未必就是盖新房子,我们可以盘活当地闲置房屋由"老年教育"使用。据笔者所知,乡镇甚至村这类资产是有的,问题是要有心去"盘活"。

(二)精准投入是关键

"十四五"期间,老年事业发展将进入"快车道",老年教育的硬件建设(校舍建设)同样会进入"快车道",下面就硬件的"精准投入"谈几点想法。

1. "星罗棋布,处处春色"才能真正提高老年教育发展质量

"老年学校是老年人家门口的学校",这是具有普遍意义的建校原则。一个城市一个中心学校,多设分校,这样既能集中教学的优质资源,又能方便老年人就学。目前,在建设或规划建校时,有着"贪大求洋"甚至"贵族化"倾向,恨不得要将学校建成老年人的"清华""北大",这不仅不利于老年人的就近就便入学,而且会造成有限资源的浪费,甚至形成老年教育

的畸形发展。老年教育的本质属性是"充分满足广大老年人不断生长的多样性精神需求的教育"。唯有如此,才能真正提高老年教育发展质量。

2.整合社会教育资源才能提高老年教育发展质量

目前,不论是安徽省的《安徽省老年教育条例》还是中央一系列文件,都将老年教育纳入"终身教育"范畴,明确了老年教育由地方教育行政部门主管。这为整合社会教育资源、发展老年教育提供了法律保障和组织保障。目前,镇、村(社区)有很多学习组织,这些教育资源都应"合并同类项"。比如,规模较大的"社区教育",其"教育"的内容和对象,除了"职业培训"之外,其余与老年教育并无多大差异,完全可以"合二为一"。庐江老年大学曾经与县"社区教育"是两块牌子,一套人马,遗憾的是,终因整个社会大环境没能形成而终止。但这种尝试的方向是对的。我们认为,城市老年教育的发展最终就是"社区化"或者是老年教育与社区教育"合二为一"。

3."上面千条线,下面要拧绳",是提高基层老年教育发展质量的根本途径

目前,老年教育的短板在乡镇(村),这严重影响了老年教育发展质量的提高,甚至会拖老年教育发展的后腿。解决基层老年教育发展是要花大力气的,但整合基层所有文化资源,是办好和发展老年教育的行之有效的途径。庐江县万山镇将所有涉及思想文化建设方面的事务归口一个负责人分管,并让文化站站长任老年学校校长,如此,农村有关思想学习和文化建设事项都以"老年学校"这一平台实现,使该镇(村)的老年学校和精神文明建设搞得红红火火。其实,目前农村的人员就那么多,而且大多是留守的老年人,这些人既是老年学校的生源,同时也是乡镇(村)里文化活动的成员,我们将他们整合在一个平台,就能满足乡镇基层老年人多样性精神需求。

二、抓好内在要素提升,提高老年教育发展质量

提高老年教育质量须认清"两个变化",调整"四个观念"。

(一)提高老年教育须认清"两个变化"

一是老年学员年龄趋于年轻化。近年来,老年学校在校学员年龄明显趋于年轻。早期老年人入学年龄过大,是因为老年学校未开办之前退休人员积存的释放,目前,这部分老人因各种原因已基本退出老年学校学习,使得老年学校学员相对年轻。二是在校老年学员的文化程度明显提高。

上述"两个变化",产生了以下两个方面的"转变":一是由过去以养生健康为主的教学向快乐、健美的教学转变;二是由过去"精神愉悦、情绪释放"的教育目标向"精神寄托、价值追求"的教育目标转变。这就要求我们与时俱进地调整教学方式和教学内容。2018年前,庐江老年大学开设了4个健康养生班,目前,只开设了2个健康养生班,且班级人数还不太满。2017年,开设了一个旗袍服饰班,目前开设了3个班,且每个班80人以上,还一座难求。2018年前,庐江老年大学开设了1个诗词班,只有30—40人,目前已达90多人。这说明了老年学校学员由老年学校开办之初的情绪追求转向深层次的精神追求。

(二)提高老年教育须转变"四个观念"

一是转变老年学校就是"蹦蹦跳跳、快快乐乐"的观念。持这种观念的人认为,老年人在

学校只要不出事就 OK。这不对。老年学校的办学宗旨和目的是：让所有学员精神需求得到满足，让更多学员精神有所寄托和追求，从而不断提高生活质量。精神愉悦是即时性的，精神寄托和追求是持续的长过程甚至是终生的。近年来，庐江老年大学十分注重老年学员的"老有所学、老有所为"。他们结合时政组织征稿，举办展览或编印书册，他们鼓励学员积极参加县、市、省乃至全国性的各项活动和比赛，并给予表彰和适当奖励。尽可能让老年学员学有所得、学有所用，尽可能激发和满足老年人自身价值的二次实现。近年来，该校摄影、书法、绘画、诗词作品刊见于国内各级媒体和报刊，其中，有些作品在全国获得奖项。这不能不说是老年教育发展质量提高的具体表现和有益做法。

二是与时俱进地调整课程。课程内容由娱乐性转向健美性，由传统性转向现代性，由浅表性转向纵深性(知识性)，切实实现老年教育质量的逐步提高。

三是转变老年学校的管理理念。老年学校不同于企事业单位和行政机关，老年学校首先应讲求老人文化，注重人文关怀。老年学校应当秉承学员"在学校愉愉快快，离开学校是一种怀念"的管理理念。

四是遵循老年教育的属性办老年学校。在《安徽省老年教育条例》以及国家一系列文件中已经明确老年教育姓"教"，是"终身教育"的组成，老年教育不仅仅是老年人的"福利"，同时也是国民教育的组成部分，我们应该让愿意学习的老年人进入学校学习，如此，老年教育才能为"文化养老"助力，为形成"学习型社会"添砖加瓦。

(三)提高老年教育须切实抓好四个方面的工作

一是注重各级示范校建设。这方面工作，合肥老教委和安徽省老年大学协会都抓得比较紧，无须赘言。二是加强老年教育和教学的理论研究。目前，有关老年教育的理论研究，上面抓得比较紧也颇有成果，但在基层是薄弱环节。今年合肥市布置撰写理论文章，庐江老教委专题发文要求各镇都要撰写，这对于提高基层老年教育质量是个好的开端。三是注重课程设置的科学性。老年学校没有现成的教学体系和教科书，课程是决定老年学校教学质量的关键。一方面要求各级老年学校课程设置要具有科学性，同时，呼吁对具有统编价值的课程进行"统编"。唯此，不仅能保证基层老年学校的教学质量，更是有利于老年教育的高质量发展。四是注重教师的再培养。教师是教学的"首席主体"，教师群体和个体素质是高质量发展老年教育的主要因素。目前，基层老年学校的教师结构基本上是"三分天下"：1/3 来自接受过师范培训的老师，1/3 来自民间艺人，1/3 来自专业人士。第一个 1/3 由于是专业教师，授课不成问题，但也存在适应老年教学的问题。而后两个 1/3，由于他们没有上课经验，往往是竹筒有豆子倒不出，这就要开展一系列教研活动，启发、引导他们转变角色，由"能人"转变成能为他人答疑解惑的教师。

三、党委政府重视是办好老年教育的根本保证

目前，发展老年教育事业不缺政策，就缺各级党委和政府对政策的贯彻落实。笔者认为，积极应对人口老龄化是一个问题的两个方面：兴办养老服务事业是"被动"应对养老问题(面对老人社会，不得不办)，那么，兴办老年教育就是"积极主动"解决养老问题。老年教育40 年实践证明，老年教育可以综合性解决老年人乃至社会的诸多问题，如，老人身心健康、家庭和睦、社会稳定、历史文化传承、社会文化素质普遍提高等等。因此，各级党委、政府应

高度重视老年教育,老年事业大多是为老年人谋福利,但兴办老年学校既是为老年人谋福利,同时也是各级党委、政府精神文明建设的一项工程。

四、提高政治站位,确保老年教育发展的正确方向

老年学校必须提高政治站位,确保正确的办学方向,如此才能保证其教育质量的不断提高。目前,各级老年学校都成立了党的组织,同时,注重了思政的学习,加强学员的政治思想教育,积极参加社会"正能量"活动,抵御不良风气的侵入。过去,有一部分学校由于忽视了学校的政治站位,错误地认为老年学校的学员离开了工作岗位,不需要政治思想教育,结果,各种传销、推销进了校园,各种"培训班"进了校园,各种商演活动进了校园,五花八门,影响了老年学校的正面形象,影响着学校的正确导向。所以我们在不断提高老年教育发展质量的过程中,务必要重视提高政治站位,确保老年教育发展的正确方向。

五、发展老年远程教育,提升老年教育发展质量

我们在发展老年教育的过程中,不论从老年教育的发展数量还是老年教育发展的质量,都不可忽视老年远程教育的发展。可喜的是,近年来老年远程教育在全国得以相当程度的发展,尤其是2020年以来,为应对疫情,全国老年远程教育得以长足发展。合肥老年大学与"网家家"合作,开通了老年远程教育通道,安徽省老年大学协会与安徽开放大学合作,与全省很多县级老年大学共建老年远程教育点,优势互补,相得益彰,极大地推动了老年远程教育的发展以及向基层的拓展、延伸。当然,老年远程教育的发展和提高还存在着薄弱环节和不足,这甚至会影响老年远程教育的可持续发展。

当前,老年远程教育存在着三种模式:其一,居家学习模式;其二,直播学习模式;其三,课堂学习模式。近两年在新冠疫情的影响下,"居家学习模式"和"直播学习模式"发展较好,但老年远程教育的"课堂学习模式""后疫情老年远程教育学习模式"还未引起足够的重视。老年远程教育的"居家学习模式",优点是"随时随地、点开就学",缺点是学习没有约束性,恐难持久。"直播学习模式"优点是学习时间自主支配,缺点是没有学习群体形成的学习氛围,往往半途而废。"课堂学习模式"相比前面的学习形式,重要的是体现了学员在校学习的优势。因此,老年远程教育的发展务必要重视对"远程课堂学习模式"的研究及其课程的开发。自2004年以来,庐江老年大学就跟随"北京东方银龄幸福大讲堂"开设远程课堂教学,最多开设了8个班,但"北京东方银龄幸福大讲堂"由于种种原因不再开发新的远程课程,老年远程课堂的课程难以为继。换句话说,庐江老年大学远程教学的困境,值得关注。庆幸的是,安徽老年大学协会和安徽开放大学合作通过"精品课视频"征集挑选优秀的"远程课堂课程"正有序开展,前景可期。

作者简介:合肥市庐江老年大学教务主任。

推进老年大学线上线下教学有机结合的实践探索

任梓荣

为切实解决老年人在运用智能技术方面遇到的突出困难,为老年人提供更周全、更贴心、更直接的数字化服务,国务院办公厅印发了《关于切实解决老年人运用智能技术困难实施方案的通知》,要求有效应对我国人口老龄化,帮助广大老年人跨越"数字鸿沟",在老年大学实施线上教学与线下教学相结合,并通过不断总结实践经验,使线上教学技能逐步成熟,使线下教学与线上教学转换更熟练,使两种教学模式更加优化精准。

一、新疆老年大学线上线下有机结合的教学现状

新疆老年大学的线上教学与线下教学的有机结合,分为三个阶段,这三个阶段相辅相成,构成了新疆老年大学线上线下教学体系。

(一)第一阶段:创新教学模式,线上教学破土萌芽

2020年初,受新冠疫情影响,新疆老年大学线下停课期间,通过观看老年大学协会直播课堂和录制学校网络微视频课程在微信公众号播放的方式,积极探索"线上教学与线下教学有机结合"的教学新模式。2020年2月20日,学校选定专人负责,协助师生完成中国老年大学协会在线直播课堂线上注册、操作等工作,鼓励广大老年学员积极参与,缓解疫情期间线下停课带来的负面影响。与此同时,2020年2月起,学校在没有任何线上教学工作经验的情况下,采取边建边教边学的方式,成立录制小组负责线上教学课程的录制工作,循序渐进地组织开展网络微视频线上教学工作,以舞蹈系为试点,先行开展录制网络微视频线上课程,并在"新疆老年大学"微信公众号和全国老年大学协会"空中课堂"发布分享微视频教学课程。2020年4月20日,学校网络微视频线上课程录制全面铺开,在教师和学员的积极配合下,学校录制微视频线上课程24节,在学校微信公众号平台发布15节,在全国老年大学协会"空中课堂"发布14节,点击量突破10万人次,新疆老年大学也获得了中国老年大学协会颁发的"战疫教学"荣誉证书,这是信息技术对老年教育线下教学转变为线上教学的助力,也为新疆老年大学推进线上教学开拓了新的思路。

(二)第二阶段:积极探索推进,初步建立线上教学线下教学有机结合的教学模式

录制网络微视频课程是可行的,但是也存在着录制制作周期长、目标学员精准率低、属于普适课程等问题,要解决这些问题,就必须找到适合老年学员的线上直播教学方式。2020年7月,疫情肆虐而来,面对2020年秋季学期线上教学如何开展的问题,学校领导集思广

益,超前谋划,制订了《新疆老年大学2020年秋季学期线上教学实施方案》,决定2020年秋季学期所有课程面向学员免费开放,通过多个线上教学平台测试比对,决定使用钉钉软件作为学校线上教学平台,召开培训会议,提前将本学期采取线上教学的目标、任务、教学方式与师生沟通,取得广大师生的支持和理解,安排教务工作人员指导师生下载学习软件,逐步实现了线上教学的全覆盖,确保了线上教学工作顺利完成。截至2022年底,学校教师46名,已有5295人次的老年学员参与了新疆老年大学线上课程学习。在推进线上教学过程中,我们也发现了问题,如,误操作退出、网络卡顿等情况,于是,我们采取开展班级学员间互助交流、更新迭代直播设施设备等方式不断改进,普遍受到老年学员们的认可,为日后更好地开展线上教学与线下教学相结合打下了坚实的基础。学校探索推进线上线下有机结合的教学方式初步建立。

(三)第三阶段:融合智慧校园,形成了线上教学与线下教学有机结合的教学模式

通过近一年多线上线下有机结合的教学探索,目前,学校线上教学情况良好。但学员报名注册还是在线下进行,较为烦琐,由此,学校意识到要发展老年大学线上教学需要打造5G的校园服务体系,进行5G智慧校园建设。2020年11月4日,学校邀请中国老年大学协会官网负责人来校交流,探讨5G智慧校园的建设,并专门拨付经费购置5G智慧校园服务器设备,对接系统架构技术层面需求,2021年3月1日,学校正式启用5G智慧校园系统,实现了微信公众号"网上报名"注册缴费功能,为老年教育和信息技术融合提供了崭新的平台。

2022年,学校为线下授课班级同时建立起钉钉班级群,教师在线下上课过程中同步利用直播设备进行直播,学员们在校学习完成后也可以回到家继续看课程回放。新疆老年大学引入5G智慧校园将线上教学与线下教学有机结合,既顺应时代对老年教育的新要求,又创新采用了5G新技术提升信息化水平,至此,新疆老年大学线上教学与线下教学有机结合的教学新模式终于形成。

二、优势和不足之处

(一)优势

1.取长补短,提升效能

线下教学优势是师生面对面,富于人性化、整体感和现场性,具有情感交流丰富、师生互动直接、动手性操作便利等明显优势,但线下教学也存在不足,如整齐划一、时空受限、教学模式单一、海量资源不能有效利用等。线上教学与线下教学有机结合,不仅可以弥补线下教学的弊端,还能让老年人在家就能学习,满足自己的学习需求。通过以微信群、钉钉群建立班级组织的方式,完成在线学习,由教师进行线下辅导,把线上学习的困惑拿到线下和教师、学员之间进行交流和知识探讨,形成线上线下有机结合的教学方式,达到"1+1>2"的效果,满足不同老年人个性化、多样化需求,推动老年教育发展。

2.交流互通,建立联结

线上教学已经成为一种趋势,它最大的优势是个体互联,每个参与者不仅是教学信息的获得者,还是教学信息的发出者。教师确保线上教学高效开展,就须掌握线上教学的特点和学员的实际情况,精心设计教学环节,经常与学员互动,及时掌握线上教学效果,适当布置课

后作业及练习。学员为了确保线上学习效果,要熟练掌握平台使用方法,平时多和班级学员沟通联系,这些交流互通成为反馈教学效果、改进教育评价的重要根据。而且,线上教学与线下教学有机结合大大突破了课堂教学局限,形成了网络虚拟人际交往空间,对于性格内向、不善交往的学员来说,可以多一种选择,体现交流的平等性、自由自主性,建立相互联结。

3.增强体验,缓解孤独

线上教学与线下教学有机结合的教学新模式,把一种或几种可能性变成了多种可能性,这符合学员个性多样化发展需求,通过呈现多样化的教学风格,提供讲解、演示、讨论等不同教学方式,借助软件营造虚拟现实,构成立体教学环境,线上满足老年人随时随地用手机和电脑就可以学习养生、健康、兴趣爱好等方面知识的需求,线下可以在教师组织下进行体验式课程,在师生之间、同学之间分享成果、经验、教训,分享机会,实现学员面对面的交流,增加学员的社会参与感,缓解孤独感。

4.信息共享,创新发展

传统教学模式是个体一旦进入教育系统,就只能与一个环境、一个班级、一位教师、一种教学模式交往。而线上教学与线下教学有机结合打破了单一性学习的限制,任何人可以在任何时间、任何地点学习任何内容,突破以往教学模式,创新实现"以需定学"和多元讲授模式,学员培养由规模化学习转变为个性化学习。老年大学线上教学与线下教学有机结合是一次教学改革契机,它能推动线下教学自身转型升级,为提供可选择的教学创造可能,为老龄化时代大规模的个性化教育探索未来。

(二)不足之处

1.意识观念问题

在线上教学与线下教学有机结合的教育环境下,教师的功能势必发生很大的变化,对教师意识的改变也提出了新的要求。教师首先要深刻理解网络化世界的新特征和新机遇,以变革的意识参与智能化时代老年教育的改革,要从领导者、主导者、指导者转变为设计者、激励者、共生者,要把对知识传授成效的关注转向对人的发展的关注,要对新兴科技产品运用自如,充分发挥信息化时代信息技术、人工智能的作用,统筹线上课程与线下课程的教学实施,科学规划,真正实现教书育人的初心。

2.素质能力问题

与传统线下教学相比,线上教学与线下教学有机结合的教学新模式在课程内容编排、教学过程设计、教学方法选择等方面都有很大的差异,授课教师不仅需要进行全新的教学设计,建立新形态下的教学资源,采用全新的教学方法,还要熟悉相关的信息化平台,掌握多种形式的智能化时代教学工具,这对教师的专业素质提出了更高、更严、更科学以及更规范的要求。教师线上线下教学有机结合能力及水平成为提高老年大学教育质量的关键。

3.设施及数字鸿沟问题

目前,学校线上教学设备主体为教师和学员个人手机及电脑,学校为各系配备了直播支架,从资金角度看,能进行专业直播录播的多功能教室或慕课基地由于设备造价较高,老年大学无法进行大规模建设和多教室投入,长远来看,现有设施设备无法满足高水平发展的线上教学与线下教学有机结合的需求。老年学员操作智能手机 App 也有一定困难,需要在年轻人的指导下才能有效使用手机收看课程视频学习,部分少数民族老年学员能理解课程里面的理论,大部分理解不透彻,课程上很难顾及这部分学员。

4.线上教学和线下教学简单相加

线上教学与线下教学有机结合是充分发挥各自的优势,取长补短,产生整体功能大于部分功能之和的效应。线上教学与线下教学有机结合对老年教育工作者来说,核心问题是通过互联网技术做什么样的老年教育,如何重新设计老年教育,让老年教育回归本原。例如,教师在线上线下有机结合课堂教学时,应将重点放在观念的引领、问题的提出、多角度发散思维的培养、激发兴趣等方面,以促进学员美育能力的提高、综合素养的形成、积极生活意识的培养等。在引导学员学习时,应将重点放在开发富有创意性、无固定答案的问题上,避免学员因简单重复而闲置了思维,通过线上教学与线下教学有机结合,让学员获得更好的发展。

三、推进老年大学线上教学与线下教学有机结合的建议

（一）提升现代教育技术应用水平

教学方法的数字化成为世界范围的一种基本趋势。新媒体的出现,快速改变了传统课堂的教学模式,新媒体技术与线下教学实践加速融合,使老年教育教学突破了时空桎梏,改变教学场景,重组了教学模式。要不断加强和提升现代教育技术的应用水平,加大新媒体设施设备投入和更新换代,通过新媒体的互动功能,借助声音以及图像等多重元素共同塑造课堂景观,充分应用线上教学与线下教学有机结合,适应老年学员的年龄特征和个性差异,促进学员学习方法的形成,准确和创造性地加以组织运用新媒体技术,在规定时间内完成教学任务,从而实现教学目的。

（二）采用"翻转课堂"模式

采用"翻转课堂"模式,发挥"鲇鱼效应",激活学习生态。翻转课堂就是在信息化环境中,课程教师提供以教学视频为主要形式的学习资源,学生在上课前完成对教学视频等学习资源的观看和学习,师生在课堂上一起完成作业答疑、协作添加和互动交流等活动的一种新型教学模式。线下教学是相对固定的模式,稍做调整就会互相牵制,很难灵活变化,而线上教学突破了这一限制,可以整合不同内容、不同形式、不同个体、不同手段。当线上线下得到有机整合时,就可能发生积极的质的变化,翻转课堂充分利用智能化时代网络技术优势,将传统知识传授任务转移到课外,把知识消化、练习讨论转移到课内,讨论交流成为课堂学习的主要形式,合作学习、任务学习等都有了新的承载空间。从目前来看,"翻转课堂"模式是教与学、线上学与线下学的有机结合的良好载体。

（三）建立多方联动教育培训平台

线上教学与线下教学相结合想要高质量、有特色,单靠老年大学(学校)单方努力是很难做好的,需要主管部门、智能化技术平台和一线优质师资的介入。教师是教育的实践者和开拓者,不同的课程以及科目,内容性质是有根本区别的,不同课程和科目需要不同的教学方法,同一课程和科目的不同内容也需要不同的方法,让教有余力的教师从线下"走到"线上,或线下与线上教学有机结合,将自己先进的教学理念、思想和方法向更广范围、更多人辐射,

是一件对老年教育、教师、学员都有利的三赢之举。建立多方联动教育培训平台,在主管部门的扶持下,平台方提供优质技术服务,老年大学统筹开展线上线下教学有机结合教育培训,让教师更好、更快、更熟练地运用线上线下教学有机结合技术,积极发挥自身引领、教学上示范、功能上辐射的作用,让更多老年人享受到优质的教育资源。

(四)丰富"线上教学与线下教学有机结合"内容

对"线上教学与线下教学有机结合"赋予了新的内涵,要充分发挥"3个维度+1个平台",即"资源维度""技术维度""制度维度"和"线上教学平台"融合的作用,针对不同班级、不同专业采取"线上线下同步,注重教学评价,通过学员反馈、平台数据统计,开展线上教学观摩和精品课程评选活动,实现线上教学与线下教学融合"等方式,对线上线下教学有机结合教学目标、过程及教学质量进行评估并开展教育教学。在专业建设与设置方面,紧密结合当地的实际情况,充分利用现有场地和办学条件,综合考虑当地老同志的知识层次、年龄结构和兴趣爱好等因素,合理设置线上线下教学有机结合具体专业,通过"线上线下教学有机结合"积极开展老同志喜闻乐见的各类活动,拓宽"线上教学与线下教学有机结合"活动展示平台,培育一批"线上线下教学有机结合"活动特色项目和品牌,增强学校开展"线上线下教学有机结合"的积极性。

信息技术的发展,推动教育变革和创新,构建网络化、数字化、个性化、终身化的教育体系,建设"人人皆学、处处能学、时时可学"的学习型社会,培养大批创新人才,是人类共同面临的重大课题。共同探索老年教育线上教学与线下教学相结合的发展之路,积极推动信息技术与老年教育的结合创新发展,充分实现线上线下学习相互支持、相互增值的高效结合,提高学员的学习效果、学习能力和思维品质,才能更好地适应未来老年教育改革和发展的趋势。

作者简介: 新疆维吾尔自治区老年大学教研室负责人。

疫情防控下高校老年大学的教学创新

卜　建　彭建华

2020年初出现的新冠疫情,因其传播速度快、感染范围广、持续时间长、防控难度大,在短时间内肆虐全球,给全社会带来了巨大的灾难,对社会秩序造成了极大的冲击,我国各级各类老年大学也因此受到了很大的影响。疫情防控进入常态化后,高校老年大学作为老年教育的一支重要方面军,应如何转变观念、创新治理,做到防疫教学两不误,是摆在我们面前的不可回避的现实课题。南京航空航天大学老年大学(以下简称南航大老年大学)因时因势而动,努力克服疫情带来的负面影响,在做好防疫的前提下,努力开展教学,取得了一定的成效。

一、变被动等待为主动应战，努力做到防疫教学两不误

高校老年大学是我国老年教育的一支重要方面军。据不完全统计，截至 2021 年底，全国举办老年大学的普通高校有 95 所，经过对其中 71 所老年大学的调查统计，平均在校老年学员为 900 余人、1280 余人次。其招生开放度，即招收除本校离退休教职工之外的社会老年人占比，达到 50% 以上。高校老年大学依托母体校的优质教学场地设施、师资、管理等教育教学资源，以高水平的教学质量、特色课程、文化环境，为老年人群体提供了"老有所学"的优质平台。以南航大老年大学为例，疫情发生前的 2019 年秋季，在校学员 1100 余人次，其中，校外学员约 800 人次，是南京市所有大学中办学最早、在校学员最多的高校老年大学，具有较大的社会影响力和良好的声誉。然而，在 2020 年突发疫情下，南航大老年大学根据上级指示，教学工作按下了暂停键，本应 3 月初开始的春季学期紧急叫停。最初，由于对新冠疫情的破坏性、持久性估计不足，以为会像 10 余年前出现的"非典"一样，随着天气转暖就会消失。然而，现实状况却是疫情久攻不破，病毒不断变种换代、外溢扩散。

面对疫情防控下无法进行课堂集中教学的情况，学校认识到，老年大学教学工作不能消极等待，要积极应对，积极开动脑筋，拓展思路，在搞好疫情防控的同时，尽可能地为老年学员提供教学服务。

二、开阔思路，创新方法，多措并举，与疫情打"游击战"

认识提高了，思路开阔了，办法措施也就多了，学校采取的主要举措如下。

（一）"疫"进我退，开拓超越时空的"互联网＋"网络课堂

2020 年春季学期之初，南京出现疫情，老年学员已经不能按常规到教室上课。南航大老年大学借鉴大学生互联网线上上课的模式，选择有条件的课程开展线上教学试点，以取得经验，面上推广。当时从 25 门课中选出 4 门有条件的课做试点。试点课程应具备以下条件，一是主要采用"教师讲授—学员听讲"授课方式的课程，适宜开展在线教学，而对于主要以"教师示范—学员模仿"的课程如舞蹈、太极拳等则暂不考虑。二是任课教师需要有应用线上教学软件的能力，至少经过速成培训能开展线上教学。三是该班学员经过简单培训后可具备使用电脑或手机进入线上课堂学习的能力。据此，首批挑选了"实用摄影技术""英语口语""诗词鉴赏""行书书法"等 4 个课程班。下半年，在总结经验的基础上，又增加了 4 个课程班。当年共有学员 520 余人次参加在线学习。线上教学具有某些线下课堂教学所不具备的优点，不仅使普通学员能够不受时空限制坚持上课学习，而且对于行动不便、无法到教室上课的或人在外地的老年人，也能方便地在家里、在外地通过网络上课学习。南航大老年大学"实用摄影技术"这门课程，就有远在常州市的老年人报名参加。线上教学方式还不受区域的限制，便于在更大范围内聘请优秀教师。例如，2020 年开设的线上书法课程，聘请了一位常住北京的知名书法家任课。若是线下教学，这位书法家很难专程到南京来授课。

网络教学除实时教学外，还可根据教学内容和要求采用其他方式。如，录播方式，即事先由教师将上课过程自行录制为视频文件或制作成课件，通过网络平台如"微信群"、电子邮箱发送给学员；还可利用"云模式"，创建"空中课堂"，发送到某个网络社区应用 App（如"美篇"），让学员自行上网观看。有的班级将课堂教学视频转发到班级群，极大地方便了因事缺

课的学员补课,以及课后随时观看复习。有的班级把线上教学延伸到学习辅导,如,合唱班在无法到教室上课的情况下,授课教师始终坚持在班级"微信群"中进行教学和辅导,并对学员在群里的回复一一点评,取得了很好的教学效果。在南京老年大学系统组织的庆祝建党百年文艺会演中,该班表演的合唱节目荣获一等奖。

在教师、学员的积极努力下,南航大老年大学线上教学取得了良好效果,深受好评。大家称赞这种上课方式是"不出门,不聚集,看手机,学课程",达到了预期的教学效果。

(二)"敌退我进",适时恢复线下教学

线上教学固然有不受时空限制、不受疫情影响的长处,但对于某些需要面对面教学的课程,则有较大的局限性。为此,南航大老年大学根据疫情形势,适时调整教学计划和教学方法,在做好疫情防控工作的前提下,适时恢复课堂教学,或采用线上线下课堂相结合的方法开展教学。

(三)采用弹性学制,确保教学进程与质量

新冠疫情具有地域性和不可预见性,受其影响,老年大学的线下课程有时可上,有时不能上。例如,2022 年春季学期开学时,南京市疫情形势较好,南航大老年大学正常开学。但一周后突发疫情,老年大学线下课程全部紧急停课。一个半月后疫情形势好转,线下课程复课,但到此时,本学期教学时间所剩不多,若按部就班地上课,已不可能完成全部教学计划。于是,南航大老年大学与各班师生协商,并达成共识,针对各班情况制订个性化的教学计划与方案。例如,有的班每周增加一次上课时间,有的班把每次课时适当延长,以此完成全部教学任务。有的班无法增加课次或延长课时,就修订计划,把原来一个学期 16 次课改为 8 次或 12 次课。太极拳班因教学楼不开放,无法到教室上课,便选择一处开放的公园做教学点,开展户外小班化教学。学员们戏说,我们是与疫情捉迷藏,它来了,我们回家躲着;它走了,我们就回教室了。

三、完善制度,狠抓落实,为师生提供安全的学习环境

一是抓制度。对于线下教学,重点是要建立健全防疫相关制度。要根据当地政府疫情防控机制的规定,制定符合本校实际、具有可操作性、有效性的规章制度。如,2022 年秋季学期开学前,就以开学通知的形式,要求所有师生须明确疫情防控的相关措施,向班主任提交首次到校前 48 小时内的核酸检测报告、个人健康码、行程码,进校时须佩戴口罩、测体温,填写个人健康信息承诺书等。对于线上教学,为避免因录屏录音造成教师知识产权流失,特制定了《关于保护教师知识产权的规定》。另外,对班级及学员相关活动做出具体规定,如:教室上课、期末汇报活动等仅限本班学员参加;学员在校期间不可去其他教室,不可开展任何未经批准的聚集活动等。

二是抓落实。落实好教学楼的各项防疫措施,在教学楼入口处设置了多台测温仪,放置了免洗消毒洗手液、消毒酒精、备用口罩等。为了方便非南航大退休的学员进行核酸检测,经学校同意,印制了专用核酸检测券,凭券到南航大设立的检测点免费进行核酸检测。

作者简介:①卜建,南京航空航天大学离退休党工委书记。
②彭建华,南京航空航天大学老年大学常务副校长。

关于粤港澳大湾区老年生命教育协同发展研究

黄桂荣

粤港澳大湾区的建设，区域协同发展是大趋势。在这个战略框架下，粤港澳三地老年教育资源逐步呈现共享共融的态势。本文分析了粤港澳三地老年生命教育存在的优势和合作空间，并对粤港澳大湾区老年生命教育协同发展提供政策建议。

一、生命教育及老年生命教育的意义

生命教育，即直面生命和人的生死问题的教育。其目的在于使人们学会尊重生命、理解生命的意义及生命与天人物我之间的关系，学会积极生存、健康生活与独立发展，并通过彼此间对生命的呵护、记录、感恩和分享，获得身心的和谐、事业的成功、生活的幸福，从而实现自我生命的最大价值。老年生命教育是一种综合性教育，是对老年生命关怀的全人教育，涵盖整个老年生命历程，协助老年人在生理、心理、社会及灵性等方面的调适和升华，维系老年人自己与他人、家庭、社会、环境等和谐共处关系，促进老年人不断追求生命意义和实现生命价值，最终超越生命，坦然面对死生，提升晚年的生存质量、生活质量和生命质量。

对于人和生命的关注，早在古希腊时期就已经开始，经过漫长的岁月，学者杰·唐纳·华特士于1968年率先阐明了生命教育理论。我国老年生命教育始于20世纪90年代的港台地区，并于21世纪初在内地得到讨论和发展。老年生命教育在我国起步较晚，发展过程曲折并相对缓慢，但边实践边反思中累积的老年生命教育经验对缓解中国老龄化压力和提升老年生命质量发挥着重要作用。

在人口老龄化趋势下，老龄人口（以下称为老年人或老年）面对的重要问题是：如何看待生死？如何维护老年期的生命健康？这指向了老年人生命教育领域。有学者认为，老年人的生命教育是"以老年人的生命活力为基础，以承认老年群体的身心特点及个性差异（禀赋、性格、能力等）为前提，以倡导老年人的生命与自身和谐、与自然和谐、与社会和谐、与他人和谐为目标，通过良好的教育方式、内容与途径，积极唤醒老年人的生命意识，激发他们的活动能力与潜能，构建科学的生活方式，全面提升老年人生命质量的一种教育活动"。由此可知，老年生命教育至少蕴含两个维度：一是生死教育，即教育人们在生命进程中如何看待生与死的问题；二是生命健康教育，即在生命进程中教育老年人如何维护生命健康。

二、粤港澳大湾区老年生命教育的探索与实践

（一）广东省老年生命教育开展现状

广东在老年生命教育方面，以老年群体教育需求为核心，不断推进社区老年教育课程建

设。在提供的课程内容上,突破以休闲娱乐型、文化普及型等课程为主的课程结构性失调的局限,设计并提供符合老年群体教育需求的多元课程体系。在保持提供应对型需求课程(如家庭保健、老年护理、电脑学习等)与表现型需求课程(如书法、绘画、摄影、烹饪、手工艺术等)的基础上,扩大贡献型与影响型需求课程(如志愿者、社区服务等)、自我超越型需求课程(如生命回顾、死亡教育、人生价值等)的数量,并合理安排各个需求层次课程的比例,鼓励、引导老年人服务社会,拓展生命宽度,更好地实现人生价值。此外,各地还通过城市及乡镇社会工作服务站开展面向老年人的生命教育活动。以深圳市为例,深圳鹏兴社区长者服务站开展"青春做伴夕阳红"——长者生命教育活动,以"生命教育,提升价值"为目标,帮助老年人认识生命的真谛与价值,乐观从容面对生命。活动从小游戏"描绘人生坐标"入手,老人们向他人分享自己引以为豪的人生经历,既增进了老人之间的相互了解,也让他们产生成就感;借助"猜老歌""唱革命歌曲""祝福卡片制作"等活动,让老人们认识到他们远比自身想象的有价值,也能得到其他人的认可。最后,工作人员通过视频和PPT介绍了中外老年人的生活方式及对待生命的态度,引导老人们正确认识衰老,帮助建立对身心健康有益的生活方式,以豁达积极的心态对待生命和老年生活。

(二)香港老年生命教育开展现状

香港地区的生命教育起始于20世纪90年代末期,最早是由宗教团体发起并开展的,后来被主流教育学界所接受。早期香港生命教育从宗教的角度出发,内容涉及宗教教育、德育、伦理、公民教育等二十几个科目。2002年12月,香港成立了生命教育中心。香港生命教育的受众广泛,可以说覆盖了各个年龄段的香港公民,上至敬老院的老人,下至幼儿园的孩童。为了使生命教育更有效,香港还设有专门针对教师的生命教育培训。香港推行生命教育的路径是自上而下的,即政府的顶层规划和行政推动、宗教团体的参与、社会福利团体和民间组织的支持。香港教育统筹局作为全港课程规划的主导,对于生命教育课程的推广担当着十分重要的角色。宗教团体的积极参与是香港生命教育的一大特色。在香港,佛教、道教、基督教、天主教、伊斯兰教、印度教、锡克教和犹太教,都拥有不少信众,这些宗教团体除了弘扬教义之外,还兴办学校,各类宗教学校是香港生命教育的先导者。除了直接小学,在学校推行生命教育之外,还建立教育中心,设置适合不同人群的生命教育课程。如,香港基督教信义会,2008年成立了"生命天使教育中心",向社会各界宣扬关爱生命、热爱生活的讯息;基督教圣公会成立了"宗教教育中心",设置了针对生命教育的师资培训课程;天主教教育委员会推出了"爱与生命教育系列",复和综合服务中心推出了"生命挑战教育"等。香港赛马会赞助成立了全港首间"生命教育中心";香港的亚洲电视国际台和无线电视明珠台等大众媒体也发挥其传媒效应,特别制作了系列节目推广生命教育理念。香港慈善团体长者安居协会成立"生命·历情"体验馆,为体验者提供亚洲首创及独有的生命教育体验馆。借助于政府和社会组织力量的推动,香港的生命教育得到了快速发展。

(三)澳门老年生命教育开展现状

澳门生命教育的成功推广有赖于教学、科研、社会服务互相结合、相互渗透,其中"澳门镜湖护理院"对生命教育的探索与开展所做的成绩尤为突出。该校自2012年起开设生命教育选修课,从2015年至今,该校组建生命教育团队推广生命教育,取得了一定的成效。首先,该团队为增加生命教育的受众人数,与社团进行合作,以"培训导师"的策略对有潜能的专业人员（如护士、教师、社会工作者等）进行培训，让其成为生命教育的实施者，以增加实施生命教育资格的人数，加快澳门生命教育推进进程。其次，在开展生命教育的模式上，该团队采用"教学—科研—社会服务结合"的模式，以教学为中心，科研为导向，社会服务为实践，以多种形式推动生命教育的开展，目标人群为各年龄段人群。生命教育以生命为中心，围绕珍惜生命、尊重生命、欣赏生命、热爱生命展开，涉及伦理道德教育、心理教育、哲学教育、生理知识、价值观和人生观等内容。最后是教学效果评价（如护理专业学生生死教育课程效果研究），以评价教学是否达到预期成效，为完善课程提供参考。在开展社会服务方面，该团队通过讲座、参观、游戏等活动开展生命教育，除教育学员如何面对"生"，还教育他们如何面对"死"，比如，安排他们参观舒缓治疗及善终服务中心、殡仪馆、墓地，让他们了解生命末期及死亡的安排，缓解死亡焦虑。

综上所述，粤港澳的老年生命教育各具特点、各有特色，其中，广东省的老年教育机构类型众多，但各自为政、资源不足且分布不均，除深圳、东莞等地设有专门从事生命教育的机构外，其他大多数是通过老年教育课程建设来开展或渗透老年生命教育内容；香港推行生命教育的路径是自上而下的，即政府的顶层规划和行政推动、宗教团体的参与、社会福利团体和民间组织的支持。香港教育统筹局作为全港课程规划的主导，对于生命教育课程的推广，担当着十分重要的角色。香港的生命教育得到了众多社会福利团体和民间组织的积极倡导与支持，宗教团体的积极参与也是香港生命教育的一大特色。香港主要依靠各类学校或社会团体开展老年生命教育，其优点在于普通教育和老年教育彼此融合度高，高校资源利用较为充分，开设课程紧贴生活所需。澳门组建镜湖护理院生命教育团队的办学特点体现在：一是充分利用高教机构的优势办老年生命教育；二是供需结合，办学方向与长者学员的实际需求紧密联系；三是尊重老年学员，关心长者的身心健康。澳门镜湖护理院生命教育团队的建设与社会服务经验，对内地护理院校及社会服务机构在开展老年人生命教育上给予了很多的启发。可见，粤港澳在老年生命教育方面已积累了一定的有益办学经验，在今后的发展中应彼此借鉴，取长补短，互通有无，促进粤港澳大湾区的老年生命教育协同发展再上新台阶。

三、创新粤港澳大湾区老年生命教育协同发展的策略

（一）强化粤港澳统筹规划，推进大湾区老年生命教育协同发展

为提升协同发展的实施力度，建议由中央政府相关部门统筹建立与老龄化相匹配的实体老龄工作管理机构，整合其他部门涉老职能统一归口管理，开展粤港澳大湾区老年教育整体协同发展规划，加大落实《粤港澳大湾区发展规划纲要》的协调力度和实施力度。香港、澳门属于"一国两制"地区，跟广东的合作存在诸多难点，一些超出广东省权限范围的工作需要国家层面来统筹推进。因此，迫切需要成立一个专门的工作机构和组织来研究粤港澳大湾区老年教育整体合作问题，做好顶层设计，规划大湾区老年生命教育的总体规划，并统筹推进规划落实。

（二）加强粤港澳生命教育理念的宣传，提升老年人融入生命教育自觉性

老年生命教育理念的普及宣传，目的在于让社会、家庭和老年群体在观念上接受老年生命教育这一概念，并了解它的意义、具体内容和作用等。老年生命教育理念的普及要依托老龄委、老年学校、老年活动中心、社区，用多种多样的途径进行。

一是开展生命教育讲座。聘请粤港澳三地老年心理咨询师、专业社工和老年研究专家开设公益讲座,如,开设"感悟生命、夕阳更红"系列讲座,普及与老人相关的各方面知识;联系退休医生和专业护理人员,教给老人面对疾病和不适时的一些日常保健急救知识;通过相关死亡知识普及,能自我消除对因死亡而产生的焦虑紧张情绪。

二是开设老年生命教育课堂,增设生命教育课程。推出"岁月留痕""生活中的心理学""老年生命教育""老年生命质量""老年死亡教育"等相关配套老年教学课程,系统、科学地传授老年学员们一些世界观和方法论。

三是广邀各领域专家学者共同编撰老年人生命教育市民读本与系列丛书,并以图文并茂的形式向社会推出,向老年人及其家庭赠送,让更多人关注和了解老年生命教育。

四是借用新媒体、互联网和网课等形式,对老年人生命教育的内容、成果进行加工制作,用社会群体更喜闻乐见的传播方式进行推送,也让有能力的老人随手就能学习,扩大社会影响。

(三)探索大湾区城市群老年教育内容,完善老年生命教育课程设置

目前,缺乏统一的教材,尤其是缺少老年生命教育通识教材,严重阻碍了进一步有效推进老年生命教育的开展。

一是根据不同生命阶段的特征选取相应的课程内容。对于刚退休的老年群体(约60—69岁),老年生命教育的重点在于如何从过往的生命形态中撤退,发掘新兴趣、形成新的社会角色、获得新的自我认知,比如,退休后的转变与适应、老年的生活规划与义工训练等课程。对于中老年长者(约70—79岁),教育的重点在于享受快乐的晚年生活,鼓励他们积极参与社会、保持生命活力。对于该年龄阶段的群体,设置的主要为正向心理学、愉快晚年、养生保健等课程。对于更年长者(80岁及以上),学习目的主要是维持自主性,预防身体机能退化。针对这一群体设置的课程涵盖养生保健、痛症管理、优质睡眠、生命教育等方面。

二是根据大湾区不同市情特征选取相应的授课内容。如今的老年人需求已不再停留于单纯的休闲娱乐,他们在心理、精神上的需求显得日益重要,因此,老年教育逐渐要由"娱乐型"转向"感化型",关注对老年人思想精神、生命意义的关怀和引导。现有的一些老年教育课程只是介绍与老年人生活、兴趣相关的内容,直接触及老年人心灵深处的内容涉及较少。而那些能结合本市实际,和生活密切相关的市情内容,往往更容易引起老年人的兴致,触动他们的心灵。如,肇庆可融入包公文化,茂名可渗透石油文化。

(四)创新大湾区老年教育方式,综合运用多种教育方法实施生命教育

生命教育在传播过程中有许许多多的方法,但远没有参与体验式教育活动更容易使人接受,原因在于它与我们的日常生活联系起来,更重要的是让人们在轻松愉快的环境中接受和认可它的主张。老年人的价值观已经定型,关于生死的话题,本来就容易使人逃避,如果讨论的氛围过于严肃,很可能出现反作用。如果生命教育像情景剧一样,营造出一个轻松愉快的氛围,就能取得更好的效果。因此,建议多借鉴港澳和国外的参与式教育活动,使其具有浓厚的趣味色彩,让人们在欢乐中接受它,并将社会活动设计与日常生活相结合,使参与体验者更加珍惜和尊重自己的生命,能够正确地面对死亡。

课堂教学也是老年生命教育的主要开展方式。老年生命教育是一个对专业要求较高的教育类型。特别是作为老年生命教育的核心,"死亡教育"更需要有专业知识背景的教学人

员来进行,否则可能会适得其反。但是老年生命教育也不能过分强调课程的系统性和完整性,应根据老年人的身体状况与生活方式,让学员根据自己的兴趣意志选择课程。在课堂授课中,我们可以采用专题讲座、问题研讨、案例分析等教学模式,多利用交流式、评述式、辩证式、质疑式等方式开展讨论教学。此外,网络辅助教学,由于其有信息量大、灵活、个性化程度高等诸多优点,不失为一种有益补充。

（五）建设大湾区老年生命教育联盟,探索粤港澳老年生命教育资源共享机制

一是借助大湾区资源培养专业化师资队伍。建设大湾区老年生命教育联盟,组建高质量的师资队伍是提高老年教育实效,实现老年生命教育使命的关键。在培养专业人才队伍上,可以携手粤港澳大湾区的实践有效的城市进行培养。2019 年 2 月,"香港—东莞联合培训家庭医生项目"启动;2019 年 12 月,香港联合医务集团东莞市石龙工作室正式揭牌。东莞居民在家门口就可以享受港医的诊疗服务,为东莞携手大湾区城市培养医护人员带来有益的参考,东莞可以凭借地域优势吸引人才,并且借助广深港澳优质的教育资源,共同培养服务于粤港澳大湾区的专业护工。真正为临终关怀产业的发展提供人才资源的支持,并加强对临终关怀专业人才的培育。借助学校、社会教育培训机构的力量,设置临终关怀服务的专项课程,从生理、心理两个专业知识技能层面共同进行教育培训,并增加综合服务专项考核,从而培养出更多具有较强综合服务能力的专业人才,形成临终关怀专业化队伍。

二是加强粤港澳大湾区老年生命教育信息资源共享。粤港澳大湾区同属岭南地区,具有高度同质的地域文化特征,地理互动优势明显,特别是在粤港澳大湾区建设不断深化的背景下,包括老年生命教育在内的教育资源如人才、科技、信息等要素能够充分流动,这为破解老年生命教育资源不足难题提供了重要契机。在承认老年生命教育区域发展差异的基础上,坚持资源共享、质量提升的目标定位,建立粤港澳大湾区老年生命教育信息资源共享交流机制,推动"自上而下""自下而上"双向过程的合作交流,构建互利共赢的合作形态。加强经验借鉴,分享老年生命教育办学经验,打造大湾区老年生命教育特色,探索利用大数据、云技术等共享老年生命教育信息资源,提升老年生命教育合作交流水平,推动粤港澳大湾区老年生命教育实现整体功能放大发展。

三是促进粤港澳大湾区老年生命教育深度融合。鼓励多元参与的教学模式。广东要借鉴香港经验,政府在老年生命教育中应扮演"领头羊"的角色,颁布老年生命教育的政策法规,制定老年生命教育的制度体系,保障教育教学的资源,监督和指导教育活动的开展与推广;老年学校是老年生命教育的策源地,要开发科学系统的教材,设计丰富合理的课程,组建专业负责的教师队伍,在校本实践中积累经验、推动革新;社会是老年生命教育的加速器,民间团体、老年社团、先进个人不仅是传播老年生命教育理念的中坚力量,更是联结个人、家庭、社区和社会资源的重要纽带。吸纳多方力量共同参与老年生命教育,无疑将使老年生命教育焕发旺盛的生命力,为老年生命教育在师资、教学资源和管理等方面注入源源不断的血液和养分。

四是充分发挥市场机制作用。探索港澳居民或在广东地区的港澳籍人士在广东参与老年教育的模式,与香港特区政府协商其在广东工作居住的港籍人士与在广东就医的老年人,使用香港医疗教育券的可能性。深化三地老年生命教育交流研讨、师资培训、服务发展等合作。提升粤港澳大湾区老年生命教育应对能力。此外,拓宽融资渠道,鼓励支持港澳社会力

量在广东开展老年生命教育。吸引更多港澳服务提供者来粤开设独资、合资或者合作教育护理医疗机构,积极引进专业生命教育医学人才、先进医疗技术、成熟管理经验和优秀经营模式,协同提升大湾区老年生命教育医疗养老卫生水平。

作者简介:广东省肇庆市委党校社会文化室主任、教授。

探索"学养教游"一体化教学模式的实践

胡庆甫

老年教育是改革开放中涌现出来的一项新兴事业。这是惠及老年人及老年家庭的民生工程。老年教育发展40年的经验启发我们:未来发展老年教育的途径和方法,要进一步实现资源整合、共建共享,保障发展供给;探索"学养教游"一体化教学模式,增强发展活力;理顺管理体制,保证发展动力。本文拟就老年教育"学养教游",在实践和认识层面上做些浅显思考和探索。

一、正视"传统模式"面临的发展瓶颈

(一)发展中的老年教育

当涂县老年教育起步于20世纪90年代初期。1993年在县委、县政府关心支持下,县城创办了第一所县级老年大学。当时仅有 间教室,且是借用的。30多名学员,身份以老干部为主,管理人员和教师仅3人。虽刚刚起步,规模小、学员少,却在县城引起轰动,老年人热烈响应、踊跃报名。之后规模不断扩大,校舍不断搬迁,九迁校址,仍不能适应发展需要。对此,县委、县政府高度重视。2018年,在财政较困难的情况下,县委、县政府投资2300万元,在县城选择黄金地段兴建新教学楼。该楼已于2021年秋季交付使用。新校园占地面积10亩,校舍建筑面积7000平方米。截至2021年,县老年大学注册学员达1860人,开设11个专业、76个教学班、56门课程,专兼职教师53名,在职员工8人。

一花引来百花开。从县城到乡村,当涂县老年教育发展迎来欣欣向荣的春天。21世纪初,乡镇(园区)、村(社区)纷纷办起老年学校。党的十八大后,村(社区)、养老机构也陆续兴办老年学校分校(教学点)。截至2021年底,当涂县现有老年学校151所(含村、社区、养老机构教学点)。其中,县老年大学1所,乡镇、园区老年学校12所,村、社区养老机构138所(含教学点)。乡镇办学率达100%,村、社区办学率达95%。在校注册学员28605人,入学率28.6%。所有老年学校均达到"六有"办学标准(有牌子、有班子、有校舍、有学员、有教学活动、有保障体系)。全县校舍总建筑面积39910平方米。有省级老年示范校4所,市级老年示范校10所,县级老年示范校15所。

老年教育的蓬勃发展，为老有所学、老有所为、老有所乐提供了广阔舞台。老年学校使银发老人转变成银发学子，使家庭闲人转变成社会忙人。他们学习新知识，拥抱新时代，为建设经济强百姓富生态美幸福当涂，奉献一份力量。

（二）发展面临新的挑战

伴随着老年教育的快速发展，保障工作凸显新的压力。尽管当涂经济发展很快，已全面进入小康社会，老百姓过上了丰衣足食的富裕生活，钱袋子满满、住宿条件宽敞明亮、生态环境崭新美好，这些都是百姓获得感、幸福感的真实反映。但却不能代表国库也是满满的，各级政府需要用钱的地方很多，政府始终在过紧日子，财政蛋糕能切给老年教育的那块实在有限。因此，老年教育在校舍建设、土地供给、教学设备、活动场所、师资聘用、管理服务人员、日常工作经费等方面都存在一定的困难和短板。这些硬件设施上的瓶颈和挑战，仍是一道绕不过去的坎。特别是部分欠发达乡镇、村、社区，财政和集体资金更困难一些。面对这道难题，一边是渴望有学上的老年学员，一边是囊中羞涩的财政经济。我们必须直面问题，拓展思路，因地制宜，创造条件，圆上老年人上大学的梦想。

（三）发展依靠资源共享

《中共中央 国务院关于加强新时代老龄工作意见》要求："扩大老年教育供给。将老年教育纳入终身教育体系，教育部门牵头研究制定老年教育发展政策举措，推动扩大老年教育资源供给。"应该充分利用社会资源办好老年教育。在改革发展中，当涂县经济社会发展步入快车道，社会基础设施建设得到大发展。近年来，当涂县获得了全国首批文明城市、全国综合实力百强县、全国新型城镇化活力百强县等荣誉称号，我们充分运用这些优势，推动解决老年教育的困难和问题。这些"国"字号奖牌，是经济指标、社会建设等各方面的实绩支撑的。近10年来，县城建设大发展、配套设施大完善。小县城有6座大公园，各座公园都有广场、游乐场所和较为先进的体育广场。在农村全面创建文明城镇，实施乡村振兴战略，各村、社区都建有市民活动广场。另外，乡镇、村、社区行政服务中心，都进行了改建扩建，并建有新时代文明实践中心、乡村振兴大讲堂、党员电教室。其次，各乡镇都建有功能齐全的文化站，如，在2012年，太白镇政府投资1200万元新建了现代化文化站。在县委、县政府统一领导下，全县每年一度的老年教育工作会议上，县委、县政府分管领导都做统一部署，要求所有这些公共资源都要积极用于老年教育事业。各乡镇、村、社区，各有关部门党政领导都积极支持、协调安排，一举解决了校舍用房、活动场地等难题。乡镇10所老年学校都办在乡镇文化站和新时代文明实践中心，有的乡镇老年学校与文化站合署办公，两块牌子、一套班子；有的村、社区老年学校办在所在地行政服务中心，实行错峰使用，做到办公办学两不误；有的是办在被搬迁的小学校园。全县城乡共有123处体育广场用于老年学员活动场所。不求所有，但求所用，面向社会天地宽。资源共享，为老年教育发展提供了校舍、场地、设备等实施保障。

兴办老年教育，师资人才是关键。根据国务院《"十三五"国家老龄事业发展和养老体系建设规划》提出的相关要求，县教育局给予积极支持指导：一是聘用相关专业退休教师，二是聘用现任教师兼任，三是聘用社会上专业技术人员任教；并安排各级老教委、老年学校建立师资人才库，保障师资力量。对聘用教师，进行不定期培训，加强管理，进行考核，不断提高其政治素质和专业能力。

二、推进"学养教游"一体化实践探索

老年教育是一种特殊教育,其特殊性在于:首先,老年教育对象是老年人,本质属性是教育,教学终极目标与全日制教育区别在于不授予学历学位,不颁发毕业证书;其次,同一个班级的学员,文化程度各不相同、参差不齐,年龄也悬殊;再次,老年学校虽基本上没有在编专职教师,没有固定统一的教材,但它是终身教育的一部分,是人生受教育最后一站。正因为这些特殊性,它的办学模式和教学方法,必须深化改革,突破传统教育模式,匹配与其相适应教学活动方式,走"学养教游"一体化的创新之路,以满足广大老年人不同需求,提供针对性服务。

(一)"学养教游"一体化的可行性

目前,当涂县老年教育按照国家老年教育普惠性、公平性原则,尚有一定距离。究其原因,是现行老年教育在很多情况下,主要还停留在传统的学校教育模式上,老年学员接受教育的主要方式还是以课堂学习为主。老年大学(学校)在满足老年需求方面虽有优势,但数量、规模以及教学活动形式等方面,都不能满足老年教育发展的需求,甚至只能为少数人提供教育学习和活动的机会,难以从根本上适应新形势,达到普惠、公平的要求。

随着科技的发展,网络普及,远程教育、开放大学等教学手段为实现老年教育与旅游、休闲、养老相结合提供了信息技术基础性条件,促进养教游联动基地建设,在很大程度上能够适应现行老年教育发展现状,补充老年教育形式,有利于进一步扩大老年教育受众面。养教联动基地建设,将老年教育从学校延伸到养老机构、养老社区和居民身边,让老年学员在这里长知识、提品位、养性情、愉身心、增见识、转思想,以良好的支持服务扩大老年教育参与度,提升老年学员学习获得感,让老年学员人人、时时、处处都有课堂、都能学习,真正将老年教育普惠政策落到实处。无论是居家养老还是在涉老服务机构养老,都应提倡学习是最好的养老方式。

随着经济社会快速发展,老百姓不仅吃喝无忧且大多有富余存款,日子过得滋润顺畅,外出旅游见世面逐渐成为常态。饱览祖国大好河山,探寻国外异域风情,已成为现代老年人的新时尚、新追求。因此,将"学养教游"有机结合,对老年人增长知识、愉悦身心、健康长寿来说,不但是"加法",更是一种"乘法",很受老年人的喜爱。

(二)"学养教游"一体化的现实性

老年教育不是学历教育,也不是就业教育,而是寓教于快乐之中,寓教于健康之中,寓教于增长知识、彰显才艺之中,是一种为老年生活注入活力、带来生机的教育。"学养教游"实践具有广阔天地。

1."学养教游"融合尝试

近年来,当涂县各个老年大学(学校)积极推行"学养教游"一体化的实践探索,取得了一些令人满意的成绩。一是积极建立学习体验基地。在县老教委的努力争取和协调下,于2020年将县文化馆、县博物馆、县图书馆作为老年教育学习体验基地并举行挂牌仪式,供全县各级老年大学(学校)学员学习参观。2年多来,共7000多人次到基地学习体验。二是建立游学基地。将李白文化园、金色田园、天门山、太平府文化园等景点作为游学基地。5年来,共有2万多人次到基地游学。三是建立合作机制。在县委、县政府统一领导下,建立了

由地方政府、基地、老年大学(学校)三方参加的合作机制,保证正常运转。由此,既有力促进了"学养教游"有机结合的实践尝试,也促进了老年教育模式的改革创新。

2."学养教游"创新模式

一是调查摸底,有效设计课程。不断优化老年学习新模式、提供优质教学资源。根据老年学员学习兴趣和学习需求,养教联动基地除了继续开足开好传统课程,坚持和巩固传统的学校面授手段之外,还通过计算机网络、手机客户端等手段提供远程学习,实现教学过程多样化。积极开设了智能手机、数码照片处理、手工体验、生产指导、市场营销、家政服务、家庭养花、太极拳、乒乓球、柔力球等一系列实用课程。同时,要求教师们课程讲解力求系统全面、深入浅出,切合老年学员口味,使他们解惑受益,丰富其精神生活,提高其生命质量,让老年人适应信息时代需要,紧跟社会步伐。养教联动基地能让老年人享受"就近、便捷、优质"的老年教育服务。这种独特的办学体系几乎能将老年教育渗透到基层的每个角落。

二是"线上""线下"结合,创新教学形式。在老年教育与养老相结合的实践探索中,老年学员可利用学习在线站(群)、QQ群、微信群、公众号等综合性学习平台,进行"线上"学习、远程学习。

三是挖掘地方资源,游休学习结合。当涂是千年古城,钟灵毓秀,风光绮丽。"姑孰八景""丹湖八景""横山四景""灵墟四景",李白文化、李之仪文化、当涂民歌等名闻遐迩,这些都是当涂不竭的旅游资源,也是当涂文化、当涂精神的不朽渊源。整合当涂文化旅游资源,弘扬当涂文化底蕴,挖掘利用已有当涂文化旅游品牌,培育打造崭新品牌。组织老年学员深入当涂城乡,踏足著名旅游景点,将观光休闲和老年教育相融合,大有可为。

四是创新"四师一体",探索支持服务。在老年教育与养老相结合的实践探索中,推行"四师一体"支持服务形式,即由各级老年大学(学校)培养"学务导师"和"课程导师"等师资,社区、养老机构等专门聘请"养老服务咨询师"和"心理健康咨询师",为老年学员提供学习、养生、保健、娱乐等一体化支持服务。

3."学养教游"成果运用

充分利用老年学员已有学习成果,充分展示老年学员老有所为的成就感。

一是参加各种文艺汇报演出。近年来,我们每年组织一次全县文艺汇演,各级老年大学(学校)参加,并进行评奖。积极参加马鞍山市每年一度的"江南之花"文艺演出,选拔最优节目参演,每次都能拿大奖,老年学员深受鼓舞。县老年大学排练的当涂民歌《打麦歌》,受邀参加2021年"安徽省农民春晚"演出,在《安徽卫视》《安徽文艺体育》频道播出后,受到广泛好评,荣获安徽省广播电视台"观众最喜爱的节目"称号。2021年,我省"农民春晚"不但展示了非物质文化遗产当涂民歌的精彩表演,而且节目主持人还在晚会现场宣传推介当涂螃蟹和大陇葡萄。

二是组织各类书画征文大赛。近年来,为宣传展示当涂历史古迹、风景名胜、文化传承,歌颂当涂改革开放和社会主义建设成就,促进乡村振兴,县老教委每年组织一次书法、绘画、诗歌、摄影、征文竞赛,并评比表彰,发给荣誉证书。广大老年学员积极创作,踊跃参赛,许多人取得优异成绩。

三是开展学游成果展示活动。如组织部分学员前往马鞍山薛家洼"水清岸绿生态乐园",重温习近平主席讲话,回忆这里往昔"晴天一身灰、雨天一身泥"脏乱差局面,感受今天推进生态修复,实施岸线复绿增绿、滩涂湿地涵养保护等工程的巨大变化,激发老年朋友热爱家乡、投入新生活的豪迈热情,升华学与游境界,深受学员欢迎。这几年,各级老年大学(学校)都不定期组织书法绘画、诗歌展览展示。县老干部诗联协会和县老年大学在凌云山公园、护城河公园等处,建造永久性诗歌展示栏,既展示了县老年大学诗词班学员学习成果,激发学员诗词创作热情,又打造了山水诗都氛围,体现当涂深厚文化底蕴。它已经成为一道亮丽的当涂文化风景线。

四是创办老年学校特色品牌。各老年学校都创办了校刊校报、艺术团队,全面反映老年学员风采、学习成果和本校办学特色。如县老年大学校刊《青莲诗刊》、校报《红枫》和红枫艺术团,姑孰镇莲云社区银发志愿服务队,太白镇老年合唱团,塘南镇《水乡诗韵》小报,湖阳镇老年京剧艺术团。通过这些载体充分展示了学习成果,极大地调动了学员积极性。

五是将学习技能、技术用于生产生活。学习成果的广泛应用,体现了老有所为成就感,弘扬了老年人正能量。

三、理顺"学养教游"一体化管理体制

国务院印发的《老年教育发展规划(2016—2020年)》要求:建立健全党委领导,政府主导,教育、组织、民政、文化、老龄部门密切配合,其他相关部门共同参与的老年教育管理体制。这实际上对老年教育组织管理体制进行了顶层设计,完全符合国情,适应老年教育事业发展实际,是科学合理的定位。

(一)建立了管理体制机制

当涂历届县委、县政府都非常重视老年教育工作。20世纪90年代末,即成立县老年教育委员会,县委书记、县长任老教委名誉主任,县委常委、组织部部长任主任,分管教育副县长任第一副主任,聘用两名退休处级干部任常务副主任、副主任,县老教委委员由县教育局、县卫健委、县财政局、县文旅体局主要负责人担任。各乡镇、园区、村社区也相应成立老教委,名誉主任分别由党政主要负责人兼任,主任由党政分管领导兼任,常务副主任聘用一名退休科级干部担任,委员由机关职能负责人兼任。各级老教委统筹落实全县老年教育工作,主要职责是:制订老年教育规划、工作计划,协调、指导、督察各地办学工作。县老年大学领导班子由在职领导担任,校长由县委组织部常务副部长兼任,常务副校长、副校长由县老干部活动室主任、科员担任,校务委员会聘请退休中小学校长、教师担任。各乡镇、园区、村社区老年学校校长由党委(党支部)主要负责人兼任,常务副校长由在职的老教委常务副主任兼任。多年来的实践证明,这种领导管理体制比较符合老年教育工作需要,对组织、协调、推进老年教育事业起到了保障作用。

(二)进一步发挥管理优势

实践证明,老教委领导管理老年教育工作行之有效,充分体现了党委领导、政府统筹的优势。由于党政领导担任老教委机构负责人,他们带着职责、带着责任、带着感情,定期听取老年教育工作汇报,及时帮助解决老教工作问题,体现党委、政府关心关爱、重视支持。相关职能部门参加老教委工作,形成合力,齐抓共管。这种较为科学的管理体制,在各地并没有普遍建立,管理体制各不相同,有的是老年大学协会管理模式,有的是组织部门管理模式,有的是老干部局代管模式。由此需要有顶层设计,按照国务院印发的《老年教育发展规划

（2016—2020年）》的要求,成立相应统一的老年教育委员会组织,形成领导体系,体现上下对口,便于工作领导、部署、督察、指导,保证老年教育发展动力。

（三）进一步坚持党的领导

完善管理体制,核心是坚持党的领导。老年教育是党和政府联系老年人、凝聚老年人的桥梁和纽带,也是党在基层思想文化领域的一个重要阵地。办好老年教育,体现了党和政府对老年人政治上尊重、思想上关心、生活上照顾。推进老年教育党建引领,是加强老年党员教育管理的重要方式,是深化基层党建的有机组成部分,是提高党的社会影响力的有效手段。各级老年大学(学校)都要成立临时党委、党支部、党小组,建立"三会一课"制度,定期开展活动。坚持党的领导,充分发挥党委的核心领导作用、党支部战斗堡垒作用、党员先锋模范作用。用党建统领老年教育工作,确保老年教育正确办学方向。

在党中央、国务院的领导下,我国老年教育得到了蓬勃发展,且已探索出许多成功的做法和经验:办学路径更有特色,办法方式更具灵活,办学效果更加彰显。我们坚信,老年教育事业明天会更美好!

作者简介: 安徽省当涂县老年教育委员会常务副主任。

"优化课程建设,塑造现代老人"的实践与思考

胡国良

一、研究背景

随着经济社会的不断发展,老年人经济收入、身体健康状况以及精神需求层次都在相应地改善和提高。2020年的数据显示,我国老年人口中60—69岁占比55.83%,并且低龄老年人仍为主要群体。这就带来了一个结果:老年人不仅能够不依赖他人,而且还有意愿继续发挥能力和价值,甚至还能在社会中做出难以替代的贡献。

老年教育的终极目标就是要贴近现代老人的精神需求,与时俱进,通过优化课程建设来提升老年人的生命质量,协助他们继续实现人生价值,塑造更多的现代老人,成为和谐社会中的一股不竭的力量。何谓现代老人? 笔者赞同专家们的观点:现代老人,指老年群体中有自信和希望、有作为、有进步、有快乐的人。其具体行为养成和表现为终身学习、融入社会、康乐向上。终身学习基本内涵,是勤于学习,学以致用,以学习为快乐。融入社会基本内涵,是有社会责任,乐于实践,老有所为。康乐向上基本内涵,是有幸福感,身心健康,有长者风范。

实践证明,课程建设质量直接影响着老年人参与的积极性;课程能否与时俱进,直接影响着老年人能否真正享受现代发展成果,跟上时代步伐。只有不断优化课程建设,才能使老年人用生命中有限的学习时间和精力得到最大的素质提高,才能促进其成为与时代一起前进的现代老人。2017年,笔者所在的江阴市老年大学旨在从现代老人的特点需求出发,对学校课程建设中存在的问题进行分析,以探求课程改革的路径。经过分析,发现学校课程建设中凸显出以下方面的问题:一是从课程内容来看,学校在追求对教学资源的高效使用时,忽视了发挥课程对老年人求学的引导作用;二是从课程形态来看,绝大多数课程学习空间局限在课内、校内,过于单一呆板;三是从教学过程来看,学员的主体作用、教学的效率重视不够,教材作为教学之本的基础地位及作用重视不够。

二、课程改革的实践探索

(一)确立优化课程实施的原则

课程改革,既要考虑老年人的愿望和要求,更要注意把握和体现当代老年教育的培养目标,所以需要充分考虑遵循以下原则。

1. 适应性与导向性相结合

老年人的经历、学历、体质、兴趣爱好各异,因此对老年学员的要求也就各不相同。课程设置尽可能适应广大老年人的需求,学制、教学要求、教学方法因人而异,因班级而异。同时为使课程更好地体现当代老年大学的目标要求和功能定位,进一步发挥老年人潜能,必须充分发挥课程的引领作用。把老年人精神需求中的"缺乏性需求"和"成长性需求"紧密结合起来,以进一步满足老年人发展学习的需要。

2. 统一性和多样性相结合

依据社会对老年人的基本要求,开设公共基础课程、通识课程,实现社会对老年人培养规格的基本的统一要求。同时,按照老年群体精神需求的共性与个性开设不同的专业课程,采用更灵活的教学方式,以更好体现课程在实现培养目标中的作用。

3. 引领性与主体性相结合

在课程实施中,教师和学员是两个基本要素。教师在课程教学中的引领作用在于激发老年学员的学习积极性,培养学员学习兴趣,引导学员主动学习。老年学员的主体性在于充分发挥主体学习的主动性和创造性,从而充分开发老年学员的潜能。在学习成果评价中,要充分尊重学员的主体价值。坚持引领性和主体性的结合,才能实现课程教学的最大效应。

(二)课程改革的实施

1. 课程内容的设置

课程内容是课程建设的核心内容。要进行课程迭代,就要创新,不断丰富课程内容,从内容广度上满足学员需要。(1)充实传统课程。随着时代的发展,需在传承文化的基础上注入新的知识内容,丰富各课程内涵,同时扩大外延,使传统课程不但保留原有特色,更具新的知识活力。例如,烹饪课程,不再局限烹饪过程,增加膳食营养等养生类科学元素;书画课程,增加装裱等内容;摄影课程除了基础知识和基本技能之外,充实手机摄影、摄影美术、短视频制作等内容。传统课程既要传承发扬,又要融入时代元素,才会焕发新的活力。(2)开设公共课程。为适应时代诉求,在专业课的基础上,对全体学员开设公共课从而实现学校统一性基本要求。实施办法:自编校本公共课程教材,内容包括思政、法律与生活、老年保健、智能技术运用四个部分。校本公共课程,作为每年新生的必修课程。通过公共课程的学习,培养学员正确的价值观、普及现代老年人生活的基本知识和基本技能,更好地适应现代社会生活。(3)发掘地方文化,增加地方人文课程的比重。对地方特色文化内容进行挖掘和利用,逐步形成具有浓厚乡土文化的教学课程。如开设"徐霞客""巨赞法师""江上风骨""旅游文化"等课程,用来培养学院的乡土情怀,传播地方文化。(4)适当培育和增加服务家庭、社会的技能类课程。对部分休闲娱乐性课程进行适当压缩,可以转化为社团和沙龙的形式开展。同时,逐步增加服务社会的技能类课程,如开设"儿童品行修养""老年照护""婴幼儿护理""心理与生活"等课程,从而增强学员服务家庭、服务社会的能力。

2. 丰富课程的类型

目前,学校开设的课程基本以一学期开设16次课程,每次课程90分钟为主要课型。这是教学单位的基本课型,是主体。在此基础上,结合学员需求层次的差异性,拓展一些新的课型。主要内容如下。一是增加短期课型。以专题形式开展,聚焦某一领域的内容,来激发调动学员的兴趣。二是开设讲座或沙龙。邀请名师大咖进校园,增加课程吸引力,打造校园的文化氛围。三是打造精品课。开展小班教学,满足部分学员更高层次的冷门学习需求,也促使课程进一步优化并引领其他课程。四是制作微课程。作为第一课堂的延伸、补充,丰富学员学习的形式。2021年,江阴市老年大学网上微课堂就推出法律与生活、老年保健等公共必修课33节,书法、拳操、器乐等专业课程42节,点击率达23000多人次。同时,向中国老年大学协会"网上课堂"推送优秀微课程31节。五是线上线下融合的课程。为学员创造更多的便利,足不出户也能够学习网络课程,同时提高老年教育的辐射度,让优质资源能够有机会下沉到各区域,惠及更多老年群体。

3. 完善课程资源库建设

完善课程资源库建设主要着力于以下方面。(1)更新教学大纲。教学大纲规定了课程的教学内容,是教学计划的体现。大纲指导教学,有一定的稳定性;但是现代老人的需求和层次都在随着经济社会的发展而有所改变,所以也应该根据学情的变化定期(3年左右)进行调整和更新,从而保证课程内容的鲜活性。从2021年秋季开始,学校重新修订了53门课程的教学大纲。新大纲力求体现该课程对现代老人的培养目标,坚持"科学系统""少而精"和"适用为度"的原则。(2)合理学制设计。在对师生进行调研、对使用教材进行筛选的基础上,重新修订班级层次和班级学制。据专业学科的不同、教学内容的长度,设置基础班—提高班—研修班等不同班级学制,并全部学科实行结业制度,同时探索研修班制度。(3)加强教材建设。教材是课程的重要相关要素。为了保证课程的顺利开设,一是精心筛选名校成熟教材为己所用;二是推进教材自编工程,确保教材满足学员的实际需求,更具有针对性、适用性。目前学校自编教材22部,有的被评为省优秀教材,有的正式出版。

4. 优化课堂教学模式

教学有法,教无定法,贵在得法。学校在总结师生教与学实践的基础上,将深受老年学员欢迎的、行之有效的教学方法经提炼后积极进行推广。(1)尊重个体,实施差异化教学。老年学员的学情有其特殊性,学员们年龄参差不齐,基础不同,学习能力有别,追求的学习目标也有所不同,因此,教师在课堂进行施教的时候,尤其要尊重个体差异,开展个性化教学。根据学员的实际情况,设定不同的目标,激励小步向前,给予充分的鼓励与肯定,激发学员的学习积极性,帮助学员充分感受在乐中学的学习体验。(2)调动学员主体性,课堂强化互动性。老年学员走入老年大学,一是为了通过学习充实生活,二是为了融入社会参与群体。因此,针对这一群体的教学,在课堂上尤其需要看见每一个学员,给予他们发挥、展示的空间,让他们的主体性得到充分体现,焕发他们生命的光彩。同时,尽可能摒弃单向输出,教学设计要重视设计互动环节,让课堂成为师生互动、教学相长的空间,这样的课堂才有生命力与持久的吸引力。(3)注重教学手段的多样,追求课程内容的丰富性。根据课程内容的不同,教师要尽可能运用多样化的现代化手段,试听结合,讲授与实践操作结合,文字与图片视频结合,示范与演练结合,充分调动学员的身、心、脑的参与,提高课堂教学的质量与效率。

5. 拓展第二课堂和社会实践活动

拓展第二课堂和社会实践活动,主要在以下方面狠下功夫。(1)探索第二课堂活动形式,实现"老有所乐,陶冶情操"。学校支持把课堂教学延伸至课外,进一步拓展第二课堂,并激发学员的自主性。目前通过建立兴趣小组和社团,为学员们搭建活动平台,让学员们在课堂之外找寻到更大的学习活动空间。(2)拓展社会实践项目,实现"老有所为,服务社会"。学用结合是每个老年学员的愿望,学校把专业课程向社会实践进一步延伸。例如:组织书画研究会、摄影协会到社区、企业、公园定期巡展;鼓励拳操协会、民乐团、合唱团、戏曲表演队等参加省、市文化交流,定期到街道、乡镇慰问演出;发动志愿者服务队到校区、社区、养老院志愿服务。让老有所学与服务社会实现"无缝对接"。走出去实现课内课外"无缝对接",让老年学员在学练结合中,不断提升专业技能,也在实践中真正践行了"老有所为"。

6. 优化教学督导体系

教学督导是学校教学管理的一项重要工作,也是保证教学质量的有效保障。(1)健全听课评课制度。学校逐步形成以激励性评价为主的机制。评价的目的是改进教师的教、学员的学,而不是把教师学员分类;是为了教学的提升、学员的"掌握"而评价,是为了让师生获得成就感和体验到教和学的成功与快乐而评价。根据老年教育的特点,坚持评价手段的多样化:既有教学观摩,又有作品的展示、活动的展示。既有评价教师的"评教表",又有了解学员的"进步自评表"。评价要点主要包括:学员到课率、学习兴趣、学习收获。学习收获,包括身心上的收获、增进的社会参与能力。具体落实为:每日进行日常巡课,了解课堂基本的秩序与状态;开展推门听课,每学期推门听课的覆盖率要达到100%,每节推门听课时长不少于20分钟。通过推门,即刻了解教师的教授情况,同时也能够知悉学员的听课反应,对各专业教学过程有大体上的了解;每学期由系(部)主任负责不少于8次的听课,全面把握系(部)教学的质量水平,并做好听课记录和评课意见;专业系(部)主任不定期听取学员的反映和意见建议,并将合理部分与任课教师进行沟通交流,达成教学相长;每学期期末进行教学评价,由学员和专业系(部)主任进行评价打分,对教师教学进行反馈。通过听课与评课相结合,将平时反馈与期末总结相结合,完善听课、评课制度。(2)定期修订更新教学资料库。教学工作是一项与时俱进的工作,老年人随着时代在变,所以教学内容也需要应时而变,及时更新修订。所以,教学大纲、教材、教案、教法都需要教师在教学中根据实际情况来进行调整。学校2—3年进行一次所有专业的资料更新,以保证课程内容鲜活性。(3)推进精品课示范引导。通过典型引路,发挥精品课在教学大纲、教材、教案、教法、成果等方面的示范,从而带动学校课程的优化和教学质量的提高。一是创建工作,从教学内容、教学方法、教学资料等方面进行考察评选,督促专业课程的建设工作;二是定期开展精品课示范教学,树立示范,引领其他专业课程建设。目前学校已有11门课程被确认为精品课程。(4)探索教学新形式。疫情给学校教学带来挑战也带来契机。在这期间,学校对疫情形势进行了研判,积极大胆开展了在中国老年大学平台的线上教学,改变了课堂教学局限在教室、校园的单一形态,使许多渴望学习的老年朋友足不出户就能选学自己喜欢的课程,线上教学的优势得以体现。学校线上教学在160多个班级全面推开,开课率达96.3%,开课第一个月参加学习的学员达25000多人次。新的教学形式,更需要教学督导的质量监控,所以,学校重点开展了两个工作:一是开展线上课教法研究。根据老年学员和线上教学特点,设计适合线上教学的体现各学科特点的教学方案。不断改革线上教学方法,力求"精简内容""精细讲解""精练重点难点";强化网络教学中的师生互动;构建网络学习小组,开展网络互学、助学活动。让线上课做到"小容量、精内容、慢语速、多互动、勤反馈、有效率"。二是开展线上教学督导。学校制订线上督导要求,校系全体工作人员通过网络,深入到班级教学中。通过收看直播、录播课,搜集教师、学员意见,及时总结线上教学成绩,发现存在问题,及时向教师反馈,以加强线上教学质量的过程控制,提升学员对线上教学的满意度。

（三）课程改革取得的初步成效

学校以塑造现代老人为重点的课程建设研究已有5年,取得了以下初步成果。

1. 推进了学校课程与时俱进

目前学校开班164个,开设课程59门。根据各类课程所占比例,以及学员的满意度调查分析,学校初步形成内容较为丰富、质量较为优良、特色较为明显的课程体系,在较大程度上满足了区域老年学员多样化的学习需要。逐步形成公共课与专业课相结合,线下课与线上课互补,三大课程联动的多学科、多学制、多层次、多形式、管理有效、评价有据的课程体系。课程较好体现了"塑造现代老人"的目标要求和功能定位。

2. "三个课堂"质量显著提高

三个课程"无缝对接",三个"轮子"一起转动,课堂教学、课外活动、社会实践活动质量明显提高。近2年,通过学员对课堂教学满意度进行调查,均在95%以上。学校各社团(兴趣组)活动规范、内容丰富,服务社会有成效。学校拳友会参加市运动会展演,每年均受嘉奖。学校戏曲系被命名为市弘扬地方特色文化"示范基地"。2019年9月、2021年6月学校举行的由民乐团、合唱团演出的庆祝新中国成立70周年和建党100周年大型音乐会"感动江阴",市电视台均进行了全场播放。2021年,学员参加第二届国际老年大学艺术大赛,舞蹈、书法、摄影、旗袍走秀等13个作品获奖,学校荣获优秀组织奖。学校10多个体艺社团和志愿者服务队服务社区的身影,已成为江阴市文明城市建设的一道亮丽的风景线。

3. 学员中"三有老人"越来越多

他们有作为、有进步、有快乐,成为社区文化带头人、社区老年活动骨干。他们在提升自己的同时,努力服务社会,为地方精神文明建设做出了重要贡献,受到了社会称赞。2019年,学校被授予江苏省"敬老文明号"称号,2020年,学校被授予全国"敬老文明号"称号。学校经验交流文章《享受求知乐趣　焕发夕阳风采》于 2020 年 3 月刊登于《老年教育》。2021 年,无锡市老龄工作委员会从 135 万老年人中评选百名风尚乐龄人,4000 名学员的江阴市老年大学 10 位老年朋友入选。

4. 形成及时总结、评价与推广相结合的机制

课程研究是一个多层面、多指标、动态发展的系统工程,从理论到规划乃至具体实施,其间需要不断地适度调整,因此需要及时总结、评价。成熟的做法已在一定范围内加以推广。学校课程建设阶段性经验总结文章《坚持服务创新,优化课程体系》《优化课程体系,实现"无缝对接"》于 2018 年、2019 年先后发表在《老年教育》。

三、实践"优化课程建设,塑造现代老人"的思考

本课题项目成立以来,学校课题组一直在实践,积累经验的同时,也发现诸多问题与不足,主要有以下两点思考,与同行交流切磋。

(一)把"现代老人"的培养目标作为老年大学课程设计的出发点和归宿

首先,要不断加强对现代老人人群的研究。近年来,低龄退休老人大量涌入老年大学,这一部分人成长求学于改革开放的年代,许多人受到不错的教育,高学历人群的比例也在逐年上升。因此,学员文化素养层次不断提高,对于办学的要求也在提高。观测他们的兴趣点、需求点,是一项常态化的工作。其次,深入对"现代老人"的内涵研究。什么是现代老人,其核心要素是什么? 笔者认为,现代老人核心要素包含三个方面:终身学习、融入社会、康乐向上。如何满足现代老人的精神需求? 在课程内容设置和教学实施中充分满足他们这一需求,是学校教学工作中要着重把握的重点。而具体落实,即开课前如何有效开展已设置课程的真实反馈以及新开课程的调研,如何利用信息化手段获取大数据统计,从而为课程开设提供科学合理的依据? 教学中,是否采用了合适的教学手段,激发学员的学习热情,引导学员投入社会,积极向上? 通过教学,是否能够促进现代老人核心素养的养成,引导他们成为更加有为的康乐老人? 如何衡量教学的成果? 这些都是值得思考的问题。

(二)做实学校督导工作,充分发挥督导的作用,切实提高老年教学质量

老年大学的教师与大中小学的教师有所差别,以外聘教师为主,从教学管理上来看,难度更大。如何让这样一支队伍能够成为教学质量的保障? 笔者认为有这样几个方面。(1)设立师资门槛。师资水平的高低是教学质量的第一道保障。提高具有教师资格以及相关资质证书的教师比例,通过试讲审核来准入。可以和地方中专职校、大专院校进行师资共享,从而获得优质的师资资源。(2)不定期对师资进行培训,让教师对老年教育有更深入的认识和理解,与时俱进,能够把先进的老年教育理念和思想融入教学之中。(3)设立激励机制,可以通过评选优秀教师、名师大咖、校园最受欢迎教师等奖项来对教师进行精神激励,提升教师教学的积极性。(4)举行示范教学,邀请同行教师进行观摩,交流评价,共促教学成长。(5)调动教师参与学校科研课题的工作,撰写教学论文、教学感悟思考文章,彼此借鉴,启发思考。(6)评价落到实处,充分运用信息化手段,收集学员评课真实不记名评分,对于一些教学评价较低的教师进行淘汰。(7)以创建精品课激励教师不断改革课程的热情,让越来越多的课程沉淀,并得以精品化。

（三）利用和发展好网络教学模式

线上教学作为线下教学的有效补充，已经在实践中得以验证。如何充分发挥其优势，笔者认为可以从以下几个方面去落实：(1)线上教学规范化。规范线上教学每节课的基本流程环节，每个环节的教学时间分配合理并基本固定；规范每节课的上课时间，规范每节课的教学设计、教学内容，知识点之间具有系统性；规范每节课的常规语言表达，比如问候语、结束语等。(2)线上教学形式的多样化。根据专业课程的特点不同，研究最佳的线上课授课形式，用多样化的形式，让教师主播与学员互动交替化，让每个学员均衡享受教学资源，感受学习乐趣，获取学习进步。(3)加强线上教学服务的人性化。既要做好线上支持服务，比如技术指点，也要做好线下活动服务，使得线上线下有机融合，发挥最大的课程效用。(4)探索学员进行线上学习激励机制的多元化。学习需要激励，老年人学习同样如此。结业典礼、颁发荣誉证书、表彰先进典型等都可以成为激励老年人学习的形式。还可以尝试建立一个专门为学员服务的公众号，通过公众号平台一方面展示学员学习成果，一方面定期发布表彰名单。通过这些手段，提供老年人技能展示平台和输出通道。

作者简介：江阴市老年大学常务副校长。

打造老年大学高效课堂的思考与实践

郑　勇

随着我国老龄人口的快速增长，老年教育事业也出现快速发展态势，如何对数量庞大的老龄人口进行有效的教育，使之获得更好的生存生活技能，努力提升其生活品质和个人文化艺术素养，保持并增强其服务社会的能力，是老年教育要积极探索的一个重要课题。教学质量是老年大学的生命线。保证教学质量，吸纳更多的老年朋友主动到老年大学学习，让在校学员同龄相伴、学有所乐、学有所成，是老年大学一切工作的出发点和归宿。老年教育与普通教育相比较有很大的不同，老年大学的教学方式也不同于普通教学，需要适应老年人的身心特点安排课程，上课时间受限制，专业课程一般一周仅安排上一次课，授课教师往往是外聘的，在老年大学的时间有限，需要涉及的教学内容却很多很广。因此，要想让老年学员愿学、乐学，就必须提高课堂教学质量。高效的课堂教学，学员收获颇丰，学而不厌，学习积极性就会越来越高。

一、"高效课堂"的界说

（一）基本内涵

所谓高效课堂，就是高效性课堂。顾名思义，是指教学效率或效果能够有相当高的目标达成的课堂。具体而言，是指在有效课堂的基础上、完成教学任务和达成教学目标的效率较高、效果较好并且取得教育教学的较高影响力和社会效益的课堂。换言之,高效课堂,从一堂课的过程看,是学生参与度高和学生思考问题深刻的课堂;从一堂课的效果看,是学生满意度高和当堂达标率高的课堂。它体现在两个方面,一是效率的最大化,即在单位时间内学生的受益量,主要是课堂容量、课内外学业负担等。二是效益的最优化,即学生受教育教学影响的积极程度。主要在兴趣培养、习惯养成、学习能力、思维能力与品质等诸多方面。只有效率的最大化或只有效益的最优化的课堂,都不是真正意义上的"高效课堂"。只有二者的和谐统一,"高效课堂"才能形成。简言之,"高效课堂"至少在教学时间、教学任务量、教学效果等三个要素方面有突破,概括为:轻负担,低消耗,全维度,高质量。

(二)基本理念

高效课堂的核心理念是:师生在课程实施中具有自主性、合作性、探究性。具体表现为高效课堂一切以学生为中心。教师由追求知识的完整性、全面性到更加关注学生的性格、人格的健全;教师由注重知识能力的培养到更加关注学生的心理需求和精神成长;教师由传统共性和整齐划一的教育到更加关注学生的不同需求;教师由注重课堂环节、程序的编制到更加关注学情、氛围和师生、生生关系。

(三)基本目标

高效课堂的基本目标是通过培养学习能力进而逐步开发学生的心理资本。一是培养学习能力。高效课堂出发"原点"是从"两率"入手,即解决课堂精力流失率和提高高效学习率;通过高效课堂走向高效学习,从而实现终身学习;素质教育的"素质"最主要的是"学习能力"即思维力、生成力、表达力(听、说、读、写)。二是开发心理资本。通过学习能力的培养,学生确立起学习新知识、新技能的自信,从而树立自我奋斗的新目标,并且逐步具备克服前进道路上的困难的韧性,从而逐步对高效课堂学习氛围具有强烈的沉浸体验。

(四)质量评价

一般来说,检验教师教得好与不好,学员学得好与不好的重要标准是学员的学习是否高效。高效课堂不仅能使学员高效获得知识与技能,而且关注过程与方法、情感态度与价值观。高效课堂教学评价的根本思想是以学论教,以学生的学来评价教师的教,以学生在课堂教学中呈现的状态为参照,评价课堂教学质量。教师在高效课堂的构建中有着非常重要的关系,教师自身的专业素养和教学能力直接影响课堂教学效果。高效课堂需要教师具有主体性,具有创新精神,不断反思,并能在教学持续的反思中探究,生成自己的智慧,采取最适合教师和学生的课堂组织形式,把学生的注意力集中到课堂教学上来,使学生最大限度地学到知识,提高个体能力。从某种意义上说,高效课堂是探索"人"的工作,发现人的存在价值。自主建构,互动激发,高效生成,愉悦共享。开发、引导学生解决学习的内驱力,自己走,高效学习从而终身学习。

二、打造老年大学的高效课堂须与老年人兴趣爱好的课程匹配

把国民教育的"高效课堂"引入到老年大学(老年学校)的课堂教学实践中,就是要依据老年人的身心特点和兴趣爱好,探索以学习需求定学、以培养现代老人定教的教改新路。打造高效课堂,用有限的时间使老年朋友学习新知识,掌握新技能,从而愉悦身心,努力实现老年大学课堂教学的最优化。

老年人到老年大学来的目的无非是求友、求知、求健、求乐、求美、求为。老年教育与其他教育最大的不同，是受教育对象的年龄大、基础不同，个人的阅历也存在很大差异。老年教育的目的就是通过对区域内老年人有组织、有计划、有目地地训练使其掌握某种生活、艺术技能，从而提高其适应现代社会生活的生存能力、艺术素养，使其能够获得自信而有尊严的高品质生活。顺应老年人的多元化精神需求，电脑、手机、插花、茶艺、绘画、摄影、书法、戏剧、音乐、舞蹈、保健等课程成了老年大学的常规课程。老年人的精神需求，主要来自两个大的方面，一是老年人自身生活生存需求、艺术品位要求、学术学养追求；二是社会、家庭对老年人的要求。比如，智能手机的应用，书法、绘画，声乐、器乐，国学研究，等等，大多是现代生活的必备技能，或者是老年人一生的爱好与追求；老年人的安全要略、家庭教育的艺术与技巧、文明实践你我他，这些更多的是外在驱动的应用课程，后者更能实现老年人的社会价值。

从实际应用的角度看，目前老年教育无论是学制还是专业设置都需要优化。要根据老年人的学习特点和实际应用，设置专项技能微课程，在村或社区，用较短的时间来完成学习，形成能够应用的技能。譬如，"家庭养花技巧""网络支付与风险防范""聊天软件的信息分享与责任担当""叫车软件的使用"等等。而学习比较难、操作复杂的课程则应当用较多的学时来教学，为了减少老年人易遗忘的困扰，甚至还可以适当加密课时的编排，由一周一门课增加到一周数门课。课程不是为了了解某些技术，而是为了帮助学员获得所需的应用技能。要努力做到，老人用什么就学什么，老人需要学什么我们就教什么。而不是反过来——我们教什么，老人就学什么。老年教育的课堂教学的要义就是要围绕学生的"用"，提高教与学的效率，实现课堂教学的最优化。

三、打造老年大学的高效课堂关键是教师

现代教育理论观点认为，教师在课堂教学中具有主导性地位。具体体现在课堂教学设计上折射教师的主导地位，课堂教学目标确定时凸显教师的主导地位，对课堂教学过程的驾驭凸显教师的主导地位。老年大学的课堂教学面对老年人这个特定群体，与普通教学对象有很大差别，它要求教师不仅仅是课堂的组织者、引导者和促进者，更是身兼学者和服务者为一体的"首席主体"。爱尔兰著名作家萧伯纳在谈到教师与学生的关系时形象而深刻地说，"我不是你的教师，只是你的一个旅伴而已，你向我问路，我指明我俩的前方"。教师和学生是平等的关系，教师应该是"平等中的首席"。

所以，要实现老年大学课堂教学的最优化，教师首先须转变思想，遵循老年大学课堂教学规律的新型师生关系，站在老年人的角度去思考问题，探究适合老年人学习知识，掌握技能，愿学、乐学的课堂教学方法，多措并举，制订出最佳教学方案，要发挥"首席主体"作用，创设最佳的教学情景，调动学员学习的主观能动性，让他们主动参与到课堂中来，投身到文本的学习中来，有效运用信息化教学，激发学习兴趣，优化教学过程，给他们提供最佳展示平台，引导他们不断完善自我，取得最佳教学效果。

四、打造老年大学的高效课堂的重点是优化课堂组织形式

从老年人的学情出发备好课，紧扣老年人的学习目的——实用技能的应用，正确选择和科学运用先进的教学组织形式和教学方法研究他们学习时的心理、习惯和思维过程，制订最佳的教学方案。打造高效课堂，就是"以学定教"，强调以学生为中心，充分考虑学生的认知

水平、学习需求。老年人阅历丰富，理解力强，而记忆力减退，体力衰弱，不需要讲授过多过深的理论，在课堂上教师要多做示范，指导老年学员学会技能，增加师生互动，增进师生友情。辅之以善意的点评、鼓励，使课堂教学更显有效、快乐。教师的讲解要以技能的分步操作示范为主，并要及时对学员的习得情况进行反馈。

发挥教师的主体作用，充分调动学生的主动性，创设最佳的教学气氛。教师用最佳的情绪去感染学生，充分做好学生学习前的情绪准备。塞缪尔的诗《年轻》写道："年轻，并非人生旅程的一段时光，也并非粉颊红唇和体魄的矫健。它是心灵中的一种状态，是头脑中的一个意念，是理性思维中的创造潜力，是情感活动中的一股勃勃的朝气，是人生春色深处的一缕东风……"教师以此引导老年人以一颗年轻的心态，带着激情进入学习，完全忘记自己年龄，这样的课堂学习效率最大化达成度就高。

教师须认真组织好导入谈话，把学员引入最佳的学习环境中去。苏联心理学家维果茨基认为，学生的心理发展有两种水平，即现有发展水平和"最近发展区"，教学只有从这两种水平的个体差异出发，把"最近发展区"转化为现有发展水平。课堂上，教师要注重导入方式的生动性、吸引力，用新颖、有趣的方式激发学员的好奇心、求知欲，让每个学员都跃跃欲试"跳一跳，摘桃子"。

教师须把老年人喜闻乐见的形式引入课堂，创设最佳教学气氛。老年人虽说年龄大了，但童心未泯，整齐划一的单调的说教，难有好的课堂效益。要根据具体的课程内容，研究不同的教学方式，引导学员积极参与到教学活动中来，让全体学员都能在最佳的教学气氛中得到训练。寓教于专业实践中，接受和掌握知识技能。

教师须有效运用信息化教学，探索合作学习策略，优化课堂教学过程。教学时借助网络资源开放、交互的优势，可充分发挥学员学习的主观能动性，更全面、更直观地获取知识。如，共鸣训练，运用信息化手段，下载图片、视频，让学生掌握信息化手段的运用，让学员在直观、形象而又能互动的信息化网络媒体的学习中获得最优化的效果。

师生合作探究，教师引导老年学员人人行动起来，动脑、动口、动手。合作学习是高效课堂教学中的重要学习方式。遵循"以老年学员为主体"的原则，这个过程，老年学员在自主学习完成之后，交流自主学习的结果，提出自己未能解决的问题，然后在教师或小组长统一组织下，通过表达交流等探究活动，彼此互助，取长补短，解决问题，获得新知。教师是最忠实的观众，适时激励评价，让每一个学员都能主动参与，每一个学员都能学有所获。

教师须灵活确定展示方式，引领学员自我完善，求得最佳教学效果。信息化社会的快速发展，为老年人提供了更为广阔的学习和展示空间，课堂教学中教师注重与公益平台合作，及时展示优秀学员的学习成果，不断自我完善，巩固所学知识。在自主学习、合作探究、成果展示、教师点评的基础上，还要引导学员进一步完善学习成果，最大限度地发挥学员学习的主体性和活动的效益。

总之，老年大学的高效课堂教学要做到学以致用、急用先学，教学内容也要因学员的实际应用进行适时的扩充和变更，而不是拘泥于一本教材或一套教学大纲。只要是生活所需的、学员欢迎的能够更好地达成教学目标的内容，都可以引入课堂，使之成为老年教育的有机组成部分。把这些内容纳入老年大学课程，无论对老人，还是对社会都有很好的教学效益。优质高效的课堂教学是促进老年大学可持续发展的有效手段。

作者简介：如皋市老年大学教务处主任。

教学改革案例

北京中关村学院老年学历教育工作

北京中关村学院

一、案例背景

中关村学院是一所集学历教育、非学历培训、社区教育于一身的成人高等学校。学校在开展面向海淀区 29 个街镇 765 个社区（村）居民培训的同时，捕捉到老年学历教育的需求，于 2017 年决定进行老年学历教育改革试点，设立了艺术中心，专门开展老年学历教育的新探索。目前，歌舞表演和书画艺术 2 个试点专业已有 80 人顺利毕业。老年学历教育专业的开设，深受社区居民的欢迎，2 届毕业生中不乏换专业继续报考的学生。

二、案例实施过程

（一）找准需求，定方向

随着北京市人口老龄化日渐加剧，发展老年教育的形式和任务更加急迫。中关村学院作为海淀区内唯一的区属成人高等学校，集多种功能于一身，坚持开放办学、多元建课，打造快乐课堂。开设有声乐、钢琴、古琴、合唱指挥、舞蹈、国画、书法、蜡染、扎染、茶道、香道、花艺、摄影、红酒、西点、礼仪、木艺、饮品等一系列单次体验课程和系统学习课程。

学院通过长期为海淀区 29 个街镇开展市民艺术教育活动，发现老年人逐渐成为社区艺术教育的主体，捕捉到这一主体对艺术学习的强烈需求，利用学历教育和各种各类培训的开展，及时进行学习需求的准确分析与定位。学院对海淀区老年群体，特别是具有较高学历的老年人对艺术学习需求增长较快的现实，开展了集中调研。通过与老年人密切沟通交流，发现很多老年人以往由于工作繁忙没有时间和机会学习艺术，现在退休后非常渴望得到这样的学习机会，固定的学习时间，固定的学习伙伴，实现对艺术学习的追求。调研得出老年人在艺术学习方面最感兴趣的是与音乐、舞蹈、艺术类相关的课程，他们本着对"活到老、学到老"终身学习的追求，希望通过参与学习，满足自身不断进步、实现人生价值的精神需求。

（二）确定目标，定方案

2017 年，学院根据老年人的学习需求，在前期调研的基础上，决定在学院东王庄校区启动海淀区老年学历教育的试点。首先成立了艺术中心,在主管院长的带领下进行老年学历教育的试点落地工作。

首届老年学历教育专业是在我校职工大学专科学历"歌舞表演"和"艺术设计"2个专业的基础上,教学团队按照专科学历教育人才培养方案的合理调整要求,修改了人才培养目标,调整了相应的专业核心课程,修订了人才培养方案。2018年,在结合一年办学经验的基础上,重新申请了书画艺术专业。至此,中关村学院的2个老年学历教育专业(歌舞表演专业和书画艺术专业)的建设粗具规模,走上了稳步发展的轨道。

在确定人才培养方案后,开始了招生、教学实施和教学管理等一系列的工作。总的思路是"以培训的开展,促学历教育的发展",借助学院开设的各类社区教育、市民教育的培训,结合2个学历教育专业的核心课程以及社区居民对相关课程的学习需求,开设钢琴、声乐、舞蹈、书法、国画等短期培训课程,通过培训加深学员对中关村学院的了解和认可,逐步实现由社会培训向学历教育的转化。

(三)精心教学出效果

学历教育由于专业和课程结构严谨和体系化且能得到国家的认可,处于"主流"地位有着不可替代的位置,而非学历教育课程内容实用性强,学时安排相对灵活,短时便捷,学习成果多以结业证明形式呈现,作为学历教育的补充。学院把非学历教育作为开展学历教育的基础,通过二者的紧密衔接,让学历教育和非学历教育更好地相融合、相促进,共同推动学院艺术专业建设水平,打造品牌艺术专业,提高教育整体质量。

为实现这一转化,学院高度重视艺术中心的团队建设,精选多名艺术方向的专兼职教师,组成骨干教师团队,聘请中央民族乐团艺术创作中心作曲家、指挥家薛淳,中国青年男高音歌唱家吴永飞等担任客座教授。

所有任课教师,在充分研讨人才培养方案的基础上,从学员的实际需求出发,精心安排每一节课。从课程设置到时间安排,到授课内容,再到授课方式等,一切都从以学员为本的角度出发,周密安排、认真实施,因材施教,制定了灵活的授课方式和多元化的评价方式,满足了学生不同层次的学习需求。教学实施中,任课教师充分考虑每一位参训学员的基础水平,科学设计、精准施教、寓教于乐。在每一节课堂上,教师耐心地指导学生乐器的指法弹奏,书画的笔墨勾勒,歌唱的发声练唱,舞蹈的形体训练等基础性的课程内容。

教师们敬业的精神和负责任的态度,给学生营造了和谐而欢乐的课堂氛围。2020年3月,突如其来的新冠疫情阻止了学校正常开学的脚步,在做好疫情防控工作的前提下,为保证老年学历班学生能够按时听到任课教师的课程,教师对适合老年人的上课方式进行了调研,最终采用微信录课、视频会议等切合实际的上课方式,有条不紊地开展2019级学历班课程教学。在在线教学中,教师示范、师生互动、随时答疑。这种"线上"授课形式,宛如"线下"一般,师生们仿佛置身同一时空,琴声袅袅、翰墨飘香,最大限度地满足了学员们的学习渴望,取得了良好的学习效果,获得了学员的高度称赞。

2年半的教学,首届毕业生即将走出校园之时,学院为他们举办了隆重的毕业典礼。同时举办了首届歌舞表演专业的毕业汇报音乐会和艺术设计专业的毕业汇报书画作品展。参加毕业汇报音乐会的27名毕业生,平均年龄60岁,其中年龄最大的学生71岁。毕业汇报音乐会内容丰富多彩,有电子琴合奏、朗诵、独唱、二重唱、三重唱、合唱、舞蹈等形式多样的节目,为学院教师们、同学们、朋友们献上一场震撼心灵的视听盛宴。毕业汇报书画作品展,在教学楼三层展厅举办,从行云流水的书法到水墨丹青的水墨画;从如春蚕吐丝的笔法到意境传神的画笔;从匠心独具的妙趣到虚实相生的气韵……面对一幅幅笔底龙蛇、行云流水的书卷,一幅幅笔酣墨饱、鸾飘凤泊的画卷,为参观者献上一场震撼心灵的视觉盛宴!

(四)推进改革,谱新曲

自2017年开始试点老年学历教育至今,中关村学院艺术中心在做好2个学历教育专业教育教学工作的同时,不断探索更大范围的社会培训向学历教育转化。2020年的新冠疫情,导致了公益性培训经费减少,因此艺术中心计划在前期公益培训向学历教育转化经验的基础上,进一步探索面向社会的收费培训向学历教育转化的第二轮尝试。

第二轮探索,尝试将艺术专业的精品培训作为步入学历教育的基础,即学员在进入音乐歌舞表演和书画艺术专业之前,可先通过培训中心短时间音乐和书画精品班的培训,为进入专业学习打下良好的专业基础。这样既丰富了培训的内涵和特色,又促进学历教育的稳步发展。整合学校教育资源,依托开展社会培训,发展老年学历教育,打造特色课程体系,提升办学影响力。

三、案例成效

2021年的第一周,中关村学院艺术培训中心短期培训向学历教育转化的第二轮改革试点——第一期零基础成人钢琴弹唱精品班培训活动圆满收官。授课教师独树一帜且系统简洁的钢琴弹唱教学方法深受同学们的喜爱和欢迎。通过学习《我和你》《月朦胧鸟朦胧》《虫儿飞》等耳熟能详的流行歌曲的边弹边唱的学习,让零基础的学员们快速掌握弹唱技巧。打基础、分阶段、细划分,真正做到让每一位热爱音乐的学员学有所成、学有所用。切实帮助学员提升对音乐的理解和感悟,让大家在音乐中燃烧艺术梦想,获得珍贵的友情。在温馨的课堂里,在教师的引导下,学员们发现了自己的特质,深挖了自己的潜能;在美好的情境中,在与他人合作应用所学的过程中,收获了审美的感受和体验,获得了成功的喜悦与自信,圆满完成了钢琴弹唱的学习要求。在回家的课后练习中,师生还通过微信群进行"云交流",教师不仅在群内答疑解惑,而且还会对学员们依次上传的练琴视频进行线上点评和指导,一来一往中,能力在提升,感情在加深。就这样,师生达成课上课下的密切交流沟通,让学员们安心、放心、省心。整个培训课程体系获得了学员们的广泛好评和高度认可,许多学员已经完成了2021年的歌舞表演专业的报名。

近年来,在海淀区政府的关心支持、学校领导的带领、教师学生们共同努力下,中关村学院的老年学历教育取得了一定的成绩,赢得了社会各界的好评。学院未来还将计划成立老年艺术团并尝试学历教育学分制改革,不断提高教学质量和教学水平,完善老年教育管理制度,促进老年教育新发展,使老年教育再上新台阶。

以"双嵌入、双服务"模式推动老年教育向社区发展

济南老年人大学

随着济南市人口老龄化步伐加快,老年群体参与继续教育和社会活动的需求不断增长。特别是在基层,越来越多的社区老年人渴望走出家门、走进老年大学校门,也有越来越多的老同志成为社区党建和社会治理的志愿者、主人翁。为此,如何有效推动老年教育向基层延伸,更好地服务社会、服务民生,已成为当前全民终身教育事业所面临的一个重要现实课题。

一、积极探索创新老年教育社区"双嵌入、双服务"模式

近年来,济南老年人大学秉持"1＋N＋X"办学思路,在建强1所一流老年大学、建立N所分校的基础上,围绕这一课题,着力在"X"(基层老年教育网点)上做文章,积极探索创新老年教育社区"双嵌入、双服务"模式,即:借助党群服务阵地和新时代文明实践阵地覆盖全市各社区的有利条件,将老年大学教学点嵌入到社区党群服务站(中心),开展教学服务;将志愿服务点嵌入到社区新时代文明实践站(中心),开展志愿服务。通过"双嵌入、双服务",进一步推动老年教育融入城市基层党建大格局、融入新时代文明实践大阵营,在社区落地生根、枝繁叶茂,与社区发展互促共赢。

二、老年教育社区"双嵌入、双服务"模式的具体实施

具体实施,主要是以五个"创新"促成五个"实现"。一是在要素上创新,实现各类资源共享。充分利用社区"双站"优势,由社区负责合理规划场所功能,配置设施设备,组织开展日常工作。学校负责将专业师资下沉社区,统筹课程设置、组织课堂教学;选派志愿辅导队伍到社区进行教学辅导、文艺指导等志愿服务;引入社会公益力量、商业企业参与和助力,促进各类资源高效配置、共用共享。二是在管理上创新,实现工作机制融合。统筹谋划、科学安排"双点"的运行和"双站"的工作,宜结合的结合,能穿插的穿插,形成协调统一、有机融合的工作机制;明确各方职责,研究制订"双点"规范化建设管理办法、考核评价细则,探索建立试点示范、绩效评估、日常运转等机制,确保"双点"各项工作落实有序;加强评先创优,对"双嵌入、双服务"先进集体和优秀个人适时表扬宣传,进一步激发内生动力。三是在活动上创新,实现内容形式优化。把推进"双点"运行,作为丰富社区"双站"服务内容、增强服务功能的有力抓手。社区老党员报名参加教学点的学习列入党员教育的重要形式;学员党员依托党群中心(站)开展组织活动,成为学员开展党建活动的重要途径。文明实践中心(站)为教师学员送辅导、送服务搭建了平台;学员学以致用、志愿服务又为文明实践充实了力量、丰富了形式内容,"双点"与"双站"的运行效能得以更大彰显,吸引力和影响力不断增强。四是在培训上创新,实现队伍能力提升。充分发挥省市一体化优势,省、市两级老年大学联合

开展专题培训交流活动；向驻济院校借智借力，邀请专家教授进行授课辅导。每年分批次、分专业举办社区教学点教师培训班、社区文艺骨干培训班，不断提升两支队伍的业务能力和服务水平，为"双嵌入、双服务"提供质量保障。五是在引导上创新，实现主体角色转换。"双点"嵌入"双站"，引导在教室里按部就班教与学的教师和学员，转变为向社区送教和服务的志愿者和辅导员；同时，吸引社区老年人先变成老年大学学员，再变成文明实践的志愿者、党群工作的排头兵。通过教与学、党群服务与文明实践，团结凝聚更多的老年朋友增强责任感，发挥正能量，努力成为维护社区和谐的重要力量。

三、实施老年教育社区"双嵌入、双服务"模式的初步成效

自 2019 年"双嵌入、双服务"模式推行以来，济南老年人大学利用 2 万余平方米社区"双站"场所，在历下、市中、槐荫等市内 6 个主要城区、46 个街道，分 3 批建成 71 个社区教学点和 61 个志愿服务点。截至目前，各教学点根据实际需要，共开设声乐、舞蹈、书法、智能手机应用等 20 余个专业、近 200 个班次，免费派送 200 余名高水平专业教师和近百支志愿者队伍，直接为社区老年人提供教学服务 2 万人次；依托各志愿服务点培育孵化的老年学员志愿服务队伍达 210 余支，开展社区党建活动和文明创建、科普宣传、扶贫济困、文化传播、关爱后代、疫情防控等志愿服务活动万余次，形成了"学为共促"的良好氛围。2021 年庆祝建党百年之际，学校根据社区党群工作需求，为社区专门派送声乐、舞蹈教师和优秀学员志愿者 1000 余人次，辅导、服务各类文艺团队编排节目，为社区庆祝活动提供了强有力的组织保障。在此基础上，学校充分发挥市级校的示范引领作用，在全市大力推广"双嵌入、双服务"模式经验，指导各区县老年大学结合本地实际，陆续新建社区（乡村）"双点"151 个，大大拓展了老年教育的覆盖面和惠及率，满足了更多基层老年人的精神文化需求和老有所为的愿望。

实践证明，老年教育社区"双嵌入、双服务"模式符合全民终身学习要求，符合新时代老年教育发展的规律。一方面，满足了更多老年人就近就便上学的需求，有效缓解了老年大学"一座难求"的突出矛盾；另一方面，抓住了老年教育向基层延伸的切入点，找准了与社区工作的融合点，形成了党建引领、组织凝聚、文化养老、文明实践同频共振的强大能量场。这项工作受到广大社会老年人、街道社区、各级老年大学的一致欢迎，得到社会各界广泛认可和上级充分肯定。2020 年，老年教育社区"双嵌入"模式获得山东省老年大学工作创新案例一等奖；2021 年，相关论文获得全国第十四次老年教育理论研讨会优秀论文一等奖。学校被授予"第三届全国敬老文明号"，各类新闻媒体和宣传平台多次进行相关报道。如今，这一模式已形成长效工作机制，并将持续深化推进。

甘肃开放大学创新发展老年教育

甘肃开放大学

甘肃开放大学贯彻落实积极应对人口老龄化国家战略，主动承担开放大学服务社会的

责任与使命,将"老有所学"作为提升老年人幸福指数的重要抓手,发挥系统办学优势,致力于社区老年教育的实践与探索,引领老年人共享新时代美好生活,助力甘肃学习型社会建设。学校依托系统办学体系,从制度建设、平台资源、师资培训、教学模式、文化活动、成果展示等方面指导各级开放大学开展老年教育,引领全省开放大学系统老年教育不断取得新突破,目前,全省共开办书法、绘画、剪纸、乐器、声乐、舞蹈、诵读、太极拳等 26 个特色项目,线下参训人员达 21219 人次。经过全省开放大学系统的共同努力,老年教育的吸引力和影响力不断增强。

一、学养结合增内涵

养老和教育都是老年人的基本需求,都会对老年人晚年的生活质量产生直接影响。国务院下发的《老年教育发展规划(2016—2020 年)》提出"推进养教一体化,推动老年教育融入养老服务体系"。据此,积极探索养教结合新模式,推动老年教育融入养老机构养老服务体系成为新趋势,"养教结合"成为加强老年教育内涵建设的重要抓手。根据老年人需求和特点,重点建设以"养老"为主题的特色课程,涵盖中医养生、中老年人健康保健等多方面内容,通过市民学堂、微信公众号等媒体发布,为全省老年人提供便捷的养生保健知识。定期举办线上线下健康养生知识讲座,传递健康养生理念,现场解答学员养生疑虑。赴养老院、医养中心等机构开展调研,探索合作办学机制,拓展"养教"结合服务领域,构建"乐学敬老"的社会环境,帮助更多老年人在养老中获得知识,在学习过程中快乐养老,享受到有品质的幸福晚年生活,成为"健康老人、快乐老人、时尚老人"。

典型案例:酒泉市社区教育指导服务中心携手和天老年服务中心打造没有围墙的养老院。

酒泉市肃州区和天老年服务中心于 2016 年 9 月经民政局批准成立,专门从事养老服务。在酒泉市社区教育指导服务中心的大力支持下,和天老年服务中心先后获得了敬老文明号创建单位、优秀志愿者服务组织等荣誉,助老扶老项目被确定为"2018 年省级福利彩票公益金资助社会组织参与社会服务项目"。与甘肃宏慧科技推广股份有限公司合作研发"和天民联网智慧服务平台",联通了 12349 全国养老服务热线,开通了 4000017995 和 2888808 养老服务专线,开发了亲属 App 客户端、服务商 App 客户端、服务人员 App 客户端,对接了一键紧急呼叫电话、视频关爱、健康管护、智能腕表、居家安防等多种智能终端设备。中心以社区为依托,以老年人为目标群体,通过线上提出需求、线下提供服务、政府同步监管的方式,致力于打造"没有围墙的养老院"。中央厨房 + 社区配餐,爱心超市 + 配送上门,远程可视化诊疗 + 家庭医生签约服务,旅居养老 + 预约服务,精神关怀 + 贴心服务等服务,使老年人在自己家中就能享受到安全便捷贴心的各种养老服务,是酒泉市社区教育指导服务中心探索"学养结合"的成功案例。

二、智慧助老强服务

积极响应《教育部办公厅关于广泛开展老年人运用智能技术教育培训的通知》(教职成厅函〔2021〕15 号)要求,在全省范围内启动"智慧助老"活动,将"开展老年人智能技术教育、加强应用培训"列为年度重点工作,支持各地广泛开展"智慧助老"系列活动。嘉峪关社区大学开展"携手银龄 智享生活"老年人智能手机应用培训项目,共举办培训 23 场,直接惠及老年人约 1100 名,帮助老年人提高运用智能技术的能力和水平,使老年人体验到了数字化生活带来的便捷。平凉社区大学以"美团方便了您的生活""怎样在手机上购物""微信交友娱乐及安全小常识""老年人如何预防电信诈骗""在抖音中体验快乐时光"等为主题,积极开展智能手机应用培训,让老年人在信息化发展中有了更多获得感、幸福感、安全感。省校编写出版《公民基本信息素养》文字教材,录制《智能手机应用》系列微课,开办"智慧助老"智能手机应用长短结合培训班,举办线上"智慧助老"专题讲座,并开展"智能手机应用"培训进社区活动,通过一系列举措,助力老年人融入智能生活,帮助老年人跨越"数字鸿沟",增强老年人的获得感和幸福感。活动最后,在全省范围内遴选典型案例 4 个,典型培训项目3 个,课程资源 3 门上报国家开放大学老年大学。

典型案例:民勤社区教育学院打开老人智慧就医一站式通道。

为了让农村 65 岁及以上的老年人就医群体搭上智慧"快车",无障碍地运用智能手机,实现舒心而又有温度的智慧就医体验、享受一站式健康服务,民勤社区教育学院举办"一路向医 打开老人智慧就医一站式通道——帮助老人实现无障碍智慧就医教育培训"智慧助老培训活动。主要采用线上线下相融合的培训让农村老年人尤其是空巢老人知晓现代就医程序和操作方法,学会网络预约挂号、独立完成智慧就医、打印检验检查报告、查阅诊疗结果,以及主动参与并享受各项国家基本公共卫生涉老服务。通过培训,使老年人能运用智能手机激活医保电子凭证及二维码扫码、3D 人脸识别、医保支付等多项操作,能够熟练完成现代就医程序,体验网络生活带来的便捷和快乐。通过现场学习讨论,还有效增进了老人之间的相互交流,增添了和谐社会的音符。切实解决了农村老人就医过程中最突出、最急需的问题,保障了他们最基本的健康服务需求,受益 8000 多人。培训工作得到了卫生部门、医务工作者的充分肯定和大力赞赏,同时得到了各方高度关注,引起了较大社会反响。

三、混合模式提质量

抗击新冠疫情期间国家开放大学老年大学落实"停课不停教、不停学"要求,组织全省社区教育机构收看"乐学直播"课堂,指导各地积极探索"线上线下"相结合的混合教学模式,鼓励各地以互联网为载体、以数字学习资源为支撑,通过百度网盘、腾讯会议、微信直播、钉钉课堂等多种渠道开展网上授课、互动交流、作业点评等,舞蹈、声乐、诵读、太极拳等在线课堂各具特色,精彩纷呈,充分满足了老年学员多层次、多样化的学习需求,得到学员们的肯定和赞许。举办"相聚声乐课堂,歌唱快乐时光""相守云上平台,歌唱美好生活""网络演出展新姿""缤纷初夏·精彩有你"等线上文艺演出活动,激发了学员创作、演绎文艺作品的热情,为广大学员提供了充分展示自我的平台,丰富了疫情形势下广大学员的精神文化生活。同时,拓展校外课堂,提供多种学习途径,在甘肃社区教育网布设优质老年教育课程资源,利用市民学堂、甘肃社区教育微信公众号开通在线学习通道,保障老年人"人人皆学、处处能学、时时可学"。为此,甘肃开放大学获得国家开放大学老年大学体系"乐学防疫"联合行动"优秀组织单位"荣誉称号。

典型案例:兰州社区大学打造立体式"线上 + 线下"教学模式。

疫情期间,兰州社区大学迅速反应,确定"线上 + 线下"教学模式,制订了措施和办法,做了部署安排。全体在校班级均开设面授课和网课,正常时期以面授为主,疫情期间以线上为主。直播课堂上师生之间、学员之间轻松交流,学习信息和作业情况通过班级群、App 等不断更新,让学员实时了解教学进度和教学内容,学员参与感更强。任课教师和班主任负责整合课后学习资源,及时推送优秀师资和优质课程,点评学员作业。"线上＋线下"教学模式下,学员到课率最高达100%,最低达70%,平均到课率为85%,教学秩序并然有序,学员学习积极性高涨,特别是整个疫情期间兰州社区大学没有一位学员因疫情不能到校而流失,同样也没有因为不能到校上课而产生负面情绪,相反,学员们对于这种新型的教学方式充满了兴趣。这样充分利用线上实时教学手段与线下面授课具体指导相结合的立体式教学方法可以充分满足学员的学习需求。兰州社区大学以"互联网＋"的方式打造了富有特色的新型立体式学习模式,这种线上＋线下相结合的学习模式,充分满足了学员对教育连续性、自我提高的需求,提高了学员对社区教育的参与感、获得感和幸福感,保证了教学质量。

四、特色活动重实践

国家"十四五"规划将"丰富老年人的精神生活"作为国家老龄事业发展的重点方向。为了满足老年人精神层面的需求,提升老年人的幸福感,省校指导各地将课堂学习和各类文化活动相结合,注重学习成果展示。学校组织全省学员参与中成协、国家开放大学老年大学、省教育厅举办的线上成果展示活动,并在全省范围内开展社区教育大讲堂专题讲座、"全民终身学习活动周"系列活动、书画摄影展、经典诵读比赛、建党百年文艺汇演、线上音乐会、线上朗诵会、线上听讲座打卡等特色活动,充分展现了学员们积极向上的精神风貌,提高了学员获得感和价值感。此外,老年游学项目满足了高龄者对终身学习的愿望和高质量生活的追求,较好地融合"游"与"学"的关系,成为开展老年教育活动的最新趋势。省校指导各地开展老年游学项目,积极发挥老年游学的社会价值、生命价值、教育价值和社交价值。通过游学活动,增长老年人的知识与技能,帮助老年人融入社会,增进老年人对生命成长的再认识,提升老年人的自我价值感和幸福感。

典型案例:临夏社区大学开展多样游学活动。

近年来,临夏社区大学通过多种方式,充分发挥临夏地域优势,宣传临夏特色文化,积极努力、多方合作,丰富老年教育培训形式,进一步拓宽学员培训学习活动渠道。与临夏州书画院合作,设立"第二课堂",为书画班学员鉴赏、临摹提供了场地。与临夏牡丹国旅、启智拓展体验中心合作,以临夏名胜古迹、特色景点为基础,组织学员参观临夏红色教育基地和特色文化景点,进一步弘扬传统文化、挖掘地方特色,开展了多期"花漾河州·大美临夏"游学活动。并积极组织合唱班、电子钢琴班、舞蹈班、国画班等多个班级开展各具特色的游学研学、外出写生,进一步提高学员学习效果。组织学员参加州、市各类比赛、活动等,尽最大可能为学员提供展示的机会和平台。

五、示范基地创特色

实施积极应对人口老龄化国家战略,将"老有所学"作为提升老年人幸福指数的重要抓手,创新发展老年教育,引领老年人共享新时代美好生活。2017年秋季,省校开始举办老年教育试点培训,建成舞蹈室、书画室、声乐室、古筝室及多功能教室和医护志愿者值班室等,面向社会聘请了一批有资质、有能力的优秀教师。截至2022年秋季,已开办声乐、舞蹈、经典诵读、模特、书法、绘画、葫芦丝、太极、气功、摄影、古筝、手工技能及智能手机应用等14个特色培训项目,共34个班级,在校学员达1300余人次,已结业学员2017人次。在办学过程中,坚持德育引领,将社会主义核心价值观贯穿教育教学全过程,打造积极向上的校园文化;通过分层分类的教学模式,满足老年学员多样化、多层次的学习需求。开发老年教育信息管理系统,为老年学习者建立学习账户,推进学习成果积累转换,提升老年教育信息化水平。注重学员学习体验,强化学习支持服务。创新教学方法,将课堂学习和各类文化活动相结合,开展形式多样的成果展示和志愿服务等活动,提升学员价值感;组建老年合唱团、舞蹈队、书画社;建成学委会和医护志愿者服务队,提升学员自我管理服务能力;总结办学经验,并向全省推广,为全省开放大学系统开展老年教育起到示范引领作用。

典型案例:甘肃开放大学创全新模式,促进思政教育。

省校积极致力于构建符合老年教育特点的"三全育人"格局,制订思政教育工作实施方案,将思政教育有机融入老年教育,通过课前5分钟微课堂、社区教育大讲堂、主题班会等形式,传播社会主义核心价值观,强化思想引领、政治引领。同时,通过甘肃社区教育微信公众号,常态化向学员推送思政课程资源,提高学员思想认识,不断巩固学习成果。利用我省红色教育资源优势,尝试开展红色游学活动,让学员们充分领略红色文化的魅力,坚定"永远跟党走,退休不褪色"的信念和决心。优化各类校园文化活动,以活动为载体加强思政教育,举办爱国爱党主题书画摄影作品展、文艺汇演等成果展示活动,增进全体师生对中国特色社会主义的政治认同、思想认同和情感认同。本学期,省校组织中老年培训班学员代表赴八路军兰州办事处纪念馆开展以"喜迎二十大,永远跟党走"为主题的红色游学活动。师生代表参观了八路军兰州办事处纪念馆,全体党员重温入党誓词,马克思主义学院的党曲楠老师为大家讲解了中国共产党从抗日战争时期以来的艰苦奋斗历史和取得的伟大成就。师生们反响热烈,在党旗下庄严合唱一曲《党旗更鲜艳》,缅怀先烈,感念党恩。活动后学员普遍反映红色游学活动能传播红色文化、传承红色基因,坚定了大家"永远跟党走,退休不褪色"的信念和决心。

教师团队型授课应用于合作办班

金陵老年大学

一、探索教师团队型授课合作办班的背景

后现代课程理论认为,教师是"首席主体",教师的素养和教学水平关乎课程质量的提高。据此,老年大学教学质量的提高,首先须有一批优质教师群体,换言之,优质教师是老年大学教学质量的决定性因素,老年学员"跟师""追师"地选择学校和学习专业,就是最好的实证。

虽然多年来金陵老年大学卫生保健系始终保持10余个班级、800余名学员的规模,但

是,教学课程的设置、专业课程的学制和教学质量等问题,严重受制于教师队伍的状况。卫生保健系按学年聘请授课教师极为困难,部分教师因在职工作繁忙或学术活动频繁以及突发疫情等要求停课、调课时有发生,致使"救课"的情况几乎每学期都存在,甚至还出现突发性"停班"的现象,这些问题严重影响了卫生保健系的课程建设与发展。

为了满足老年学员的学习需求,金陵老年大学卫生保健系直面现实,努力探索新的办学路径。经过几年的探索,从采取了探索教师团队型授课模式开始,将教师团队型授课模式推广应用到合作办班,有效解决了我系教师队伍不稳定和教学质量待提高的问题。

二、实施教师团队型授课的实验

伴随着我国人口老龄化进入深度发展阶段,各地各级政府逐步重视老年教育,为开办让老年人满意的老年大学提供政策保障。亚伯拉罕·马斯洛在他的《人性能达到的境界》一书中阐述人文主义教育目标时指出,理想的大学"是一种能让你找到自我的教育休养所,在这里你能找到你喜欢和你想要的东西,找到你擅长的不擅长的事情"。中国老年大学就是马斯洛所说的"理想的大学",是中国老年教育的主要载体。据马斯洛对"理想大学"的论述,中国老年大学办学的核心要素是能满足广大老年人精神文化需求的"课程"。但由于我国老年大学"五龙治水"的管理体制,老年大学主管部门多元化,致使老年大学(老年学校)专业课程的教学质量很难满足广大老年人日益增长且多向发展的精神文化需求。随着经济和社会的发展,老年大学面临的发展中问题已然多元,其中,专业课程教学中亟须解决的问题,一是对应老年人的学习需求,必须科学改革教学模式、教学方式,实现老年教育质量优质发展;二是建构高素质教师队伍,留住优质教师人才,研制出相关配套政策。

从金陵老年大学卫生保健系的专业课程实施来看,公办老年大学与公办的医疗机构合作办班或办学从架构上讲具有可行性。但是,在疫情常态化的现实情形下,由合作单位指派某一位名师专家到老年大学讲一年以上的课非常难。因此,我们在教学实践中积极探索教师团队型授课,待积累经验后,再将教师团队型授课应用于合作办班或合作办学。

(一)广开渠道,寻找优质教师人才

在教师聘用问题上不能等,不能怕"难找"等麻烦,更不能有依赖思想。我们主动积极地在社会上寻找适合在卫生保健系授课的教师,采取了以下方式。

一是主动细心。依靠同事、同乡、同学、战友、教师、学员等多种渠道,立足于平时,注意广收信息、筛选信息、储备信息,做细心人、有心人。

二是有心保持联络,在联络问候中不断加深印象,不断启发引导,不断巩固感情。

三是在收集和挖掘师资信息的基础上,发现合适人选,先登记基本信息,再与选中的教师人才联系、交流。这样按需择师,增加了选聘余地,满足了专业课程发展的需要,从而逐步编织卫生保健系的教师资源网。

(二)抓住关键,构建教师团队型授课构架

卫生保健系精心筹划,抓住主要矛盾,寻找教师人才。由于老年大学公益性强,组织教师授课团队必须抓主要矛盾的主要方面。

第一,聘请学术带头人。因为学术带头人专业能力强,组织协调能力强,知名度高,影响力大,且具有较强公益心,与老年大学卫生保健系的配合性也强。

第二,确立授课团队成员。授课团队的成员可以是学术带头人,直接安排并报系备案,也可由学术带头人与系领导共同推荐、共同商定,课程名称及教学大纲由带头人与系领队共同拟定,教学进度表由学术带头人拟定报系批准。

第三,多措并举地引进教师团队的教师。即做到"四请一变":全员荐请、辞任续请、电话商请、登门求请(动员全系师生推荐任课教师人选,对有辞职意愿的教师设法挽留,对合适的任课教师人选如果电话商请无果,就到单位、到住地登门求请);变通常的一人授课为学术带头人牵头的多人联合授课。

第四,构建起教师授课团队。自2019年以来,为了满足更多老年人学习中医基础理论、了解中医诊治疾病知识、掌握中医养生具体方法,卫生保健系与南京市中医院经多次协商,发挥市中医院专业优质师资,创新教学模式,强强联手合作办班。合作双方进行了多次沟通、联系与座谈,达成共识,组建了由教授、博士生导师、南京市名中医顾宁主任亲自点将,4位副主任医师组成的教学团队,并形成了完整的教学大纲、授课教材。经线下课试运行和网络教学实际操作培训等筹备工作,终于以金陵老年大学和南京市中医院的名义签订了长期合作协议书。内科常见病症中医保健班开班以来受到了学员的欢迎和普遍好评。在与南京市中医院成功合作开办内科常见病症中医保健班之后,卫生保健系又与本地区医疗机构先后合作开办了小儿养护与推拿班、心理愉悦养生班、零基础学中医班。与南京鼓楼医院合作办班于2023年3月正式开班。

实践证明,教师团队型授课的合作办班,因为任教老师不仅对所承担的教学课程负责,同时又要对所在的合作单位负责,从而有利于任教老师对教学工作归属感和荣誉感的确立。因为任教老师由合作单位指派2至4人组成(根据多年的实践经验,我们要求合作单位组织的授课团队人数不得超过4人),且他们又同处一个单位,课件准备的系统性等问题的协调、调课等工作都较简化容易;因为任教老师由合作单位指派,教师团队成员专业水平较整齐,教学质量不会有较大落差,从而保证教学质量总体良好以上。

教师团队型授课,缓解了卫生保健系因教师缺乏、流变性强造成的开班难的问题。

（三）改革教学方式,实施教师团队型授课

美国约翰·霍兰教授1994年提出的复杂适应系统理论（Complex Adaptive System, CAS）被誉为21世纪新科学、第三代系统思想。复杂适应系统理论认为,系统演化的动力本质来源于系统内部,即微观主体的相互作用生成宏观的复杂性现象,其研究思路着眼于系统内在要素的相互作用,所以它采取"自下而上"的研究路线;其研究深度不限于对客观事物的描述,而是更着重于揭示客观事物构成的原因及其演化的历程。在微观方面,复杂适应系统理论的最基本的概念是具有适应能力的、主动的个体（主体）。这种主体在与环境的交互作用中遵循一般的"刺激—反应"模型,所谓适应能力,表现在主体能够根据行为的效果修改自己的行为规则,以便更好地在客观环境中生存。在宏观方面,由这样的主体组成的系统,将在主体之间以及主体与环境的相互作用中发展,表现出宏观系统中的分化、涌现等种种复杂的演化过程。复杂适应系统理论是我们实施教师团队型授课的理论依据之一。

卫生保健系坚持教学模式改革,认真实施教师团队型教学,采取以情待人,以事业留人,对教师做到"四个到位":一是讲奉献到位,系教学管理工作时时处处、一言一行都体现尊重教师的奉献精神;二是尊重到位,不仅尊重教师的人格和劳动,而且主动热情为教师沏茶,按

电梯门,迎送教师上、下课;三是鼓励到位,在课堂上、微信中、工作交流中积极主动表扬鼓励每一位教师的工作亮点;四是帮助到位,尽力帮助教师个性化需求。特别是那些参加多人联合带班授课的教师都是在职人员,本职工作较忙,所以,班主任必须在每次课的前一天对其予以提醒;每换一次授课教师,课前必须帮助教师熟悉教学设备和环境,帮助协调交通工具停放地点等;教师的工资表也要随着任课教师每月的不断变化而不断调整。"四个到位"极大调动了教师团队中每位教师的教学积极性,充分发挥了教师的首席主体作用;在教学过程中,有效形成了教师与学生的交往、合作的体验关系,教师将老年学员多多少少的好奇心和零散的收获转变为明察的、谨慎的和完全的探究态度,从而更进一步地激发了老年学员的学习兴趣,发挥了老年学员学习主体的积极性。在教学模式改革的实践中,我们卫生保健系的教师团队型授课方式受到老年学员的普遍好评。

为了持续稳定教师团队型授课方式,我们卫生保健系加大了教学服务的保障力度,在班级管理上实行班主任负责制,工作更加有热情,更加有耐心,更加讲安全,有更多的个性化服务,形成了尊敬教师、认真学习的良好教学秩序。通过努力,教师留住了,续班和开班的底气也就更足了。

三、教师团队型授课方式初见成效

(一)教师队伍质量得到提高

卫生保健系实施教师团队授课模式的合作办班以来,教师队伍名师多,素质高。教师授课团队中29人,副高职称占70%。他们主要来自各大医院和医学院校。他们都是医药卫生保健养生方面的专家,是有一技之长的专业人员。有的在医院进行心理咨询1个号1小时医院收费1200元。他们愿意发挥专长,将自己的专业知识、专业技能奉献给老年学员。学校给予他们的讲课报酬与社会上开办的各种培训班、讲座上课报酬相比,确实是相差甚远,可以说是微不足道的。但是,他们能坚持到校讲课,这种奉献精神受到卫生保健学员的广泛赞扬。如,以江苏省中医院中医学博士陈四清主任、市第一医院医学博士后李凤飞主任等为代表的多位教师都还在职,且是在编单位的中坚骨干,他们医疗工作繁重,但是,他们克服困难,接受了教学支援任务,坚持来我校任教,做到了不计报酬,不图回报,认真教学,并且按照学校的要求,开课前认真完成教学大纲的编写,开学前完成教材和课件的编写。学员们为教师团队的敬业奉献精神而感动,为他们认真教学而欣慰,为他们热心耐心答疑而心存感激。

(二)办学班级保持稳定的规模

实施教师团队型授课特别是教师团队授课模式的合作办班以来,卫生保健系办学规模稳中有升,学员人数多,教学秩序好。卫生保健系从2019年的13个班级,600余名学员,发展到2022年的17个班,近900名学员,平均每个班有53名学员。由于任教老师授课很投入、教学水平很高,课堂上时不时出现掌声点赞,课堂秩序甚好,学员们珍惜每一次课,尽量不缺课。学员们说:"卫生保健系是系小班大知识点实用。"教师团队型授课,缓解了卫生保健系因教师缺乏造成的开班难的问题。

(三)教学内容更加系统实用

由于实施了教师团队型授课,使得专业课程的改革创新具备了条件,开办特色专业课程有了新突破。卫生保健系先后探索创办了校友、同学联合授课的实用家庭保健班;师徒联合授课的健脑益智班、易经养生班、经方中药班；同事、朋友联合授课的老年食养与保健班；夫妻联合授课的小儿养护与推拿班；以及教师团队型授课合作办的内科常见病症中医保健班、心理愉悦养生班、零基础学中医班；等等。教学内容涵盖了中医、西医、食疗食养、心理养生、易经养生、道德经养生等，其中经络穴位养生专业课程体系已经达到一定程度的系统化、规模化。由于教学内容与老年学员学习需求吻合且容易操作、效果明显，深受老年学员喜爱，与其相关的 7 个班都满额报名。

（四）教学为社会服务成果显著

经络穴位养生技能操作类的 5 个班级的任课教师，都是国家师资库的教师，有很强的专业水平和教学操作示范能力，理论功底系统扎实，操作动作规范到位。教学过程中，改变了以往"你讲我听"的教学模式，增强了教学的互动性，具有实用性和可操作性的教学方法，受到了学员的欢迎，满足了学员的求知欲望和学习需求。有多名老学员慕名来上"回炉课"，甚至有的学员是已经在校外办了自己的工作室后仍来听这些教师的课。由于教师授课团队教学的实用和规范，2019 年以来，卫生保健系的操作类课程班开展的国家技能证书的考证中，有 20 余名学员先后获得证书，有的学员因此获得执业资格而新开工作室，服务于社会，实现了"老有所学、老有所为"的学习目标。

探索"互联网＋老年教育"的新型办学模式

贵州老年大学

为深入贯彻落实积极应对人口老龄化国家战略，全面贯彻落实党中央、国务院和省委、省政府关于发展老年教育的决策部署，贵州老年大学积极探索"互联网＋老年教育"，创新办学模式，主要做法如下。

一、创办"贵州空中老年大学"，开创贵州老年远程教育新模式

"贵州空中老年大学"是贵州老年大学联合贵州多彩新媒体股份有限公司共同打造的面向全省的优质老年教育平台，于 2021 年 3 月在贵州广播电视台宽带电视 G＋TV 多彩芳华老年生活频道电视专区成功上线。内容分为四大板块：空中课堂、党建园地、活动动态、学员风采。"空中课堂"分为零基础精品课和体验课，包含思政、器乐、声乐、舞蹈、体育等众多课程。"党建园地"不仅对各地老年大学校园党建活动进行展示，在建党百年之际，还推出"党史学习"专栏，并对从事老年教育的党员工作者进行专访。"活动动态"展示各地区老年大学的

招生情况、校园风采、校园简讯等。"学员风采"展示在各类型文化、文娱、文体活动中表现突出的学员,包括展示学员的"优秀作业""优秀作品"等。

2021 年 3 月 22 日上线至今,注册成为"贵州空中老年大学"学员的有 14151 人。"空中课堂"已上线 136 节零基础系列精品课、229 节公共体验精品课,累计时长 10350 分钟,点播用户 16.6 万户,点击次数 40.4 万次,点播时长 8.2 万小时;"党建园地"制作栏目 48 期,其中人物专访 6 期、党史学习 37 期、专题讲座 5 期;"活动动态"31 期;"学员风采"391 期。

创办"贵州空中老年大学"的具体举措如下。

一是切实解决了教育资源不充分不平衡的问题。随着我国经济社会的发展,新时代老年人多样化、多层次的精神文化需求逐渐增长。经过 38 年的发展,我省老年教育事业取得了显著成就,但也存在资源分布不均、供需不平衡、基层老年学校资源匮乏师资不足等问题。"贵州空中老年大学"通过统筹全省老年教育资源,以省、市(州)、县(市、区)教学资源为主体,由省老教办、贵州老年大学统筹空中课程教学内容、统一教学大纲和教学计划,吸收地方传统的、优秀的、有代表性的、有民族色彩的课程进入空中课程。同时,在其他板块上按 9 个市(州)进行分组,整体宣传全省老年教育系统工作动态、新闻活动,实现全省学员视频分享互动,全面推进全省老年教育协调、充分、平衡发展。

二是切实解决老年教育覆盖率低和学员"一座难求"的问题。截至 2020 年 12 月 31 日,贵州省各级老年大学在校学员为 62.5 万人,老年学员入学率为 10%,而根据《贵州省老年教育发展"十四五"规划》的总体目标,到 2025 年,以各种形式经常性参与教育活动的老年人占老年人口总数的比例应超过 20%。贵州老年大学经过几次扩建和资源整合,以开办分校、开放学院、教学点的形式一定程度上扩大了办学规模,但老年教育的供需关系仍存在巨大缺口,仅靠老年大学传统常规线下办学难以扩大老年教育的覆盖面和满足老年人群多样化、多层次的学习需求。"贵州空中老年大学"依托深入千家万户的电视开展线上教学,从输出层面彻底释放供应解决老年人学习问题,同时与线上相结合开展属地就近线下高频率短周期学习,通过线上线下融合全面解决老年大学"一座难求"的问题。

三是切实解决老年人使用智能手机等小屏看不清的问题。老年群体普遍存在智能设备使用上的困难,小屏端学习界面太小看不清、眼睛受不了等问题。"贵州空中老年大学"考虑到老年人的实际困难,开启远程教育大屏时代,方便老年人操作、观看、学习,妥善解决老年人使用小屏端遇到的系列问题。

二、开设"人人讲"网络直播课程,拓展"互联网+老年教育"新思路

2020 年新年伊始,一场突如其来的新冠疫情席卷中华大地,给人们的工作生活学习带来了极大的影响。为贯彻落实党中央、国务院和省委、省政府疫情防控方针政策,全力保障老年学员的身体健康和生命安全,死守"零感染"底线,切实解决好老年学员因疫情居家对精神文化生活和学习的迫切需求,贵州老年大学利用"人人讲"App 实现停课不停学。

"人人讲"App 具有免费、操作简单、便于互动交流、课后回放等优势,在居家隔离期间,教师居家利用"人人讲"开展直播教学,老年学员居家通过直播链接观看教师教学、与教师和同学进行互动交流学习。在疫情防控常态化背景下,考虑到学校的日常教学活动是针对老年学员这一特殊群体所开展的聚集性活动,学校实行错峰分批上课,学员超过 50 人的班级按照 50% 的人员分组开展线上线下教学,教师在教室同步利用"人人讲"开展直播教学,实

现教学工作有序推进。

目前全校开设"人人讲"网络直播课程的班级达到 270 余个,涉及学员 1 万余人次。通过网络直播课程,一是切实解决了疫情期间和疫情防控常态化背景下老年人居家学习的迫切需求;二是确保教学按教学计划进行,顺利完成教学任务;三是通过平台交流互动功能,调动学员积极性,促进师生、生生交互,提升线上教学效果。

三、积极探索有线电视合作机制,拓宽老年学员远程学习渠道

为了拓宽老年学员参与远程学习、线上学习的渠道,学校积极与有线电视接洽,探索新的学习模式。贵州电视台 4 频道《幸福学院》是一档以老年教育、健康教育、知识科普为主要内容的科普讲座类节目,每周定期播出。学校为该栏目提供师资资源支持,组织优秀教师参与栏目的节目录制工作。目前已为该栏目提供书法、广场舞 2 名专业教师,且书法课、广场舞已在贵州电视台 4 频道成功播出。

通过前期开展 2 门课程的录制工作,学校逐渐探索形成一套与有线电视合作的有效合作机制,为后续深入合作、进一步拓宽合作奠定了良好的基础。通过打通有线电视收看渠道,一是与"贵州空中老年大学"形成互补,丰富了老年教育资源,实现了资源的共建共享,拓展了"互联网 + 老年教育"的形式与内容;二是极大地方便了老年学员参与远程学习、线上学习,提升了学习积极性。

未来,学校将总结前期探索"互联网 + 老年教育"工作中存在的不足和经验做法,牢牢把握《国务院关于支持贵州在新时代西部大开发上闯新路的意见》《中共中央　国务院关于加强新时代老龄工作的意见》的重大机遇,全面贯彻新时代发展老年教育的方针、政策,深入调研广大老年群体在新时期的精神文化需求,坚持"增长知识、丰富生活、陶冶情操、促进健康、服务社区"办学宗旨,不断创新发展老年教育的工作举措,充分发挥新一代信息技术在老年教育工作中的优势,推动信息技术融入老年教育教学全过程,开创贵州"互联网 + 老年教育"新篇章,推动贵州老年教育再上新台阶!

上饶市老年大学坚持深入开展
老年教育理论研究

上饶市老年大学

没有理论指导的实践是盲目的实践。自 2013 年开始,上饶市老年大学坚持教学与科研两个轮子一起抓。坚持每两年举办一次"全市老年教育理论研讨会",连续 10 年坚持在办学中总结老年教育教学经验,在实践中探索老年教育规律,在发展中创新提高,真抓实干,登台阶、提质量、上水平,不断为老年教育事业快速、健康发展提供理论指导。

一、健全科研体制机制,提供服务保障

从 2013 年开始,上饶市老年大学协会为了深入研究中国老年教育理论,建立健全了五种科研机制。一是建立管理体制。成立了上饶市老年教育理论研究会,现已发展会员 106 名。二是建立课题研究机制。每次的全市理论研讨会举办之前,都拟定针对性较强的"课题研究参考",给作者提供一定的指导和帮助。三是建立评审机制。聘请本市大中专院校和理论研究机构的专家学者组成专家评审组,评定参赛论文的档次,并给予点评和指导。四是建立激励机制。对在国家、省、市理论研讨会的获奖论文,按照一、二、三等奖档次分别给予不同的奖励。五是建立交流机制。自 2013 年开始,每两年举办一次全市理论研讨会,5 次研讨会收到论文 380 多篇。创办了理论刊物《上饶老年教育研究》,每年出刊 1—2 期。创办《上饶老年大学》报,已出版 92 期。

二、加强科研领导,坚持虚功实做

各会员校领导把理论研究提升到事关学校健康发展、事关推进老年教育创新的高度予以重视,不断加强领导,坚持虚功实做。一是领导率先垂范,带头攻关科研。绝大部分会员校校长从自己的思考维度和教学实践经验出发,在历次研讨会上展示了自己的拳头产品。特别是郭安海、李秋妹、李久南、周昌辉、鲍运新、杨基正、汪绍水、戴朝柱等县(市、区)老年大学校长,都先后获得全市一、二等奖。二是打造人才高地,壮大科研队伍。德兴市老年大学2020 年、2021 年先后举办 2 次理论研讨会,成立了理论研讨小组,现有成员 23 人。鄱阳县组织开办"全县老年教育理论文章写作培训班",组织了"写作班子"队伍,对于获得上级奖励者给予重奖。铅山县以积极应对人口老龄化,谋划老年教育的未来发展为主题,组织各班开展征文评选活动。三是找准攻关方向,力求研究实效。各会员校领导坚持从提高教学质量和教学管理质量出发,注重抓好基础性、实用性课题研究。李秋妹、胡阳东的"实现城乡老年远程教育教学全覆盖"课题,对如何开拓远程老年教育的政策资源、组织资源、理论资源、人才资源和业务资源进行了深入的调查与思考。滕伟新的《老年教育与乡村振兴战略的实践与思考》,探索了老年教育发展的新路径。李久南、陈火胜的《办好村级老年学校,提高老年教育覆盖面》,推广了全国优秀基层远程教学点奎田村的先进经验。徐亨良、鲍运新的《普及城市社区老年教育的问题与对策》,探讨了社区教育的特点、内涵、形式和问题。黄国诚的《关于应对人口老龄化问题的几点思考》认真分析了不同类型老年人及其特点,提出了应对人口老龄化的对策。刘治安的《编写乡土教材是发展老年教育的必由之路》提出了"教材可以'统编',但无法做到'统一'",坚持"一纲多本"的原则。还有很多文章把握了老年教育与时代发展、社会实践之间的联系,探索了老年教育承载的社会功能。

三、树立创新理念,力争变道超车

各会员校的理论工作者不断树立改革创新理念,面向未来,把握大势,服务大局,努力登台阶、上水平,当好决策资政的参谋者,取得了一系列的科研成果。一是完成了一批国家、省级重点科研课题。2017 年,胡德江教授用了一年多的时间,完成了江西省老年大学协会组织的"2111 计划"两个重点科研课题之一"江西省老年教育五级办学体系研究"。在"江西省老年教育理论研究工作推进会"上,胡德江介绍了完成课题的经验。上饶市老年大学获得

"2111 计划"优秀组织奖。2018 年,鄱阳县老年大学及双港、乐丰和田坂街分校完成了中国老年大学协会学术委员会《五个十工程·社区老年教育全覆盖县(市)区项目》并结集出版,获得荣誉证书。2021 年,胡德江完成了华东地区远程老年教育科研课题江西省分课题"把握'三农'问题,搞好农村远程老年教育课程开发"的任务,结题报告在 2021 年《终身教育》杂志第 10 期发表。2020 年以来,万年县老年大学由方进平主编的《中共万年党史讲义》,刘进平主编的《万年稻作文化》,李久南、陈火胜主编的《万年县老年教育探索与实践》等教材已出版,由方进平主编的《万年珍珠文化》也将完成编写任务。玉山县完成了《玉山县老年大学校志》初稿编纂工作。二是获得一批国家、省级优秀论文重奖。自 2010 年以来,在中国老年大学协会学术委员会举办的第十至十四次老年教育理论研讨会和全国首届校长高峰论坛上,上饶市老年大学荣获优秀组织奖 6 个,胡德江获得论文一等奖 2 个、二等奖 3 个、三等奖 2 个;于圣书获得二、三等奖各 1 个;李秋妹、陈火胜、杨基正、鲍运新、聂亦农获得优秀论文奖若干个。饶祖天在中国远程老年教育研讨会获得二等奖 1 个。2014 年 7 月,在江西省老年教育理论研讨会上,我市有 10 篇论文获奖:胡德江获一等奖,洪广槐获二等奖,饶祖天获三等奖,5 人获优秀论文奖,学校获得集体组织奖。三是在国家、省级老年教育刊物发表一批论文。胡德江先后在《中国老年大学协会通讯》、《学术通讯》、《中国老年报》(老年大学版)、《老年教育》(老年大学版)、《终身教育》、《山东老年教育》和《老友》等报刊发表论文 30 多篇。陈火胜多次在《老年教育》(老年大学版)发表文章。

探索"学养教游"一体化老年教育新模式

乌拉特中旗老年大学

乌拉特中旗老年大学作为一所边疆老年大学,经校委会研究决定,根据本地办学实际,紧紧围绕和谐老龄化、快乐老龄化,探索"学""养""教""游"一体化办学模式,并且在探索中前进,在前进中探索,走出一条具有边疆特色、积极应对人口老龄化的道路。

一、边疆老年大学创办的重要意义

内蒙古作为祖国的"北大门"、首都的"护城河",有 4200 多千米边境线,在维护国家安全和边疆安宁上肩负重大责任。而乌拉特中旗地处祖国北部边陲,地理位置独特,文化底蕴丰厚,有 187 千米的边境线,全旗总面积 2.287 万平方千米,居住着蒙、汉、回等 14 万草原各族儿女,是一个多民族聚居的边境旗。甘其毛都口岸是对蒙古开放最大的陆路口岸,是自治区向北开放的桥头堡,也是共建"一带一路"的重要通道。中旗老年大学的成功创办,对保障北疆安宁、提升北疆老人幸福生活指数起到了积极的推动作用。

中旗老年大学创办的必要性,主要有以下几点。

(一)创办老年大学是形势所需

第七次全国人口普查数据显示,60 岁及以上老年人口有 2.64 亿,比重达 18.7%,中国进入深度老龄化社会。老年人口的急剧增长,就需要有丰富老年人精神文化的固定场所。2016 年,中旗老年大学试运行时,中旗 60 岁及以上老人 1.5 万。随着中旗的经济社会不断发展,60 岁及以上老年人以每年 3000 人的速度递增。截至 2021 年底,中旗 60 岁及以上老年人口 2.9355 万。经过各大省市及我区实践经验,老年大学是丰富老年人精神文化生活的最佳场所,其作用不可替代。

(二)办学取得了良好的社会效应

中旗老年大学开办以来,学校管理严谨、课程设置科学合理,社会活动丰富多彩,办学取得了很好的社会效应,深受中旗各界中老年朋友的热捧,老年朋友入学意愿非常强烈,呈现了"一座难求"的局面。

(三)确立中华民族共同体意识

蒙汉满等民族的学员们,团结一致,共同学习且互帮互助,唱响了边疆民族和谐团结的大爱之歌。老年大学的开办不仅为师生们交友互动、发挥余热提供了很好的平台,还满足了老年朋友的多样性精神需求。学员们利用节假日,深入到中小学、社区、农村牧区开展文体宣传活动,送春联、送文艺下乡等等,利用自身专业特长,不断向社会传送正能量。

通过整整 6 年时间的运行,中旗老年大学已经成为中旗中老年朋友凝聚人心、弘扬正气、老有所学、老有所乐的精神家园。为带动家庭和谐向上、助推经济社会快速发展,增进社会稳定,中旗老年大学起到了必不可少的重要作用。

二、探索边疆老年大学办学的新思路新模式

根据《国务院关于印发"十三五"国家老龄事业发展和养老建设规划的通知》(国发〔2017〕13 号)第六章指出:支持养老服务产业与健康、养生、旅游、文化、健身、休闲等产业融合发展,丰富养老服务产业新模式、新业态,为了落实文件精神以及校内外老年朋友们追求高品质精神文化生活的实际需求,同时,也为了扩大影响力,满足师生的精神文化生活多样化需求,学校于 2019 年 3 月份开学季成立了中旗老年大学研学游学部,正式开始探索"学养教游"一体化办学模式。

(一)建立组织机构和运行模式

游学教育新型养老模式是集学习、旅游、生活、疗养、商业、休闲于一身,通过整合住宿、度假、教学、医疗、体育活动等上下游产业链,形成旅居、学习、疗养相结合多功能、多层次、多方位的养老模式。倡导以健康快乐的精神生活为主,以满足个性需求为基础,身心并重、动静相宜、顺应自然。游,提倡走出家门、融入自然、小住漫游、养心养身。游养结合、学养结合、医养结合、防养结合,一切为老人延年益寿服务。

1.设立组织机构

中旗老年大学游学研学部在校委会的统一领导下开展工作。老年大学校委会组织机构中,校委会召集人由 4 人组成:旗委副书记(旗委常委)、组织部部长(旗委常委)、常务副旗长(旗委常委)、分管教育副旗长;学校校长 1 人,副校长 1 人,名誉校长 3 人,由旗委、政府、

人大、政协退休正（副）处级领导担任，校委会成员共9人。

研学游学部部长及副部长：部长1人，副部长7人。8人均来自教师和学员，有威望、有能力，且责任心强的教师和学员。

2.明确工作职责

一是确立乌拉特中旗老年大学研学部工作职责。研学部负责监督学校教育教学管理全过程，及时发现办学过程中存在的问题，依据政策结合实际，切实关心老年朋友的身心健康和心理需求，及时研究、及时解决办学过程中制约学校教育教学工作发展的瓶颈问题。定期协同学校教务处了解学情、分析教情，征集师生对学校办学的意见和建议，提出改进意见和相应措施，形成专题报告，报请学校校务委员会集体审议通过。

二是确立乌拉特中旗老年大学游学部工作职责。（1）游学部主要负责出行的相关事宜，从政策解读宣传、主管统筹游学线路安排、安全保障、财务核算、文体娱乐生活等八个方面科学周密安排，做到分工明确各司其职，并在出行一周前告知随行学员活动详细的安排。（2）密切关注出行学员的具体情况，建立出行档案，与教师一起商讨交通、食品、突发事件、住宿等的安全预案。代表校方与游学学员签署安全免责协议。（3）外地线路入驻后，要带领教师、学员熟悉安全疏散路线和通道。每晚都要与带队校领导、游学部部长反馈情况，安排好值班时间、值班人员，每天记录游学学员的出勤情况，确保师生安全。（4）游学结束后向学校提交游学总结，包括承办方的服务、学员管理工作以及对课程的评价、建议等。

（二）游学课程内容设置及实施

游学课程的内容，即祖国人文景观和自然景观。主要着力于以下几个方面。一是对本地旅游资源深度挖掘，从人文景观、传统文化、民族风情，以及休闲娱乐等方面丰富老人精神生活。二是教师要不断提高自身教学能力，丰富知识储备，提高教学质量，将课程教学内容与本地的风土人情结合。三是精心设计、合理安排活动，特别强调适合老年朋友，杜绝高难度危险活动。四是每次活动，8位部长各司其职，综合各位部长的设计方案，优化组合，形成出行方案，重点考虑安全问题，确保安全第一，每次出行都要有对应的安全应急预案。

具体课程实施就是学校游学部的教师带领老年学员走出教室，走向大自然，在游览祖国大好河山的同时，学习一些与自然、人文景观密切联系的知识。

2019年，游学课程实施中，成功挂牌了第一个游学研学的基地——德岭山水库。2022年，我校有德岭山水库、川井国防教育基地、和睦日草原、甘其毛都口岸等4个游学基地。由于受疫情影响，目前学校研学游学教学内容和旅游地都在乌拉特中旗境内进行。（1）德岭山水库：汉匈文化、秦赵长城遗址、昭君出塞、冒顿杀父、文姬归汉等历史故事在这里广为流传。该游学基地重点研究汉匈文化发展历史。（2）川井国防教育基地：川井苏木努力打造"以文兴旅、以旅强牧、优势互补、产业互融"的乡村振兴发展新格局，大力推进现代化畜牧业、清洁能源、文化旅游、传统手工艺加工四大产业高度契合，特别是苏木倾力打造的"国防教育基地"，是引导老年人热爱伟大祖国，维护边疆稳定的生动课堂。推广宣传乌拉特中旗作为自治区牧区现代化三个试点之一所取得的成就。通过游学活动，起到引流宣传的效果。（3）和睦日草原：领略蒙古文化，体验民族风情，畅游辽阔的大草原，鉴赏山旱区、高塔梁以及牧区天然无污染的绿色食品。（4）甘其毛都口岸：又译甘其毛道，甘其毛都蒙语意为"一棵树"，原称288口岸，是国内距离蒙古国南戈壁省塔本陶勒盖煤矿、奥云陶乐盖两大矿山最近的陆路口岸。该口岸累计完成货物吞吐量570.39万吨,地方政府累计投资9亿多元,一座现代化的国际性口岸正在形成。口岸的常年开放,对于中蒙两国互利共赢,保持边疆繁荣稳定,具有极其重要的战略意义。

(三)老年大学建立"银乐福老年康养文教中心"的规划设计

1. 设计理念

根据国家应对人口老龄化政策导向,针对中旗老年人口日益增多的问题,迫切需要完善设施设备以及解决老人养老居住环境、物质和精神需求问题,急需建设应用互联网、大数据技术,一站式入住护、医、教、娱等功能完善的康养小院、文教中心为实施载体,即建立一个服务全旗的,功能完善、服务周全、相对独立的高科技创新融合养老、文教、娱乐、休闲的"老年康养文教中心",集"自然—休闲—娱乐—康养—教育"于一身的普惠养老、智慧养老的"老年康养文教中心"。为老人过上自然、方便、独立、体面、幸福,自己安心、子女放心的老年生活提供全方位的服务。

2. 设计规模

按照《老年人照料设施建筑设计标准》(JGJ450—2018)、《老年养护院建设标准》(建标144—2010)进行建设。我们的具体规划如下。(1)规模设置。老年大学在校生700人,入住老人600人。(2)预算标准。建筑投入,5000元/m^2;绿化投入,360元/m^2;基本预备费按工程费用(不含设施设备费)与其他费用之和8%计算,预估算1.6亿元。(3)建筑面积。教学区、护理院,执行《老年人照料设施建筑设计标准》(建标144—2010)。建筑面积,26700 m^2;绿化面积,10000 m^2。

当下,国家把养老问题作为重要的民生工程来抓,加大了对养老行业的投资,但是却存在诸多的问题。如,残联、民政、卫生局等老年事业单独投资,存在功能单一,满足不了需求,最终导致浪费的现象。"康养文教中心"的建设,有力保障了"学养教游"一体化教学模式的实施,更避免了功能单一造成的浪费现象。

虹口区老干部大学实施线上教学与线下教学融合模式的实践探索

上海市虹口区老干部大学

2020年初的新冠疫情打乱了人们学习、工作和生活的节奏,也打乱了老干部大学正常的学习活动。上海市虹口区老干部大学根据"停课不停学"的要求,制订了线上教学的应对方案,最大限度地缓解了老同志无学可上、无处可学的困境。疫情期间,线上教学为老同志继续学习发挥了重要作用,也为我校教学模式改革探索按下了"快进键"。后疫情时代,我校在总结线上教学得失的基础上,开展线上教学与线下教学融合发展教学新模式的实践探索,充分发挥1+1＞2的效果。

一、我校开展线上教学与线下教学的基本情况

近年来,我校积极落实三年行动计划,截至目前,建立总校1个,街道分校6个,社区教学点2个,开设了书法、国画、太极拳、电子相册等11门课程13个班级,上课学员400余人次。此外,我校在调研的基础上,创办了"虹溪讲坛",开设了线下思想政治教育类讲座4堂,受到老同志的普遍欢迎。

2020年,我校根据市老干部大学"关于老干部大学暂不开展线下教学的通知"要求,停学不停课,积极开展线上教学,共开设线上教学课程8门(直播课7门,录播课1门),开课数分别占我校总课程数的80%,开学第一周,线上学习的老同志近150人次。

据统计,我校通过"腾讯会议用户中心软件"和"微信公众号"软件所开设的书法、旅游文化、电子相册等课程受到老同志的欢迎,在线学习的老年学员人数较高,收视率也较高(收视率＝在线学习数/报名数)。但是,大部分课程在开学当月收视率较高,后逐月下降,老同志学习热情有所降低,具体情况详见表1。

表1　2020年秋季学期我校网课参与情况　　　　　　　　　　　　单位:人

	书法	旅游文化	电子相册	文学	国画	旅游英语	诗词朗诵	太极拳
报名数	16	15	18	6	11	15	6	80
9月平均在线学习数	15	15	18	6	10	12	5	82人次
10月平均在线学习数	13	15	15	5	6	9	4	65人次
11月平均在线学习数	12	13	16	5	6	8	3	45人次
12月平均在线学习数	10	12	15	6	7	8	5	48人次

数据来源:本校调研数据

二、我校开展线上教学与线下教学的优劣势比较

(一)内容性

随着信息技术的高速发展,同一门课程可以找到很多在线的老年教学资源,课程丰富性和适用性甚至超过了我校推出的相似课程。对于线上丰富教学资源的获取,老同志没有找到较好的途径,于是,我校教师帮助学员上网挑选优质的老年教育课程。但在线下教学中,我校无法做到优质老年教育课程类别和内容的全覆盖。

(二)便捷性

线下教学需要学员在固定时间到校上课,遇到交通堵塞、突发恶劣天气等情况会影响学员按时到校学习,我校的部分老年学员由于路途遥远、身体不适或者事务繁忙,不能按时到校参加学习。而在线教学模式则弥补了上述不足,具有学习灵活方便、随点随看的特性,给予了部分老年学员继续参加学习的机会。

（三）学习形式

我校开展的书法、电子相册等课程融入了讲解、图片、视频等多种形式,利用全媒体化教学加深学员对各种新知识的认知和记忆,增强学员学习的兴趣和体验度。但在线下教学中,由于缺乏电脑、投影仪等多媒体化的专业设备,无法实施全媒体化教学,授课形式较为狭窄。

（四）互动交流

调查显示,互动交流是老同志认为的线下教学的最大优势。线下教学使平时不易碰面的老同志面对面交流,满足了老同志情感交流的诉求。而线上教学即使教师和学员充分掌握了软件的互动交流功能,但面对冷冰冰的手机和电脑,大家依然享受不到面对面交流的乐趣,情感诉求无法得到满足。

（五）学习环境

我校在线下教学中制定了学员守则、班长职责、教师职责等教学管理制度,学员在教师和班长的共同监督下,能较好地遵守课堂纪律,学习环境良好,外部干扰小。而在线上教学中,我们发现一些老年学员边听课、边做家务和边带孩子,老同志学习注意力不集中,影响学习效果,线上教学环境对学员的自控力和自主学习能力是极大的挑战。

（六）实践性

我校一些技能性、实践性强的课程,如太极拳、葫芦丝等,需要大量的练习才能掌握。老师无法通过"屏对屏"方式边教边练,就不能及时指出学员在练习中出现的问题,学习效果不佳,所以对于这部分课程不太适合在线上开展。

三、我校线上教学与线下教学存在的问题

（一）线下教学存在的问题

1.教学硬件现代化水平不高

我校的教学硬件原先只是为离休干部学习活动配备的,投影仪、白板等教学设备比较陈旧,无法满足当下老年学校和老年学员们日益增长的多样化教学需求。

2.课程可选择范围不宽

虽然近年来我校加大力度建设分校,开设多门课程,但课程种类仍然不是很丰富,如,声乐、舞蹈等热门课程均未开设,无法满足部分老年学员的学习诉求。

（二）线上教学存在的问题

通过征求意见的方式,我校收到了部分老年学员和教师对线上教学反映的问题,集中在以下几个方面。

1.信息技术硬件的现代化水平较低

一是硬件设施不完备。如,网络时有不稳定现象发生,影响了网络呈现流畅的画面和清晰的声音,教师输出端和学员接受的效果都受到影响,从而影响了网上教学的质量。二是学员和教师对线上教学平台软件操作熟练程度不一。部分学员和一些老教师对电脑、手机操作并不精通,对"腾讯会议"等平台多种多样的功能学习起来较为吃力,每次上课需要工作人员进行辅助操作。

2. 教学管理难度加大

老同志报名上学时积极踊跃,开学第一、二节课也能准时进入课堂,但之后出勤率逐渐降低。线下学习有授课教师的指导和督促,线上学习完全靠学员自觉。某些实践类课程,如,太极拳班在教师讲解示范后,要靠学员在家反复练习才能学会,线上教学没有教师的指导和督促,学习效果大打折扣。另外,学员在家学习随意性大,进出频繁,不一定随时在线,在线也不一定全程观看。这些,对老年学校的教学管理提出了一系列新问题。

3. 交流互动缺乏

线上教学大部分课程都以教师讲授为主,学员讨论为辅,灌输型教学较为普遍,学员参与交流讨论较少,打击了部分学员学习积极性和主动性。另外,教师讲授过程中无法看到学员的实时状态,难以掌握学员的学习情况,教学效果受到影响。

四、我校开展线上线下教学融合发展模式的对策

疫情常态化时期,让我们看到了线上教学的优势,老年学员在家同样可以徜徉学海,部分线上课程受到了老同志的追捧。与此同时,线上教学的不足之处也是显而易见,许多老同志怀念在课堂上边学习边交流的快乐时光,让我们感到线下教学的重要性。因此,我们要充分运用线上教学的优点,针对不同课程特点和老年学员的学习需要,探索开展线上教学与线下教学融合式的教学模式。

（一）形成线下教学为主、线上教学为辅的融合模式

一是以线上教学优势,推进线下课堂教学质量。将线上教学签到、数据统计功能引入线下教学,用"数据"了解学员学习情况,用"数据"评价学习效果,逐步创建高效能的智慧教学。根据课程需要,将屏幕分享功能引入线下教学效果不好的课程,如,书法班和国画班,学员常常反映看不清教师写字画画的内容,教师在面授时就可使用屏幕分享功能进行演示。

二是利用线上资源丰富、分享便捷的特性,推进线下教学方式的改革。课前,在班级群推送各类学习资源,方便学员课前学习相关知识点。课间,着重在线下开展互动问答、展示交流、动手实践等教学活动,培养学员的动手能力和操作能力。课后,利用班级"微信群"进行答疑交流和作业分享,巩固所学知识。

三是遇到突发事件时,灵活机动地将线下课程移到线上,确保"停课不停学"。遇到公共卫生事件、突发恶劣天气、教师突发病假、事假等突发事件时,采取提前录制或开展直播课的方式完成教学,以应急思维和补救措施弥补老同志无法到校学习的损失。

（二）加强教师培训,强化学员管理

一是加强教师对于线上教学必要性的认识。以线上教学培训为重点,主要培训教师熟练运用软件,进行屏幕分享、PPT演示、白板教学、与学员互动交流等操作技能,丰富教学形式。

二是提高学员认识。加强老年学员对线上教学的认同感,指导他们经常使用微信公众号、腾讯会议、QQ群等软件的屏幕分享功能进行学习。增加智能设备使用的讲解和教学,为老同志参与网络学习打下坚实基础。

三是强化学员管理。严格落实教学管理制度、班长协助管理制度,严格执行考勤管理、

学员守则等各项规章制度,增加线上教学管理制度,赋予班长更多职责,比如,协助教师开麦、课程录制等,授课教师、班长、教务人员各司其职,协调配合,合力推进教学管理规范化、制度化。

(三)拓展平台,整合资源,营造浓厚学习氛围

一是深入挖掘各类线上平台,吸收优质课程资源,博采众长。积极向学员推送全国离退休干部网上专题报告会、上海市离退休干部在线形势报告会、上海市老年大学"乐龄云课堂"等优质课程和专题讲座,为老同志提供丰富的精神食粮。

二是加强学习交流,形成浓厚学习氛围。要求教师线上教学时增加交流互动环节,通过提问、案例等多种互动手段提高学员学习的积极性。充分利用班级"微信群"的作用,让"微信群"成为学员们课后作业展示和教师解疑释惑的平台。

三是搭建校际合作、区域联合的平台。积极与兄弟学校、区域联合体单位合作,联合开设课程、举办活动、座谈交流,达到场地共享、课程共建、活动共办、资源共享的目标,促进多方协作、互学互助、共谋发展。

(四)线上线下齐发力,搭建学以致用的平台

一是定期举办主题鲜明、形式多样、富有特色的教学成果展示活动。根据班级专业特色,举办期末成果汇报演出、老干部才艺大赛、党史学习擂台赛等活动。线下活动除常规表演和比赛外,以视频方式展示学员认真上课、积极排演和备战的花絮,让大家充分感受到老同志在台下付出的努力。线上活动集中展示学员个人的知识、技能、才艺,激发老同志进一步投身学习、创作的热情。

二是开展线上征集、网络评选活动。在线向老年学员征集合唱、舞蹈、器乐、朗诵、微党课等方面的作品,并通过"虹口老干部微信公众号"对展演视频进行在线播放,老同志通过观看、点赞,评选出心目中的优秀展演作品,提高老干部参与线上互动交流的积极性。

三是打破班级学习交流壁垒。畅通班级合作交流渠道,促进学员互动,打造一体化学习交流平台。通过班与班之间的沟通交流,分享学习心得、完成课外作业、参与主题活动等,展示学习成果,形成班级与班级之间交流互动的良性循环。

宝钢老干部大学办学转型实践的探索

刘威宇

宝钢老干部大学成立于1990年,在公司领导的重视与关心下,逐步发展成为一所全国先进的企业老干部大学。2004年被中国老年大学协会授予全国第一家示范性企业老年大学,2008年被上海市教委评为首批上海市示范性老年大学,2016年被中国老年大学协会评为首批全国示范老年大学。

一、课题背景

2016年,随着国务院提出国企人员社会化管理要求,国务院、国资委先后陆续印发相关文件,对国企退休人员社会化提出具体要求。

(1)2016年,《国务院关于印发加快剥离国有企业办社会职能和解决历史遗留问题工作方案的通知》(国发〔2016〕19号)提出对国企退休人员实行社会化管理,力争到2020年基本完成剥离。

(2)2017年,国务院、国资委工作要点中再次提出要加快剥离企业办社会职能和解决历史遗留问题,努力争取取得突破性进展,在上海、重庆、大连、鸡西、长沙5地开展退休人员社会化管理试点。

(3)2017年8月,国资委下发了《关于国有企业退休人员社会化管理的指导意见》,明确提出国有企业退休人员中的党员组织关系要转入相应街道和社区党组织,开展学习教育活动。国有企业现专用于退休人员的服务、活动场所无偿划转社区,妥善安置现有从事退休人员管理的职工。

(4)2018年8月,国资委下发研究《关于印发〈国企改革"双百行动"工作方案〉的通知》(国资发研究〔2018〕70号),要求"双百"企业"一企一策"制订完善综合改革实施方案,报国务院国有企业改革领导小组办公室。

(5)2019年3月,《中共中央办公厅 国务院办公厅印发〈关于国有企业退休人员社会化管理的指导意见〉的通知》(厅字〔2019〕19号)、《财政部 国资委关于支持地方做好中央企业及原中央下放企业退休人员社会化管理工作的通知》(财资〔2019〕1号),明确了2020

年底完成企业退休人员社会化管理。

宝钢作为中央直属企业,积极响应中央要求,开展相关工作。由于文件没有明确开办老干部大学属于企业办社会的范畴,但老干部大学属于公司涉老部门管理,故在政策不明确的形势下,学校开始逐步控制办学规模(见表1)。

表1 2016—2019 年宝钢老干部大学办学规模

	2016 年	2017 年	2018 年	2019 年
班级数	224	200	150	146
在校人次	6724	6062	4113	4298

2020 年初,一场突如其来的新冠疫情,打乱了学校正常的教学秩序,学校的教学工作也被迫按下暂停键。疫情封闭控制期间,学校积极响应市老干部大学"停课不停学"的号召,广泛发动,组织引导全校师生共同抗疫。在此过程中我们发现,疫情下老同志的学习需求并没有减弱,反而因疫情变得更为迫切。由于疫情常态化时期,短时间内无法恢复线下的教学工作,而我们正处在国有企业退休人员社会化工作的关键时期,长时间不开展正常的教学活动,老同志产生很多无端的疑问与猜测,极不利于老同志队伍的稳定,影响社会化工作的推进。

二、办学转型

(一)确定转型目标

在以上双重背景下,既要符合社会化发展大势,又要符合疫情防控的要求,更要满足老同志学习需求,学校办学转型发展迫在眉睫。经多次讨论,结合宝钢实际,我们明确了今后转型发展的方向:办学由规模化向精品化、特色化发展,模式由纯线下向线上、线下相结合转型。

(二)确立并实施办学转型路径与策略

1. 办学由规模化向精品化、特色化发展

宝钢老干部大学历经 30 年发展,从初创时只有几门课程,发展到如今已有政经、文史、书画、保健、计算机、实用、表演、器乐、健身九大类近 60 门课程的规模。我们对所有课程进行分类梳理,从师资、特色以及教学成效等方面开展评估,以"人无我有、人有我精"为原则,分别制订办学转型方案。

(1)大众型课程,如,一般老年大学都会开设的声乐、书画、舞蹈等课程,在班级数上不再无限扩大,而是根据师资情况,逐步减少班级数。

(2)特色课程,如,我校的泥塑、吹塑版画、瓷绘画等课程,在全市老年大学中都比较少见的课程,作为特色课程,重点培育。

(3)精品课程,如,老年心理调适、易学、老年英语口语等课程,已经在全市有一定影响力的课程,重点打造。

(4)校本课程,如,政治理论、钢琴等课程,都是从建校初期就开设至今的课程,教学成效显著,聚集教学资源,向精品课程和特色课程发展。

2.教学模式由线下教学向"线上与线下教学相结合"转型

2020年下半年,我校积极响应市教委的号召,尝试开展线上教学工作。一切都是从零开始,慢慢摸索,逐步成形。在疫情常态化防控的形势下,线上教学是满足老同志学习需求的有效途径,但部分课程还是受到制约,无法在线上开展教学。经过这两年的探索,我们逐步掌握了线上、线下教学相结合的方式,明确以线上、线下相结合,线上为主、线下为辅的教学模式,符合我校的发展实际。

(1)做好办学人员、教师、班委3支队伍的培训。

我们通过自学,让办学人员熟悉掌握线上教学的软、硬件使用,并探索符合我校实际线上教学的报名模式。做好教师、班长的专题培训,确保教师、学员骨干能熟练使用线上教学设备,适应线上教学环境。

(2)做好教师队伍的引导。

对于符合线上教学条件的课程,鼓励教师参与线上教学,特别是年轻的教师;对于年长的教师,我们努力做好培训,对于无法独立开展线上教学的教师,我们都配备教学助手,协助教师上好网课;对于无法开设线上教学的课程,我们做好教师队伍稳定,为今后开设线下教学积蓄力量。

(3)做好沟通协调,不断提高线上教学质量。

每学期召开教师、班长座谈会,听取意见,对于存在的问题都及时应对,提出改进方案。对于不符合线上教学的课程也及时做出调整。

(4)做好教学计划,实现"线上、线下教学"灵活切换。

由于疫情的不稳定性,每学期我们都做好2套教学计划,视疫情情况,线上、线下及时切换,保证了学员的学习需求。

三、面临的困难

(一)老同志对于学校转型不是很理解

我们积极做好宣传引导,做好形势任务教育,每年开展一次形势任务宣讲,让老同志了解企业所面临的实际情况。同时,对于有些班级规模缩减,我们提供周边区域的学习资源信息,引导老同志就近参加学习。

(二)教师对于特色、精品课程的打造不是很了解

对于具备特色、精品课程的教师,我们主动做好宣传引导;利用各种资源,做好课程展示,建立教师的信心;协助教师做好课程设计。

四、转型取得初步成果

(一)线上教学已较为成熟,2022年全年开设线上课程49门,参与线上学习学员达2036人次。

(二)形成了线上教学与线下教学并行和灵活切换的机制。

(三)建立培育了多门精品和特色课程。

"老年心理调适""医学文化"参加全国老年大学百门精品课程评选;"老年人心理调适——如何提升晚年幸福感"课程参加上海市老年学校素质教育指导中心举办的示范课评

奖,获得二等奖。

通过此次的课题研究,明确了在国企退休人员社会化和疫情防控双重背景下宝钢老干部大学转型方向和路径,为学校未来的发展奠定了基础。今后,我们将在打造特色、精品课程上下功夫,争取获得更多的成果。

作者简介:上海市宝钢老干部大学副校长。

关于上海市加强军休老年大学建设的研究

崔宗胜　李　霞

一、引言

军队离休退休干部(简称军休干部)的安置管理工作(简称军休工作),是指国家对军队干部退出现役,离休、退休后,移交政府安置,政府对其晚年生活做出妥善安排的组织管理活动;主要是以军休干部为对象,以国家和社会提供养老、福利、服务为主要内容的一种社会保障制度。在全国人口日益老龄化、全社会日益尊崇退役军人的新形势下,加强军休老年大学建设,搭建服务退役军人更大平台,有着积极的意义和广阔的前景。从老年教育的角度,军休老年大学进入老年教育新领域,作为一种新生力量正在填补老年教育涉军口的空白,同时可以弥补其他老年教育机构思政引领课程内容的不足,从而为丰富我国老年教育维度、完善老年教育结构、扩大老年教育资源供给贡献力量。

上海市军休老年大学作为全国首批挂牌的六所军休老年大学之一,应该在全国发挥示范引领作用,争取做大做强。本文结合相关调研工作,对军休干部教育的需求导向、发展趋势做了思考,围绕其办学定位进行探讨,进而对上海市军休老年大学近两年的探索进行了初步总结和经验分享。

二、军休老年大学创建的背景和意义

自2018年4月国家进行新一轮机构改革以来,国务院组建了退役军人事务部,颁布《中华人民共和国退役军人保障法》等法规、政策,军休事业面貌焕然一新,从军休干部和整个退役军人老年教育工作的角度,军休大学的创办具有独特意义。

(一)军休干部群体的概况分析

据2019年底的数据,全国目前共有军休人员239123人,其中,离休人员9951人,退休人员229172人。根据国家目前推行的三年(2020—2022)移交安置计划,到2022年底,全国还将完成移交4万余人,届时全国军休干部总数将超过28万人。可以说,如何全面落实党中央决策部署、妥善安置和服务管理军休干部，已经成为新时代新阶段军休工作的重点和难点。

从军休服务管理工作的本质来说，是以军休干部为对象，由国家和社会提供养老、福利、服务为主要内容的一种社会保障制度。军休干部的大多数是从军队中退出现役、离休或退休的干部群体，从年龄结构来说以老年群体为主。具体到上海，2021年数据见图1。

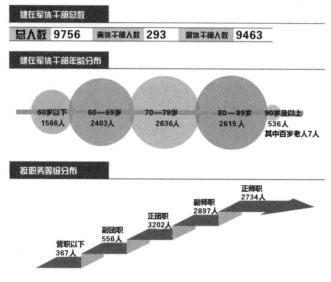

图1 2021年上海健在军休干部情况

上海军休干部总计9756人，其中60岁以下占比16.05%，60—69岁占比24.63%，70—79岁占比27.01%，80岁以上合计32.31%。可以看到，上海军休群体中60岁以上的占比高达83.95%，而其中60—79岁的老人比重合计高达51.64%。按照现在国际上定义的活力老人定义，上海军休干部中低于75岁的活力老人的比重超过50%。

（二）军休干部群体的老年教育需求分析

根据《中共中央、国务院关于加强新时代老龄工作的意见》精神，要实施积极应对老龄化的国家战略，把积极老龄观、健康老龄化理念融入经济社会发展全过程。尤其是需要通过老年教育和终身教育理念，推动老龄事业的高质量发展，满足老年人的精神文化需求，让老年群体有更多幸福感、获得感和安全感。随着有活力老年人群体的数量增加，他们有更多实现年轻时代的愿望、学习新事物等精神方面的需求，这较大程度上可以通过老年教育体系来提供。军休干部群体中有50%以上的活力老人群体，存在对老年教育的巨大需求。如果按照50%的保守数据分析，随着三年移交计划的实施，上海的军休干部群体中对老年教育有需求的群体数量会达到6000人以上。

相比普通老年人，军休干部群体有一定的特殊性。他们主要是在部队服役到退休的军队干部，不同于普通士兵，其职位构成一般从团级到军级，包括了部队院校的专家干部，有很多精英人士，属于特殊老年群体。从年纪来说，他们跨度很大，从60多岁到逾百岁，对服务管理呈现出差异性个体需求。从思想层面来说，他们受党教育一辈子，为部队服务一辈子，移交到地方后仍有常态化思想政治学习的需求。此外，由于军休干部在部队的集体生活和军事生活已成习惯，安置到地方对他们每个人来讲都是生活和心理上再社会化的一个过程，原有生活环境的改变和从领导变平民的落差会使他们产生种种不适感。可以说,军休干部这一群体既是应受照顾的老人群体,但又有着与非军人老年人不同的思想认知和行为方式。于他们而言,老年教育需要提供普通的老年大学所不能提供的其他社会心理价值。因此,军休服务管理工作需要考虑到这个群体的特殊心理需求,在为他们提供好各种生活保障、更好地适应地方上生活的同时,要充分关注到军休人员日益凸显的政治待遇问题和精神文化需求。

老年教育是积极应对人口老龄化国家战略的重点工作之一,而军休干部群体的特殊性决定了需要独立建制的军休大学来应对这个群体的老年教育和终身教育需求。而此前,在我国的老年教育体系中还没有专门针对退役军人群体设置的老年大学,可以看到军休大学的创建工作正在填补这一空白。换言之,军休老年大学的创立在满足军休干部这个特殊老年群体多层次多领域的精神文化学习需求、给予社会尊重和认同感的同时,也在丰富目前国内老年大学的教学形态和课程内涵,丰富和扩大了我国老年教育资源的供给数量和质量。

(三)军休老年教育的发展趋势分析

2018年3月,中央启动新一轮国家机构改革,按照国家机构改革部署安排,中央成立了"退役军人事务部",将军休干部纳入新部门统一管理,体现了党和国家对退役军人工作的高度重视。2020年,退役军人事务部、民政部等六部门联合印发通知,对提升军休服务管理水平提出指导性建议,以军休干部的各项待遇保障为核心,突出强化政治引领、教育管理和保障供给,为军休工作提出了更高的要求,为军休事业发展的方向提供了一个明确遵循。在新一轮机构改革的大背景下,做好军休服务管理工作需要进一步转换思路,在充分关注军休干部群体特殊性和心理需求的同时,注重对军休干部群体的思想政治引领,引导他们发挥自身优势对社会导向进行正面引领,对稳定社会和保障国家健康发展发挥积极影响。

2021年3月,退役军人事务部下达《退役军人事务部关于开展"军休老年大学"创建工作的通知》,在全国军休系统部署开展"军休老年大学"创建工作。要求全国各省市按照要求建设军休老年大学,完善线上线下两线布局,在基础条件好、办学水平高的城市,特别是直辖市、计划单列市等创建一批示范"军休老年大学",其他地区则可设置教学点,确保"市市有军休老年大学"。2021年7月,上海、大连、青岛、深圳、宁波、北京(海淀区)等六地首批挂牌军休老年大学,展开探索、先行先试。根据习近平总书记关于军休工作的重要论述,军休老年大学要突出政治办校,以加强思想政治引领为根本,以满足军休干部需求为中心,以发挥军休干部作用为导向,科学布局、统一名称、规范设置,着力打造高质量、有特色的示范"军休老年大学",全面构建军休干部思政教育新高地、文化活动新阵地、作用发挥新平台,为中国老龄社会治理贡献军休力量。

2022年两会期间,习近平总书记再次做了关于退役军人工作的重要论述,各地都进一步加快贯彻和落实总书记的讲话精神。在上海市退役军人事务局的推动下,2022年4月上海市教委正式把上海市军休老年大学纳入市级老年大学管理,此举意味着上海市军休老年大学的办学规格得到进一步提升,也为全国各地军休老年大学开创了办学规格上的先河。上海市军休老年大学的建设,开发出退役军人老年教育新领域,在服务对象上填补上海老年教育涉军口的空白,在办学内容上发挥其政治特色鲜明、思政引领显著的优势,弥补其他老年教育机构思政内容的不足,从而为丰富上海市老年教育维度、完善老年教育结构、扩大老年教育资源供给贡献力量。

三、上海市军休老年大学的办学过程回顾和办学定位探讨

(一)办学过程回顾

上海市军休老年大学前身为 2002 年成立的上海市军休老干部大学,迄今已办学 20 年。由于缺乏独立、合法的办学资质,此前一直作为市老干部大学的系统校存在。2021 年,随着退役军人事务部在全国部署推动军休大学建设,上海退役军人事务局主动向部里申报创办上海市军休老年大学,于 2021 年 7 月挂牌为上海市军休老年大学,并经上海市教委备案成为社会多元主体创办的老年大学,获得合法、独立的办学资质。但是,鉴于社会力量办学和军休大学的政治属性不相称,后经市退役军人事务局和市教委共同努力,随着中央关于退役军人工作重要论述在全国的贯彻落实,2022 年 4 月,上海市军休老年大学进一步升级,成为上海第 5 所市级老年大学。由此,上海市军休老年大学成为目前全国唯一一家被纳入省(直辖市)级教育系统内进行管理的军休大学,迎来规模化发展的机遇期。

(二)办学规格探讨

从上海老年教育的现状来看,目前上海只有 4 所市级老年大学,都是处级单位(一级法人地位),此外还有不少其他区级和社会力量办学的老年大学,均为独立建制、一级法人。从老年教育角度来看,上海市军休老年大学能够弥补上海在涉军口老年教育方面的缺口。从办学内容来看,遵循老年教育从娱乐型向赋能型转化的大方向,上海市军休老年大学正在发挥思想政治引领的独有优势,可弥补老年教育思想政治教育内容的缺口。可以看到,上海市军休大学在上海老年大学的体系里已经找到了符合自身定位的独特价值。

根据 2019 年数据,全国共有军休干部近 24 万人,其中军休干部数量分布居前十的省市如图 2 所示。

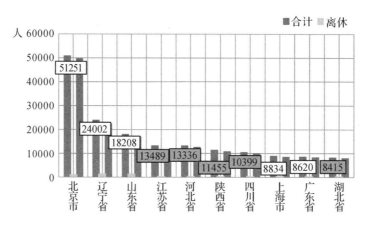

图 2 2019 年全国军休干部数量前十省市情况

其中,北京市由于驻军规模比较大,其军休干部的数量规模也远超其他地方,为 51251 人。军休干部数量规模列全国第 2 位和第 3 位的是辽宁省和山东省,分别为 24002 人和 18208 人。此外,上海的军休干部数量和广东省的军休干部数量分别居全国第 8 位和第 9

位,分别为 8834 人和 8620 人。另外,浙江省的军休干部数量为 4475 人,在全国居 16 位。

从目前全国军休大学的办学情况来看,首批正式挂牌的 6 个省市,也就是上述的 6 个省市,即北京、辽宁的大连、山东的青岛、上海、广东的深圳和浙江的宁波。我们可以看到,目前军休干部规模前三的省市已各自挂牌一所军休大学,此外就是办学条件相对优厚、财政能力比较强的上海、广东深圳和浙江宁波。由于目前全国退役军人事务部关于军休大学只提出了创办的原则性要求,办学所需资源需地方自行协调。因此,从实际运作情况看,全国各地操作情况差异很大,未能形成全国统一、行之有效的运作模式。综合来看,目前上海市军休老年大学具有起步较早、拥有合法独立办学资质、办学条件相对成熟等优势。

可以预测,基于各地的实际资源和办学条件,同时考虑到军休老年大学办学的政策需求,各地军休老年大学会出现全国范围内做大几家的格局,而这几家需要在全国范围内或者至少为周边区域军休系统提供具有示范意义的军休老年教育,而在这几家当中,上海显然是处于首位的。此外,自 6 家挂牌以后,目前全国又新增了 5 家军休老年大学正式挂牌,其他省(市)如湖北省正以 3 年内每县建成一所军休老年大学为目标在推进,吉林省正在争取把军休老年大学建成一级独立教育组织,各地开始呈现出明显的竞争态势。作为全国首批六所之一,具备良好办学基础和发展潜力的上海市军休老年大学需要发挥示范引领作用,做强做大势在必行。

上海市军休老年大学的办学定位除了服务于本市当前需求,还应考虑到未来几年随着上海新接收移交安置军休干部数量的增长而增长的军休老年教育需求,考虑到上海市为长三角乃至内地省份提供示范性军休干部教育基地的客观要求,考虑到上海军休老年大学在全国的示范意义。此外,从长远考虑,将军休老年大学学员对象扩大至所有老年退役军人,是做好退役军人思政工作、扩大上海老年教育资源供给的有力抓手。在上海近 60 万退役军人中,60 岁及以上退役军人及家属高达 36 万人,做好这个庞大而特殊的老年群体的教育工作和思政工作,将能更好地体现党和政府对退役军人的尊崇关爱,帮助解决上海老年教育"一座难求"的困境。

综上,上海市军休老年大学的办学规模和办学定位有必要进一步加强。目前,上海市军休老年大学只作为上海退役军人事务局直属事业单位上海市军队离休退休干部活动中心的部分职能存在,未来可朝着建成退役军人老年大学的方向,推动独立建制化和规模化发展。

(三)办学要求和目标

根据《退役军人事务部关于开展"军休老年大学"创建工作的通知》精神,上海市军休老年大学不是传统意义上的老年大学,而是一个对军休干部进行思想政治引领和精神文化建设的政治机构,是军休干部思想政治教育的新高地、文化活动新阵地、作用发挥新平台。从老年教育的角度来说,上海市军休老年大学要符合老龄教育发展趋势和老年教育办学规律,为 2025 年建成"政府主导、多元参与、优质均衡、泛在可选"的具有上海特色的现代老年教育体系助力。

据此,上海市军休老年大学会建成一个融教育教学、思政引领、志愿服务、文化建设、理论研究等于一体的承担多职能的机构。以教学为手段,组织军休干部开展丰富多彩的文化活动;以课堂为载体,用比传统行政机构更柔性、更有张力的方式实现润物无声的思政教育;

以教学实践为渠道，下基层、进社区，在基层治理、乡村振兴、关心下一代等方面让军休干部群体发挥更大作用；以教学成果为基础，深化思政教育、理论研究、"四史"教学等，形成具有军休特色的老干部教育研究成果并推动转化应用。简言之，上海市军休老年大学将以其独特的"军休"内涵、思政特色，融入上海老年教育体系大框架，为上海老年教育增效提质、优化老龄社会治理贡献军休力量。

四、上海市军休老年大学的探索和未来展望

上海市军休老年大学正在借助上海大力发展老年教育的契机，借鉴上海其他4所市级老年大学办学经验，以建成优秀市级老年大学为目标，以扩大老年教育资源供给、实现上海老年大学倍增计划为己任，培育引领中国老年教育的军休品牌。近期正在如下三个方面进行探索。

（一）做强特色，加快规模化发展

自正式挂牌以来，上海市军休老年大学在原有办学的基础上强化思政特色，扩大规模丰富内涵，在全市完善"1个总校＋45个教学点"布局，建设军休干部家门口的学校。开设班级从20个扩大至104个，课程涵盖政治理论、国防教育、艺术培养、"智"能生活等，学员从之前约500人次/年增至2021年的3400人次，实现了质的增长。以思政课为特色，开设"时政半月谈""党史月月讲"等线上课，"军休讲坛"等直播大讲堂，"党史微课"等短视频课堂，2022年，上海疫情期间近10万人次军休干部登录军休老年大学各类在线学习思政课，为凝聚思想、提高认识、打赢大上海保卫战发挥了积极作用。

（二）合作办学，完善学科设置

立足上海各大高校的教育资源，军休老年大学按照"一校一系"模式，正在推进与复旦大学、上海大学、上海中医药大学、上海体育学院、上海音乐学院、上海戏剧学院等6所高校合作办学，由高校专家教授领衔参与日常教学、培育品牌和工作室运营。

（三）"数字赋能"，促进社会参与

上海市军休老年大学把老年教育职能与国务院《关于切实解决老年人运用智能技术困难的实施方案》相结合，以"数字赋能"为教学目标，把智能学习融入教学场景建设，打造上海乃至长三角老年智慧学习场景样板间，为同行提供教学实践菜单式服务，为学员提供体验式智能学习课堂，促进老年人群社会参与。

作者简介：①崔宗胜，上海市军休老年大学校长、上海市军队离休退休干部活动中心主任。

②李霞，上海市军休老年大学、上海市军队离休退休干部活动中心学习教育科科长。

关于提高基层老年教育发展质量的研究

戴世宁

一、人口老龄化的发展趋势

我国人口老龄化程度在逐年上升,国家统计局的统计数据表明,2017 年底,我国 60 岁及以上人口 2.4 亿人,占总人口的 17.3%。而到了 2020 年 11 月 1 日 0 时第七次全国人口普查数据显示,我国 60 岁及以上人口已达 2.64 亿人,占总人口的 18.70%;其中 65 岁及以上的老年人为 1.90 亿,占总人口的 13.50%。据预测,到"十四五"期间,全国老年人口将突破 3 亿人,迈入中度老龄化社会。

为了应对我国深度老龄化,党和国家做出了战略部署,出台了一系列政策。各地各级政府都高度重视并认真执行,其中,大力支持老年教育向基层发展是重点措施。

2021 年 3 月 11 日,中华人民共和国第十三届全国人民代表大会第四次会议表决通过《中华人民共和国国民经济和社会发展第十四个五年规划和 2035 年远景目标纲要》,提出"完善终身教育体系"。2021 年 11 月 18 日,《中共中央　国务院关于加强新时代老龄工作的意见》提出了完善终身教育的政策。完善终身教育体系是一个历史过程,中国老年大学(老年学校)在此历史过程中具有不可推卸的责任。中国 60% 的老年人生活在农村社区,推进农村社区老年教育发展是完善终身教育体系的题中应有之义。

随着我国人民的物质生活水平逐年提高,老年人生活质量和身体素质的提升改变,居住条件也大大改善。特别是走进老年大学接受教育的老年人群,心情舒畅地选择自己感兴趣的课程,学会合理安排学习时间,他们把每一天过得充实丰满,心情与身体愈健康而有活力,自然而然生命的长度也会延长,长寿的基因也会逐步增强。那么老年教育这个现实的课题将始终陪伴我们身边的每一位幸福的老人。

二、老年教育发展的重心下移

东山街道老年大学创办于 2002 年,在东山街道党工委的高度重视下,在江宁区老年教育协会的关怀指导下,江宁区东山街道老年大学的办学规模逐年提升,先后培养出老年学员近万名。经过近 20 年老年教育的发展,东山街道现有 1 所老年大学,16 所社区老年学校,2 处教学点,2 所敬老院分校,老年人参学率达 47.3%。社区老年学校实现了全覆盖,并全部被验收为南京市规范化老年学校。东山街道老年大学在江宁区的 10 个街道老年大学中名列前茅。为日益增长的老年人口,提供了继续接受教育的门槛。以下将新、老校舍与学员人数在最近 5 年的状况做一下比较。

（一）学校硬件逐步改善

2017年，东山街道老年大学的校舍面积1500平方米，校址位于东山街道文靖西路99号。2020年，东山街道老年大学迁入位于潭园西路125号新校址，建筑面积3000多平方米，校舍有宽敞明亮的教室18间，还有舞蹈大教室、新购置的电脑设备，以及可容纳200人的小型会场。

2017年，教学设备硬件：电脑30台，电子琴10台，钢琴1台，投影仪2台，老式电视机1台，LED电视机2台，教学投影仪2台，DVD音响功放2套。

2021年，学校教学设备硬件：电脑40台，电子琴20台，钢琴1台，投影仪3台，LED电视机8台，教学投影仪9台，DVD音响功放4套，笔记本电脑1台。教学设备能够满足目前的教学任务。

（二）教学方式逐步改革

调查数据显示，东山街道老年大学5年内的学员人数，2019年达到最高峰，2020年初及2021年夏季，南京市江宁区受到新冠疫情的影响，因有的学员在家里照看居家上网课的小孩，使人数产生一些波动（见表1）。但我校学员的求知欲很强，他们停课不停学，自觉宅家看书学习。可是自学毕竟没有课堂上的面对面听教师讲课效果好。

表1　东山街道老年大学近5年在校学员人数统计表

年份	60岁及以下人数	61—70岁人数	70岁以上人数	在校学员总数
2017年	449	336	75	860
2018年	668	455	77	1200
2019年	824	504	78	1406
2020年	739	322	89	1150
2021年	669	348	67	1084

学校发动有关人员想方设法，组织任课教师利用多种形式进行网络授课。分别开设了以下课程。（1）微信直播间：中阮、手风琴、葫芦丝等器乐课程。（2）腾讯会议：英语、手机、电脑等课程。（3）云美摄：国画、素描等课程。（4）录播：交谊舞、国标、T台服饰等课程。

充分发挥"互联网＋"的优势，将教学内容与网络结合，采取"视频＋音频＋图片＋答疑反馈"的方式开展线上教学。学校要求学员根据自身学习方向积极参加中国老年大学"网上老年大学"的学习。利用社区老年学校的空中课堂等进行学习，深受广大老年学员的喜爱。有的班干部还组织学员课后自发地排练复习。我校2021年关于庆祝中国共产党成立100周年的一台节目就是在课上认真学习，加上课后反复集中排练而取得的成果。

（三）根据老年人需求开设课程

东山街道老年大学近5年来的课程开设呈上升趋势，班级也从2017年的38个班级增加到2021年的70个班级，总体的数量比5年前提高了84％。教师也由23人增加至37人，数量增加了61％（见表2）。

表2　东山街道老年大学近5年情况统计表

年份	开设课程（门）	班级	聘请教师数
2017	28	38	23
2018	32	53	27
2019	36	65	31
2020	38	68	32
2021	40	70	37

1. 精心选聘教师

提高教学质量，教师是关键。选聘教师，既要有真才实学，还要有奉献精神，虽然东山街道离南京较近，但是无论是乘车还是自驾，路程都要比市区多费时间，我们选聘教师的素质标准是：从教热心、服务爱心、教学精心、引导细心、保持耐心。学历要求在大专以上，这样才能保证教学质量，经过多年的实践与磨合，教师相对固定，且数量也有所增加，乐于奉献热心教学的教师，受到广大学员的欢迎。目前任课教师31名，都具有中级以上职称，他们大都获得过市级以上的成果奖，是一支热爱老年教育事业、有奉献精神的教师队伍。

2. 开设课程须与老年人精神需求匹配

首先，具体分析老年学员情况。截至2021年底，学校在册学员总数1084人。从男女比例划分：男性116人，占总人数10.7%；女性968人，占总人数89.3%；从年龄阶段划分：60岁以下669人，占总人数61.7%；60—70岁348人，占总人数32%；70岁以上67人，占总人数6.2%。统计表明，东山街道老年大学的女性人数偏多，占全校人数的89.3%；年龄在60岁以下的人数669人，占全校人数的61.7%。

其次，调研在校老年学员的精神文化需求。学校的学员大多数在60岁以下，女性比例偏多，她们对于学习舞蹈和声乐课程更感兴趣。2021年底统计数据如下：5个系合计总人次为1672人次。舞蹈系1008人次，占总人次60%；声乐系343人次，占总人次21%；戏曲系86人次，占总人次5%；书画系98人次，占总人次6%；综合系137人次，占总人次8%。学校根据这种情况，在舞蹈系开设了民族舞、交谊舞、水兵舞、国标舞、健身舞、广场舞、健身球、瑜伽、瑜伽轮、瑜伽球、服饰模特、服饰T台模特、太极剑、太极拳、木兰系列、空竹等17门课程。充分满足广大女学员的需求，如果再过2年，退休的人数比例加大，学校就容纳不下，开辟新的班级也达不到要求，这就向我们提出了更大的难题。

3. 集思广益开发新课程

如今，在舞蹈系学习的60岁以下的老年人，年轻活泼能歌善舞，但随着年龄的增长，兴趣和爱好也会随之改变，选择课程和受教育的观念也会有所调整，有的学员在市、区老年大学上课，他们进入学校一学就是十几年，甚至有的达到20多年，从一头青丝学到满头白发，而且越学越有劲头。有的老人经过多年的学习，所学课程已达十几门，根据这种坚持不懈的学习态度和执着的精神，学校必须集思广益、想方设法地为学员着想，理当提供更多的学科和课程，使学校教学呈良性发展。

比如，在课程设置上开发一些老年保健、文史诗词、按摩艾灸、旅游、手工编织、礼仪、摄影、农科知识等新品课程,并对书画、声乐、器乐、舞蹈等成熟的专业课程考虑开设精品班、研修班,给多年在校学习的老学员提供继续深造的机会,强化学校的办学特色,增强学校的骨干力量,从而提升学校的整体实力。

三、加大老年教育的资源投入和管理力度

2021 年重阳节前夕,习近平总书记对老龄工作做出重要指示,要求各级党委和政府要高度重视并切实做好老龄工作,贯彻落实积极应对人口老龄化国家战略,把积极老龄观、健康老龄化理念融入经济社会发展全过程,加大制度创新、政策供给、财政投入力度,健全完善老龄工作体系,强化基层力量配备,加快健全社会保障体系、养老服务体系、健康支撑体系。国家领导人对老龄工作的重视程度,更加激励我们老年教育工作者信心,在这个关键问题上,从各级政府到具体有关工作人员,都要认识到老年教育是终身教育的重要组成部分。国家对老龄工作花大力气、动真格,提供政策供给、资金投入等。我们要积极服从和配合领导的指令,在老年大学的办学方面深入挖潜,找出存在的问题和短板,扩大办学的规模,加强学校的环境与校务管理,为老年教育保驾护航。结合我们街道老年大学和社区老年学校多年进行老年教育的特点,有以下几点设想。

(一)东山街道老年大学与下设的 16 个社区老年学校同步管理

东山街道 20 年来的老年教育发展已形成规模,街道现有 1 所老年大学,16 所社区老年学校,2 处教学点,2 所敬老院分校,老年人参学率达 47.3%。社区老年学校在全街道的老年教育中都占有很大的比重(见表 3)。

表 3   2021 年东山街道 16 个社区学校接受老年教育情况统计表

学校名称	社区人口数	60周岁及以上人口数	占总人数比例	在校学员		党员	
				总人数	入学率%	人数	占学员数比例
岔路社区老年学校	15665	1505	9.6%	512	34.0%	143	27.9%
大里社区老年学校	3579	905	25.3%	282	31.2%	155	55.0%
东山社区老年学校	23986	2850	11.9%	906	31.8%	91	10.0%
高桥社区老年学校	4051	752	18.6%	238	31.6%	65	27.3%
龙西社区老年学校	1691	399	23.6%	145	36.3%	35	24.1%
骆村社区老年学校	19755	1651	8.4%	523	31.7%	107	20.5%
上坊社区老年学校	6928	1300	18.7%	378	29.0%	237	62.6%
泥塘社区老年学校	9227	610	6.6%	217	33.0%	45	20.0%
邵圣社区老年学校	18686	2035	10.9%	638	31.4%	126	19.7%
佘村社区老年学校	2226	497	22.3%	162	32.6%	25	15.4%
天云社区老年学校	7151	612	8.6%	184	30.1%	8	4.3%

学校名称	社区人口数	60周岁及以上人口数	占总人数比例	在校学员		党员	
				总人数	入学率%	人数	占学员数比例
外港社区老年学校	9701	1275	13.1%	434	34.0%	53	12.2%
晓里社区老年学校	13560	2398	17.7%	830	34.6%	132	15.9%
永安社区老年学校	2669	659	24.7%	198	30.0%	62	31.3%
章村社区老年学校	29340	2150	7.3%	732	34.0%	160	21.9%
中前社区老年学校	16080	2800	17.4%	900	32.1%	128	14.2%
合计	184295	22398	12.15%	7279	32.5%	1572	21.6%

发挥街道老年大学的"龙头"引领作用。东山老年大学下设的16个社区老年学校,实施同步管理。应建立各个学校的教师档案,扩展网络平台,储备信息共享,师资力量可以相互调配使用,巩固各学校具有的特色课程;街道老年大学的毕业生,也可以就近下沉到社区老年大学学习,所学课程自由选择;他们可以在社区学校学习时担任骨干或班长,把在街道老年大学学到的好风气和好习惯,通过传、帮、带的形式传输到基层学校,以提高社区老年学校的学员素质,便于学校的各项管理工作,对教学计划也能更好地实施。

(二)提高第一课堂质量,发挥第二、第三课堂的优势

无论是街道老年大学还是社区老年学校,都必须扎实提高第一课堂教学质量,充分发挥第二、第三课堂的优势,为老年人创造"学"的条件、"为"的平台,共同进步,携手前行。使老年学员所学的课堂知识在第二、第三课堂中得到更广泛的运用和延伸,充分展示老年人的社会价值。

老年学员在课堂学习的基础上,开展一些课外学习交流活动,互帮互学、共同进步。学校则要挖掘办学资源,搞活办学形式,降低招生限制,在街道老年教育全覆盖的基础上,进一步扩大招生范围,确保辖区内老年人的入学率达38%以上、参学率达48%以上。真正做到老人们在家门口即可就近上学,减少远途就学的许多不必要的烦恼和风险,让他们在愉快的学习生活中安度晚年。

(三)政治引领,加强各级学校的党建工作开展

政治引领,在学校建立党的组织,成立功能型党支部(组织关系在原单位),表3资料表明,学员中党员人数超过100人的就有8个学校,可以成立几个党支部。每个系成立党小组,学员进入校门就编入学校的党组织。各学校的校长或常务副校长担任党支部书记,选择政治觉悟高、组织能力强、乐于奉献的学员中的党员同志任支部委员和党小组长,形成党建工作进校园的模式。

平时定期组织党员和群众开展党史党课的学习,请老党员深入到街道社区和青少年活动中心开展革命传统教育,党员平时在课堂纪律上做表率,当学校组织大型政治活动时,要求党员同志积极参加,起表率带头作用。遇突发的事件,如,疫情来袭,组织党员踊跃报名参

加志愿者,给要求上进的群众做出榜样,确保学校的教学秩序正常运行。

围绕区老年教育协会和街道党政办工作重点,扎实推进新时代文明实践活动和社会主义核心价值观教育。充分发挥学员中党员同志的先锋模范作用,在老年人中大力倡导文明新风尚,全街道上下一盘棋,广泛开展新时代文明实践活动。

(四)发挥街道优势,与社区老年学校资源共享

由于受疫情干扰,刚刚开学半个月就停学在家,街道立即组织任课教师开展多种形式的网络授课。利用微信直播间、腾讯会议 App、云美摄、录播等形式,开设了器乐、英语、电脑、国画、素描、交谊舞、国标、T 台服饰等网课。

融入智能社会需求,开设智能技术应用的课程。街道需调动人力,培训基层社区学校的教师和有关操作人员,把网络教学加以推广,使资源共享。课程不要因为老年学员在家而中断,不要让学习的进度受影响,在疫情来袭时可有应对的策略。

完善东山街道老年大学硬件设施,以教室明亮、师生方便、消防安全为切入点,在原来投入的基础上,对社区老年学校逐步改造部分老旧设备和校舍改建项目,合理追加资金的投入。

线上线下齐头并进,并根据各学科教学特点,在保证线下教学质量的前提下,利用社区多媒体室将远程网络教育与老年教育相结合。通过下载播放教学内容,实施网络教学,根据疫情的动态,逐步提高线上教学数量,各学科都把线上教学作为线下教学的巩固和提高。

各社区老年学校也存在发展不平衡的问题。为了有效解决"发展不平衡",须进一步发挥典型引路的作用,推广泥塘社区、大里社区、外港社区等老年学校的办学经验,做到以点带面,推进全街道社区老年教育全面发展。

街道内各学校都要提高忧患意识,学会在线上与线下任意切换教学模式,从上到下改变观念,训练学员积极掌握新技能新知识,练就出一支能拉得起、行得远的教师与学员的精锐队伍。

(五)学校适当征收较低的学费

东山街道老年大学自 2002 年开办以来,至今已超过 20 年了,历来都是收学费较低的。2020 年迁入新校区,街道决定暂时不收取学费,学校的经费开支由街道财政拨款。当年开办街道一级老年大学时,考虑到招收生源和师资力量薄弱等问题,也是照顾生活较困难的学员在校学习无后顾之忧。但随着老年教育事业的发展进程,人民群众的生活水平日益提高,街道居民人均收入也有大大提升。

建议每门课每学期适当收取较低的学费,一般每门课不超过 100 元。使学校的生源可均衡招收,各科课程合理分配。严控和减少扎堆报班、上课缺勤、不求上进、重复学习等现象发生。把有限的资源调配得更趋平衡合理,而对于生活确有困难的低保户家庭老年学员,则可以酌情免收学费。

社区的老年学校也可参照象征性地少收一点学费,收到的款项汇总后用于一些学校必需的文印资料、相关书籍、课外活动等开支。其最终的目的就是为了把学校的教学质量搞上去,学员能更加珍惜上课学习的机会,使政府投入的资金能使用到实处,减少一些浪费。

总之,老年教育的发展重心下移,改善街道老年大学的现状,实现社区老年教育的全面发展。实行资源下沉及合理调配使用,对发展基层老年学校的办学规模,推动老年教育事业

更有深度和广度地发展,势在必行。

作者简介:南京市江宁区东山街道老年大学常务副校长。

怀化市沅陵县大力发展农村基层老年教育

怀化市老干部大学课题研究组

沅陵县地处湘西北,沅水中游,西临湘西自治州,北靠张家界,东与常德相邻,面积5852平方千米,是湖南省面积最大的武陵山山区县和原国家级贫困县。撤区并乡后,全县现辖21个乡(镇)、2个代办点,共有403个村(居委会),常住总人口510054人。第七次全国人口普查数据显示,全县60岁及以上老年人口120271人,占全县总人口的23.58%,这个比例高于全国、全省、全市。近20年来,在历届县委、县政府领导的高度重视下,认真贯彻上级指示精神,积极应对人口老龄化,从农村实际出发,采取多种举措,大力发展基层老年教育。全县由2003年1所县级老年大学,发展到2021年底的206所,其中:县老年大学1所,县直机关单位老年大学分校3所,乡(镇)老年学校17所,村(居委会)老年学校185所。乡(镇)街道办学率达80%,行政村(居委会)办学率达45.9%,基本上建立健全了"县、乡镇(街道)、村(居委会)"三级社区老年教育网络。在各级老年大学(学校)参加学习的老年人数达17150人,占全县老年人口总数的14.26%。加上参加线上老年教育学习活动和经常性参与各种形式的老年教育活动(广场舞、拳剑、门球等),老年人学习人数大大超过了占老年人口总数的20%的比例。达到和超过了国务院办公厅2016年印发的《老年教育发展规划(2016—2020年)》规定的,到2020年,全国县级以上城市原则上至少应有1所老年大学、50%的乡镇(街道)建有老年学校、30%的行政村(居委会)建有老年学习点、以各种形式经常性参与教育活动的老年人占老年人口总数的比例达到20%以上等硬性指标。

自2003年沅陵县老年教育创办第一所县老年大学至今,已经历了20个年头。20年来,县、乡镇(社区)、村(居委会)老年大学(学校)坚持把培育"三有"老人为目标,坚持正确的办学方向,基层老年教育越办越红火,深受老年人和社会的欢迎。沅陵县大力发展基层老年教育的主要做法如下。

一、强化思想认识,积极应对人口老龄化

沅陵县老年人口比例高于全国、全省、全市,农村老年人口占全县老年人口总数70%以上。该县县委、县政府领导通过学习《中华人民共和国老年人权益保障法》,学习党中央、国务院关于积极应对人口老龄化、大力发展老年教育的一系列文件精神,认识到人口老龄化虽然一方面展现的是社会进步的成果,彰显的是文明发展的历史足迹,但不可避免地给社会主义新农村建设带来多方面的消极影响,成为影响经济社会可持续发展,满足人民日益增长的

美好生活需要、生活水平进一步改善的重要因素之一。虽然全县经济欠发达，但也要下决心大力发展老年教育，并将老年教育向农村基层延伸。在工作实践中，他们认真贯彻落实国务院办公厅印发的《老年教育发展规划（2016—2020 年）》及湖南省委办公厅、省政府办公厅印发的《湖南省老年教育工作暂行规定》、怀化市人民政府办公室印发的《关于加快老年教育发展的实施意见》等文件精神，贯彻落实怀化市老年教育工作领导小组自 2002 年以来召开的十三次全市老年教育工作会议精神。诸如，2010 年 9 月，怀化市委常委、市委组织部部长李志坚在全市第八次老年教育工作会议上的讲话中强调：抓普及、拓展办学覆盖面。重点是进一步向小城镇、城市社区和乡、村普及老年大学和老年学校。今明两年，各县（市、区）要确保 30% 的乡镇办有老年学校，有条件的力争达到 50%；同时大力推进老年学校向重点社区、重点行政村覆盖。要多形式、多渠道在乡镇、街道社区和农村创办老年学校，努力满足广大老年人参加老年教育的需求。沅陵县的各级领导对党中央国务院、省委省政府、市委市政府文件精神及市老年教育工作历届会议精神认真贯彻落实，大力发展农村基层老年教育，并取得显著成果。

早在 2003 年 1 月，沅陵县委办、县政府办就下文成立县老年教育工作领导小组，下设办公室。建立以县委副书记任组长，一名县级老领导任常务副组长，县委办、县政府办、县委组织部、县委宣传部、县委老干部局、县教育局、县民政局、县财政局、县人社局、县文化旅游广电局等单位主要负责人任成员的多部门协作齐抓共管的领导体制，履行对全县老年教育统筹、规划、组织、协调、指导的职能。2003 年初，将县直一个单位办公大院作为县老年大学的教学场地，正式挂牌成立了县老年大学。近 20 年来，由于该县建立健全了党委领导、政府统筹、相关部门共同参与、密切配合的老年教育管理体制，使得全县基层老年教育顺利开展。各级政府把老年教育纳入经济社会发展规划和教育事业发展规划，纳入对各级相关部门绩效考评内容。县老年教育工作领导小组每年至少听取一次老年教育工作汇报，研究解决老年教育发展中的重大问题。县政府相关部门按照职责分工，加强沟通协调，通过规划编制、政策制定、指导监督，共同解决基层老年教育发展中的问题。

2004 年，县委常委会会议决定，扩大老年教育规模，要求在沅陵镇等三镇率先开办老年学校，并专门出台了《关于进一步推进农村基层老年教育工作的意见》，强调：老年教育向全县县直单位、乡（镇）、社区、村（居委会）延伸。县老年教育工作领导小组印发了《关于老年教育工作"十二五"发展规划（2011—2015 年）的通知》《沅陵县老干部（老年）教育发展规划（2018—2020 年）》，县老教办制定出台了《沅陵县乡镇、县直单位老年学校办学实施细则（试行）》，具体部署了基层老年教育办学工作。县财政从 2015 年起将每年拨给每个乡镇 3 万元涉老机构工作经费列入预算，支持基层老年教育工作的开展。如，五强溪、七甲坪等乡镇的党委、政府出台文件，每年对乡（镇）、村（居委会）每个老年学校拨给 3000—5000 元办学经费，部分拨给 1 万元。

历届县委常委、县委组织部部长高度重视基层老年教育工作，从 2006 年到 2021 年，先后主持召开了 9 次全县老年教育工作会议，交流部署乡（镇）、村（居委会）老年教育工作。全县 4 次选派基层老年大学（学校）校长参加怀化市老干部党校主办的"全市老年大学校长培训班"学习，提高基层老年学校的管理水平和教学质量。如，沅陵县委老干部局（服务中心）在二酉乡四方溪扶贫村办起了老年教育试点。县老教办从 2005 年到 2021 年，先后 50次派出 56 人（次）下到 21 个乡（镇）、2 个代办点、17 个县直单位、6 个村（居委会）、1 个企业单位开展老年教育调研指导工作,努力推进老年教育向乡(镇)、村(居委会)、县直单位延伸发展。

2020年初,一场突如其来的新冠疫情肆虐全国,各类社会活动受到冲击,老年教育事业也不例外,沅陵县各级老年大学(学校)停课1年,对落实《老年教育发展规划2016—2020年》有一定影响。2021年复课后,他们以"咬定青山不放松"的坚韧精神,在沅陵镇、五强溪镇、官庄镇、火场乡等4个乡(镇)的83个村(居委会)全部办起了老年学校(教学点),参加学习学员达到9224人。特别是沅陵镇老年学校全年投入办学经费24.92万元,参加学习的老年人6015人,占全镇总人口27565人的24.8%,占全镇老年人口6344人的94.8%,是全县乡(镇)老年教育之典范。

二、拓展办学思路,整合公共资源

办学是要有条件的,如,场地、师资、资金、教材等。教学如何管理,课怎么上,活动怎么开展,这些软件、硬件都要解决。部分乡(镇)领导苦于资金困难、场地缺乏,开始办学时感到无从着手。实践中,相关领导深入调查摸底,经过调查,他们开拓了思路,看到乡(镇)建校有一定的资源条件,关键是如何整合的问题。比如解决办学场地、办学骨干、教师、经费等问题,大部分乡(镇)、村把乡(镇)文化站、关工委、老年科协、老年体协、老年大学(学校)统筹安排,利用空余场地办学,或与其他单位联合办学,或采取几块牌子,一套人马,一处场地办学等办法。同时充分利用乡(镇)文化站、农科教学校、中小学闲置场地教室、乡(镇)礼堂办老年教育,达到资源共享。同时从"五老"即老干部、老教师、老科技工作者、老党员、老模范及大学生村干部中推选出老年学校的教师、骨干,配好校长一号老头,广泛发动农村老年人入学。通过拓展思路,整合公共资源,一批乡(镇)、村率先办起了老年学校,带了个好头,而且做到兴办一所,巩固一所。每所学校基本做到有班子、有牌子、有学员、有教室、有一定经费、有教材、有活动场地。比如,2010年前,官庄镇政府就围绕新集镇开发建设,联合辰州矿业有限责任公司,在现代新农村集镇建设规划中,把老年学校规划进去。因新建了镇办公大楼,将原镇政府办公楼、原六中学校、剧院安排做镇老年学校教学楼和活动场地,改善了办学条件。筲箕湾、凉水井镇利用矿山工业园建设场地开办老年学校。五强溪镇立足"二库一坝"(五强溪、凌津滩水库,五强溪电站大坝),利用相关建筑场地办老年学校。该镇所辖15个村、4个居委会、191个村民小组,38100余人,其中老年人5150余人,占总人口的13.5%。2010年当时退休干部35人,退休职工215人。镇党委充分发挥老党员、老干部的模范骨干作用,在全镇办起了1所老年学校、12所分校和8个教学班(点)。镇老年学校建立了离退休干部职工党支部,将118名党员分别成立7个党小组参加老年学校学习与上党课,在学员中发挥骨干带头作用。该镇办学近20年来,取得优异成果,受到省委老干部局、省老年大学协会表彰。

三、坚持从实际出发办出农村老年教育特色

从实践中他们还体会到,农村老年教育从办学的指导思想、课程设置、教学计划、教学方式上都必须从实际出发。要从农村老年人的精神需要出发来制定教学内容,特别是要开展好政治、政策、法制知识教育,让老年人关心国家大事,了解乡(镇)社情,做一个知法懂法的公民;紧扣农业生产中的养殖业、种植业、农产品加工业等,开展系统的专业知识教学,提高

自养能力；围绕农村老年人的健康状况和地方病的特点，开展好预防医学、保健知识的教学，提高他们的防病治病能力，提高身体健康素质；引导农村老年人开展文明健康的文化活动，丰富他们的精神文化生活。总之，要紧贴农村实际情况，千方百计办出农村老年教育特色。这样农村老年学校才有吸引力、凝聚力，才能持久提高。

为了使农村老年学校办出特色，县老教办承担了具体办事机构与县、乡（镇）沟通的桥梁工作任务。多年来，他们协调乡（镇）和县老年大学关系，定期指导乡（镇）、村（居委会）老年学校如何制定学校规章制度，怎样写教学计划、总结，怎样安排教学，怎样组织活动，怎样搞好学籍管理和财务管理、档案管理等，从而使乡（镇）、村（居委会）老年学校能从农村实际出发来办好老年教育，并取得显著效果。2010年7月，五强溪镇乔子坪村老年学校正式挂牌成立，该校自成立以来，积极开展教学、文体活动，设置了时政、法制、农技、文体4门课程。时政课以"学党史、颂党恩、跟党走"为主题，由党支部书记主讲；法制课以《老年人权益保障法》《未成年人保护法》《婚姻法》《物业法》为主要内容；农技课以种植杂交超级稻、油菜、玉米新品种为重要内容，聘请专职农技师主讲；文体课聘请能人进行定期不定期上课。同时，组织了器乐队、腰鼓队、太极拳队、秧歌队和舞蹈队，在重大节日为群众演出。该校还开展服务"三农"活动。学校购有各种图书1700多册，订了5种报纸杂志，他们向农民宣传超级杂交稻、油菜、玉米新品种栽培技术，指导农民发展种植业、养殖业。大优组村的村民刘佰生在老年学校的指导下，带领儿子养蛋鸡8500羽。在他的带动下，有4户专业户共养蛋鸡18500羽。下泥湾组村民冯宗明等6户共养豪猪160多头，增加家庭收入，脱贫致富。农村老年教育坚持正确的办学方向，从实际出发开设课程，从而越办越巩固，越办越提高，深受社会和老年人的欢迎。

当前，沅陵县老年教育战线的广大同志和师生员工正在进一步深入学习贯彻落实《中共中央　国务院关于加强新时代老龄工作的意见》和中共中央办公厅印发的《关于加强新时代离退休干部党的建设工作的意见》文件精神，决心办好人民更加满意的老年教育，满足农村基层广大老年人日益增长的精神需求。

关于办好村级老年学校的调查与思考

李久南　陈火胜

党的二十大报告提出："推进教育数字化，建设全民终身学习的学习型社会、学习型大国。"国务院下发的《老年教育发展规划（2016—2020年）》指出"在办好现有老年教育的基础上，将老年教育的增量重点放在基层和农村"，并要求"建立健全县（市、区）—乡镇（街道）—村（居委会）三级社区老年教育网络，方便老年人就近学习""到2020年，全国县级以上城市原则上至少应有一所老年大学，50%的乡镇（街道）建有老年学校，30%的行政村（居委会）建有老年学习点"。中共中央、国务院印发的《国家积极应对人口老龄化中长期规划》

提出："构建老有所学的终身学习体系,提高我国人力资源整体素质。"上饶市委办公厅、市政府办公厅印发的《关于大力发展全市老年教育事业的实施意见》(饶办字〔2018〕19 号)文件提出："以各种形式经常性参与老年教育活动的老年人占本地老年人口总数的比例达到 30% 以上,其中参与老年大学(学校)学习的达到 15% 以上。"2018 年 10 月,笔者到地处边远山区的万年县上坊乡奎田村老年学校进行实地调查了解。

一、万年县上坊乡奎田村的老年教育概况

万年县上坊乡的奎田村是一个偏僻的小山村,离县城和乡政府 20 千米,东邻鹰潭市余江区高公寨乡,西靠上坊乡程源村,南与万年苏桥乡接壤,北连上坊乡培上村,是名副其实的四面环山的小山村。全村辖 7 个村小组总人口 1520 人,其中 60 岁及以上老年人 172 人,占村人口总数的 11.37%。

2013 年,奎田村村委会办起了村老年学校。2014 年,购买了电视机、电脑、DVD 等设备,利用县委组织部党员干部教育学习网络开通了老年远程教育,参加老年远程教育学习的老年人 135 人,占老年人口的 78%。奎田村的老年学校经过近几年的发展现已基本达到了"十有":有组织机构、有学习场所、有教学和远程教育收视设备、有师资力量、有学习内容、有参学人员、有办学经费、有娱乐活动、有学习成果、有社会效益。由此,走出了一条办村级老年学校的新路子,使偏僻的小山村也办起了老年学校,省、市、县和其他县(市、区)老年教育工作部门也曾多次莅临奎田村老年学校进行调研指导,2019 年 11 月,奎田村老年学校被中国老年大学协会远程教育工作委员会授予"全国老年远程教育优秀学习收视点"。

二、上坊乡奎田村办好村级老年学校的举措

(一)领导重视,"四给"有力

奎田村"两委"班子历年来重视老年教育工作,认真贯彻落实国务院发布的《老年教育发展规划(2016—2020 年)》、省市领导关于大力推进老年教育事业发展的实施意见和县、乡两级党政领导对老年教育工作的要求及有关文件精神,勇于担当、积极创新,把老年教育列入村"两委"工作议事日程,同研究共部署,真正做到了"四给",即:给关爱、给场地、给平台、给经费,办好村老年学校,积极应对人口老龄化,造就了一支快乐学习、厚德示人、融入社会、有所作为的老年人队伍。村"两委"主要领导把老年学校所需、所求和所盼的事记在本子上,提交会议上,落实在行动上,使老年教育和老年远程教育工作得以顺利开展。

(二)夯实班子,广纳贤才

办好村级老年学校,开启农村老年教育和老年远程教育是一项新的工作。2013 年,为了办好村老年学校,奎田村党支部书记和村委会主任陈家雄,根据他在外地打工时对老年教育工作的了解,果断地就地取材办起了村老年学校,并亲任村老年学校名誉校长,聘请了 1 名原村委领导担任村老年学校校长,聘请本村全日制学校的校长任村老年学校教务长,挑选了 5 名有一定文化程度、爱好文体活动和有一定农业生产种植技术、热心老年教育事业的男女教师任课,同时,还定期和不定期地聘请县、乡农林水等部门农业科技人员和种养能手到村老年学校讲课,传授知识和技能,使村老年学校真正做到了有牌子、有班子、有师资、有场地、有经费、有制度、有职责,老年远程教育有收视率、有收视计划、有收视纪录等,使村老年学校

老年教育和老年远程教育实现了办校规范化、教学常态化。目前,奎田村老年学校已开设了时事政治、农业种植、养生保健、文艺体育等4个班级,实现了常规教学和远程教育每月上2次以上的课,电视收看每天都有安排的教学计划。

（三）培训骨干,枝繁叶茂

奎田村老年学校每年都要选派一批老年学员到县老年大学进行学习培训,先当学生,再当老师。村老年学校远程教育收视人员先后多次参加县、乡举办的远程教育操作技能的培训,提高其收视技能,现可以在电脑和智能手机上直接收看老年远程教育课件,想学什么知识就收看什么内容,十分便利。奎田村老年学校每天上午、下午都安排课程,老年学员已经习惯到村老年学校和远程教育的收视室选择自己所需知识进行学习。同时,学习之余,老年人都乐意久留,积极参加唱赣剧、打扑克、下象棋、看电视录像等,每天清晨、傍晚时段,村老年学校的老年学员和中青年一道在村老年学校的操场上进行习拳练剑、唱歌等,丰富日常文化生活。

（四）破解难题,筑巢引凤

开办老年教育非常适合农村的现状,尤其发展老年远程教育能较好地解决经费投入和师资力量不足,以及受教育的人员范围不广等问题。奎田村老年学校采取了村委主导、社会资助、学员自筹等办法较好地破解了制约老年教育和老年远程教育发展的经费难题。

一是村委会多方筹资20万元,于2015年建了一幢120平方米的老年活动中心,供村老年学校办学使用,还将村委会二楼会议室采取一室多用,用于村老年学校老年远程教育收视室。同时,每年投入近万元资金用于村老年学校教学支出。

二是传承"尊老助教"的优良传统。村"两委"每年在春节期间,把在外打工先富起来的村民和有关人士请到村委会召开新春茶话会,动员他们为村老年学校捐钱捐物资助村老年教育事业的发展。如在上海、广东等地创业先富起来的徐可宽、郭进先、刘欢喜等同志为村老年学校购买了立式空调、液晶电视等10余万元设备和器材。

三是利用村老年学校舞蹈队、龙灯队等为村民和邻近单位集体和个人举办喜庆活动,创收1万—2万元。

四是采取激励机制,每年在重阳节将集体和个人捐赠的物资,按照参加学习的学员每人分发一份,有效地提高了老年人求学的积极性。现在全村参加老年学校学习和远程教育学习的老年学员有127人,参学率占老年人口的73.8%,真正达到筑巢引凤的效果。

（五）老有所为,服务社会

奎田村老年学校的老年学员把在老年学校课堂和远程教育课件中学到的知识和技能转化到围绕中心、服务大局工作中去。有的学员把从村老年学校学到的农业种植技术运用到生姜种植,去年全村生姜种植面积和生姜产量超历史最高年,姜农收益达50多万元;女学员利用在老年学校和远程教育课程学到的文艺知识和舞蹈表演技能组建了舞蹈队,为村民和邻村在喜庆节日进行服务演出。村老年学校成立老年志愿者服务队,为党和人民事业不遗余力做奉献。有的老年学员主动为村级环境卫生和公益事业服务,有的老年学员帮助村里做好群众访问工作,化解矛盾,做好"维稳工作"等。在2017年垃圾清洁工作和2018年推行殡葬改革工作中,村老年学校的老年学员敢于推介自己、展示自我,为经济社会发展和振兴乡村建设服务,彰显了老年学员能做事、做好事、做成事的本领,为党和人民的事业增添正能量。

三、对办好村级老年学校的几点浅见

近几年来,万年县上坊乡奎田村的老年教育和老年远程教育,从无到有,在诸多困难中探索发展,从而取得了一定的成效。根据本人从事老年教育工作,尤其是农村老年教育工作的实践,对发展农村村级老年教育,办好村级老年学校提出如下几点浅见。

(一)更新观念、提高认识是办好村级老年学校的前提

理念创新是搞好老年教育的先导。从奎田村老年学校的发展情况来看,老年教育是应对人口老龄化迅速发展的重要举措,是统筹城乡发展、适应老龄社会、建设和谐社会与学习型社会,完善终身教育的需要。必须消除"老年大学(学校)无非是唱歌、跳舞,老年人学不会,学不好,学了也没有用"的错误认识。2019年11月28日,在万年县召开的第24次分校校长会议上,陈营镇分校长王水彬在发言中说:"老年大学(学校)的教学内容适用于老年人,是老年人理想、满意的课堂;老年大学(学校)是专门为老年人服务的机构,为老年人搭建了展示才华的平台,是老年人理想活动场所;进了老年大学(学校)学习,能为老年人排忧解愁,使老军人心情舒畅,有益健康。"裴梅镇分校校长丁荣涨也认为:"老年人走进老年大学(学校),通过学习,就会悟出老有所学的道理。"办好村级老年学校是贯彻落实国务院《老年教育发展规划(2016—2020年)》和省、市人民政府《关于大力推进老年教育事业发展的实施意见》的有效措施。

(二)领导重视,关心支持是办好老年学校的关键

老年教育事业蓬勃发展是与各级党政领导的重视、关心、支持分不开的。以万年县为例,万年县成立老年教育工作领导小组,县委副书记任组长,常务副县长任副组长。成立了县老年大学校务委员会,县委副书记,县委常委、县人民政府常务副县长任名誉校长。成立了老年远程教育工作领导小组,县委常委、组织部部长任组长,各乡镇党委有一名副书记任各分校名誉校长和乡镇老年教育领导小组组长,乡镇党委委员、组织员具体负责老年远程教育工作;各村(居)党支部书记或村(居)会主任担任名誉校长或校长,一名村"两委"干部具体负责老年远程教育工作。并随着人事变动,及时予以调整。

(三)配备好村级老年学校管理人员是办好村级老年学校的基础

村级老年学校的办学条件简陋、经费短缺,如没有一批不计报酬、乐于奉献、热爱老年教育事业、对老年教育事业有强烈的事业心的同志奋力拼搏,就无法使村级老年学校落地生根。要办好村级老年学校,就要落实好具体负责组织和指导管理的工作人员。这可从村"两委"干部、驻村工作队、大学生村官,本村离退休的老干部、老教师、老医务人员和回乡务农中有一定文化知识的人员中选配一些热心于老年教育事业,具有奉献精神、群众基础好和农村工作经验丰富的,有一定管理能力的同志负责村老年学校的管理工作,结合本村实际制定本村老年学校的老年教育和老年远程教育工作的各项规章制度和管理办法及工作职责,使村老年学校老年教育工作和远程教育收视点工作有章可循,健康发展。

(四)社会各界支持是办好村级老年学校的助推器

"巧妇难为无米之炊。"办好村级老年学校和老年远程教育收视点需要硬件设施和经费投入,而村级资金投入有限,这要多元化的资金和资源投入。以奎田村为例,近年来,在外

地打拼并先富起来的村民和有关人士，先后为村老年学校发展老年教育和远程教育收视点购买了电视机、空调等，每年重阳节期间，捐出几千至上万元资金用于村老年学校举办庆典展示活动。村级老年学校和老年远程教育收视点有社会各界方方面面的支持和投入，才能使村级老年学校远程教育收视点越办越好，逐步吸收更多的中老年人到村级老年学校参加学习。

（五）学以致用，是办好村级老年学校的目的

村级老年学校要坚持"政治立校"，要与宣传党的方针政策相结合，要与共筑美好"中国梦"相结合；要与推广农业技术相结合，要与移风易俗相结合，要与养生保健相结合，要与建设秀美乡村，振兴乡村经济相结合；要与文化娱乐活动相结合。以奎田村老年学校为例，通过时事政策学习，在推行清洁工程时，乱丢乱扔垃圾的现象不见了，村容村貌大有改观。在移风易俗实行殡葬改革过程中，村老年学校的学员们都按时将自己购置的棺木上交到村委会集中统一处理。通过农业技术科学知识的学习，提高了老年人的种植技术，增加了农业生产效益；通过文体知识的学习，增加了老年人的兴趣爱好，积极参加文体活动；通过法律知识学习，使老年学员知法、懂法、遵法、守法并用于教育孙辈，促进社会和谐；通过学习养生保健、消费维权等知识，老年学员养成了爱卫生的习惯，注重身体保健，更新了消费观念，防止上当受骗，维护自己的合法权益。

（六）运用"互联网＋"是办好村级老年大学的必然趋势和发展之路

在信息技术迅猛发展的当今，5G 通信互联网业务即将普及到乡村。国务院下发的《老年教育发展规划(2016—2020 年)》中提到，"推动开放大学和广播电视大学举办'老年开放大学'或'网上老年大学'，并延伸至乡镇(街道)、城乡社区，建立老年学习网点"。通过互联网、数字电视等渠道，加强优质老年学习资源对农村、边远、贫困、民族地区的辐射。推动信息技术融入老年教育全过程，推进线上线下一体化教学，支持老年人网上学习。以万年县为例，从 2014 年起，万年县老年大学采取资源共享的办法，利用县委组织部门党员干部教育学习网络开通了老年远程教育，至 2019 年度，万年县已有 97 所老年大学(学校)(其中村级老年学校 84 所)开通了老年远程教育，县、乡、村三级老年远程教育网络基本形成。县老年大学开设智能手机与电脑课程的学习，通过学习培训后，使更多的老年人熟悉使用电脑手机，使老年人可在村老年学校收看学习课件，也可足不出户，在家通过电脑、电视机、智能手机在网上收看中国老年大学协会网、网上老年学堂、中国老年大学远程教育工作委员会网及北京、上海、福建等地老年大学网站选择自己所需知识的课件学习，较好地解决了基层老年学校在办学中存在的缺师资缺教材、经费短缺等难题。在新冠疫情期间，县、乡、村三级老年学校学员坚决贯彻党中央、国务院有关指示精神，按照党中央、省、市、县委部署，主动配合村、社区防控要求，做到少外出，不聚集，坚持在家利用电脑和智能手机参加中国老年大学网上的课程学习。在信息技术高速发展的今天，利用教育资源和教育平台开展"互联网＋老年教育"，推进老年教育向村级纵深发展；拓展农村老年教育覆盖面，把村级老年学校办成"没有围墙的老年大学(学校)"。

作者简介：①李久南，江西省万年县老年大学校长。
②陈火胜，江西省万年县老年大学副校长。

关于汤山街道老年大学发展网络教育的调查研究

李春萍　　崔於义

一、智能化时代给老年教育注入新的内涵

智能化是指事物在计算机网络、大数据、物联网和人工智能等技术的支持下,所具有的能满足人的各种需求的属性。智能化时代,也称大数据时代或人工智能时代。这一时代,智能化工具独立的行为能力,将财富生产能力的"知识重心"彻底转移到工具中,实现了生产力结构彻底变革。

智能时代的到来,给我们的生活、工作、出行等各方面带来了重大的变化。与老年人日常生活密切相关的政务服务、社区服务、新闻媒体、社交通信、生活购物、家居电器、金融服务等互联网网站、移动互联网应用都逐步实现智能化;尤其是智能手机的普及运用给人们日常生活带来了巨大便利,但也给不少老年人带来一定的"困扰"。最近,一段"老人在乘地铁时因无健康码而受阻"的视频引发热议,智能时代给老人造成的"尴尬"再次受到关注;前不久也有新闻报道,湖北宜昌一位老人独自冒雨去交医保,却被告知,费用只能在网上支付,拒收现金。其实类似的新闻还真不少,尤其是在今年的疫情防控常态化工作中,由于基于大数据基础上的健康码、行程码成为防控的必备环节,不少不用智能手机的老人遇到了不小的难题。

科学技术进步不应该是冷冰冰的,而应该是充满温度的,让广大老年人跨越"数字鸿沟",这是包括家庭、社会、政府在内的共同责任。智能社会的发展也给老年教育注入了新的内涵,提出了新的要求;如何帮助老年人摆脱智能化困境,适应智能化时代的发展,应成为当下老年教育重点关注的课题。

二、南京汤山街道老年教育发展现状

老年教育是我国教育事业和老龄事业的重要组成部分。发展老年教育,是积极应对人口老龄化、实现教育现代化、建设学习型社会的重要举措,是满足老年人多样化学习需求、提升老年人生活品质、促进社会和谐的必然要求。随着我国社会人口老龄化的不断深入,老年教育越来越受到党和政府的重视,受到社会各界的青睐。

为认真贯彻落实国务院《老年教育发展规划(2016—2020 年)》,促进老年教育事业的科学发展,多年来,在街道和社区党政的高度重视和上级老年大学协会的正确指导下,汤山老年教育在普及中巩固,在探索中发展,在创新中提升,取得了良好的办学成效。汤山街道积极整合社区教育资源,在办好街道老年大学的同时,重视社区老年学校的建设和发展。目前,全街道有老年大学 1 所,分校 2 所,办学点 3 个,社区老年学校 16 所。老年教育受众率

逐年攀升。2019 年,全街道老年人口 14833 人,参与老年教育的学员为 5464 人,入学率为 36.8%;97 个自然村中,教学点已由 2010 年的 16 个增加到现在的 41 个,自然村教学点覆盖率达 42.8%。社区校有文体队 43 支,1232 人;志愿者队伍 47 支,1606 人。每年开展活动 120 多场,真正实现街道社区老年教育的全覆盖。

《老年教育发展规划(2016—2020 年)》主要任务中提出:"运用信息技术服务老年教育。加强数字化学习资源跨区域、跨部门共建共享,开展对现有老年教育课程的数字化改造,开发适合老年人远程学习的数字化资源。通过互联网、数字电视等渠道,加强优质老年学习资源对农村、边远、贫困、民族地区的辐射。推动信息技术融入老年教育教学全过程,推进线上线下一体化教学,支持老年人网上学习。运用信息化手段,为老年人提供导学服务、个性化学习推荐等学习支持。"

近年来,随着数字信息技术的高速发展以及智能手机的不断普及,传统的班级授课制形式,已经远远不能满足现代老年教育发展的需求,出行打车、移动支付、网络购物、移动挂号、微信取件等现象日益普遍。与此同时,很多老年人因各种原因跟不上科技步伐,不仅无法充分享受便捷服务,而且家庭生活中智能电器还大多不会使用,这些情况加重了老年人与时代的脱节感。因此,如何发展网络老年教育,让老年人群体更好地融入信息社会、智能化社会,到了亟须探索研究和解决的关键时期。

三、汤山街道老年人运用现代智能网络科技情况调查

为了贯彻落实《老年教育发展规划(2016—2020 年)》中"运用信息技术服务老年教育"等相关精神要求,南京市江宁区汤山街道老年大学在切实加强课程建设的同时,曾对汤山街道老年大学授课班级及 16 个社区校共 5400 多名老年学员进行了问卷调查。共发放调查问卷 5460 份,收回 5430 份,调查结果如下。

(1)年龄:60—70 周岁的老年学员人数 3041 人,占被调查人数的 56%;71—75 周岁的老年学员人数 1901 人,占被调查人数的 35%;75 周岁以上的老年学员人数 488 人,占被调查人数的 9%。

(2)学员来源:城镇居民的老年学员人数 1955 人,占被调查人数的 36%;农村居民的老年学员人数 3475 人,占被调查人数的 64%。

(3)学员归属:汤山街道老年大学的老年学员 596 人,占被调查人数的 11%;上峰等分校老年学员 292 人,占被调查人数的 5.3%;各社区老年学校老年学员 4542 人,占被调查人数的 83.7%。

(4)智能手机使用情况:60—70 周岁的老年学员全部使用智能手机;71—75 周岁的老年学员使用智能手机人数 1711 人,占该年龄段人数的 90%;75 周岁以上老年学员使用智能手机的人数 317 人,占该年龄段人数的 65%;不少老年学员还使用只能接打电话的老人机。

(5)能否熟练使用智能手机上网浏览学习或熟练操作微信、QQ 及其他手机 App 等:能熟练使用的老年学员人数有 2987 人,占被调查人数的 55%;不熟练或不会用手机上网的老年学员人数 2443 人,占被调查人数的 45%。

(6)信息技术、电脑使用情况:能熟练操作电脑,经常利用电脑上网学习、阅读浏览的老年学员人数 1738 人,占被调查人数的 32%;只会开关机,简单操作电脑的老年学员人数为 597 人,占被调查人数的 11%;不会操作电脑,家中无电脑的老年学员人数为 3095 人,占被

调查人数的57%;其中不懂信息技术,不会操作电脑的农村居民学员达2662人,占老年学员人数的86%。

(7)"你觉得当今时代,掌握现代信息网络技术有没有必要":结果显示,觉得"有必要"的老年学员有5426人,占被调查人数的99.9%;只有4人选"无所谓";无人选"不必要"。

(8)"你经常上网浏览新闻、查找资料或学习吗?":结果显示,回答"经常上网"的有老年学员1520人,占被调查人数的28%;选"偶尔上网"的老年学员有652人,占被调查人数的12%;选"从不上网"的老年学员3258人,占被调查人数的60%。

(9)"你能熟练操作家中智能电器吗?":结果显示,回答"能"的有老年学员3987人,占被调查人数的62%;回答"不能"的老年学员有1443人,占被调查人数的38%。

(10)"你是否愿意参加老年大学或社区老年学校组织的网络教育或电脑信息技术学习培训?":结果显示,除2人外,愿意参与培训学习的老年学员有5428人,占被调查人数的99.9%。

以上区域调查情况表明,网络科技与老年人生活之间的"数字鸿沟"依然明显,不少老年人还没有掌握现代信息技术,没能熟练使用智能手机、网络应用,没能真正融入现代社会,但学习网络技术或电脑信息技术的需求很大,这也充分说明发展网络老年教育势在必行。

四、对策研究

智能技术改变世界,影响和改变着人们的工作生活,尤其给老年人带来相当大的"智能困扰"。针对"问卷调查"的现状,为切实发展老年教育,帮助老年人跟上当今智能化社会的发展步伐,南京汤山街道老年大学积极地进行了一系列的探索、尝试、研究。

(一)进一步完善社区老年教育三级网络

江宁区的老年教育三级网络,早在2015年前后,在市、区老年教育协会的关心指导下业已构建完成,并得以逐步全面实施。为科学发展老年教育,我们需要不断完善老年教育三级网络,达到常态化、规范化操作,近年来,我们在市区老年教育协会及教育局的正确指导下,与街道社区教育中心联合,以江宁区老年大学、社区学院为龙头,构建并逐步完善了"区社区学院(老年大学)—街道老年大学—社区老年学校"三级教育网络,切实做好教学点建设,为社区基层群众特别是老年人的终身学习,提供稳定的场所和多样化的学习平台,老年教育全覆盖,促进学习型社区建设,为发展网络老年教育提供便利。

(二)加强培训,提升技能,推进网络老年教育

古语云:"授人以鱼,不如授人以渔。"老年人能真正跟上网络时代发展步伐,关键是要教会老年人掌握现代信息技术、适应信息化社会的数字技能。多年来,汤山街道老年大学有着超前意识,2010年开始,就长年开设"免费电脑培训"班,面向全体社区百姓开设初级班、中级班,普及电脑基础知识、信息技术、网络知识及上网学习技能等。近几年培训更加红火,又增加了智能手机的运用,QQ、微信、App平台的学习使用等课程。每学期开设36课时,每年培训近2300人次。老年学员通过培训,掌握了知识技能,有力推进了本地网络老年教育的发展。

(三)着力提高老年教育教师从业水平

加强老年大学及社区老年教育教师队伍的培育,每年定期对从事老年教育的教师进行

专业技能培训,提高从业教师的业务能力。选拔学员中有专业一技之长的退休"五老人员"担任各授课班级教师,定期开展教学经验分享交流会,把先进的经验及教学理念,尤其是采用现代化教学手段取得的经验成果,分享给其他教师,提高他们的眼界和水平。

(四)加大投入,加强网络老年教育硬件建设

近几年,为跟上老年教育的时代步伐,汤山老年大学在原有的基础上,在上级政府的大力支持下,重新铺设了学校互联网宽带,彻底解决了计算机教室上网慢、卡壳等难题。学校还先后为电脑教室、电子阅览室购置更换了 20 台计算机,为学校书画班教室添置了现代化的实物投影教学设备;寻求各社区党政对老年教育的支持,鼓励各社区老年学校抓住机遇,争创江宁区高标准现代化居民学校,配置配齐电脑、电子阅览室及现代化教学设备,为社区网络老年教育提供极大便利。目前,全街道 16 个社区都按要求配齐了电脑,接上了宽带,拥有标准的电子阅览室;古泉、路西等 4 个社区已成功创建江宁区高标准现代化居民学校。

(五)注重课程建设,创新教学形式

汤山街道老年大学注重课程建设,在原有 21 个专业课程的基础上,又增加了"手机摄影""网上阅读""瑜伽"等课程;免费电脑培训中,根据学员需求,开设了"智能手机的应用"等课程,为网络老年教育提供便利。要增加老年人的社会参与度,需要不断扩大和创新教学内容,还需要探索创新教学形式,各科培训教学中,我们鼓励教师采用现代化教学手段,大胆让老年学员体验数字教学的实践。比如,老年书画班教学鼓励老年学员体验实物投影展示作品;钢琴班、京剧班的少数优秀学员通过课件或微课展示自己的学习成果;组织爱好相同的老年人建立学习小组,互帮互助,开展学习交流体验等。社区老年学校还邀请青年志愿者走进课堂,帮助老年学员学习上网、使用智能手机等。这些措施,帮助了老年人,无疑对网络老年教育的开展起到了极大的促进作用。

(六)增加老年教育的重点内容

结合"2022 年南京市'百场万人'老年人学用智能手机专项行动",持续开展专场培训,将加强老年人运用智能技术能力列为老年教育的重点内容,通过体验学习、尝试应用、经验交流、互助帮扶等,引导老年人了解新事物、体验新科技,积极融入智慧社会。

(七)整合资源,更新学校网站,开展微信学习平台的建设

互联网要"加"老年人,首先须帮助老年人摆脱智能化困扰,鼓励老年人学习掌握上网技能,使用 QQ、微博、微信、手机客户端等新媒体。近年来,汤山街道老年大学积极整合各方资源,不断更新学校网站学习内容;鼓励老年学员参与"江苏学习在线""南京学习在线"的网站学习;鼓励老年学员多上网,进行网上学习、阅读、浏览,或查找资料,还要求老年大学各培训班级必须建立班级微信群,使用智能手机的教师、学员全部加入微信群,加强微信平台学习交流、网上咨询、活动通知、互帮互学等,与网络老年教育逐步接轨。

(八)线上线下,帮助提高

近几年,新冠疫情肆虐,老年教育不能正常开展线下培训。南京汤山街道老年大学结合上级老年教育主管部门的要求,开发针对老年人网络学习的全媒体课程体系,通过老年大学、社区学校、养老服务机构、社区教育机构等,采取线上线下相结合的方式,帮助老年人提高运用智能技术的能力和水平。

据不完全统计,2021 年 1 月以来,在抗击新冠疫情期间,汤山线下老年教育培训几乎全部停止,线上学习培训却没有停息。截至 2022 年底,汤山街道老年大学及各社区老年学员,参加在线学习、网络微信学习的老年学员人数有 3402 人,达老年大学及社区校学员总数的 62%。发展网络老年教育,我们仍然在行动。

老年教育是终身教育的重要组成部分。发展网络老年教育符合加快建设学习型社会、提高国民素质的要求。目前,发展网络老年教育依然任重而道远,只要我们坚定信心,注重实际,不懈努力,老年人一定能跟上数字化时代步伐,网络老年教育一定会迎来美好的春天。

作者简介:①李春萍,南京市江宁区汤山街道老年大学校长。
②崔於义,南京市江宁区汤山街道老年大学副校长。

统筹推进"两线"教学的客观必然性及其对策探讨

南京市浦口区老年大学

党的二十大报告指出:"必须坚持在发展中保障和改善民生,鼓励共同奋斗创造美好生活,不断实现人民对美好生活的向往。"老年教育事业承载着党和国家保障和改善民生大计,关系到老年群体实现对美好生活的向往。2020 年春季以来,浦口区老年大学在常态化疫情防控大背景下,为了满足学员学习需求,在组织常规课堂教学的同时,利用学校官微精心打造出"空中课堂"线上教学平台,在南京市区级老年大学系统率先推出"线上 + 线下"两线教学模式,取得较好的效果。通过两年多来的探索实践,我们充分认识到,老年大学开展线上教学具有客观必然性、现实紧迫性和操作可行性,是实现老年大学高质量长远发展的一条重要途径。

一、"两线"教学模式并举是现阶段老年大学必然选择

近两年,由于受到疫情影响,各地老年大学线下教学时开时停,由此催生出线上教学模式。此举虽由突发疫情引起,看似偶然,其实必然。这是由于人口老龄化程度不断提高,线下教学资源越来越难以保障老年人学习需求。随着社会各类办学机构纷纷推行远程教育、线上直播、视频录播等线上教学模式,老年大学开展线上教学已为数字化社会发展大势所趋,是缓解老年教育供给侧压力之必然。

(一)充分认识发展线上教学的必然性

我们认真地分析了客观情况。第一个基本情况:面对持续流行的新冠疫情,世界卫生组

织和我国政府明确提出"常态化疫情防控"的判断。虽然我们无法估量"常态化"要持续多长时间，但可以肯定绝不是短时期，对此我们必须要有足够的思想认识和心理准备。老年大学线下教学面临疫情防控风险高、难度大的压力，受疫情形势直接影响。线上教学则可有效减少老年学员社会交集频次，降低疫情风险，不失为老年大学统筹疫情防控和教学工作的最佳选择。第二个基本情况：进入21世纪20年代以后，我国老年人口急剧增长，社会人口老龄化速度加快，虽然政府对老年教育资源供给逐年加大，但远不能满足老年群体入学需求，"一座难求"成为各地老年大学共同存在且不易化解的难题。学校应在发展线上教学中寻求出路，线上教学有无限发展空间，能在集约教学资源的同时，让更多老年人足不出户即能接受教育，有效缓解老年教育供需矛盾。

（二）助力老年人共享智能服务是老年大学一项重要任务

老年大学是适应社会老龄化需要、帮助老年人提高生活质量而发展起来的时代产物。现阶段，我国数字经济飞速发展，智能技术越来越多地运用到社会生活各个领域，深刻影响老年人生活方式和生命质量。在这个数字化和人口老龄化叠加发展时期，帮助老年人跨越"数字鸿沟"，共享智能化服务是老年大学一项要务。老年大学助力老年人融入智能化社会，运用线上教学方法，引入智能手机、电脑网络等新媒体教学，开设一批智能化线上教学课程，打造智慧型学校，能够帮助老年人搭乘上智能技术快车，共享智能化社会发展成果。

（三）统筹"两线"教学是提高老年大学办学水平的有效举措

线下教学是老年大学传统的教学模式，在一定时期有利于满足老年人的精神文化需求，扩大人际交往。随着进入场景时代，其标志是电子媒介所营造的信息环境和技术体验引领人们进入了移动互联网社会，并致使人们的社会关联模式发生了深刻变化。以智能手机为代表的移动媒体正参与和形塑个体的日常生活。这时，老年大学（老年学校）开展线上教学，运用网络媒体开展新型教学模式，是紧跟社会发展、及时进行教学改革。老年大学、老年学校开展线上教学的好处多多，老年学员通过在线教学，足不出户，随时随地便捷汲取所需知识。坚持不懈走"两线"教学道路，不断稳定和巩固线下实体教学，着力推进和提高线上教学质量，二者相互作用，相互影响，优势互补，扬长避短，老年大学才能在飞速发展的智能化社会和常态化疫情防控新形势下，保持旺盛生命力、鲜活力、竞争力，才能不断提升办学水平和质量，砥砺奋进，行稳致远。

二、浦口区老年大学推进"两线"教学主要做法与成效

2020年春季学期，由于突发新冠疫情，浦口区老年大学按下线下教学暂停键。当年9月，学校为了满足老年学员的学习愿望，注册了"南京市浦口区老年大学"的"微信公众号"，开展在线教学，打造"空中课堂"教学平台。"空中课堂"每周一推出一期课，每期播出6—8门教学课程，内容以学校线下教学的智能手机、太极拳、葫芦丝、国画等视频课件为主，配套推送党史等思想政治课和文史、古典诗词、戏曲、器乐等公益欣赏课，充分保持学校教学的连续性、多样性、艺术性，对在校老年学员及在网络平台学习者都产生了较强的教化、辅导、示范作用。两年多来，学校在线教学实践突出做好以下五个方面工作。

（一）构建在线教学的管理机制

校委会把创新发展线上教学当作提升学校办学水平第一要务来抓。校长统筹线上教学

重大问题决策,在组织领导、教学规划、课程设置、教学经费等方面,强化顶层设计,实行目标管理,加大人力、智力和资金投入。学校成立了线上教学工作领导小组,组织带领教学管理人员、教师和老年学员干部协调一致开展工作。聚焦在线教学管理,制定并坚持执行教师备课、课程教学视频拍摄、视频推送、老年学员跟学等管理制度,从而保证了在线教学课程视频按时播发,课件质量稳步提升,学习效果不断拓展。

(二)优化在线教学的课程设置

学校秉持以学员为本的教学理念,根据老年学员学习需求,灵活设置在线教学的课程。课件选题视野开阔,尽可能录入本校实体课程。注重课件的针对性,强化智能手机等实用技能培训,做到主题突出,尽量"小(微)而精"。强调对重要知识点连贯教学,不片面追求抽象宽泛的知识面。合理调整课件结构,科学编排教学内容,每门课程安排在10个课时上下,每个课时控制在25分钟左右,运用碎片化、快餐式学习法,妥善解决课时过长学员容易产生视觉疲劳、课时过短教师难以完成清晰讲授的矛盾。教师教学力求灵活生动,尽可能安排镜头感强、构思新颖、教法有创意的教师授课,着力改变网上授课互动性不强的劣势。

(四)精心拍摄课件视频

课件视频制作质量是在线教学的关键,直接影响到老年学员学习效果、学习兴趣。学校从三个方面提升课件质量。一是提升教师备课质量。要求教师录课前准备充分,注意教学内容的针对性,适当罗列老年学员可能提出的问题或疑惑,在授课中自问自答,让老年学员在收看视频时轻松获得知识。二是提升视频拍摄质量。摄影师采用剪辑思维进行拍摄,正确运用构图艺术、对焦技术、运镜手法、手动功能等,注意保持画面清晰稳定,保证课件视频清晰流畅,引人入胜。三是悉心做好视频后期制作。恰到好处地加入片头片尾,配制背景音乐和字幕,添加转场特效,在电脑编辑软件技术支持下,高质量完成课件视频制作过程。

(四)着力提振学员参学热情

学校多措并举,把组织老年学员"参学、跟学"作为线上教学重点来抓。校委会组织学员干部深入开展宣传动员,及时向老年学员公布教学计划,传递教学信息,教会老年学员使用智能手机,顺利融入"空中课堂"教学活动。在线教学的过程中,密切关注教学动态,注意搜集老年学员意见反馈,不断改进和完善教学方法,有效解决老年学员线上学习中的困难和疑惑,提振学员参学积极性,线上教学课程跟学率不断提升。统计显示,在2020秋季班至2022春季班4个学期内,"空中课堂"老年学员关注率提高了21.4个百分点,视频课程跟学率提高了31.6个百分点,其中,视频课程平均点击率达到98.9%,充分表明学员学习积极性高涨(见表1)。

表1 浦口区老年大学线上教学学员参与情况统计表

学期	时间	学员关注率%	增加%	学员跟学率%	增加%
第一学期	2020 秋季班	75.4	—	58.1	—
第二学期	2021 春季班	86.3	10.9	70.2	12.1
第三学期	2021 秋季班	91.7	5.4	78.9	8.7
第四学期	2022 春季班	96.8	5.1	89.7	10.8

（五）统筹推进"两线"教学

浦口区老年大学坚持走"线上教学与线下教学相结合"的道路，统筹发展"两线"教学。线上教学保持常态化，不间断，稳步推进；线下教学则顺应疫情变化，实行动态管理。当疫情出现重大波动时，学校按照当地政府部署，立即启动应急响应机制，暂时关停线下教学活动，切换到线上教学模式，同时加大视频课程在线教学推送量，确保学校"停课不停教"，学员"停课不停学"。

两年多来，全校有26位教师参加线上教学课程录播教学，占教师总人数的72.2%；在籍老年学员有1240人参加线上教学课程学习，占学员总数的95.4%，由此妥善化解疫情造成的停课之虞，同时也通过官微向社会传递学校教学信息，展示办学水平和成果，提高了学校社会知名度、美誉度。截至2022年6月，"空中课堂"已经不间断地推送在线教学课70期，共推出25个专业学科525节课，总时长227小时，其中，校本课程356节，时长169小时，分别占比67.8%和74.4%。深受学员和社会受众追捧，点击收看累计达到28.2万人次，其中，在籍学员21.1万人次，占比74.8%；社会受众7.1万人次，占比25.2%。学校线上教学课程视频课件储备充足，已储备了线上教学课程超过100课时，新课录制按计划跟进，为全面完成2022年线上教学计划、扩大2023年度线上教学课程的规模提供坚实保证和技术支撑。

三、老年大学发展"两线"教学面临的难点及其对策

（一）老年大学发展"两线"教学面临的难点

国务院《老年教育发展规划（2016—2020年）》提出："要运用互联网等科技手段开展老年教育，为全体老年人创造学习条件，提供学习机会，做好学习服务。"透过浦口区老年大学工作实际，环顾各地老年大学线上教学现状，我们清醒看到，坚持开展和深入推进线上教学，对于长期奉行课堂教学的老年大学来说，尚且存在以下五个方面的问题。一是教师不能完全适应线上教学环境。有的教师线下教学从容自信，当面对摄像机镜头讲课时，就会感到拘束呆板，甚至手足无措。二是线上教学课程的教学设施及技术保障不够协调配套。现有硬件设施设备与线上教学课程的录播不能完全配套；线上教学管理保障工作滞后，不能适应教学要求。三是线上教学课程覆盖面有待拓展。整体上看，线上教学属于起步阶段，许多线下教学课程不能在短时间内推送到线上教学，存在学员"等学"的情况。四是线上教学管理机制滞后。管理制度尚未健全配套，运作机制有待不断完善。五是思想认识不够深刻。师生对今后坚持推行线上教学，思想认识还没有形成广泛共识，存在临时过渡、边做边看的想法，一定程度上影响到线上教学深入推进。

（二）老年大学发展"两线"教学面临的对策

我们认为，老年大学推行和拓展线上教学，必须强化顶层设计、拓展底线思维，应当加强对策研究，主动应对存在的问题和新的挑战，建议从以下六个方面完善工作措施。

（1）老年大学要把坚持推进线上教学确立为教学创新目标。学校要确立起思路清晰、切实可行的线上教学工作目标，要把目标融入当地政府老年教育总体发展规划，受到制度和体制保障，发展经费应当得到政府财政支持。

（2）科学合理地制订线上教学发展规划。要积极稳妥制订符合本校实际的线上教学计

划、量化指标、实施步骤、具体措施,建立线上教学质量评估考核机制。要统筹推进"两线"教学,不能顾此失彼,重心失衡。要遵循实事求是、量力而行的原则,线上教学发展计划不能超越自身现实条件,力避盲从性、追风性、随意性。

(3)精心打造学校线上教学课程的录播团队。当前老年大学线上教学课程视频拍摄制作,大多是外包给专业传媒公司,这样可以制作出较为专业的课件。但是学校必须着眼于常态化、制度化和科学化线上教学,应当组建一支自己的具有一定专业水准的在线教学课程的拍摄制作团队,不断提高编导、拍摄和后期制作人员多媒体技能,从而从软硬件两方面奠定线上教学的质量。

(4)确立线上教学管理服务的机制。学校要根据工作需要,成立线上教学工作专班。要精心构建科学、高效、务实的管理服务体系,提高线上教学的管理质量,建立起完备的教学、服务、考评、信息交流沟通等管理机制,对教师的教和学员的学,要像线下教学那样实行规范有序管理,重要信息要了然于胸。

(5)不断改革线上教学课程的教学方法。要不断改进教学方法,搞活教学形式,加强学校与教师的联系沟通,密切教师与学员之间交流互动。要加强对教师、学员干部及学员有关线上教学业务知识培训,尤其是对教师视频录课、讲课等方面进行基本技能培训。要建立符合校情的人性化、适老化的劝学、促学、帮学、督学等激励机制,大力培植学员学习兴趣,提高老年学员的学习积极性,增强线上教学的参与率。

(6)加强区域和更大范围内的线上教学合作交流。老年大学要努力吸纳校外线上教学机构/平台的成功经验,最大化实现名师与名课共荐共用,优质特色教学资源共建共享,管理服务经验共创共学。

当前,老年大学"两线"教学越来越多地为广大学员所接受,正在潜移默化地改变着学员思维方式、学习方式、认知感受。我们要牢牢把握"两线"教学这个教育新模式给老年大学发展带来的新机遇、新空间,稳步推进线下教学,发展壮大线上教学规模,推动"两线"教学提质增效、同步发展,为提升新时期老年大学办学水平,实现党的二十大提出的"提高人民生活品质"民生目标,做出我们老年教育工作者应有的贡献。

作者简介:南京市浦口区老年大学校委会。执笔:刘尚和,南京市浦口区老年大学教研室副主任。

强化目标管理的教学效应

汪亚兰

美术系是金陵老年大学最早设置的系之一,也曾是建校初期的品牌之一。多年来,在学校领导的关心支持下,经过几任工作人员和师生的共同努力,目前设置的班级扩大了近一倍,参加学习的人次翻了一番,基本满足了不同时期老年学员学习的需求。其中基本原因在于,美术系始终坚持以《南京市市办老年大学规范化项目和标准》为依据,认真遵照规范化教学管理的工作目标,课程设置不断创新,教学活动有序进行,教师队伍稳定,教学成果显现,老年学员学习的积极性进一步提高,各项工作稳步推进。

一、目标管理在老年教学管理中具有重要作用

目标管理是 20 世纪 80 年代以来,世界各国广泛重视的一种管理制度。目标管理是以目标为导向,以人为中心,以成果为标准,而使组织和个人取得最佳业绩的现代管理方法。其实质是强调根据确定的目标来进行管理,即围绕确定目标和以实现目标为中心,开展一系列管理活动。其特点强调活动的目的性,重视目标体系的设置,根据目标进行系统整体管理,注重发挥人的积极性、主动性和创造性,同时根据目标管理的成果来考核管理绩效。老年大学的实质是教育,须不断提高办学质量,实施教学目标管理是题中应有之义。

党的十八大明确提出了要"努力办好人民满意的教育",既是我国教育的最高价值目标,也是老年教育的最高价值目标。南京市委、市政府给我校提出了奋斗目标:"将金陵老年大学建设成为基本实现老年教育现代化,全省一流、国内领先的老年教育活动的阵地。"为实现这一目标,学校提出了今后 5 年发展的目标,要打造"教学、科研、管理"3 个品牌,打造教师、科研、管理 3 支高素质队伍,打造"学习乐园、精神家园、美丽的校园"。2016 年,美术系以《南京市市办老年大学规范化项目和标准》为依据,结合学校工作要求,建立了美术系管理工作目标、美术系班级管理细则、美术系班主任工作标准、美术系教师聘用细则等一套完整的目标管理体系,推进了美术系各项工作的有序开展,取得了可喜的教学成果。

二、制定教学管理目标及其实施策略

目标管理是通过一个过程来实现的,从目标制定、目标实施到成果评价三阶段形成了一

个循环过程。据此,根据美术系实际,我们确立了美术系实施教学目标管理,即不断改革创新教学管理,满足广大老年人学习美术的需求。为此,拟定了实施教学目标管理的策略。

(一)实施教学目标管理的策略

美术系实施教学目标管理主要采取了以下举措。一是课程设置不断创新,满足不同学员的学习需求。二是所开设的课程均有教学大纲并以此编排教学内容。100%的课程均有教材或选用教材。三是教学活动规范。班级管理细致,师生和谐。四是师资结构合理,教学严谨,教师档案完整,教师队伍稳定。五是有一定数量和规模的成果展示,95%以上的老年学员对办学和教学满意。

(二)实施教学管理策略主要抓好几项工作

1.合理设置课程

课程设置是指教育主体方根据办学宗旨、课程理念、对象需求,以一定方式选择课程项目,处理课程间的结构关系,建立课程体系的过程和结果。老年人课程设置应按照老年教育的本质与目的来设置课程。2013年前,美术系不到1000名学员;2018年,已增加到1600多名,新学员还在继续增加。然而,在现有的条件下,既要稳定现有的教学规模,又要满足老年朋友不同层次学习的需求。于是,在2017年美术系组织了对课程设置的现状,学员学习的需求百人(绘画专业)问卷调查活动,学员们分析目前教学活动现状,学员学习的现状,学习的目的,及对课程设置的建议等,充分反映出教学理性规划与学员学习需求不太适应,如,学制问题,专业设置时间长短问题,西画模块班级数量问题等。为此,2018年,我们从课程设置角度,对某些课程的学制和学习科目等进行了调整。

随着教学规模的扩大,教师不断的流动,以及当年教学情况和教学检查中反映的问题,课程设置每年都需要调整变动,还要考虑把适应性课程设置与引导性课程设置结合起来,本着科学性、系统性、综合性原则,充分利用现有的教学资源,从实际出发,结合多数学员的需求,及时调整专业课程的设置,建立课程的运行模块。

2.不断修改完善教学大纲

教学大纲是学校保证教学质量组织教学过程、实施教学任务的基本依据。因此,美术系非常注重每门课程教学大纲的完善。目前,美术系开设有传统山水、现代山水、彩墨山水、写意花鸟、工笔花鸟、写意人物、工笔人物、漫画、禽鸟、牡丹、梅兰竹菊等专修课程;西画设有素描、水彩、油画、版画等课程,均有教学大纲。

各位教师教学的方法虽不一样,但授课前都必须根据教学大纲,结合自己教学的安排,认真填写好"学期周教学进度表"。我们将两年的教学内容按照4个学期进行分解,使初学者预先了解课程的设置、学制、学分、任课教师、每学期的教学内容、学习教材、参考资料以及学习目标和要求等。随着课程设置及教师队伍的变动,教学管理越来越规范化,然而教学大纲也需要不断修改完善。

3.认真抓好教材建设

教材是知识的载体,是教师和学员对话的中介。教材建设是教学工作的一项基本建设。教材对老师和学员来说,是进行教学的重要工具,对教学工作来说,是规范教学,提高教学质量的重要保证。我系根据学校《关于进一步加强教材建设的实施意见》(宁老学〔2016〕3

号)的精神,几年来结合教师教学的现状和学员学习的需求,切实做好系编教材工作。

目前我们系共有27位教师。由于各位教师的画法和技法不同,除了使用学校的教材和外购参考资料外,还必须根据各自教学的需要,自编教学讲义。

在教材编制中,一是通过到教师家中走访,在教师家中获取资料,了解编制教材的宝贵经验。二是通过班主任在各班挖掘人才,配合教师做好课堂教师示范画稿的收集整理,将收集的资料按照教学大纲的要求,以"简明实用""急用先编"为原则,从初级班开始,成熟一本编一本,由系审核整理,分类汇总,打印成册。三是对新聘的教师,在授课前按照我系要求须编制好自己的教材。经过师生和我系工作人员的共同努力,先后编印了23本教学讲义,保证了教师的教学和学员学习的需求,促进了教学管理工作。教材建设是一个永无止境的过程。随着我校的发展,我们既要注重完善已有的教材,又要注重编写新开专业的教材,不断更新升级,以满足老年学员学习的需求。

4. 规范课堂教学秩序

课堂教学是学校教学的基本形式,抓好课堂常规管理,确保每一堂课的正常教学程序。首先,班主任要做好每一节课的常规管理。课前要认真检查上课的教学用品是否齐全,摆放到位,课间,班主任要与师生交流,检查教学进度执行情况,课后要检查教室设备、卫生等管理的情况。要求学员在上课时,要注意课堂纪律,认真听课,做好笔记,认真完成教师的作业。

其次,在教学中,对教师提出要求。即上课要有教案,课时要足,缺课要补,请假要有教师代课。在课堂教学中严谨施教,坚持六项原则:一是教师的主导性与学员的主体性相结合,形成合作、友爱、平等的师生氛围;二是基础班启发式教学和学员讨论式教学相结合,把课堂教学搞得活泼、富有朝气,提高学员学习的兴趣;三是油画班精讲多练、把形象说理与练习相结合,在精讲的基础上多练,使学员"学得会""记得住";四是漫画班是知识性与趣味性相结合,课堂生动活泼使学员产生强烈求知欲望;五是山水班的传统教学手段与现代化教学手段相结合,优化教学过程,提高教学质量;六是课堂教学与课外训练、校内外展示相结合,对于学员的学习成果应展尽展,最大限度地实现他们的价值感、自豪感、认同感和归属感,为老年学员搭建展示平台、服务社会的平台。

5. 抓好班级管理

班级管理主要抓好四件事,即班委会的建立与完善,外出写生活动,关注班级的微信群,做好学员毕业作品展。

抓好班级管理的具体工作,一是根据学校有关规定,我系制定了《班级管理细则》,认真抓好新班班委会的组建,班委成员变动及时调整完善,每年召开一次班级工作经验交流会,充分发挥党员在班级管理中的重要作用。二是安排好外出写生活动。每一位教师和学员都希望组织写生活动,了解绘画与大自然的关系,特别是山水和西画班,外出写生是必修课,每一次写生都要认真组织安排,强调安全注意事项,签订安全责任书。三是规范班级的微信群。随着网络的普及,所有班级都建立了微信群,制订了"群规",要求各班微信群一律实行实名登录,同时仅作为学习交流的平台,每次课程结束后,群主都会整理听课笔记并上传到群里,供学员复习。四是组织本班学员参加各项画展活动。在教学中,教师和学员都很重视学员的作品展,它既反映了教师的教学成果,也反映了学员学习的成果。每一年即将结业的学员,在教师的悉心教授下,经过学员们的努力,逐步领悟和掌握了中国画的笔法、墨法、水法和用色等技法,以及西画的焦点透视等绘画技巧,通过画展,在一幅幅作品展示中得到了体现,我们分批展出,增强了学员学习的信心和激情。现在不仅研修班的学员展示,各班都想展示,我们积极创造条件,为大家提供展示平台。我们还组织提高班以上的班级汇编结业纪念册,制作结业册也是增强班级的凝聚力的形式之一,学员们精心准备自己的画稿和肖像,参加编制的学员认真做好这项工作,也为在美术系学习的学员留下了宝贵的资料。

6. 加强教师队伍建设

教师的素质决定着教学质量。要不断提高老年大学的教学质量,必须建立一支热爱老年教学事业,有奉献精神、有丰富的教学经验、有现代化的教学理念、身体健康、有一定知名度的适合老年教育的稳定的师资队伍。为此,我们首先要把好教师的入口,按照德艺双馨的条件选拔教师。即要注意年龄结构、学历结构,聘用的老师也要有一定的专业知识和教学经验。有的学员本身阅历丰富,有的在职时有一定地位,有的是高知,学习求知的欲望越来越高,对教师专业水平、教学的内容、教学形式不断提出新的要求。在教学的过程中,要规范教师的教学行为,重视教学过程的管理。在执教期间严格遵守学校各项管理制度,认真制定教学计划,不得随意停课、调课,按时上下课,教学中做到认真备课、精心授课、耐心答疑,平时注意与教师交流沟通,召开教师座谈会,交流教学经验,听取他们对教学工作的意见和要求。并通过对教师教学跟踪考察、测评、检查、督促,帮助教师不断提高教学质量,确保教师队伍稳定。

三、教学目标管理产生了巨大的正向效应

近几年来,实施教学目标管理,促使老年学员们大大提高了学习的积极性,以及学习成就的获得感。我们利用教室走廊,展出学员的作品,营造学习氛围,每半月更换一次,山水、花鸟、人物、水彩、素描、油画、版画、漫画等均有展出。特别是木刻版画班的学员,在教师的精心指导下,仅3个多月的学习时间,便展出了34幅版画作品。通过画展,教师们看到了教学成果,学员们增强了学习的自信心,相互学习、相互提高,学员不仅自己欣赏自己的作品,还让家人朋友来欣赏,照相留念。油画和水彩班,通过他们作品的展出,吸引了越来越多的学员要学习油画和水彩画,每天都有许多学员拍照、欣赏、评议。每学期都有近400幅作品在教学走廊展出,成了学员学习的第二课堂,大大提高了学员学习的积极性,也带动了其他班级学员学习的信心和激情,大家相互学习、交流,同时也促进了教师的教学质量的提高。

多年来,美术系积极组织并支持师生参加全国、省、市、区及社区各项画展活动,以各种形式服务社会。如,部分班级参与了南京新闻书画院庆祝改革开放40周年、渡江解放南京70周年、阅江楼专题画展,2017年在庆祝党的十九大召开之际,参与了秦淮区月牙湖社区展示南京美景的画展、下关社区举办的小桃园庆十九大大画展。部分师生与青春老年大学、江宁老年大学、上海老年大学联合举办师生画展;我们还多次到银城君颐东方养老院,举办画展活动,向社会展示老年学者的风采。

2021年,为庆祝中国共产党成立100周年,我系组织了100多名学员积极参加了全国老年大学协会举办的"致敬中国力量 献礼建党百年——我的中国故事"绘画作品评选活动,上报了123幅作品,16幅作品荣获各项奖励,为学校争得了荣誉。组织汇编了《丹青夕照》

画册,收集了近几年42位教师、397位学员的作品,以及领导视察、美术系课堂教学、室外写生、画展、校内外活动等剪影图片,留存了宝贵的资料。在迎接党的二十大召开之际,美术系组织了近400份作品分别在学校14楼、3楼展厅展出。学员通过笔墨绘画的学习成果,迎接党的二十大的胜利召开。

四、美术系实施教学目标管理中存在的问题

（一）教学目标管理还不能及时跟进人口老龄化形势的变化

随着全国老年大学教育自主转型,老年大学要从"健康快乐""文化养老"的享受型教育,向"开发人力资源""实现自我价值"的发展型教育与享受型教育结合的教育转型。随着这一转型的展开,要适应老年教育的转型发展,为此必须进一步强化目标管理。2022年国家出台了《全国老年大学管理示范标准》,我们要按照新的要求,推进老年大学转型发展的需要,不断确立教学管理的新目标。

（二）课程设置还不能充分满足不同层次老年人的精神需求

老年教育的对象大多数是离退休干部、科技人员、教育工作者、职工和社会老人,这些人在各行各业的工作岗位上奋斗了大半辈子,有丰厚的社会经验和一定的知识阅历,他们的学习有其自身的特点和规律,课程设置要形成多专业、多层次、多学制的格局。

（三）教师的教学行为还需进一步规范

由于体制、机制等方面的原因,在老年大学担任教学工作的教师,现阶段的讲课费一般都比较低,与社会上的一些艺术学校和个人带学生的教师比较相差甚远。虽然教师都具有甘愿吃亏、无私奉献的精神,然而,要提高教学质量,满足更高层次学员的要求,教师必须要有丰富的教学经验和专业特长,适当安排名师讲座、名师课堂,为建设高质量的课堂教学提供人才支撑。同时要重视教学过程的管理,规范教师的教学行为,增强责任感,提升教师现代文化素质,提高教学水平,通过有温度、有深度、有效度的课堂教学,满足学员学习的需求,提升老年人生命质量,发挥老年余热,服务现代化建设。

（四）学员管理的方式方法须不断改革

有些老年学员进了老年大学学习后,适应了学习的环境;有的已80岁以上,听力衰减;有的已完成规定的学制,又从头开始学,就是不愿意离开学校。他们的生理功能、心理特征发生了很大的变化。他们对新事物学习困难,如,还有部分老年人不会使用智能手机,操作微信缴费、班级微信群、健康码查询等感到为难。对此,我们要以人为本,宽严适度,自我管理,在尊重的前提条件下做好管理工作,碰到具体问题时,根据具体情况分别对待。

五、继续改革的目标和策略

当前,我国人口老龄化形势日益严峻,随着人们物质生活水平的提高,社会养老保障体系的逐步完善,老年人对生活的追求必然朝着高层次的精神文化需求发展。老年人为适应快速变化的社会环境,都需要通过再学习,不断提高自己的判断能力、适应能力和生存能力。老年大学是他们最好的学习环境,办好老年大学势在必行。

根据"中国老年大学协会示范校"实施方案,为按时高质量完成参评工作,确保我校入选

中国老年大学示范校,根据中国老年大学协会团体标准《中国老年大学示范校评价指南》(试用)和《中国老年大学示范校评价指南》市级老年大学自评表的要求,结合我校实际,美术系确定了新的教学管理目标要求,对目标更加细化,标准更加具体。

(1)按照学校要求,学习研究分析《中国老年大学示范校评价指南》(试用)和《中国老年大学示范校评价指南》市级老年大学自评表,对照标准找差距,固强补弱,着力于抓好落实。

(2)根据近几年教学检查的情况和老年学员对教学工作的建议和要求,在现有的基础上继续创新教学及教学管理,不断提高教学质量。

一是随着新课程的设置,不断修改完善《教学大纲》,认真制订教学计划,做到新开课程均有教学大纲。二是在教学中,要求各位任课教师严格按教学进度内容进行教学,课前精心准备,课中严谨施教,课后不断总结,提高教学质量。三是加强教材建设,凡开设的课程,教师都须依据教学大纲、教学体会和教学经验编写或修订成讲义,形成系编教材;提倡鼓励任课教师自行编写讲义,在使用中不断改进、修订,使教材日臻成熟,并为校编教材提供资料。

2022年我校将继续参评"中国老年大学标准示范校",这是加强学校标准化规范化建设,推进学校高质量发展的一项重要工作,我们将高度重视,充分利用现有的教学资源,按照学校的办学目标和要求,切实落实各项工作目标,发挥主观能动性,努力工作,为老年教育事业做出更大的贡献。

作者简介:金陵老年大学美术系主任。

提高老年大学教学质量须着力教材建设

周　莘

一、教材建设是提高教学质量的关键

(一)教材的界定

《中国大百科全书·教育》关于教材的界定是:(1)根据一定学科任务,选编和组织具有一定范围和深度的知识技能体系,一般以教科书的形式来具体反映;(2)教师指导学生学习的一切教学材料。

顾明远主编的《教育大辞典》对教材的界定是:教材是教师和学生据以进行教学活动的材料,教学的主要媒体,通常按照课程标准(或教学大纲)的规定,分学科门类和年级顺序编辑。包括文字教材和视听教材。

日本学者欢喜隆司认为,从总体上说教材是受学校教学内容所制约的。它源于实质性的科学、文化、艺术、生活的各个领域,并以计划的形式表现出来。它包括学生在教师的指导下通过学习活动在心理上和实践上主动地作为普通教育和专业教育的成分加以掌握的物质对象和观念对象。

传统教育理论认为,教材是历史积累的人类经验,是学校各学科的目的内容或材料。现代教育理论认为,教材既包括师生所从事的活动,又包括完成此类活动所应用的各种材料或工具。教材可分为有形的(物质的)和无形的(精神的)。

新课程师资培训资源中的《新教材将会给教师带来什么》将教材定义为:教材是教师为实现一定教学目标,在教学活动中使用的、供学生选择和处理的、负载着知识信息的一切手段和材料。它既包括以教科书为主的图书教材,又包括视听教材、电子教材以及来源于生活的现实教材。

综上所述,教材界定有狭义和广义之分。狭义的教材就是教科书,教科书是课程的核心教学材料。广义的教材不一定是装订成册或正式出版的书本,凡是有利于学生增长知识或发展技能的材料都可称为教材。

(二)教材在教学中的作用

教材、教师、学生是课堂教学活动的三个基本要素,也是教学质量生成的三个基本要素。它们从不同角度、不同层面对教学活动和教学质量产生决定性、根本性、实质性的影响。教材在教学中的作用主要表现在以下几个方面。

(1)从终身教育维度来说,教材作用凸显。在终身教育时代背景下,教育更强调科学、规范,而不是艺术、自由。为此,教材(教学大纲、课程标准、教科书以及相应的教学参考书等)就成了教育的中心,成了保证基本教育质量的"依靠"和"凭借"。我国近代教育家陆费逵在《中华书局宣言书》(1912年2月23日《申报》)中明确提出"教科书革命"的口号,他说:"国立根本,在乎教育,教育根本,实在教科书。"

(2)从教学活动运行维度来说,教学比其他途径在系统传授知识、技能以及培养学科学习能力上有着无可比拟的优越性,这种优势,依靠的主要是教材。教材是教师执教的依据,也是学生学习的依据。教材不但界定教师教的任务,也界定学生学的任务。教材才是教学过程真正的核心。必须以教材为中心来发挥师生的主观能动性,这被日本教育家佐藤学称为"被动的能动性"。

(3)从教学实践维度来说,课堂教学的核心任务就是要解决教材与学生的矛盾,为此,必须以教材为中心来组织课堂教学活动。没有教材或不依赖教材的课堂,教学就会失去内涵,失去方向,质量也就没有了依据,没有了根基。特别是就具体的课堂教学活动而言,一定要以教材为本,忠实地、全面地教好教材的内容,做到不肢解教材、不脱离教材、不边缘化教材,把教材内容教好,把教材任务落实好,把教材问题解决好。教材中的例子,也要把它教好、教到点子上,对例子的补充、延伸、拓展和超越、批判、质疑都要基于例子。

(4)从教材维度来说,教材不仅是课程标准的代言人,更是集中了众多专家、学者的专业智慧和学科水平,它是学科知识的精华、智慧的结晶。教材不是一般的材料、读物,它是根据教育目的和学生身心发展规律和认识特点,专门研制和编写的文本,适合于相应阶段的学生学习。由此可见,教材理所当然地成为教学工作的中心和关键。对此,我们要有正确、辩证的理解。

(5)从老年大学教材维度来说,具有"适老性"。即从老年学员的生理特点和心理特点出发编写教材。目前,老年教育的教材是教育市场的"空缺",几乎没有为老年教育正式出版的教材,因此,老年大学的教材主要靠学校组织任课教师编撰。教材内容的选择和编撰须符合老年大学的教学大纲和课程标准的要求,有利于老年学员运用已有的知识与人生经验来学习新知识和新技能。

二、教材是卫生保健系教学的短板

截至 2019 年底,金陵老年大学卫生保健系共有老年学员约 700 名、13 个班级,但却没有一本编撰的教科书。学员上课,主要是靠听教师讲课,看 PPT,课后翻阅记得不全的笔记与 PPT 拍照,影响复习效果,课前无法预习。

卫生保健系的师资力量虽强,但教材却是短板。授课教师虽然多是来自高校、医院等的名师、专家、名医,但他们多是抱着"医者仁心"的态度,带职挤出时间到卫生保健系讲课,根本就没有空闲时间来编撰教材。系里曾多次与授课教师们沟通,希望教师们能抽空编辑出哪怕是简单纸质的教材来满足学员的学习需求,但是终究未果。

2019 年秋季,卫生保健系中医食疗养生班开班后,大多数学员都向授课教师和班主任提出要教材,系里赶紧将授课教师授课的 PPT 进行了复印。由于教师的 PPT 大多都有背景设置,且字体各异,每个页面由于字数多少不等而使得字号的大小不统一,加上插图的色彩,所以印制出来的页面各种黑、白、灰的效果很不好,有些学员即使戴了老花眼镜也看不清楚。这引起了学员们的强烈不满,影响了学习质量。不少学员说,养生保健牵涉到很多的专业知识,教师课讲得很好,但他们课堂笔记来不及记全,虽然课堂上听起来感觉蛮好的,但课后复习效果不佳。

随着人们的养生保健意识不断增强,到了 2020 年以后,大量的 65 后、70 后人员退休,源源不断地来到卫生保健系报名学习养生保健知识。当学员报名后得知所报班级没有纸质教材,脸上呈现出遗憾和失望。教材,已成为影响卫生保健系教学质量提高的一个重大问题!

三、在自学中刻苦编辑教材

卫生保健系仅有 2 名班主任教师,班级虽不多,但每班的学员多;授课教师工作的特殊性又使得多数班级只能采取教师团队合作方式授课,所以授课教师也多。教师们的 PPT 五花八门,各式各样。我们有心想把 PPT 编辑成教材,但我们两位班主任从来没有接触过这方面的工作,只是会打字,就是个编辑小白。但看到学员们对养生保健教材的渴望,我们抱着"试一试"的想法,经过反复商议,并与学员们沟通,承诺尽力将下学期授课教师的 PPT 转换为文档,制作出纸质讲义。这一承诺深受学员们欢迎,鼓励我们放心做。

在学员们的鼓励下,我们拿着授课教师的 PPT 资料,把自己赶上了架,开启了系用教材编辑工作之路。但没想到,《中医食疗养生》(上册)编辑出来后,学员虽露出了满意的神情,但我们自己很不满意:只能算"资料",不能叫"教材"。

要想搞成有点模样的教材,牵涉到很多具体学科知识。教材涉及封面、目录、章节、排序、编制序列号、插图、制表等一系列的问题。我们没有专业的编辑软件,采用土法上马,充分利用 Word 文档的各种功能制作教材。在教材编辑过程中,我们白天在不影响教学服务日常工作的前提下,抽空做着 PPT 与文档之间的复制和粘贴,晚上、节假日、寒暑假在家加班进行编辑制作,还到书店查找翻阅了大量的各种正规的教材书籍,摸索着学习编辑教材的格式,同时还学习了 PS 知识,学会了修图。当《中医食疗养生》(下册)编辑出来后,因为是大字版,有文有图,受到了班级所有学员的欢迎。学员们纷纷表示,有了教材,结合教师在课堂上的讲授,他们现在可以很快地掌握知识和提高动手能力。授课教师也因为我们编辑出来的教材而开心不已。其他授课教师看到后很羡慕,希望也能得到我们的帮助。

学员们和授课教师们的鼓励,使我们开启了义务帮助各科授课教师编辑教材之路,一发不可收。可编辑之路非但不平坦,还充满了艰辛。当我们拿到教师们的 PPT 打开一看立马傻了眼,一脸蒙,可谓五花八门、各式各样。卫生保健系教材的内容都是中、西医学保健和国学养生方面的,专业性很强。有些教师的 PPT 中没有序号,都是用各种样式的符号代替。这在一页页的 PPT 中还显美观,但放在教材中就不合适,让人分不清重点了。特别是这里面的专业性,如中医对各种病症的内科诊治、中医按摩推拿手法等,如果搞不好就会闹笑话。

我们虽感头痛,但不气馁。经过边编辑、边学习、边请教、边沟通,并反复来回推敲,我们的编辑水平也在不知不觉中提高了。在编辑的过程中,我们并不是一味地"复制""粘贴",而是能够大胆并中肯地提出我们的意见或建议,遇到教师原稿中不完整的地方,就主动提出来让他们补充。发现教师原稿单调的,就主动上网搜索相关图片插入教材中使其生动起来。特别是按摩方面的教材,配合授课教师制作出了经络、耳穴、脚穴等的"二维码"动图,实现了教材动静结合,学员用微信"扫一扫",即可反复观摩具有解说功能的彩色动图,方便学员动手自学。在国学养生方面,以前授课教师注重的是阴阳五行方面,我们就与教师多次沟通,要紧扣阴阳五行与养生的关系,着力加入养生元素。经过和授课教师多次来来回回的磨合,终于编辑出了让教师和学员都较为满意的《易经养生》《道德经养生》的教材。很多授课教师被我们感动,与我们的合作也很愉快。

每一份教材从编辑到印制到交付使用,我们两位班主任都是一个编辑、一个校对,有问题的地方及时修正。每一份教材的封面,是我们在网上搜索出来多个我们认为较满意的图片,并添加上相关元素再发给教师筛选,并最终制作出来的。

四、教材建设促进了教学标准化和教学质量的提升

(一)教材提高了我系师生教与学的积极性

随着一本本教材的诞生,授课教师拿到我们编辑出来的教材,看到自己姓名列在封面上,看到自己的简介赫然展现在教材的前页,都非常开心,更加激发了他们的教学热情;学员们开学看到我们办公室内一箱箱各种各样的教材,看到教材里面不仅字体大、内容全,而且图文并茂,更是开心不已,学习的积极性更高了。

有了教材,学员们可以跟着教材里的各种图文来判断自己或亲朋好友的病症或体质;有了教材,学员们可以跟着教材里的各种食疗方做好吃又养生的美味或汤饮;有了教材,学员们可以跟着教材里的各个穴位给自己或家人进行艾灸、拔罐或按摩;有了教材,学员们可以跟着教材里的各种案例或药方利惠人群。教材,成就了授课教学的荣誉感;更激发了学员们的求知欲。教材,也成了师生之间联系的桥梁。

没有教材前,在课前、课间、课后,学员因记不全而团团围着教师询问各种问题,教师喝水、上洗手间的工夫都没有。有了教材后,学员在书上就能找到教师讲的内容,再结合教师在课堂上讲的案例,很容易就得到了消化。特别是近两年来,遇到疫情进行线上教学,学员

们因为有了教材相结合,很快就适应了线上教学,并爱上了线上教学。

近两年,学员人数和班级数"双上升"(人数由不足700上涨到900有余,班级数由13个上升到18个),这与卫生保健系各科有了规范高质量的教材密不可分。

(二)目前卫生保健系自编教材的初步成果

目前,卫生保健系已经编辑出的教材共有14套门类。

一是中医动手技能方面的:《中医传统疗法》《中医经络穴位养生》《小儿养护与推拿》。二是食物疗法药食同源方面的:《中医食疗养生》《老年食养与保健》。三是中西医保健养生方面的:《中西医结合老年保健与养生》《内科常见病症中医保健》《老年人健康与养生》《鼓楼医院专家谈老年常见病防治》。四是中医功法方面的:《中医功法养生》。五是国学养生方面的:《易经养生》《道德经养生》《黄帝内经中医养生》。六是心理、情志养生方面的:《健脑益智　愉悦养生》。

很多学员都觉得卫生保健系的教材好,来学校报名时,看到各种教材都爱不释手,恨不得能够多报几个班,甚至要求订购卫生保健系其他班的教材。

编辑教材,对于我们外行来说很辛苦,但看到各个班的学员包里背着我们编辑的教材到学校,在教室里认真地跟着教师的授课进度边翻看边记录,我们的心里无比欣慰,虽苦犹甜。

教材,让更多的老年学员遨游在知识的海洋。我们两位班主任也衷心地希望通过我们的不断努力,能让更多的来老年大学学习的学员掌握更多的保健养生知识,不但能够让自己强身健体,还能惠及他人,服务于社会。

作者简介:金陵老年大学卫生保健系班主任。

老年大学实现优质发展须提高班级管理质量

姚积茂

我国人口深度老龄化形势日趋严重,为此,国家发布了系列文件。2019年11月,中共中央、国务院印发《国家积极应对人口老龄化中长期规划》中提出"构建老有所学的终身学习体系";2021年3月11日,党的十三届全国人大四次会议表决通过《中华人民共和国国民经济和社会发展第十四个五年规划和2035年远景目标纲要》提出"完善终身教育体系";为了完善终身教育体系,2021年11月18日,《中共中央　国务院关于加强新时代老龄工作的意见》提出了完善终身教育的政策。老年教育是终身教育体系的有机构成,完善我国终身教育首先要求老年教育优质发展,因此,老年大学须刻不容缓地提高教学管理质量和教学质量。

一、教学管理的主客体关系理论

（一）教学管理的主客体

教学管理理论认为，班级管理是管理主体与管理客体相互作用的过程。在班级管理过程中，管理主体一般由拥有相应的权力和责任，具有一定管理能力并从事管理活动的人或人群组成。组织中的管理主体主要是由管理者组成的，管理者在组织管理中起到决定性的作用。相应地，被管理者就是管理的客体。在老年大学的教学管理中，管理主体由主管教学的副校长、教务处、系班主任和班委会中的班长构成；被管理者就是全班的老年学员。管理的主体和客体，两者只有相互作用和影响，才会形成一个完整的管理过程。

（二）教学管理中主客体的相互关系

在班级管理中，管理职能是在教学主客体的协调中实现的。管理主体必须以管理客体的追随、服从为条件。管理的实质，就是被管理者的追随和服从。追随、服从的人越多，管理主体的作用就越大。反之，没有追随和服从，也就没有管理。不难理解，如果一个教学管理者的指令无人理睬，无人执行，没有响应者，没有服从指令的客体，那么，这个教学管理主体就名存实亡，失去意义，不成其为教学管理者。人需要管理，正如一个乐队需要一个指挥。这里，指挥是相对于可指挥的乐队而言的。

教学管理的主客体之间的管理与服从的关系，如果从整个教学管理系统来考虑就更明显了。教学管理是按等级制原则建立起来的复杂的不断变化的系统。它的各个组成部分，通过倾向和逆向两个方面的联系联结在一起。因此，每一环节（每一级）都对下一环节进行管理，成为管理主体，同时，又要接受上一级发出的信息，成为教学管理客体。也就是说，每一教学管理主体同时又是社会管理的客体，反之，每个教学管理客体同时也是教学管理的主体。在教学管理的每一层次上，这种管理和服从在一个人（或一个集体）身上的辩证统一，保证了教学管理体制的信息畅通和有效的管理影响。任何一个教学管理者要想管理好下级，做一个有效的教学管理者，都必须先要服从上级，接受上级发出的教学管理指令，领会上级的精神、意图，对上级机关负责。但是，仅仅有这些还不够，服从是为了管理，在服从的同时，还要不断地向自己的下级发出教学管理指令，并把握下级的需求、意愿，把从逆向联系中得到的信息，经过处理和分析不断地反馈给上级。在教学管理活动中，这种集管理和服从两种职能于一身的情况表明，教学管理离不开服从，服从也离不开教学管理，二者相辅相成，协调发展。

根据上述教学管理主客体关系理论，为了提高教学管理质量，我们金陵老年大学声乐系举办了班长培训班，因为班长是老年大学教学基层管理的重要组成。声乐系举办班长培训班是为了实现"三个更加"：一是班长及班委的作用将更加突出，二是教与学之间将更加融洽，三是班主任服务体验将更加全面。从而促进我们系的工作开创新局面、再上新台阶，概括为9个字：择其善，明职责，尽其能。

二、择其善

子曰："择其善者而从之，其不善者而改之。"在班级管理中，择其善，即选择班级教学管理主体时须选择善人、能人作为班长。何谓班级管理的善者？笔者认为，其主要标准是，在年龄上应选择以中年人(65 岁以下)为主;在职业上选择退休前有管理经验的人为主;身体状况良好;关键是有奉献精神,愿意为集体干事、能干事、干好事的老年学员。换言之,班长要有热爱班级工作精神,具备较强的组织能力、协调能力与亲和力。随着班主任带的班级越来越多,班级的教学管理也越来越依靠于班委会管理。要营造一个良好的学习环境,就需要有肯管事、能管事的班长肩负起班级教学管理的职责。

一个班的班风好与差,取决于这个班的班委,而班委的整体素质关键在于班长素质。能胜任班级教学管理的班长,就能发挥好班委的作用,这是声乐系各班班委的共识。如:孙艳宁说"班长就是一串珍珠上的一根线",形象地说明了班长的作用。刘杰在他的文章中阐述了"自信用重智"的道理,让班委们热心为同学服务的光和热释放出来,把夕阳当朝阳过,帮助他人快乐自己。林宇说:"作为班长要站在校系、班主任的管理层面上去引导学员开展工作的基本要求,站位高。"俞春林强调:"班长具有加强班主任和教师与同学之间的沟通,建立一个和谐的学习环境的重要性。"施小梅把当班长的压力化为动力,学好琴并通过建立琴艺交流群带动学员们一起学习,使班风团结、友爱、和谐。各班长从不同的角度阐述了班长的作用。

三、明职责

金陵老年大学实行校系两级管理体系,班级实行学员自主管理,因此,班委会责任重大。班委会是在学校和系的领导下,在班主任的具体指导下,遵循班级管理职责,负责日常管理和沟通协调,维护正常的教学秩序。

(一)班委会的组成

声乐系各班的班委会由 3—5 人组成。现在系里的通常做法是,声乐班级老年学员人数较多,班委人数可由 5—8 人组成。其分工是班长、副班长,学习、宣传、生活委员。由学员提名或班主任推荐产生。

(二)班委会的职责

1.班长的职责

(1)负责组织制订班级工作计划与期末工作小结。(2)落实班委成员分工并组织实施检查。(3)定期或不定期召开班委会议,检查班级学习情况,当好学员与任课教师、班主任沟通的桥梁。(4)协助班主任做好学员的思想政治工作,抓好班级的微信群管理工作与学员安全管理。这是学校的规定。

我们根据系里的具体情况,规定了班长有五大职责。一是安全督促检查之责,如疫情工作、学员安全工作。二是班级微信群管理之责,根据学校有关规定,系里专门整理了群规公约,班长转发班级群执行。三是发挥班委作用,当好表率,班级工作组织实施之责。四是沟通、桥梁之责。五是学员思想政治疏导之责。

2.学习委员的职责

(1)关注教学计划的执行,做好教学计划日志的记录。(2)督促学员遵守课堂纪律。(3)抓好第一课堂的学习(如拍摄录像、整理笔记,并发到班级群等)。(4)参与协助组织开展好第二课堂的学习活动。(5)收集学员对教学的反映,做好和班长、班主任与任课教师的沟通。

3.宣传委员的职责

（1）协助班主任、班长做好学员的思想工作，对执行学校的校训、校风和规章制度积极进行宣传。（2）注意发现、收集和宣传班级的好人好事，积极组织向校报投稿。（3）参与组织开展好第二课堂的学习活动。

4.生活委员的职责

（1）做好班级活动收费与保管，班长签字，费用公开。（2）负责安排班级的卫生值日，督促每个小组课后认真打扫、擦抹、拖地等，做到整洁卫生，离开教室前检查卫生值日情况，督促关好电源、门窗。（3）积极参与组织班级的集体活动。

5.班委会的主要职责

（1）根据学校和本系的要求，研究制订班级工作计划，并组织实施。（2）认真做好本班学员的思想工作，贯彻落实学校的规章制度。（3）及时向班主任和任课教师反映学员的情况。（4）组织开展班级课外活动，丰富班级的学习生活，培养团结友爱的风尚。（5）组织学员积极向校报和网站投稿，并负责分发校报和其他学习用品。（6）组织安排值日，搞好教室的清洁卫生工作。

总之，班委会作用大小，直接影响到班级的教学质量，关系到学校各项工作的落实，关系到学校的声誉。班主任首先要选好班长，把那些年纪较轻、基体素质较高、甘于奉献的学员作为首选。其次，组建好班委。注意年龄、专业水平、男女搭配等方面的考虑，调动各方积极性。要形成班委会成员敢抓肯管、各负其责的良好作风。

四、尽其责

以班长为首的班委会如何在学校、系的领导下，在班主任的指导下，积极协助任课教师完成教学任务，提高教学质量，实现学校的宗旨和目标呢？

（一）具备无私奉献的精神

老年大学班级的班长是吃力不讨好、什么待遇也没有，且班上琐碎事情都要过问、张罗，需要花费很多时间，有时难免耽误自己的学习，因此，需要具有热心服务、无私奉献精神的老年学员担任班长，才能尽责。在金陵老年大学求学，追求自己的梦想，那么，也要对这所学校做点贡献，尽自己的一点微薄之力，体现退休后的人生价值。

（二）具有敢抓善管的基本能力

老年大学的教学班级是个松散型的群体组织，没有硬性的管理规定。上老年大学是现代老人的一种生活方式，已逐步被越来越多的老人所重视。各班的老年学员来自社会各阶层，个人经历、学历不同，素质不一，目的不一，难免出现不和谐、不协调的现象。少数人对纪律约束有抵触，只顾自己，不顾秩序，不顾他人，我行我素。作为班长就要敢于管理、善于管理。

一要大胆管理。及时指责不良现象，纠正不良行为，维护课堂秩序，不怕得罪人，不当"老好人"，坚持正义公平。学校只有教师与同学的关系，没有上下级的关系，没有贫富之差，都是学生来学习的，要树立好的班风，不搞小团体，班委中绝大多数人是胜任的，不问事的也是个别的,班长与班主任商量,该换人的就换,愿意改进的给他机会。

二要注意方法。坚持一把钥匙开一把锁,针对各人的不同特点,进行说服引导,动之以情,晓之以理,做到重话轻说,长话短说,给人面子单独说,以诚待人,感化他人。

三要事事想在先,凡事预则立。班长就要想着班里的事,安排好班里的事,做到有条不紊,积极协助班主任、教师的管理与教学。比如,班级结业学习汇报、照相,半年学期结束教学日志、考勤表收集、班级组织户外活动等等,都要安排好。

四要及时做好信息传递工作。班长既是学校或系里声音的传播者,也是学员意见的反馈者,这就要求我们及时地、全面地、准确地做好上情下达、下情上报工作,畅通信息,以便班主任、教师有针对性地开展工作,同时班长身在其中,潜移默化地做好配合工作。

五要关爱学员,体现集体温暖。班上如有学员生重病住院,应当以班级或个人名义去医院看望,或利用班级群微信慰问,送上一份关爱。

六要抓好安全防范与管理工作。班级开展的第二课堂活动,组织者要周密安排,安全上各学员自行负责。上课还课学员自己掌握,教师不勉强,以防止各类事故发生。

(三)要善于发挥班委骨干作用

发挥好班委、组长以及有特长学员的作用是搞好班级管理的重要方法。他们是学员,很容易与同学们沟通,这些骨干是开展管理工作的主要助手。

一要找准定位,主动作为。班委会是学员自己的组织,服从学校领导,在班主任指导下开展工作,任务是贯彻学校办学宗旨,密切学员与学校、教师的联系,促进教学管理,提高教学质量。凡班里组织开展班级课外活动,首先要征得班主任的同意方可进行。当然,不以班级名义组织的另当别论,那是个人自由。特别是在疫情影响下更要严格执行。丰富学员的学习生活,营造团结和谐的氛围。

二要骨干带头,组织实施。发挥好班委、组长以及有特长学员的作用,是搞好班级管理的重要方法。骨干是开展活动的参与者、示范者、组织者,首先要调动他们的积极性,发挥他们的作用。最好的方法就是尊重他们的意见,有事同他们商量,使他们感到自身的价值与作用,才会主动负责,承当义务。其次,明确分工,指定专人负责,他们有能力、有威信,值得信赖,发挥他们各自专长,为学员服务。班长就是要会用人、用好人,挖掘骨干潜质展示他们价值,使班委们共同担起班级管理的责任。

三要示范引领,弘扬正气。打铁还需自身硬,自己要以身作则。有好人好事的也要及时表扬。学员中有的自己买化妆品为结业展演的学员化妆,有的自己买卡请同学唱歌,有的不是值日生的值日生,为班级搞卫生。我们应当为这些一心为集体着想的学员点赞,把赞美当作礼物送人,给予表扬,弘扬正气,弘扬正能量,颂扬良好风尚,让文明健康、和谐的风气涌入我们的课堂。

(四)积极拓展第二课堂的功能空间

第二课堂是巩固和提高教学质量的有力措施,也是学员之间、学员与班委之间增进信任与友谊的好形式,很受欢迎,特别是新学员更迫切、更需要,我们要坚持利用这个平台开展互帮互学活动,以取得良好的学习效果。

第二课堂形式主要有:一是利用课前半小时组织互帮互学;二是把教师教学的内容拍录下来,通过网络传输给学员,让学员自学,自我提高;三是定期组织KTV学习交流活动,班委骨干负责,学员们自愿参加,安全自行负责,来去自由;四是走出去,展示风采,彰显学校声誉。系里在有条件的情况下,组织实施,回报社会,释放学校教学质量。强调不以班级名义组织。这些活动的前提是根据疫情而定。

通过第二课堂的开展,进一步改善人际关系,增强班组凝聚力,共同营造一个宽松、和谐的学习风气,促进教学任务的高质量完成。

老年大学是老年学员圆梦的境地,也是第二青春的开始,让我们荡起双桨,在波涛知识中荡漾。各位班长以自己的热心、责任心、爱心、细心、奉献心与宽容之心去打动同学之心,照亮别人,也照亮自己。在这温馨的校园里,甘愿做一名高尚的奉献者,学习的引领者,班委的示范者,学员的知音者,赢来同学们的笑容、教师的赞许、学校的认可,体现自己的老年价值,更加充实自己的人生。

俗话说,"送人玫瑰,手留余香"。春天播出去的种子,秋天就一定会有收获。帮助了别人也成就了自己,也充实了自己,升华了自己。竭尽全力提升班级教学管理质量,为老年学员营造一个愉悦快乐的学习氛围,创造晚年生活的精神乐园。

作者简介:金陵老年大学声乐系副主任。

完善老年大学线上教学的思考

张振亚

2020 年初突然暴发的新冠疫情,在全球肆虐了 3 年多,给人类带来了巨大的灾难,也给正常的教学活动带来冲击和挑战。为了最大限度保障学校师生的身心健康,近几年来,教育系统借助现代信息技术,快速发展线上教育,上网课已成为各类学校完成教学任务的重要方式。老年大学因集聚着年龄大、身体素质差和基础病多的特殊学员,更是新冠病毒的易感人群。因而,老年大学进行线上教学对防疫更有现实意义。2020 年起,各地具备条件的老年大学纷纷开始进行线上教学。笔者曾于 2020 年 10 月撰写了《老年大学网上教学的实践与思考》一文(获全国老年大学"疫情防控常态化下老年大学'线上'教学探索与实践"主题征文入围奖),该文以金陵老年大学为例,探讨了开展线上教学的主要形式和取得的初步成效。3 年来,金陵老年大学根据疫情的变化起伏,线下线上教学穿插进行,积累了丰富的实践经验。

一、线上教学取得的主要成效

(一)应对突发事件的能力提升

新冠疫情催生了线上教学的发展。近 3 年来,新冠疫情虽在各地反反复复,但当相对平静时期,学校就恢复线下教学。一旦出现疫情时,教学管理部门就立即线上教学。金陵老年大学现有近 15000 名学员,368 个教学班,全校 80% 的系/班仅用一天时间就可完成由线下转线上授课,应急响应能力显著提升。当发生疫情或出现其他大环境不允许线下聚集学习的情况下,线上教育确实发挥了较为重要的作用。

(二)线上教学所需的软硬件条件不断完善

现代网络信息化技术不断优化发展,为线上教学提供了技术设施支撑。通信网络、课程录播等技术系统的不断完善,教学所需软硬件条件的不断改善,以及教师和老年学员适应线上教学的能力不断提升,使得学校在较短时间实现线下线上的快速顺畅转换成为可能。尤其是我们学校建成了配备现代化录播系统的"金陵老年大学云课堂"直播教室,在今后的线上教学中将发挥更大的作用。

(三)线上教育呈现出不受时空约束的优势

相对传统的线下教育方式,线上教育在时间、空间的安排上显得更为灵活。居住地离校较远的学员更感方便,线上教学还避免了老年学员到校途中搭乘公共交通被病毒感染的危险。金陵老年大学由于其多年形成的知名度,而成为南京及周边众多老年学员追逐的目标。有的老年学员甚至不惜途中花费数小时,从数十千米以外的南京远郊的高淳、六合,镇江句容,安徽滁州赶来上课。这些老年学员在体验感受了"上网课"的便捷后,更喜欢线上教学。

(四)将有助于解决老年大学"一座难求"困境

据统计,截至2021年底,我国60岁及以上老年人达到2.67亿,占总人口的18.9%。表明我国已经进入深度老龄化社会。随着社会的进步和我国人民生活水平的提高,老年人在满足吃饱穿暖等物质需要后,对精神、文化和健康的需求日益提升,需要"老有所学"。老年大学为老年人提供了继续接受新知识新技能的场所,承担着"终身教育"的使命和职责。我国有越来越多的老年人希望进入老年大学,接受终身教育。然而,目前的老年教育资源极为有限,老年教育事业的发展远远跟不上老年人口的迅猛增长。"一座难求"的难题已经困扰老年教育多年。王玉珍、周朝东等都曾撰文,从不同视角剖析了老年大学"一座难求"现象,并探索了解决这一现象的对策。实践证明,线上教育是很好地解决这个问题的途径之一。从理论上讲,线上教学的教室可以没有边界,一位授课教师传递知识的能力,可以超越数十、数百线下教学的效果。将可以有效拓展老年教育资源,更好地满足了老年人对终身学习的需求。

二、线上教学存在的不足及进一步完善的思考

(一)进一步优化授课界面,提升线上教学质量

上网课时,学员借助电脑、手机、iPad听课时,如能最大限度地模拟线下授课时的环境,能够及时便捷进行师生沟通互动是很有必要的。现在线上教学的授课平台多样,有腾讯课堂、千聊、微信视频号、勤学网、QQ课堂等。一些学校为线上教学自编的授课系统也是五花八门。笔者曾体验过多种"版本"的授课系统,感受到这些线上教学软件的形式和质量参差不齐。如,有的授课系统在直播时,界面只有教师课件画面或教师的讲课画面,学员如有问题需要与教师沟通,或者学员需要回答教师的提问时,只能用手机从班级微信群反馈。还有一类的线上教学系统,为了便于师生在授课时交流互动,将授课课件与师生交流互动信息显示在同一屏幕上,使学员能实现语音提问或回答教师的问题。笔者认为,在屏幕上同时显示授课和互动界面的第二类线上教学系统,能够提升授课的质量。如果教师授课时一边授课,

一边要用微信群、QQ 群与学员进行沟通交流,便捷性和及时性都会打折扣。如果授课系统还能够在教师不需要显示课件或板书内容时,能够类似"腾讯会议系统"那样方便切换成全屏,显示授课教师或学员的发言画面,模拟线下现场教学的效果会更强。我们应该通过技术更新,实现更好的授课效果。

(二)线下线上相结合,提高老年学员在线学习的自信心

老年大学的学员在上网课时经常会遇到一些问题,如:普遍对网络技术不是很熟悉,对线上教学必备的电脑应用、硬件设置、智能手机及相关的 App 的安装使用不熟练;有的学员不会开启使用授课系统或遇到问题不会及时解决、不熟悉听课所需的软件安装;还有的学员在学习相关课程时,遇到越不过的"坎"时,苦于没有人能及时给予指教,影响教学进程;由于线上教学缺乏师生之间、学员之间面对面的交流,无法及时获得子女或家人相助,往往导致学习无法进行下去,挫伤上网课的自信心。针对这些情况,可以考虑采用线上授课的班级,开辟线上线下授课结合。例如,一个月中采用 3 次线上授课,1 次线下面授。线下面授时,主要展开师生面对面的辅导、答疑等。如果遇到疫情等情况,可以采用小班化的方式来进行面授,化解老年人聚集的风险。大部分时间线上教学加小部分时间的线下面授,所需的教学资源相对减少,对于一些需求大的热门专业班级,就有可能扩大招生,也有助于解决"一座难求"难题。

(三)尊重保护知识产权,鼓励教师研制精品教案

老年大学聚集了许多优秀的教师。多年来,这些教师潜心研究,编写和制作了许多优秀的教案,其中凝结了他们在老年大学教学的经验和智慧。这些教学成果属于知识产权的范畴,理应得到尊重和保护。我们注意到,在线上线下授课时,特别是线上教学中,有的优秀课件被一些学员下载或录屏后,不是仅供本人复习之用,而是将这些课件私下交流传播,此类情况在线上教学时更易发生,侵犯了教师和学校的权益,挫伤了教师继续潜心研究和制作更好的教案的积极性,也会影响学校持续发展线上教学的积极性。针对这类情况,有些教师采用给授权收看的学员赋予密码、本班的学员需输入密码或机器码才能打开课录视频软件。也有的教师在授课时将收看学员的 QQ 号漂移叠加在直播课的屏幕上,如该学员在收看的同时录屏,就会将其 QQ 号一并录下来,这在一定程度上可以制约学员私下将录屏传播。这些教师尝试采用技术手段维护自己的权益。对于保护教学过程中的知识产权,我们除了加强法律法规以及道德素养的宣传教育之外,还必须采取技术手段来设置屏障,避免和减少此类侵权情况的发生,保护学校和教师的教学和科研成果。只有对学校教师的教学和科研成果及其合法权利及时全面的保护,才能充分调动教师们的教学和科研创新的积极性,促进老年教育资源的优化配置。

三、结束语

不断发展、逐步提高老年大学线上教学的质量,是老年教育发展的重要组成部分。通过线上教学,使更多的老年人获得终身教育的机会,是提升老年人生命质量和生活质量、加快和完善养老服务体系建设的重要环节。更多的有学习意愿和学习能力的老年人通过线上教学,能公平地获得不同形式的老年教育,将缓解老年教育资源不足的困境,构建和谐社会,体现党和政府对老龄事业的重视关怀。我们要使这一正在发展中的老年教学形式可持久地健

康发展,必须及时剖析实施中存在的问题,采取切实有效的措施予以解决。我们要加强老年大学线上教学的基础理论、政策法规、应用技术等问题的研究,创新老年线上教育教学模式、教学方法和手段,更好地指导老年线上教育和教学工作。

作者简介:金陵老年大学电脑系班主任。

系统性规划课程是提高老年大学办学水平的关键

叶 欣

随着时代的发展和老年人文化层次的不断提高,老年人的精神文化需求呈现为多层次多向度发展。因此,老年大学一直坚持的课程"按需施教",须针对老年群体的精神文化需求的新变化,对课程进行系统性规划。下面以我们金陵老年大学电脑系课程规划的实际演进为例谈谈个人看法。

一、系统性规划老年大学课程的规定性

系统性规划老年大学课程,是由老年大学课程的特点所决定的。将教育学课程理论与中国老年教育实际相结合,笔者将中国老年大学的"课程"界定为,老年大学的"课程"是依据中国老年人精神文化需求,根据时代发展以及社会经济、政治、科技等发展成果,要求老年学员学习掌握的学科总和及其进展与安排。中国老年大学的广义课程,是指老年大学为实现培养现代老年人的目标而选择的教育内容及其进程总和,它包括由各门学科和有目的、有计划的教育活动构成的课程体系。狭义的课程是指某一门学科。

中国老年大学课程具有多维度内涵。其既包括培养现代老年人应具有的现代社会发展、科学发展的知识体系,又包括帮助老年学员适应现代社会所具有的现代生活能力,还包括助推老年学员继续服务社会、老有所为的创造性活动。

中国老年大学课程具有多样性的外延。其包括文化课程、活动课程、实践课程、隐性课程。文化课程包括校本课程和地方文化课程。活动课程包括第二、三课堂的教学活动和社团活动。实践课程主要是第二课堂教学,把所学的理论知识运用于实践中。隐性课程是利用一切有利于老年学员发展和自我实现的资源、环境、学校的文化建设的教育活动。

二、系统性规划课程的当代要求

(一)课程具有时代性

何谓时代性?时代性是指要有当代的特色、标志、特性。对于金陵老年大学电脑系来说,办班25年来,时代的发展推动着课程的不断更新和拓展。从1998年开办的电脑扫盲班

开始,到 2001 年扩展出网络漫游班,2003 年扩展出图形处理班,2007 年扩展出照片后期处理班,2009 扩展出绘声绘影班,2011 年扩展出动画制作班,之后又相继扩展出幻灯片制作班、微电影制作班、平板电脑班等。随着智能手机的普及,2015 年又扩展出智能手机班,2017年扩展出手机提高班,2019 年扩展出手机微电影班、苹果手机班、电脑与手机互通班等,2023年又扩展出手机短视频班和无人机影像后期处理班。随着课程的不断拓展,班级数也由办班初的 2 个班增加到 31 个班。这些不断拓展的课程代表着不同时代的特色,标志着不同时代的老年人与时俱进的学习需求。所以,电脑系的课程是不同时代音符的呈现。

（二）课程具有灵活性

课程规划和开发的灵活性原则,是指课程设置在注重基础、实际操作、理论研究的同时,更要突出客观实际需要,应用知识解决实际问题。纵向上要满足不同层次学员的学习需求,横向上要兼顾和融合专业特点。金陵老年大学电脑系目前的课程设置,在纵向上基本可以满足不同层次学员的学习需求,在横向上也兼顾和融合了本专业的特点(见表1)。

表1　2023 电脑系课程设置一览表

序号	课程名称（电脑类）	序号	课程名称（手机类）
1	电脑生活实用技术	1	智能手机应用（含苹果系统）
2	绘声绘影基础	2	智能手机应用进阶
3	绘声绘影提高	3	手机短视频制作
4	剪映（电脑版）	4	手机照片（图片）后期制作
5	视频编辑（电脑版）		
6	数码照片后期处理		
7	数码照片后期赏析		
8	数码照片画意创作		
9	电脑与手机实用软件		
10	电脑与手机互通		
11	无人机影像后期处理		

由表1可见,金陵老年大学电脑系分为电脑和手机运用两大专业,电脑专业有 11 个层次,手机运用专业有 4 个层次,这是电脑系在近期举办的期中教育检查教师座谈会中,对现行课程着力于课程向系统演进,在课程演进中逐步呈现出课程的系统结构、层次和系统要素的划分和整合,逐步使电脑系课程规划满足和引导广大老年人群体的精神需求。

（三）着力于核心课程的建设

核心课程是指综合传统独立学科的基本内容,以向所有学员提供共同知识背景为目的的课程设置。老年大学的本质是教育,每个系都有其核心课程,其教学活动都须围绕核心课程进行。电脑系的核心课程是电脑专业,课程多为学科的入门课,须注重培养老年人学习电脑专业知识的能力。其宗旨就是引导和帮助老年人迈上高科技的高速公路,提升他们与智能社会的融合度。

核心课程提倡围绕人类基本活动来确定学习的中心课程。紧跟场景时代发展,电脑系目前将电脑专业与手机基本应用2个专业相联结,助力于老年学员将手机变成掌上电脑。具体操作,以电脑与手机互通、电脑与手机实用软件使用、视频编辑、赏析、画意等课程来扩充老年学员的知识面和实用性。与此同时,还注重课程设置的普及与提高,尊重老年学员学习能力的差异,整合同一专业的不同课程供学员选择;尊重老年学员的求知深度的差异,通过拓展同一专业的课程深度来满足部分学员更高的求知需求。如,PS课程是近几年相对热门的课程,在课程设置上,我系将普及与提高相结合,在适应/满足老年学员需求设置课程的同时,注重在普及中提高,开设不同档次的专业,教授不同水平的内容,按照不同的教学标准,实施相应的教学计划,循序渐进,不断提升学校的办学水平。目前,电脑系开设的数码照片画意创作、数码照片后期赏析、视频编辑等课程就是根据不同层次、不同类型学员的学习需求而设计的。

三、系统性规划课程对老年大学教学管理者提出新要求

笔者在老年大学几十年的教学管理实践中深切感到,系统性规划课程对老年大学教学管理者提出了以下新要求。

(一)教学管理者具有系统理念

从教务处到各系、各班的教学管理者都需具有系统思维,不能停步于"单科独进"地设置课程,而是应立足于学校和系的学科、专业发展系统性规划课程的结构、层次与要素(教学模块)。

(二)教学管理者具有发展理念

时代在发展,社会不断进步。在当代各个学科领域,不断涌现出新成果。老年大学要培养"现代新老人",学校各级教学管理者都需具有前瞻性,在系统规划课程中呈现出时代发展中涌现出的新成果,这样,才能使老年学员朝向"现代新老人"的目标前进。

(三)教学管理者具有学科理念

老年大学的培养目标是不断培养出现代新老人,这一培养目标要求我们教学管理者本身成为学科和专业的"内行",这样才能在规划本系课程时具有话语权,具有行动力,最终使老年大学的教学质量实现大力提升,使老年大学成为广大老年人满意的学校。

作者简介:金陵老年大学电脑系主任。

金陵老年大学书画研究院为老年人才提供发光平台

朱美红

为了使老年人才继续发挥生命价值,金陵老年大学书画院成立30多年来,在不断完善

组织建设的基础上，开展各种活动，为我校老年人才"老有所为"提供了一个发光发热的平台。据调查统计，我校书画院在册人数为 478 人，能正常参加活动的 278 人。其中，男女比率均衡，男 140 人，女 138 人，年龄 70 岁及以上 148 人，60—69 岁 93 人，50—59 岁 34 人，49 岁及以下 3 人；文化程度，大学学历以上 99 人，大专学历 112 人，高中（中专）63 人，高中及以下 4 人；参加社会协会，国家级协会 23 人，省级协会 48 人，市级协会 104 人，区（县）级协会 7 人。参加社会团体协会有 211 人次（市级 144，省级 60，国家级 7），其中中国美协 1 人，国家级协会 4 人，中国老龄委有 3 人；省美术家协会 19 人，省花鸟协 21 人，省老年书画协会 4 人；省书法家协会会员 20 人，市级美术家协会会员 95 人，市书法家协会会员 49 人。

一、不断完善书画院的组织建设

（一）不断完善组织，制定制度，实施规范管理

1. 完善组织

2013 年，金陵老年大学决定将美术系金陵画坛的 103 人集体加入书画院。由于金陵画坛的人员和活动时间与书画院其他研究室有重复，通过两年的过渡和调整，于 2015 年上半年，其所有人员并入相应的研究室。2015 年，学校新组建一个西画研究室。同年 9 月，由校长批准将钟山印社作为对外交流的群众性艺术社团，钟山印社与书画院篆刻研究室为一套班子，两块牌子。金陵老年大学书画院目前实行院、室两级管理，下设书法、山水、花鸟、人物、工笔、西画、装裱、篆刻、理论研究等 11 个创作研究室和舒体研究会、金陵十姐妹 2 个直属团体。

2. 制定制度

2013 年，书画院制定了《进入金陵老年大学书画院的标准》，以及《金陵老年大学书画院机裱管理办法》；2017 年上半年，拟订了《金陵老年大学书画展厅（室）管理暂行办法》《金陵老年大学书画作品收藏管理暂行办法》，以及《金陵老年大学书画院章程》。

3. 实施规范管理

书画院有固定的活动场所，有固定的书画展厅和展室，每年有计划有步骤地安排全院人员展示各自的作品。各研究室均能做到月活动有重点，年初有计划，年底有小结，这已形成规范。

（二）各研究室开展各种有利于锻炼队伍、提高技艺的活动，效益显著

1. 组织笔会和写生

金陵老年大学书画院参加了省书画联谊会组织的在南京市六合区的笔会，与解放军理工大学国防学院开展笔会联谊活动，研究室经常组织在校内外的笔会和写生。书画院组织过 7 次赴黄山写生采风活动，有近 300 人参加了此项活动。活动中请了江苏省著名画家何鸣、冯智，南师大教授毛乾伟现场讲学和示范，冯智教授每天晚上到场指导并给参加的人改画，还和学员共同创作 10 余幅作品。庞金海说的"领略黄山美，悟得画理深"十分贴切地小结了这些活动。通过现场写生和笔会，锻炼了参加人员的笔墨娴熟和胆量。

2. 举办讲座

工笔研究室多次请相关专家上课,特别是请专业教师授课讲解工笔画技"撒盐技法""烘托技法""揉纸技法""敲雪技法"的运用,到场的书画院研究员收获匪浅。花鸟研究室请研究员岳燕宁用幻灯投影做了题为"科学与艺术"的介绍,还请本室的研究员介绍自己作画的构思,给花鸟研究室研究员以启示;山水研究室请余西祥、贺更生老师当场作画示范,请许坚老师到校开设"春夏秋冬山水画着色"的专题演示,效果很好;人物研究室组织研究员到清凉山写生、当场给观摩的游人速写人物头像,得到了围观游客的好评,书画院请何鸣院长开设花鸟画构图的讲座,解决了研究员创作上的难题。

近5年,学校共举办20多场著名书画家、教授的特色讲座,如李双阳、陈金纯、朱敏的书法讲座,朱奇山、章志远的山水讲座,闫志祥、陆永才、岳鸿武、陈培光的花鸟讲座,苏金海、李德龙的篆刻讲座,蒋靖和蒋签紫砂壶制作讲座。通过这些讲座解决了不少研究员创作中的瓶颈问题和一些疑难问题。

各研究室这几年也开展了研究员之间的创作技艺交流的讲座,如有陆云霞、史庆琪的花鸟,赵龙健、陈寿全、张云的书法,孙德政的人物等讲座让大家受益匪浅。

3. 开展各具特色的书画研究活动

2016年,山水研究室在收集册页小品的基础上印制了一本《岁月留痕》画册,受到大家认同;花鸟研究室,印制了有简历和6—8幅精品的个人单页画册,举办小品专题展,室内研究员们积极参与;书法研究室每次的活动,参加人数多、交流作品多、外出参观多,受到大家的推崇;理论研究室开展画理的研讨,庞金海在书画院开设了中国画理的讲座,他和王君惠的2篇有关中国画理、画技的理论文章已在校学报杂志上登载;篆刻研究室在校内外3次的梅花品名篆刻展、禅师语录篆刻展览之际,调动了大家的积极性和促进了篆刻艺术的提高,带动了钟山印社规模发展和整体水平上台阶;钟山印社有3个篆刻班级学员参加,2016年11月,还召开了印社的理事会,讨论并通过印社的章程,更新了领导班子;装裱研究室组织骨干学习研究中国古旧书画修复工艺,同时开展书法、绘画、装裱三位一体创作研究活动,基本上都能自写、自画、自裱,提高了研究员的书画装裱艺术水平。

新冠肺炎疫情防控时期,学员不能正常到校活动,针对疫情防控的要求,书画院组织了线上美篇展176期,参展作品8240幅,参加人数1452人次。

书画院9个研究室在网上交流主题多,内容丰富,气氛十分活跃。如《天佑中华》《庚子迎春战邪魔》《牡丹诗词飞"画"令》《红梅赞》《秋之韵》《蓝色海洋》和《庆国庆、建党、抗美援朝胜利》等。

2020年,书画院配合南京广电集团教育部《金色年代》节目,组织网上微视频36集(院1、花鸟3、山水4、书法7、人物6、工笔3、西画5、装裱2、十姐妹5),展示书法篆刻山水花鸟工笔等作品数百幅,并获得个人"风采奖"1个,"我为你骄傲"抗疫微视频组织奖。尤其是人物研究室,已将每月一集美篇常态化了,每集平均有15人左右参与,76幅左右的作品展示。

(三)发挥书画院校对外"宣传窗口"作用,展示教学成果

据统计,金陵老年大学书画院各研究室积极参加各级、各阶层社会组织的画展、赈灾捐助、作品拍卖、出国交流等活动474人次,参加展出作品有674幅,其中,获奖有48人。篆刻

研究室 18 人参与在校组织的外事活动,为澳大利亚老年朋友刻制中国名的印章 23 枚。篆刻和书法舒体研究室在鸡鸣寺书画院办展,40 余人参加,展出 120 余幅字画。2014 年,书画院完成校 30 周年"圆梦金陵"书画集的征集和印制。其中,征集到 50 位曾任教书法美术教师作品、30 位现任教师的作品,以及书画院 132 名研究员的作品。2015 年,有 6 个创作研究室的专题展共有 200 余人参展,展出作品 600 余幅。2016 年和 2017 年,书画院举办个人才艺展,得到了全体研究员的支持和参与,约有 250 人参加,1600 余幅作品展出(每次有 17—20 人参加,每人 6—8 幅画,共举办 13 场和 3 场专题展)。在党的十九大召开期间,书画院组织了百人百幅作品参加了全市的"喜迎十九大"活动,展出的作品有气势、有实力、有水平,不少人已达到专业水平。

在校园环境布置上,学校每层楼梯通道、教室走廊、进门大厅、办公区域等其中字画都是书画院的研究员创作的作品。这一方面美化了校园环境,烘托了学校的文明和文化氛围;另一方面也表达了大家对学校多年教育和培养的感恩之情。书画院举办了综合、专题、提名等书画展览 43 期,参展作品有 1007 幅,小品画 115 幅,参加人员 3674 人次;还举办了现场笔会以及开展对外交流活动,调动了各研究室人员创作和参与的积极性,故每次展出的作品均能体现内容丰富多彩、跟随时代气息、凸显个性才艺的特点。每次线下展览的质量都得到领导、师生和外地来校参观人员的肯定和赞扬,从另一侧面展示了学校教学成果,扩大了对外宣传的效果。

比如,2018 年西画研究室的水彩、油画在静海寺博物馆的专题展和篆刻研究室钟山印社在中国科举博物馆举办的"迎国庆书画篆刻作品联展",对外影响较大。联展展出了近 20 米的《金陵览胜》长卷和 50 厘米×60 厘米"国学经典选目"的篆刻印的展板 160 块,作品场面壮观,社会反响强烈,效果很好。国庆期间每天来参观的不下于万人次,观展人员均对联展给予了好评。在创作《钟山晴岚》山水大画、《盛世春光》花鸟大画,和《国色天香》的工笔画时,大家都十分珍惜合作创作的过程,团结谦让、互相学习,院长何鸣、院顾问教授朱奇山手把手地传授了许多过去课堂上学不到的画理知识、艺术技法,使得参与者都有不同程度的提升,大家由衷地感谢学校给予的创作实践机会。

(四)多次牵头组织书画作品参与校外的活动,扩大了我校对外影响力

书画院的 126 幅书画篆刻作品参加全国第五届老年大学书画展,获得优秀组织奖,其中 2 幅获得荷花奖,107 幅入选,12 幅入展,其他获得纪念奖。近 5 年,每年均有书画院研究员参加国家省市书画专业部门组织的各类书画展,均有人获得各类奖项,如,"贝杉杯"全国书画作品大赛奖、女画家奖、书法奖、省市老年书画奖、工笔画奖等。5 年来,据不完全统计,获得国际水彩二等奖的有 1 名,全国奖项有 59 名,省级奖项有 404 名,市级奖项有 118 名,区级奖项有若干名。

书画院组织了由苏州市老年大学倡议发起的首届苏南(苏锡常镇宁)五市老年大学书画联展。这次联展,我校书画院有 21 幅作品参展,5 名教师和 53 名学员参与其中。在张圣喜副校长的带领下,参展的学员及教师和部分工作人员一行 30 人,前往苏州市参加了开幕式。开幕式后举行了笔会,我校由刘浪老师与史庆琪、邹虹、李木兰合作一幅花鸟画,题为"锦绣江南处处春";贺更生老师与王玉香、徐起伟合作了一幅山水画,题为"兄弟情深";张兰仪、黄全斌、李瑞年分别写了四尺整张的书法作品。金陵老年大学的师生现场作画写字吸引了

观众的眼球,为开幕式增添了热烈隆重气氛。

书画院组织学员参加市美协、市书协在社会上举办的书画展。如在工人文化宫展出的"金陵墨韵"美术书法作品展,在建邺区举办的庆祝中国共产党成立95周年和红军长征胜利80周年书画作品展,扩大了我校在社会书画界的影响。

篆刻研究室暨钟山印社举办了3场篆刻展。其中有126枚禅语分别在鸡鸣寺和我校举办了专题展,他们的禅语篆刻专题展受到佛教界和社会关注与收藏。

每年"三八妇女节",书画院的"金陵十姐妹"和部分女研究员都要举办巾帼书画展。"金陵十姐妹"请进来,与镇江老年大学联展,走出去,与无锡、盐城及我市雨花的"十姐妹"联展,不仅是展示了新时期老年女性的时代风采,更重要的是扩大了金陵老年大学对外的影响。

(五)融入社会,服务社会,体现老有所为

2013年,江苏省电视台961"银发"频道为我校"金陵十姐妹"做了专题报道,该频道还为金陵十姐妹中的陈喜霞做了个人专辑。工笔创作研究室的任秀兰、陈锦芬两人,先后6次为雅安地震献爱心,捐赠作品共计16幅。装裱研究室多次在青岛路、云南路、云谷山庄社区开讲座和现场进行书画装裱,为社区服务,活跃了社区的文化生活,又提高了研究员的实际动手能力,社区中老年人积极参与,也受到社区领导热情支持,江苏教育台对活动进行了采访和播出。书法舒体研究室组织了送书法20余幅作品到军营活动。在每年的春节前夕,龙蟠路金润发大超市前会开设金陵老年大学文化服务站台,连续3天为群众写春联、送福字,受到群众热烈欢迎。我校的赵文玉、王玉珍副校长前往现场看望大家,使研究员们备受鼓舞。据不完全统计,近几年书画院的人员有百余人次,义务参与社区活动,到社区,到郊县,到福利院,到军营,到企业,到商场,到纪念博物馆,送出春联1800余幅,字画作品500余幅,向社会福利院捐款52850元。

总之,各研究室都有一批骨干力量活动在社区,他们积极参加各级、各阶层社会组织的画展、赈灾捐助、作品拍卖、出国交流等活动。他们不仅展示了个人的风采,丰富了自身的文化生活,提高了自身的书画技艺,从中得到快乐,而且更重要的是体现老有所为,得到社会的肯定,为金陵老年大学增了光,也为南京的"两个文明"建设做出了贡献。

二、金陵老年大学书画院呈现出老年人才的价值

书画院是金陵老年大学整体内的一个部分,自从成立以来,一直得到学校的关爱和支持,一直是作为学校展示教学成果对外宣传的窗口予以重视,为此,书画院就应该围绕这个目标,服从学校整体大局,结合书画院本身的实际开展工作,其结果才能达到事半功倍的效果。

树立服务意识,主动开展工作。书画院的工作人员始终树立为老年人服务的意识,因势利导想方设法去调动全员积极性,才能达到主动作为预期的效果。各研究室接力发挥自身力量,展示全员风采。一个人的力量是微不足道的,而集体的智慧和力量是无穷的,实践证明,只要书画院各研究室团结齐心,没有克服不了的困难,"耄耋不忘初心梦,挥毫泼墨勤耕耘。丹青雅集绘盛世,墨彩纷呈写真情"。这才是大家来到书画院这个银龄雅聚的地方所要达到的最好效果。

三、金陵老年大学书画院须继续为老有所为科学发展

（一）加强组织建设

选配相对年轻、身体状况良好、有能力、有开拓精神、乐于奉献的同志参加到书画院的工作班子中来。明确分工,各负其责,有条不紊地开展工作。

（二）加强科学管理

在执行书画院的章程过程中,注意不断完善规章制度,运用电脑建立全员的简历书画作品电子档案,为学校保管好历史珍藏书画作品资料,创造条件建设书画库,规范科学地管理、服务于书画院的全员。

（三）加强创作技能训练

有计划地针对书画创作遇到的难点,开展研讨交流、教师讲座、名师示范,当场训练等多形式、多方法的技艺训练和强化专业学习,在高度和深度上下功夫,努力提升技艺水平,继续走出人才、出精品之路。

（四）加强团队合作意识

各研究员要对所创作的作品在立意、构图（章法）笔墨、色彩等方面锤炼自己,以求不断提高个人的专业水准,各室要继续有计划地安排活动,组织相互学习、观摩、切磋砥砺提高,团结合作不断提高整体水平。书画院将创造条件开展全院级的笔会观摩活动,为成为名副其实的品牌社团而努力。

（五）加强对外交流资源的开发

继续加强与市美协、市书协的联系。艺术上在其指导下,通过其举办的书画展,推荐院研究员参加。对已符合条件的研究员,帮助其加入市美协、市书协。利用研究员在国内或出国出境探亲、旅游或外宾来访之际,宣传书画艺术,寻找对外窗口。在继续保持与省、市各兄弟老年大学良好关系的基础上,同时积极参加社区活动,通过社会上的多种形式多渠道扩大影响,获得广泛认同,为走出校门走向市场奠定坚实的基础。

（六）加强校内与相关系合作

继续加强与学校各处、室、系、院、团的联系,特别是加强与美术系、书法系的联系合作,发挥各自优势,共同努力把我们关心的老年美术、书法队伍和事业做大做强,为学校增光。

通过加强以上六个方面的工作,使金陵老年大学书画研究院与学校同步发展,为成为江苏一流、全国知名的老年大学社团而努力。

作者简介:金陵老年大学书画研究院常务副院长。

金陵老年大学文史语言系课程教学调查研究

文史语言系课题组

近年来,随着终身教育理念日渐深入人心,全国各地老年教育蓬勃发展,老年大学日渐增多,教学管理逐渐规范。为更好地了解学校教学管理情况和存在的问题,众多学校将教学质量监控纳入教学重点工作内容,定期组织,实时安排,并将教学质量监控结果与学校教师绩效评估相挂钩。2023年4月10—14日,金陵老年大学文史语言系组织了针对2023年春季学期教学情况的线上问卷调查,并在此基础上加以研究分析。

一、研究方法

(一)调查与取样情况

本次调查,我们文史语言系将金陵老年大学2023年春季学期文史语言系43个班的学员作为调查对象,通过向文史语言系各班发放线上问卷,邀请学员填写问卷,并对若干个开放式问题反馈意见。本次调查共发放抽样问卷890份,回收有效问卷881份,有效率99.0%。

(二)测量工具

本次调查采用的问卷,由金陵老年大学文史语言系结合教学规律自编,一共24题,涵盖了学员基本情况、学习时长和学习内容、教学效果、课后活动、学习需求、课程设置等多个方面,包括了单选题、多选题、开放式填答题等多个题型。

二、调查结果

(一)老年学员的基本情况

老年学员的基本情况见表1。

表1　金陵老年大学文史语言系老年学员基本情况统计表

性别	小计	比例
男	168	19.07%
女	713	80.93%

年龄	小计	比例
50—60 岁	277	31.44%
61—70 岁	387	43.93%
70 岁以上	181	20.54%
80 岁以上	36	4.09%

退休前职业	小计	比例
党政机关退休人员	97	11.01%
事业单位退休人员	252	28.60%
企业退休人员	496	56.30%
个体	12	1.36%
务农	2	0.23%
其他（填写）	22	2.50%

学习时长	小计	比例
一年	291	33.03%
二年	162	18.39%
三年	136	15.44%
四年	89	10.10%
五年至十年	155	17.59%
十年以上	48	5.45%

今年报名课程数	小计	比例
一门	719	81.61%
二门	140	15.89%
三门	18	2.04%
四门	4	0.45%

881 名调查对象中，男性占 19.07%，女性占 80.93%，学员年龄集中在 50—70 岁之间，其中 61—70 岁最多，占 43.93%。学习时间在各年龄段分布比较均衡，说明大部分学员都常年持续报名学习文史语言课程。大部分学员都是企事业单位退休人员，都有较高的文化素养，有比较多时间持续学习，提升自我。

（二）老年学员的学习现状

金陵老年大学学员的学习现状见表 2。

表2 金陵老年大学文史语言系老年学员学习现状统计表

参加老年大学的原因	小计	比例
发展业余爱好,增长知识和技能	643	72.99%
打发闲暇时间	238	27.01%
结交朋友	235	26.67%
锻炼身体,促进健康	325	36.89%
老有所为,服务社会	195	22.13%
辅导下一代	53	6.02%
其他(填写)	21	2.38%

参加学习后得到提高的方面	小计	比例
知识面	791	89.78%
生活品位	414	46.99%
家庭关系	20	2.27%
生活技能	67	7.60%
人生态度	377	42.79%
身体健康	289	32.8%

倾向于哪种教学方式	小计	比例
听老师讲授并记录笔记	679	77.07%
同学互相交流经验、心得	305	34.62%
围绕问题进行课堂讨论	241	27.36%
老师进行示范,学生参与互动	416	47.22%
通过实践活动学习知识	145	16.64%
旅游和学习相结合的形式	222	25.20%
其他(填写)	9	1.02%

倾向于线上学习还是线下学习	小计	比例
线上授课,不受空间限制	63	7.15%
线下授课,能够面对面交流	442	50.17%
线上授课和线下授课相结合	376	42.68%

是否参加班级其他集体活动	小计	比例
不参加	40	4.54%
很少能参加	236	26.79%
大部分参加	446	50.62%
每次都参加	159	18.05%

本次调查发现,有过多年老年大学学习经历的老年人往往会保持过去的学习习惯,不会中断学习。学校和文史语言系组织一些课外集体活动,绝大部分学员都能参加。文史语言系的老年学员由于年龄偏大还是比较喜欢线下学习,单一的线上学习不具有强大的吸引力,只有7.15%学员能接受单一线上学习,90%以上学员参加学习是为了发展兴趣爱好,增长知识技巧,打发闲暇和锻炼身体。教师采取的教学方式要多种多样更好,讲授与交流相结合,课堂和课外相结合,示范和互动相结合,比较受学员欢迎。综上,老年人参加学习主要目的是增长知识,培养兴趣,发展爱好,强身健体,丰富精神,从而使老年生活更加丰富。

(三)老年学员的学习需求

金陵老年大学文史语言系老年学员的学习需求见图1。

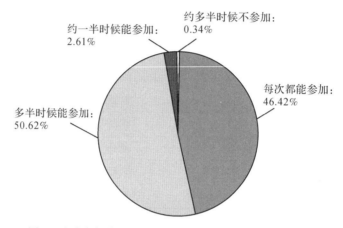

图1　金陵老年大学文史语言系老年学员学习需求统计表

本次调查显示,97.04%以上学员都能够参加专业课程学习,对老师教学内容、教学态度、教学方式满意度分别达到98.87%,99.66%,99.09%。对老师讲授内容的理解能力达到99.43%,对布置课后作业接受度达到96.82%。

调查发现,目前坚持上课的老年学员对英语和赏析类课程认可度较高,相较之下,国学和文学写作类教学有待进一步提高(见表3)。

表3　金陵老年大学文史语言系老年学员课程偏好统计表

目前最喜欢哪些课程	小计	比例
诗词类	230	26.11%
朗诵类	228	25.88%
文学、写作类	119	13.51%
英语类	369	41.88%
赏析类	355	40.3%
历史类	212	24.06%
国学类	156	17.71%

根据调查,后续金陵老年大学在文史语言课程开发方面,可以优先开设中外历史文化遗产、中国和世界历史、易经文化等国学文化方面课程,期待开办占比分别达49.26%,36.66%,31.78%(见表4)。综上,调查显示的老年人学习需求充分反映了新时代老年人的特点,即伴随时代发展,精神文化需求呈现出多样化、多向度。他们虽然退休,但仍然希望了解社会发展现状、最新政策、紧跟时代发展。他们无论年龄多大,始终与国家发展紧密相连。多数老年人对精神需求和更高层次的自我实现、生命意义需求日益凸显,这与很多研究学者的研究结果也是相似的。

表4　金陵老年大学文史语言系老年学员希望增设课程统计表

希望系里增设哪些课程	小计	比例
易经文化	280	31.78%
中外历史文化遗产	434	49.26%
老年人权益保障法律实务类	116	13.17%
朗诵与表演	195	22.13%
中国通史、世界通史	323	36.66%
哲学	131	14.87%
日语	42	4.77%
其他	45	5.11%

三、分析研究

(一)老年学员学习需求在社会人口学变量上的差异分析

对金陵老年大学文史语言系老年学员不同性别、年龄进行在目前课程喜好和期待新增课程维度上的文叉分析。

1. 对目前课程喜好程度具有交叉性

金陵老年大学文史语言系老年学员对目前课程喜好程度的交叉对比见表5。

表5　金陵老年大学文史语言系老年学员课程喜好程度统计表

X/Y	诗词类	朗诵类	文学、写作类	英语类	赏析类	历史类	国学类	小计
男/50—60岁	2(40%)	1(20%)	0(0.00%)	2(40%)	1(20%)	5(100%)	1(20%)	5
男/61—70岁	35(35%)	19(19%)	18(18%)	26(26%)	30(30%)	25(25%)	17(17%)	100
男/70岁以上	19 (39.58%)	4 (8.33%)	6 (12.5%)	10 (20.83%)	20 (41.67%)	19 (39.58%)	9 (18.75%)	48
男/80岁以上	7 (46.67%)	1 (6.67%)	2 (13.33%)	3 (20%)	4 (26.67%)	6 (40%)	3 (20%)	15
女/50—60岁	70 (25.74%)	87 (31.99%)	39 (14.34%)	152 (55.88%)	104 (38.24%)	59 (21.69%)	52 (19.12%)	272

X/Y	诗词类	朗诵类	文学、写作类	英语类	赏析类	历史类	国学类	小计
女/61—70 岁	58 (20.21%)	90 (31.36%)	35 (12.20%)	125 (43.55%)	116 (40.42%)	63 (21.95%)	41 (14.29%)	287
女/70 岁以上	34 (25.56%)	25 (18.80%)	16 (12.03%)	49 (36.84%)	66 (49.62%)	30 (22.56%)	23 (17.29%)	133
女/80 岁以上	5 (23.81%)	1 (4.76%)	3 (14.29%)	2 (9.52%)	14 (66.67%)	5 (23.81%)	10 (47.62%)	21

从以上数据上可以看出，目前在性别上，60 岁及以下男性学员对历史类和诗词类、英语类课程比较满意，70 岁以上男性学员对文学赏析类课程认可度更高。70 岁以下女性学员都比较喜欢英语学习，70 岁以上女性学员对文学赏析类课程满意度特别高。这与男女性别结构和年龄结构都是相一致的，年轻学员学习能力更强，能接受和学会新鲜知识，年长学员对文学的鉴赏和理解能力更强。

2. 对期待新增课程开设具有交叉性

金陵老年大学文史语言系老年学员期待开设的课程类型统计结果见表6。

表6　金陵老年大学文史语言系老年学员期待新增课程类型统计表

X/Y	易经文化	中外历史文化遗产	老年人权益保障法律实务类	朗诵与表演	中国通史、世界通史	哲学	日语	其他（其他）	小计
男/50—60 岁	2 (40%)	3 (60%)	1 (20%)	0 (0.00%)	4 (80%)	1 (20%)	1 (20%)	0 (0.00%)	5
男/61—70 岁	26 (26%)	38 (38%)	5 (5%)	20 (20%)	39 (39%)	15 (15%)	3 (3%)	7 (7%)	100
男/70 岁以上	16 (33.33%)	9 (18.75%)	1 (2.08%)	4 (8.33%)	27 (56.25%)	8 (16.67%)	2 (4.17%)	1 (2.08%)	48
男/80 岁以上	2 (13.33%)	2 (13.33%)	5 (33.33%)	1 (6.67%)	8 (53.33%)	3 (20%)	1 (6.67%)	2 (13.33%)	15
女/50—60 岁	104 (38.24%)	157 (57.72%)	38 (13.97%)	80 (29.41%)	89 (32.72%)	30 (11.03%)	19 (6.99%)	11 (4.04%)	272
女/61—70 岁	92 (32.06%)	153 (53.31%)	31 (10.80%)	67 (23.34%)	103 (35.89%)	45 (15.68%)	9 (3.14%)	14 (4.88%)	287
女/70 岁以上	31 (23.31%)	63 (47.37%)	31 (23.31%)	22 (16.54%)	46 (34.59%)	26 (19.55%)	7 (5.26%)	9 (6.77%)	133
女/80 岁以上	7 (33.33%)	9 (42.86%)	4 (19.05%)	1 (4.76%)	7 (33.33%)	3 (14.29%)	0 (0.00%)	1 (4.76%)	21

通过以上交叉分析可见,中国通史、世界通史课程,在男女学员和各年龄段都比较受欢迎,建议尽快增设。中外历史文化遗产课程,在60岁及以下男女学员中都很受欢迎,或许与年纪比较轻、还能走出去看看外面的世界是直接相关的。易经文化课程,在男女和各年龄段分布比较均衡,也可以尝试开设。此外,女性老年人对老年人权益保障法律法规实务等也比较感兴趣。以上课程都可以开设,其他课程可以暂缓。

综上,老年人的学习需求与个人年龄、性别等人口属性直接相关,不同性别、年龄对课程喜好有很大不同。老年大学应该对老年人特别是新时代老人的基本情况进行全面分析,以便更好把握老年人的学习需求,进而有针对性地进行课程设置。

四、基于老年人学习需求的科学规划课程

老年大学应根据老年人不断变化发展的精神文化需求持续创新课程体系,课程应充分体现老年人特点并满足和引导其学习需求,不断开发丰富的老年教育课程和教材、课件,包括文化生活类、生活技能类、文史法类、健康类、政治思想类等,为老年人多样化、多层次和个性化学习需求提供可选择的"课程长尾",各专业课程有层次性提升的空间,班级设置有大班化教学,也有小班化教学,吸引更多老年人参加。规划课程体系,须充分考虑老年人性别、年龄等状况。

此次调查没有设置经济收入水平、健康状况、受教育程度等维度,未来可以尝试加入,这样可以有更多可供交叉分析的条件。同时,要积极引导老年人根据自身实际情况选择课程,明确学习目标,循序渐进学习,尝试学习新事物先从身边小事开始,逐步提高自身文化修养,从而获得更多成就感,进而保持持续学习的动力和热情。

作者简介:①高发生,金陵老年大学文史语言系主任。
②郝家婴,金陵老年大学文史语言系副主任。
③茅晓红,金陵老年大学文史语言系班主任。
④鲍平,金陵老年大学文史语言系班主任。

老年大学须在改革中不断提高
教学管理质量

王 江

随着社会经济、科技、文化的发展,老年大学逐步由规范化向现代化发展。中国老年大学的本质是"教育",是国家终身教育体系不可或缺的有机构成,现代老年大学的办学宗旨是"不断满足广大老年人日益增长、不断变化的精神文化需求,使老年人通过接受继续教育成

为现代老人"。由此,老年大学的教学管理的重心,就是不断提高老年大学的教学质量。下面,结合器乐系教学管理改革的实际,谈谈如何通过改革教学管理提高办学质量。

一、确立以教学为中心的办学理念

金陵老年大学器乐系的全体教学管理人员伴随着金陵老年大学的不断发展,逐步认识到,老年大学的本质是教育,而不是老年俱乐部,因此,"课比天大"的办学理念要具体落地,不能是空话。既然是大学,就必须按照教育规律进行管理;既然是老年大学,就必须遵循一般教育规律与老年教育特殊规律进行教学管理,绝对不能使老年大学教学管理流于"行政化"。换言之,老年大学包括教学管理在内的所有工作必须以教学为中心,保证教学有序进行,不断提高教学质量,这是老年大学教学管理的"根本"。

二、在办学实践中不断改革教学管理

（一）大胆进行教学管理的改革创新

1. 组建教研组

与普通高校一样,老年大学的教师在教学中是"首席主体",提高老年大学教学质量的关键在"教师"。为此,为了使教师主动积极地提高老年教育的教学质量,器乐系采取了国民教育学校"教研组"的教师管理模式,在二胡和古筝2个专业分别成立了教研组。今年新学期开学前,我们系分别召开了2个教研组的工作会议,针对今年的教学特点,提出了教学工作的设想和要求,强调了按照教学大纲实施教学的重要性,明确了具体的工作要求。2个教研组的教师认真贯彻系里的工作要求,教研组统一教学大纲,统一授课曲目,教学计划更加清晰。在教学实施过程中,教师的教学更加顺心顺手,同时也提高了学员的学习兴致。

为了使教研组的教学管理方式顺利实施,我们利用开课前的时间,与任课教师谈心交流,共同探讨新学期的新特点,提高教学质量的方式方法,对做好新学期教学工作起到了极大的促进作用。如,针对多年来一直出现的新老学员因不会调弦而引发互相指责的矛盾,古筝教研组教师通过开视频会,现场教学和协调,问题得以解决。教师由此发现,学会调弦也是古筝学习中不可缺少的技能,便决定从现在开始,每个古筝班的教学都要有学调弦的内容。又如,科学调换琴凳和座椅的问题,是由二胡教研组的教师发现和提出的,不仅使器乐系里二胡专业每个层次的班级招生可以增添1/4的人数,而且在整齐划一的同时又使老年学员的个人物品放置人性化了,使学校的教学大班多了点大气和正规。

这些都说明了老年大学教研组成立和存在的必要性。一是教师提高教学质量的力度和老年学员专业学习接受度均比班主任充当二传手甚至"外行说教"更有效。二是发挥了教师的主观能动性。平时各班教学过程中出现的各式各样的问题,教研组发现后及时沟通、自我处理,将问题解决在教学第一线。

2. 增设了精品班

为提高教学质量水平,我们在二胡和古筝2个大的专业增设了精品班。根据社会老年人群学习的需求,我们将二胡和古筝专业的教学内容与老年学员的差异性学习水平,划分了相应的教学层次,开设了初级班、提高班和精品班。教学形式丰富多彩,普精结合,这样既优化了教学层次,也提高了专业水平,同时为学校打造社会品牌提供了人才准备。目前,精品班学员的到课率高,精品班的老年学员演奏有精气神,听他们演奏就是一种享受。

3.积极准备新开专业课程

接到学校关于开设古琴专业课程的计划后,系领导思想高度重视,不等不靠,积极进行筹划部署,果断决定腾出1304教室作为古琴专用教室,并对开班工作做了周密考虑,任课教师的遴选、古琴市场的调研、琴具的选用、教室营具的设置配备、教学教材以及宣传推广、招生计划等方面的工作已有序展开。另外,还对新设电吹管专业课程、恢复京剧青衣班、增开马头琴专业和中阮专业课程进行了前期调研准备工作。

4.调整了教室布局,教学场地利用率大幅提升

我们开设了二胡专用教室。二胡专业在器乐系是个大专业,班级多、学员多、任课教师多,教室设备配备不统一,原有课桌,教师在讲台上不能直观看到学员的操作,影响了课堂指导纠偏,组织协调和教学管理的难度自然不小。我们为了从根本上解决问题,把1302教室设为二胡专用教室,撤去课桌,换上新的标准琴凳,配备了新的更耐用的谱架,不仅增加了教室的容量,而且每个学员的座位更加宽敞,便于动作展开,教室也显得更加整洁、明亮。与此同时,我们把1320教室改造升级成综合教室。根据乐器的操作特点,重新打制了新的琴柜,将琵琶、中阮、吉他等专业班级统一调整到综合教室,既便于学员的学习,也便于学校对乐器器具的管理与维护。

5.尝试开展了"叠班教学"

由于学校教室不够用,为了提高教室使用效率,部分教室开设了上、下半场。我们对1320教室和1302教室的部分班级的上课时间进行了微调,形成了上、下半场教学的形式。刚开始,有些老年学员不太适应,意见反映比较大。针对学员的不理解,系领导高度重视,亲自到相关班级做宣传解释工作,通过课上公开宣讲、课下个别交谈等方式,做了大量的思想引导工作,在广泛听取意见的基础上,对个别班级的上课时间做了适当调整。目前,学员普遍适应并理解了这个做法,课堂秩序井然有序。

(二)以发现、解决问题为导向,扎实做好教学期中检查各项工作落实

1.思想重视,立即行动

学校关于教学期中检查工作会议后,我们立即召开了工作会议,认真贯彻学校领导的要求,研究部署本系的期中检查工作,厘清工作思路,对检查方案中的问卷调查、随堂听课、座谈交流、汇报总结等工作,逐一具体实施,任务落实到具体责任人。在认真分析器乐系这学期工作形势特点后,我们采取了个别谈心、参加班委会、课前宣讲和班群宣传等方式进行广泛宣传发动,使广大学员认识到教学检查的积极意义,为支持配合工作打好思想基础。

2.发扬民主,认真听取意见和建议

根据学校要求,我们研制了教学检查问卷调查表,调查紧紧围绕教学质量提高的中心,从9个方面听取意见建议。在广泛开展问卷调查的基础上,我们于2023年4月14日下午组织召开了所有班长座谈会,面对面听取老年学员对教学管理的意见和建议。全体与会班长涵盖了所有专业班级,具有广泛的代表性。座谈会上,学员班长们畅所欲言,既表达了对学校、教学系、教学工作人员的感谢,也直言不讳地指出了教学及其管理工作中存在的问题,还对课堂教学以外举办学员作品展示和演出活动提出了期望。器乐系的全体教学管理人员在

认真听取班长发言后,系主任首先对全体班长在学校日常教学管理工作中发挥的支持配合作用以及会上诚恳提出的意见和建议表示了感谢,并针对大家提出的问题,本着有则改之、无则加勉的态度进行了现场解答。会议最后,学校王副校长做了重要讲话,对器乐系的工作给予了充分肯定,对器乐系的班长队伍建设也给予了高度评价(班长是任课教师的助教),对班长们提出的涉及学校层面的问题进行了讲解答复,对下一步器乐系的教学管理工作、3支队伍建设尤其对班长队伍作用发挥提出了希望要求。这次座谈会气氛热烈,全过程原生态,没有任何加工,发言不回避矛盾,无刻意捧赞,提意见、讲问题直接坦诚,真实客观,建设性意见含金量高。通过座谈讨论,不仅找到了影响教学质量提高的问题和解决办法,而且也增进了学员对学校、系里前期所做的一些工作,尤其是对系里做出的教室、上课时间调整等工作的理解,为下一步落实教学检查,抓好日常教学管理,推进教学高质量发展奠定了思想基础。

3. 坚持边查边改,积极解决问题

结合座谈会、问卷调查、跟班听课和平时掌握,我们系在这次期中教学检查中共收集整理了3大类13个问题。针对这些问题,系里及时进行了研究梳理,属于系里能解决的问题,提出了立即解决办法并明确了责任人和监督执行人,对属于需协调解决的问题也提出了整改计划和落实时限。

（三）以落实制度为抓手,加强自身建设管理

1. 坚持例会制度,做好器乐系自我管理

坚持每周二例会制度,所有事情及时通气,共同议政,统一认识,统一口径,统一力度。

2. 教学管理从点滴小事做起

为保证安全,防止意外发生,坚持下课及时清场、下午1点开门的制度。有些学员对此意见很大,由于全校没有统一,有的就拿其他系教室的不同做法向我们提出疑问,但我们根据器乐系的特点已坚持4年之久,效果很好!

3. 内部关系和谐融洽

我们系的教学管理分班,但每位同志都分工不分家,有事同干。由于大家关系和谐,再苦再累都能尽力把系里每个班级的教学管理做到位。

三、几点体会和建议

一是教学理念要正确。当前,过稳日子随大流的想法较普遍,不创新不敢变不求进的思想抬头,左顾右盼看周边,只求表面小风光,表面上感觉有危机,实质上没有紧迫感。这些,均与办学理念出现了偏差相关。建议:必须尽快明确老年大学的办学理念,必须明确老年大学的办学定位,必须坚持办学创新,规划、设想、创新才能落在实处,各项办学措施才能落实到位。

二是"课比天大"要落地,不能是空话。老年大学是终身教育体系不可或缺的部分,所有工作必须围绕教学展开。当前教学服务工作中,服务范畴不清晰的问题比较突出。管理与服务,管理中少不了服务,服务也必须在制度框架内。建议:必须明确提高教学质量是老年大学的重心,系统解决教学中各类问题。

三是改进工作作风,务实高效。在解决影响教学质量的问题时,还存在方法单一,单打

独斗,没有做到统一、高效。主要原因还是缺乏统揽全局意识,缺少一盘棋思想。规划和设想很振奋,年年讲前景,次次讲现状,问题永远是问题,解决没解决无追究。建议:与时俱进,改进作风,多做市场调研,不等不靠,既要动脑子,更要撸袖子。想好的事情,先做起来,在做中完善方方面面。

作者简介:金陵老年大学器乐系主任。

金陵老年大学讲台上的"父女兵"

鲍　平

　　说起父女兵,您可能会想起古代花木兰替父从军的家国情怀,也许会想到电影《英雄儿女》中王文清和王芳的父女情深,但笔者要与您分享的是奋斗在老年教育事业上的父女兵——金陵老年大学文史语言系的英语老师杨天明和杨欣父女俩。

　　在金陵老年大学文史语言系提起杨天明和杨欣这对"父女兵",从学校领导、系主任到普通学员无不竖起大拇指交口称赞。杨天明老师现为金陵老年大学教授,由于贡献突出,曾多次被评为优秀教师。自1997年到金陵老年大学文史语言系担任英语教师以来,杨教师已经在这三尺讲台上奋斗了26个春秋。岁月的风霜染白了他的满头乌发,岁月的印痕已悄悄爬上了他的眼角和额头,杨老师也从年富力强的中年人成为已近耄耋之年的老人了。但他童颜鹤发老当益壮,1.8米的大高个,胖瘦适中,五官端正的国字脸上,既和蔼可亲,也有着不怒自威的坚毅。师生们都开玩笑地说他年轻时是英俊潇洒的帅小伙,如今是温文尔雅的老帅哥。

　　杨老师出身于书香门第,父母亲都是知识分子,从小家里人的日常交流都是使用英语。良好的家庭环境,为他日后从事英语教学工作打下了坚实的基础。他在青年时积极响应党的号召,到新疆支援西部教育,曾任乌鲁木齐高校英语研究员。后来他到四川外语学院深造,毕业后在航天工业部某研究所工作,后又调回南京。20世纪90年代随着国家改革开放步伐的不断加快,对外交流越来越多,金陵老年大学的英语班级也成了"一座难求"的热门学科,师资力量更是缺乏。当时,杨老师是碍于亲友的情面,应邀到金陵老年大学来临时帮忙教几天英语,而这一帮就一发不可收。老年学员们高涨的学习热情使他深受感染和鼓舞。而他的博学多才,深厚的专业知识,严谨的治学态度,幽默风趣、深入浅出的授课风格,也深受广大老年学员的喜爱和欢迎,不仅收获了众多"粉丝",也与老年学员们结下了深厚的情谊。基于对这份工作的热爱,他婉言谢绝了一些单位和机构的重金聘请,义无反顾地投身到老年教育事业中来。

　　杨老师的教学因人制宜,对学员们提出的问题,无论是在教学过程中还是课后,无论是简单还是复杂,他都及时给予耐心解答和具体的指导帮助,极大地提升了学员们的学习兴趣,让学员们在学习英语中享受快乐。多年来,许多学员都是慕名而至,杨老师任教的所有班级都呈现出爆满,可谓"桃李满天下"。"我是抱着试试看的想法,来跟杨老师学习英语的,从畏难到喜爱,从自卑到自尊,从小白到能用英语与外宾进行交流,使我更自信从容,找到了知识的乐园。"全国三八红旗手聂筑梅如是说。为了便于老年学员的学习,针对老年人的特点,杨老师利用业余时间编写了《新时代老年大学英语教程》1 套共 3 册,由权威机构外语与教学研究出版社出版,面向全国发行。这套教材曾获得全国老年大学优秀教材金奖,至今仍是全国多所老年大学选定的英语教学主要教材。

杨欣老师是一位 70 后,生长在教育世家,在父辈们的影响和熏陶下,从小就对学习英语有着浓厚的兴趣,是位品学兼优的好学生。她从南京大学商务英语专业毕业后,曾在外贸企业担任中层干部和英语培训机构担任教师。2012 年,为满足老年学员不断增长的学习需求,金陵老年大学文史语言系增开新的英语班级,杨天明老师又把女儿杨欣"动员"了过来。从此,这对"父女兵"携手并肩奋斗在老年教育的第一线。

转眼间,杨欣老师在金陵老年大学文史语言系担任英语教师,已经进入第 12 个年头了。她英语学识扎实,气质优雅,秀丽的脸庞上总是洋溢着甜美的笑容。略带自然卷的齐肩秀发,搭配不同季节的休闲装,加上一口流利的英语和课堂上充满活力的英姿,更显得知识女性的干练洒脱。她针对老年人学英语忘性大记不住、水平参差不齐、基础知识薄弱的现状,总结研究出"降低难度、调动兴趣、加强互动、多加鼓励"的教学方法,在教学中给学员们设计出许多场景,用生动有趣的教学方式,带领学员们进行"带入式"和"沉浸式"学习,使学员们养成爱听、爱说、爱记、爱动脑的好习惯,在趣味盎然的氛围中收获知识和快乐。同时,小杨老师还利用课前早点到教室、课后推迟一点走,以及课间休息时间,与老年学员话家常、说人生、聊世界,与大家打成一片。她常说自己是个幸运儿,在成长的道路上得到过许多人的帮助。怀着感恩之心,她希望多做公益,将自己的知识分享给更多的老年朋友。

多年来,这对老年教育战线上的"父女兵",在金陵老年大学的讲台上默默地奉献着。"老师我想你,我看到你那慈祥的脸上荡漾着笑意。老师我想你,你是我最美好的记忆。"在《老师我想你》深情优美的旋律中,他们送走了一个又一个毕业班,满足了数千名老年学员学习英语的需求。正是由于有像他们这样成千上万充满爱心的老师,撑起了老年教育的这片天地,才使得我们新时代的老年人生活得更健康、更幸福、更美好! 让我们深情地说一声:"谢谢老师,您辛苦了!"

作者简介:金陵老年大学文史语言系班主任。

卢沟桥建筑艺术与卢沟晓月鉴赏

黄沐天　黄　强

> 出都门鞭影摇红,山色空濛,林景玲珑。
>
> 桥俯危波,车通远塞,栏倚长空。
>
> 起宿霭千寻卧龙,掣流云万丈垂虹。
>
> 路杳疏钟,似蚁行人,如步蟾宫。
>
> ——元代鲜于必仁《折桂令·卢沟晓月》

"桥俯危波",波涛汹涌的水面上跨起一道彩虹;"车通远塞",让两岸变通途,"栏倚长空",可见桥之雄伟,气势恢宏。文学描写的夸张手笔,以小喻大,形象地描绘了卢沟桥恢宏的气势和寥廓的境界。

卢沟桥位于北京西南 15 千米的丰台区永定河上,因横跨卢沟河(即永定河)而得名。卢沟桥是北京市现存最古老的石造联拱桥,也是古代北方最大的石桥。

一、卢沟桥始建于金代

卢沟桥的历史可以追溯到金代。卢沟是永定河的古称或别称,古时以黑为卢,所以卢沟河又叫黑水河。郦道元《水经注》记载:"西有大渡河,其上流为泸水,泸,黑色也,当为黑水之证。"泸与卢相通,亦为黑色之意。泸沟之名出现于唐中叶,辽宋时期因袭唐代称呼也称"卢沟"为"泸沟"。北宋学者宋敏求称此河为"芦菰河"。南宋诗人范成大有诗《卢沟》:"草草舆梁枕水坻,匆匆小驻濯涟漪。河边服匿多生口,长记辎车放雁时。"其诗注云:"此河,宋敏求《番记》:谓之芦菰,即桑乾河也。公呼卢沟,依此言卢沟乃芦菰之音转。"

自古以来,燕蓟地区沿太行山脉东麓通往华北平原的要道,都要经过卢沟渡口。北宋苏辙有《渡桑干》诗记其事:"北渡桑干冰欲结,心畏穹庐三尺雪。南渡桑干风始和,冰开易水应生波。……相携走马渡桑干,旌旆一返无由还。胡人送客不忍去,久安和好依中原。年年相送桑干上,欲话白沟一惘怅。"可见北宋时过卢沟河只有渡船,冬季河水结冰,摆渡受限。

为方便行走,大概南宋时在渡口处建了一座木桥。1125 年宋朝使臣许亢宗出使北国,他在《宣和乙巳奉使行程录》记载:当时卢沟河水非常浑浊而湍急,当地的老百姓每年要根据水位深浅,选择地点搭临时桥梁。后来官家在两岸造了一座浮桥……但是木桥的承载能力与通行能力都非常有限,行人、小车通行尚可,大车无法通行。1153 年,随着完颜亮将北京定为金中都,北京成为北方政治中心之后,进出都城的唯一门户——卢沟渡口的负载就远远无法满足需要了,临时木桥或浮桥,以及渡船运输,都不能适应了。

金大定二十五年(1185),卢沟河洪水泛滥,冲决上阳村,卢沟渡口堵塞,交通中断,金世宗深感卢沟河交通的重要性,于是决定建桥。金大定二十八年(1188)五月开始修建永久性石桥,名为广利桥。不过尚未动工,金世宗就在第二年年初病逝了。金章宗明昌三年三月十一日(1192 年 4 月 24 日)广利桥建成。因跨卢沟河(即永定河),金章宗改名为卢沟桥。

元代定都北京,名为大都,卢沟桥成为沟通北方的重要桥梁,其战略地位也日渐显露。元人卢旦《卢沟桥》云:"古道旷秋色,平桥卧夕阳。水声西下急,山气北来长。数骑凌空阔,孤烟入渺茫。人传耕种地,宿昔战争场。"可见卢沟桥一带已成为战略要地。

到了明代,南来北往经过卢沟桥的人流就更密集了。明人邹缉《卢沟桥》诗云:"河桥残月晓苍苍,照见卢沟野水黄。树入平郊分淡霭,天空断岸露微光。北趋禁阙神京近,南去征车客路长。多少行人此来往,马蹄踏尽五更霜。"

行人匆匆,行旅辛苦,南来北往,来去匆忙。多少行人走此过,多少马蹄踏桥上。

文献记载,历代对于卢沟桥的修缮至清代共 13 次。明代自永乐十年(1412)到嘉靖三十四年(1555)共修桥 6 次。《明会要》记载:"永乐十年七月,卢沟河水涨,坏桥及堤,下令工部修筑。"清代卢沟桥修缮 7 次,清康熙八年(1669)十月初九日,重修卢沟桥成。清康熙三十七年(1698),卢沟桥重修,康熙命在桥西头立碑,记述重修卢沟桥事。

乾隆皇帝曾经过卢沟桥,写有《过卢沟桥》诗:"薄雾轻霜凑凛秋,行旌复此渡卢沟。感深风木睽逾岁,望切鼎湖巍易州。晓月苍凉谁逸句,浑流紫带自沧洲。西成景象今年好,又见芃芃满绿畴。"1908—1949 年间,卢沟桥没有大的修缮,仅个别地方添配栏杆和石狮。

卢沟桥的闻名世界,与抗日战争有关。1937 年 7 月 7 日夜,日军在北平西南卢沟桥附近演习时,借口一名士兵"失踪",要求进入宛平县城搜查,遭到中国守军第二十九军严词拒绝。日军遂向中国守军开枪射击,又炮轰宛平城。第二十九军奋起抗战。这就是震惊中外的七七事变,又称卢沟桥事变。七七事变是日本帝国主义全面侵华战争的开始,也是中华民族进行全面抗战的起点。曾任宛平县长的王冷斋以《卢沟桥纪事》记述卢沟桥事变:"一声刁斗动孤城,报道强邻夜弄兵。月黑星沉烟雾起,当时七夕近三更。暗影沉沉夜战酣,大刀队里出奇男。霜锋闪处寒倭胆,牧马胡儿不敢南。"

二、卢沟桥的结构与建造艺术

在桥梁构造上,卢沟桥属于十一孔联拱桥,由桥基、桥墩、拱券、桥面、栏杆等几部分组成。拱券跨径从 12.35 米至 13.42 米不等。卢沟桥长度是 266.5 米(含引桥),跨河桥面长213.15 米。桥身总宽 9.3 米,桥面宽 7.5 米。整个桥身都是石体结构,关键部位均有银锭铁榫连接,为华北最长的古代石桥。

卢沟桥有 11 个涵孔,10 个桥墩。《卢沟桥乡志》记载:"桥墩下面呈船形,迎水面砌作分水尖,形状像一个尖尖的船头,尖长 4.5—5.2 米,约占桥墩的 2/5。宽 5 米,每个桥段的分水尖顶垂直安置一根约 26 厘米长的三角形铁柱,俗称'斩龙剑',用来迎击洪水和冰块,减少凌汛时巨大冰凌对桥体的撞击力,保护桥墩。""桥面结构从侧面看去,可分为桥面伏石、仰天石、桥面石三层。桥面分作河身桥面和雁翅桥面两部分,河身桥面长 213.15 米、宽 9.3 米;雁翅桥面长 28.2 米,呈喇叭口形,入口宽 32 米。"《马可·波罗游记》中称卢沟桥为"世界上最好的、独一无二的桥",后来外国人都称它为"马可·波罗桥"。

卢沟桥的桥面两侧设置石栏,石栏望柱高 1.4 米,共 281 根,其中南侧 140 根、北侧 141 根,望柱间距 1.8—2 米。柱间各嵌刻着花纹的石栏板,栏高约 0.85 米。

每个望柱顶端都有一个大狮子,大狮子身上雕着许多姿态各异的小狮。1961 年统计有287 只大狮子,另有附着在大狮子身上的小狮子 198 只,大小狮子共 485 只。1979 年又发现17 只,共 502 只狮子。到了 1983 年统计为 498 只。1998 年对卢沟桥修缮,修复了 3 只被雷电劈毁的狮子,共有狮子 501 只。桥上最大的两个狮子,高 0.9 米、长 1.73 米,重约 3 吨。

依照年代分类,石狮子属于四个朝代的:第一类金元时期遗物,特征身躯瘦长,腿部挺拔有力;第二类明朝时期,特征为身躯较短,足踏绣球或小狮;第三类清代康熙乾隆年间,特征突胸张嘴,雕刻细腻;第四类清末至民国时期,特征雕刻粗陋。

对于卢沟桥上的石狮子,明代刘侗《帝京景物略》也有记述:"桥二百步,石栏列柱头,狮母乳,顾抱负赘,态色相得,数之辄不尽。"

三、卢沟桥的繁忙

卢沟桥是沟通燕蓟与北方的重要通道,也因此带动了卢沟桥一带的经济繁荣。

元代佚名画家作过一幅《卢沟运筏图》,描绘了元代卢沟桥一带的盛景。绘画中除桥身上拱,其他特征与现存的卢沟桥相吻合。卢沟桥下的永定河水湍急,木筏顺流而下,岸边有很多木材等待捆扎。永定河两岸商铺林立,桥上、桥下行人、车辆往来不绝,一派繁忙景象。罗哲文先生考证,认为画中描绘的是元初修建大都城时,从西山砍伐木材,以木筏的形式沿着卢沟河运送至卢沟桥,再转陆路运至大都城里的场面。

史籍记载:元代修建大都(北京),需要大量的木材,卢沟桥附近有一个木材中转站。永定河上游成为原木供应地,不仅运输木材,也运输木柴炭薪等物资。

元代张野《满江红·卢沟桥》云:"半世乾忙,漫走遍、燕南代北。凡几度、马蹄平踏,卧虹千尺。眼底天河仍似旧,鬓边岁月还非昔。并阑干、惟有石狻猊,曾相识。桥下水,东流急。桥上客,纷如织。把英雄老尽,有谁知得。金斗未悬苏季印,绿苔空渍相如笔。又平明、冲雨入京门,情何极。"

桥上人如织,川流不息,可见从卢沟桥经过的人流量之大。卢沟桥忙碌着,卢沟桥见证历史的沧桑。卢沟桥至京城 30 余里,在古代约半天的行程。上午在京城吃酒饯行,一路风尘,走到卢沟桥时,已经是夕阳西下。古代道路差,夜行不方便也不安全,因此"未晚先投宿,鸡鸣早看天"已经成为一种习俗。趁太阳尚未落山时,找客栈住宿,洗洗休息,等到第二天天色放亮时再上路。时间因素与地理位置,决定了京城西南卢沟桥一带,成为出京城的第一个歇宿点,在古代这一带客栈旅社较多。晚清易顺鼎《卢沟桥》诗云:"书剑征途伴寂寥,长安日近楚天遥。南云北雪三千里,第一销魂是此桥。"

四、卢沟晓月

卢沟桥建于金代,那时候永定河澜水如练,西山似黛,每当黎明斜月西沉之时,月亮倒映水中,显得明媚皎洁,明月与卢沟桥交相辉映,形成卢沟晓月之景。金代《明昌遗事》所载,金章宗年间形成"燕京八景",卢沟晓月为其中之一。

夜色晴朗时,一轮明月升腾,月光投射到永定河上,水波粼粼,月色如洗,大地似银,"卢沟桥上月如霜"。鸡鸣三遍,旅客洗漱登程,天空微露晨曦,尚见晓月当空,于是体会"卢沟晓月"的意境之美。明代邹缉题王绂《北京八景图》称:"卢沟本桑乾河,曰浑河,亦曰小黄河……去都三十里,有石桥跨于河,广二百余步,其上两旁皆石栏,雕刻石狮,形状奇巧。成于金明昌三年,桥之路,西通关峡,南达江淮,两旁多旅舍。以其密迩京都,行人使客,往来络绎,疏星晓月,曙景苍然,亦一奇也,故曰卢沟晓月。"

金朝礼部尚书翰林学士赵秉文诗云:"河分桥柱如瓜蔓,路人都门似犬牙。落日卢沟桥上柳,送人几度出京华。"元代陈孚《卢沟晓月》诗云:"长桥弯弯抵海鲸,河水不溅永峥嵘。远鸡数声灯火杳,残蟾犹映长庚月。道上征车铎声急,霜花如钱马鬃湿。忽惊沙际影摇金,白鸥飞下黄芦立。"

卢沟晓月的美景,吸引文人骚客赋诗赞美。明代张元芳《卢沟晓月》诗曰:"禁城曙色望漫漫,霜落疏林刻漏残。天没长河宫树晓,月明芒草戍楼寒。参差阙角双龙迫,迤逦卢沟匹马看。万户鸡鸣茅舍冷,遥瞻北极在云端。"明人李东阳《卢沟晓月》亦云:"霜落桑乾水未枯,晓空云尽月轮孤。一林灯影稀还健,十里川光澹欲无。不断邻鸡催短梦,频来征马识长途。石栏桥上时翘首,应傍清虚忆帝都。"

清代康熙皇帝与乾隆皇帝执政时,在卢沟桥东西两端各竖御碑一块。西头是清康熙帝于1698年为记述重修卢沟桥而竖的御制碑,东头为清乾隆帝御书"卢沟晓月"碑。乾隆十六年(1751),乾隆皇帝奉太后谒泰陵,过卢沟桥又作诗:"茅店寒鸡咿喔鸣,曙光斜汉欲参横。半钩留照三秋淡,一蛛分波夹镜明。入定衲僧心共印,怀程客子影犹惊。迩来每踏沟西道,触景那忘黯尔情。"并题"卢沟晓月",建亭刻碑于桥头。

卢沟晓月是著名的燕京八景之一,但是清代以后,因为永定河水的关系,卢沟晓月消失了。"晓月"之景,必须有湖水的作用,2000年,政府曾努力恢复水面,但因缺水而放弃,此后又尝试用高科技手段在湖畔制造人造月亮。2008年5月,丰台区政府启动永定河蓄水工程,恢复水位。7月20日,随着南水北调京石段最后2万平方米冲管道弃水流入晓月湖,干了20年的卢沟晓月湖终于有了水波映月的条件,"卢沟晓月"奇观也得以在2008年中秋佳节期间成功再现。

作者简介:①黄沐天,毕业于南昌大学科学技术学院建筑学专业。
　　　　　②黄强,江苏开放大学艺术学院特聘教授、南京晓庄学院客座教授、河南理工大学学报(社会科学版)审稿专家、中国金瓶梅研究会理事、江苏省文艺评论家协会理事。

略论太和县白果树信仰现象

徐 媛

中国历史上下几千年，民间信仰与崇拜，可以说是各地民俗文化发展的固有基础和根源。民间信仰的种类亦是多种多样，在安徽省太和县，各种庙宇亦是多不胜数，一般以人物信仰为主，如，娘娘庙、马姑娘庙等，也有对植物加以崇拜信仰的，其中最有名的当数位于旧县镇东南的白果树（银杏树）庙。每逢正月，便是白果树庙香火最为鼎盛时期，来自四面八方的信徒蜂拥而至，烧香祈福，场面甚为壮观。

一、白果树信仰的历史渊源

白果树，在安徽省阜阳市太和县旧县镇东南里许。此处原有两株传为汉代的白果树，为雌雄株，高十余丈，粗过四十围（一围约一尺），枝繁叶茂，覆盖面四五亩。后不知何故，仅存雄株。其西南枝像龙头状，西北一枝拖地如凤尾状，俗称"龙头凤尾"。奇怪的是，人们摇其头则尾动，摇其尾则头动。过去每年农历正月二十二日和十月二十二日，人们在大树下结集赴会，买卖兴隆，十分热闹。

据记载，白果古树汉代就已存在，不管是战乱还是和平时期，香火一直鼎盛不断。而香火最盛时期则在明朝，原因据说和朱元璋有关。有一次，他在太和吃了败仗，躲在白果树中心的空洞里才得以逃过一劫。取得天下后，他每年都会派使于农历正月二十二日和十月二十二日庙会时前来进香，周边的大小官员自然也要随同，官府的参与使白果树庙会声名远播，儒释道三家都来此布经传道。由此，自明朝以来，这里便是三教活动的重要场所。

南北朝宋文帝元嘉二年（425）乙丑，县令成郙为保护太和旧县两株汉代古银杏树，特在树立碑记事。① 民国十二年（1924）十一月二十七日，太和县访搜出土了《郙保全白果古树碑记》。此碑长一尺二寸七分，宽一尺二寸五分，厚三寸五分。左角下方残毁，共行书七行，尚存六十字，类六朝人笔意。经考证为宋文帝元嘉二年乙丑，县令成郙所立。白果古树残碑内容如下（无撰书人姓氏）：

（原碑第一行上缺数字）郙保全白果古树碑记

（第二行上缺数字）宫敕伐者，勒石永禁，不许砍

（第三行上缺数字）于守（缺一字）一雌一雄，离奇并蓊

（第四行上缺数字）旺（下缺二字，余空）

（第五行上缺数字）永行禁卫（缺二字。）惠我先人，惠

---

① 吴承志等：《太和县志》，邓建设校，黄山书社1993年版，第129页。载有："古银杏树，在县西北七里。大四十围，枝荫数亩。相传为汉代物，其先雌雄二株，今仅一雄，雌废，根盘尚如云石。民国十三年，有新出土碑记。"

（第六行上缺数字）如（缺一字。）古迹常留,载歌不替,亿万斯年

（第末行上缺数字）岁次乙丑小阳月（下缺）

碑文大意是:南朝宋文帝元嘉二年乙丑,太和县县令成郗奉旨下令"保全白果古树",并雕刻成石碑,规定永远禁止砍伐这一雌一雄两株奇特的白果古树,因为这两株古树是先人之惠,要永远保留卫护,使之长寿万年。

民国十四年(1925)《太和县志》载有"宋令成郗者,首行郗字,未知即其名否。末行有岁次乙丑,与宋文帝元嘉二年乙丑成郗任县令年月相符。"[1]据此可知,该碑应为成郗所立无疑。[2] 由此观之,此碑可谓安徽最早保护林木古树的官方"禁碑"。

清同治年间(1862—1874),"江淮才子"朱炎昭(1832—1919),原籍颍州东南常白庄(今阜南县朱寨镇),一生以诗、书、画"三奇"负有盛名。其在太和旧县教私塾时,写下了赞美汉代白果树的《咏古树诗》。诗云:"旧县东有两大树,几阅沧桑形已殊。不知何代戕一株,剩有尺余十围粗。怒生青皮封其顶,形如鼋背色不枯。有时萌芽于方艾,无人护惜被樵苏。焉得挺秀成巨干,溜雨参天气一舒。一株体大牛可蔽,任尔婆娑足生意。直干上摩九霄云,浓荫下覆十亩地。野火难烧捧日心,大风忽掀拏云气。不染嚣尘独游仙,时有雷劫藏老魅。故国乔木此其尤,将军大树与之契。千章应有鸾凤栖,群木尽是儿孙队。四面露根直奇古,苍皮偶有磨痒迹。一群瘦松欲啸风,十数蛰龙怒出土。我欲吟诗更绘图,愧无大笔如云帚。无意人间称巨材,自是孤柱擎天陛。"[3]

民国十四年(1925),《太和县志》保存了大量古树保护的史料,其中便收录了《郗保全白果古树碑记》金石资料、"江淮才子"朱炎昭的《咏古树诗》等。

成郗在宋文帝元嘉二年任县令立护树禁碑之时,两株白果树"雌雄离奇并艺",树龄约有500年,后在历代官府和黎民百姓的精心护卫下,又在太和这片土地上平安地生长了1500余年。可惜在1955年8月13日,另一说是8月25日,发生了一场大火,大火烧了七天七夜,虽经附近人民奋力扑救,可是无奈火势太大,难以扑灭。有老人说,这与白果树下的"大蛇渡劫"有关。据说,那天正值"大蛇渡劫"的日子,一时间电闪雷鸣,雷电正好击中了这棵白果树,而人们难以扑灭这场火,因为它是天火。不过这只是传说,可信度较低。后来,群众在烧剩下来的银杏树桩上以水泥高仿其形,在树桩内栽上白果树苗,修建了"白果树公园"。每年例行3次白果寺香火古会,盛况空前,至今已举办了60余次。

二、"拴娃娃"的独特民俗

白果树庙历经岁月沧桑,见证了太和的发展与变迁,在当地人的心目中具有很高的地位,人们相信只要诚心祈求,定期烧香,神灵必会加以庇佑,定能心想事成。所以,人们每逢有所求时,便会前去烧香祈祷,其中最引人注目的是拴娃娃的习俗。年轻男女成婚后若迟迟没有孩子或想要男孩,家里的长辈就会寄希望于白果树庙里的神明,具体的做法是:由家中

---

① 吴承志等:《太和县志》,邓建设校,黄山书社1993年版,第601页。

② 吴承志等:《太和县志》,邓建设校,黄山书社1993年版,第532页。载有:"成郗,宋县令。治政宽平,遗爱在民。元嘉三年,遣大使巡行四方,散骑常侍。王歆之、孔默之等上言,应加褒赉,以劝于后。与铜阳铜令李熙国各赐绢三百匹,谷二百斛。"

③ 吴承志等:《太和县志》,邓建设校,黄山书社1993年版,第129页。

长辈为孩子提前取好名字,备齐香塔、祭品、烟花爆竹等,然后从邻里选出四位有威望的人(多为一男三女)和这对年轻夫妻一起前往白果树庙敬神求子。求子的过程并不复杂,只需要像往常拜神的时候一样先将祭品摆放好,再燃放烟花爆竹和燃烧香塔,接着,一行人在白果树前的祭坛中诚心祈求,下跪磕头,与以往拜神不同的是,在磕头的同时,同行的六人必须念出这样一段话:××(孩子的姓名),赶紧跟我们回家吧,你的父母是××,家在××(求子的家庭的详细住址)。并且,从这时起直至回到家中,同行的人的嘴里必须一直默念这句话。因为人们相信,诚心参拜,神明必会赐子,而不断地呼唤则可以让神明赐予的孩子尽快找到回家的路。待回到家后,主人家会准备丰盛的饭菜宴请一同前去求子的人们。虽说这只是当地人的一种迷信行为,但奇怪的是,这种求子活动往往能很快奏效,所以前来求子的人络绎不绝。

一旦前来求子的夫妇成功生下胎儿(也存在求子却生了女儿的情况,但人们却不会抱怨,因为这是神明的赏赐,是福气,一味地抱怨只会惹怒神明,给自己的家庭带来厄运),他们的家庭就会为这个孩子祈福还愿,这在当地人眼中是至关重要的事情。一般的惯例是在孩子3岁、5岁或者10岁的时候,带着孩子一起前往白果树庙还愿并祈福。人们多选在农历正月十五这天举行祈福仪式。仪式往往要提前一个月准备,主要工作包括通知所有亲朋好友并告知他们仪式举行的具体时间和地点、购买仪式所需物品,如,祭祀用的猪羊牛肉和水果、香塔、红布条、鞭炮、烟花、特殊服饰等,还要提前在饭店订餐,联系乐团和车辆等。

到了正月十五那天,所有亲朋好友在指定地点集合,由孩子的父母发放红布条或鲜花,所有人将其佩戴在胸前,并按与主人家的亲疏程度排好队形准备出发,并且要安排专门人员负责运送祭祀物品和香塔等,接着便依次驱车前往白果树庙,更有虔诚的信徒,要求所有亲友步行前去,以表诚意。另外,值得一提的是,祈福的孩子无论男孩、女孩都会穿着大红色的衣服,而且身上会佩戴特殊的绶带,绶带正面打了个大结,将其斜挎在胸前,绶带上用黄色的字体书写着祝福的话语。到达目的地后,需要祈福的孩子通常由其舅舅牵着进庙,年幼的则由舅舅驮在脖子上或背在背上进入。孩子的父母、爷爷奶奶、姥姥姥爷及亲朋好友和乐团依次入内。一进门,正前方便有一片区域专门用来焚烧香塔,待祈福队伍在焚烧区前站定后,专门人员会将香塔点燃,一般会同时焚烧两个重达30斤的香塔,与此同时,鞭炮声和烟火声响起,所有人员面向香塔下跪磕3个头。接着祈福队伍全体起立,向正式的仪式举行地进发。步行大概10米,便能到达白果树前方的仪式举行地点。这时,随行的乐团在祈福队伍左侧单列一排,准备击鼓奏乐。在这种情况下,庙里会安排1名专门的仪式主持人,所有人员必须听从其安排。

仪式正式举行时,所有人员列队站好。首先,仪式主持人会安排固定人员将祭祀物品放置在指定区域,然后开始正式的还愿祈福环节。主持人一旦宣布仪式开始,所有闲杂人等必须退避两侧,只留下祈福队伍在白果树前站立,而要祈福的孩子一般站在第一排队伍的中间位置。接着,主持人宣读祭词,主要内容就是某某家为其小孩来此还愿祈福,望白果树下的所有神明能对其加以庇佑等。大概用时3分钟,待宣读完毕后,祈福队伍会在主持人的指示下集体下跪磕头,反复3次乃止。随后,主持人会要求孩子的爷爷走到其面前,在主持人左侧的桌子上有一本花名册,主持人会让他在花名册上用笔将祈福孩子的姓名钩出。紧接着,主持人嘴里又念出了一段祝词,并要求孩子的爷爷按自己的心意在桌子上留下几百块钱以表虔诚,一般都是双数,以200元为多,富裕的家庭还会捐出一大笔钱用于寺庙建设。随后,孩子的爷爷便可以返回队伍中,所有的人再次下跪磕头。最后,主持人宣布仪式结束,所有人又一次下跪磕头,与此同时,乐团开始奏乐庆祝仪式的结束。鞭炮声再度响起。所有人员有序离开,前往指定饭店用餐。用餐的同时,主人家会发放糖果给客人以示感谢。

诚然,拴娃娃的习俗有着很多迷信的成分,在还愿祈福时大量燃烧香塔和燃放烟花爆炸也会加重空气污染,这也是拴娃娃习俗饱受诟病的主要原因。但毋庸置疑的是,作为一个特殊的民俗,它是当地人白果树信仰的一个重要表现,另外,作为一种精神寄托,它也体现了人类渴望传宗接代、世代繁衍下去的美好愿望。

白果古树历经千年风雨,见证了太和县的历史变化,如今的它虽已不见当初枝繁叶茂的壮丽景象,但是作为当地民间信仰的重要代表,它早已融入人们的生活当中,成为人们的精神生活不可或缺的一部分。

作者简介:南京师范大学社会发展学院博士,金陵老年大学文史语言系教师。

从宫廷要司到清闲衙门:
明代南京宗人府略论

雷晓凡

一、宗人府的设置及其职能

元朝末年顺帝统治时期(1333—1370),贵族集团骄奢淫逸、内斗不止,黄河水患危害巨大,社会矛盾激化,国势疲弱。至正十一年(1351),红巾军起义爆发。原为濠州红巾军郭子兴部的朱元璋崭露头角,其部在1356年攻占集庆,改集庆为应天府,以此为基地。① 他采纳谋士朱升"高筑墙,广积粮,缓称王"的建议,先后消灭陈友谅、方国珍、张士诚等反元割据势力。1368年,朱元璋在应天称帝,改元"洪武",朝议确定应天府为南京,是为京师。朱元璋在南京建立政权后,全国尚未统一,但为彰显正统地位,政府枢要的建设已然提上日程。丞相、六部、御史台等外朝行政机构纷纷建起的同时,朱元璋鉴于"周有宗正汉置官,以序九族",作为内廷管理机关的宗人府亦在洪武三年(1370)正式成立。明正德朝所修《大明会典》载:"国初置大宗正院,正一品衙门。洪武二十二年改院为府。"②可见其地位之崇高。

宗人府的职能即主理皇族事务,掌管皇帝九族的宗族名册,按时撰写帝王族谱,记录宗

---

① 元代集庆之辖境相当于今江苏省南京、江宁、句容、溧水、溧阳、高淳等市县(区)地。朱元璋政权设置应天府,为明代初期首都,永乐迁都后改为留都。辖区即今南京市,及句容市、溧阳市范围。

② (正德)《大明会典》卷一《宗人府·谱系》。

室子女嫡庶、名字、封号、世袭爵位、生死时间、婚嫁、谥号安葬等。① 换言之,这是能直接经理朱元璋家事的重要机关。朱元璋系雄猜之主,在内外大事上最信任的还是至亲,这是朱元璋治国理政一以贯之的理念。明初军事布防多以亲王掌重兵以制天下,所以燕王朱棣等皆驻守要地手握军权。对内事务尤其是直接管理皇族事务的宗人府,自然也不可能假手外人。宗人府由皇族亲王直接领衔担任。首任宗人令即是诸王中最年长的朱樉。除宗人令外,宗人府的属官还包括左宗正、右宗正、左宗人、右宗人等,以上官职的品阶为正一品。② 明初诸藩王——次子秦王朱樉、三子晋王朱棡、四子燕王朱棣、五子周王朱橚、六子楚王朱桢——构成了宗人府的首任人事班底。③ 朱元璋的这一决定影响数百年,清初亦沿用此制,以亲王、郡王主掌宗人府。

值得一提的是,同属于汉字文化圈,越南长期以来深受中华文化的影响,越南也曾设有宗人府(Tông Nhân Phú),19 世纪中期改名为尊人府。

二、南京宗人府地位下降的表现与原因

(一)实际运作与典章规定的差距

众所周知,历代会典所载的"静态"制度,在实际"动态"运作过程中往往屡有变异。以《大明会典》为主的官方资料皆称皇族谱系(即"玉牒")之编纂由宗人府完成。但翻检史料,诸王在南京宗人府料理事务的时间均寥寥无几。

朱樉于洪武十一年(1378)五月就藩西安,洪武二十四年(1391),因其在藩国多过失,被召还京师,后经皇太子朱标解劝,次年放还藩封,但在南京的时间也极短暂。朱棡于洪武三年(1370)四月封为晋王,洪武十一年(1378)四月就藩山西太原。洪武三年(1370),朱棣受封燕王,曾居中都(今凤阳),洪武十三年(1380),朱棣就藩北平府,之后多次受命参与北方军事活动,对宗人府事务也鲜有参与。朱橚于洪武三年(1370)四月封吴王,后来明太祖以浙江财赋地不可封王,于洪武十一年(1378)止月改封周王,开府开封。同年与燕、楚、齐三王驻于凤阳。洪武十四年(1381)十月就藩,后来由于政局变动屡次被贬云南,在南京的时间寥寥可数。④ 朱桢于洪武三年(1370)四月受封齐王,后改封楚王,洪武十四年(1381)四月就藩武昌府。可见,各地藩王各有经历,且"未经受诏不得进京",实际上只能遥领虚衔,不可能在南京宗人府长期办公。

诸王就藩或外出领兵,宗人府所承担的日常事宜仍需处理,只能由其他机构填补这一真空,外廷的中央文书机关最为适宜。据《明史》载,翰林学士"掌制诰、史册、文翰之事,以考议制度,详正文书,备天子顾问。凡经筵日讲,纂修实录、玉牒、史志诸书,编纂六曹章奏,皆奉敕而统承之"。纂修玉牒这一原由宗人府主营的事务,事实上已经转移到翰林院手中。⑤

但除翰林院外,作为皇帝"私人秘书班子"的内阁也开始崭露头角。朱元璋时期起用殿阁大学士襄赞政务。朱棣靖难夺权后开始重用内阁,翰林院逐步与内阁分开。仁宣时期大

---

① 王圻:《续文献通考》卷九一《职官考·宗正卿》。
② (万历)《大明会典》卷一《宗人府》。
③ 《明史》(卷七十二)。
④ 《明太祖实录》卷五十一、一百一十七、一百三十九,《明史》卷一百十六列传第四。
⑤ 《明史》卷七十三《职官志二·翰林院》。

学士辅政的模式逐渐成形,内阁票拟、批红的决策方式日趋成熟。正统七年(1442)文渊阁外另造翰林院,等闲者不得入文渊阁。如此一来,翰林院与文渊阁分离,翰林学士已不能查看诰敕,改由内阁掌管。此后制定诰敕等机密大事全由阁臣操办,翰林院已无法干预。即使如此,内阁重臣仍皆出身翰林,"非翰林不入内阁"①。以下解读一条史料,可以窥见当时内阁、翰林院"接手"宗人府编纂玉牒事务之内幕。

靖难之役后,成祖朱棣对藩王控制日严,藩王由此被除去事权,整日无所事事,仅接受禄米供养,开枝散叶,生齿日繁,皇族人数逐渐膨胀。嘉靖二十四年(1545),内阁反映此问题称:

> 第一册内例有总图,备载天潢世系于首,所以表帝王之统,合同气之亲也。切因世代未远,人数未多,有纸一面,列书代氏,而以朱线各系所出之子孙于下。但近年以来,宗派繁衍,已倍于前,其数不下累万,兹仍用前制,不惟纸狭不足备载,而字迹惟眇,朱线纷乱,难以寻检,不无遗漏、混淆之弊。况将来天支万代,愈难增续。②

内阁在陈奏问题后,提出以改变玉牒书记方式的办法解决这一技术难题。由此观之,至少在明中叶嘉靖时期,内阁也介入到了皇族谱系记载的事务中。有学者进一步推断"翰林院实为纂修玉牒的核心机构,而内阁则成为纂修玉牒的领导核心"③。这一说法还是有可取之处的。

(二)国都北移与帝王心术

洪武三十一年(1398)闰五月,明太祖朱元璋去世,其孙朱允炆在同月(6月30日)即位,定次年(从1399年2月6日开始)为建文元年。朱元璋为巩固统治,大封藩王,各拥私军。对登基时年仅21岁的建文帝来说,诸藩王叔叔已呈尾大不掉之势,于是在齐泰、黄子澄、方孝孺等人辅佐策划下展开削藩。先后废黜周王、湘王、齐王、代王及岷王。而面对年龄最长、军功最多、武力最强大的燕王朱棣时,削藩难度大为增加。最终历经长达四年的"靖难之役",朱棣攻克南京,朱允炆下落不明,明王朝进入永乐时期。

以继位方式来看,朱棣"得国不正",为全方位巩固权力,成祖展开再次削藩、强化厂卫、迁都北京等措施。其中,尤其以迁都北京对宗人府影响最大。朱棣原本受封北平,加之自己的政治、军事班底均在此,因此十分重视经营北方。朱棣为显示正统,虽然在南京宣布即位,却一直在为国都北迁而做准备。永乐元年(1403),朱棣改北平为行在,设六部,增设北京周围卫所。与此同时,争取与蒙古族建立友好关系。鞑靼、瓦剌各部先后接受明政府封号。自永乐八年(1410)开始,朱棣亲自率兵五次北征,巩固北部边防。永乐十八年(1420)定都北京,自此,大明王朝拥有南北两个行政中心。

南京名义上也是"首都",在官僚架构上几乎与北京对等。宗人府官属随朱棣前往北京,南京也仍旧留存,在称呼上同其他官署一样只需加"南京"二字即可,称"南京宗人府",但实际上已经没有什么业务可做,仅仅设官备员,保持存在而已。这种变故之原因,一方面当然是由于迁都北京的客观历史造成,另一面则是明成祖的"帝王心术",为建立新的统治秩序,

---

① 《明史》卷七十四《职官志三·翰林院》。
② 孙承泽:《春明梦余录》,王剑英点校,北京出版社2018年版,第435页。
③ 谢贵安:《明代宫廷修书仪制考述》,《故宫学刊》2009年总第5辑,第156页。

必须重北轻南,刻意打压、闲置原本在南京的官僚系统。南京的各级官署,成了帝都龙潭打发政争失意者和老旧勋贵的专用场所。

历经成祖的一系列改革后,即便在北京的宗人府也不再由亲王管理,而改由专以元勋外戚大臣兼领宗人府,不专门设官,改归礼部管理,置经历司,设经历一人,官职为正五品,负责文书档案的收发、管理工作。① 明代学者吕柟曾因触怒正德时期大宦官刘瑾,被后者"贬"去山西。待到嘉靖朝新君为表示宽慰,奈何大好岁月已被蹉跎,也仅仅于嘉靖三年(1524)"升官"前往南京,担任南京宗人府经历。宗人府经历一职听上去管理皇族事务,似乎风光无边,实际上毫无施展抱负的上升空间,只能继续在南京太常寺少卿、南京礼部侍郎等闲职中度日养老。嘉靖十八年(1539)吕柟致仕返乡专心讲学。②

明清鼎革,清朝统治集团确立了对中国的统治后,大都沿袭了明代的政制,宗人府也得到了继承。清代宗人府长官为宗令,另设有左右宗正、左右宗人等官职。以上职务均由宗室王公担任。但南京宗人府随着清军铁骑踏入石头城而走入了历史,此后再未恢复。

三、余论

中国历史的一大特点是政治力量往往在社会发展中起着举足轻重的作用。造成宗人府地位下降的主要原因,无疑也是政治因素。南京宗人府的历史发展,无疑可以成祖称帝为转折点分为两段:前一时期由于国家政治中心和重心都在南京,南京宗人府因此地位崇高,由亲王领衔管理;迁都北京后,政治重心迁往北平,南京仅存有"留都"身份,南京宗人府自然也随之仅具空壳。黎东方先生称其为"骈枝机关"③,相当形象。迁往北京的宗人府在机构关系上隶属礼部,实际业务之大部由内阁、翰林院包办。从显赫一时的宫廷要司到门可罗雀的清闲衙门,明代宗人府的经历颇具某种苍凉的历史美感,成为我们体味帝制末期中国政治生态的一个窥孔。

作者简介:金陵老年大学文史语言系教师。

于无声处听惊雷

——深挖《犬之力》

朱庆颜

谈起新西兰导演简·坎皮恩(Jane Campion),观众可能立刻就会想到那部惊世骇俗的女

---

① 《明史》卷七十五《职官志四》。
② 《明儒学案》卷八《河东学案下·文简吕泾野先生柟》。
③ 黎东方:《黎东方讲史:细说明朝》,上海人民出版社 2007 年版,第 122 页。

性电影经典之作《钢琴课》（1993 年获得第 64 届戛纳国际电影节金棕榈奖）。关于此片，不少业内和影迷都认为其是至今为止简·坎皮恩导演的巅峰之作。但笔者却认为简·坎皮恩导演 2021 年的作品《犬之力》（*The Power of The Dog*）也同样是一部非常优秀的女性电影（第 27 届评论家选择奖最佳导演奖、第 94 届奥斯卡金像奖最佳导演奖），甚至相较于《钢琴课》，《犬之力》在女性电影的视野上有了进一步的拓展，在主题表达上更加激进与深化。或许是当下欧美女性一直在呐喊却每况愈下的现实处境，抑或风云诡谲的性霸权思潮愈演愈烈，激起了简导"为女一辩"的能量。

一、《犬之力》的文本转换

《犬之力》改编自美国作家托马斯·萨维奇（Thomas Savage）的同名小说，该小说于 1967 年首次出版，曾先后 5 次卖出电影改编权，但均未拍摄完成。直到简·坎皮恩于 2021 年成功地将它搬上大银幕。当影片获得第 94 届奥斯卡金像奖最佳导演奖，简·坎皮恩在接受媒体采访时，来自瑞典的一位男记者把这部影片称为如此"黑暗的电影"（Dark Film）并追问简·坎皮恩作为该片导演遇到的最大挑战是什么。简·坎皮恩导演严肃、认真地回复他："黑暗永远不会扰乱我！我不喜欢因为黑暗人们就掩盖它，而且我觉得当你制作一部电影的时候，你正在探索它，寻找它的复杂性，然后进行处理。我们的电影是由一个叫托马斯·萨维奇的人写的，虽然他写出了残酷，但他是在寻找善良，真正地在思考善良。当你遇到一个很有层次，有深刻性和挑战性的，甚至触动到你心里的各个角落的故事，你进行挑战就是一件非常非常了不起的事。"显而易见，简·坎皮恩导演用掷地有声的话语权再次重申了自己的立场：首先，她否定了"黑暗电影"的说法，而将它修定为"虽残酷但在寻找善良"；其次，她强调这个故事是脱胎于一个男性作家萨维奇的小说，并非她在"处心积虑地虚构一个'弑父'的故事"（瑞典记者确有试图将她置于男性对立面之嫌）；最后，她充分肯定了该故事的深刻意义，并且，很荣幸用其个人风格使《犬之力》在新世纪获得重生。

电影故事开始于 1925 年的蒙大拿，菲尔（Phil）和乔治（George）兄弟二人经营着继承自父母的牧场，是牛仔们的老板。在一次运送牛群的途中，牛仔们在一家旅馆餐宿。店主罗丝（Rose）和儿子皮特（Peter）负责招待这些牛仔。进餐时菲尔不仅烧毁了皮特制作的纸花，还出言侮辱了把餐布搭在手臂上的皮特。不久乔治成功求婚罗丝，并带她来到了牧场。暑假时，学医的皮特也来到牧场和母亲一起生活。皮特发现罗丝变得精神脆弱且嗜酒如命，在得知菲尔经常对其母冷嘲热讽后，他却与菲尔变得亲近起来。两人常常一起在马棚聊天，一起去劳作。某日，罗丝卖掉了牧场的全部牛皮，气急败坏的菲尔只能用皮特给他准备的牛皮编织绳子，但编织过程中菲尔感染了炭疽病，随后即不治身亡。夜色中，给菲尔处理完身后事的乔治和罗丝亲密地拥抱在一起，楼上窗口旁的皮特满意地笑了。

从叙事角度来讲，当观众看到片尾处皮特满意的笑容时，可能会意识到菲尔之所以会染上炭疽病是因为皮特让他接触了有炭疽病毒的小牛皮，所以这个看似意外的死亡事件其实是一次谋杀。简·坎皮恩导演基本保留了萨维奇原作的情节设置，使影片看起来具备悬疑片的特征。其实，讲一个关于谋杀的故事有什么值得大惊小怪的呢？电影类型中的恐怖片、惊悚片、悬疑片、侦探片等都会有谋杀案，为何偏偏《犬之力》和简·坎皮恩导演引发如此多的关注和质疑呢？显然，首先因为在上述这些类型电影中，故事多以女性被杀为起因（"杀女"案件之多，吊诡地再将女性呈现为一具具没有意志的身躯），且主流意识形态早已心安理得地认同此常态化，但《犬之力》的故事中被谋杀的却是一位"至高无上的父/男"。其次，因为简·坎皮恩是一位在世界影坛具备一定影响力的女性导演，她拍摄的绝大多数作品都属于女性电影，而且此次她把一部因"弑父"导致数年间数次拍摄均未完成的作品成功地搬上了大银幕，还拿到了奥斯卡金像奖最佳导演奖……

二、《犬之力》电影文本细读

在影片正式开始之前，即第一篇章（Ⅰ）的标识出现之前，一个青年男性的声音（画外音）讲了一段话："我父亲去世后，我只希望我的母亲能幸福地生活。如果我不帮她渡过难关，不去拯救她，那我还算什么人呢？"接着，我们看到20世纪初美国西部粗犷蛮荒的土地和大批牛群，还有彪悍的牛仔。简·坎皮恩导演用燥热喧嚣的蒙太奇来展现自然风光，又用冷静旁观的横移长镜来刻画人物风貌，瞬间把我们带入到了那个奔腾的年代。细心的观众可能会发现那段画外音和随后出现的画面好似毫无关系，甚至有些观众可能根本没注意到画外音，但笔者却不得不提醒此处画外音的重要性，因为它不但从一开始就不动声色地在叙事上解构了悬疑设置，而且还先在地为观众提供了一个观看此故事的视点——皮特之眼。"'视点'是电影叙事中最灵活也是最重要的因素，是某一叙事人称下的具体切入角度，视点的存在使叙事形成了不同的层面和相应的讲述方法。"①劳拉·穆尔维在《视觉快感与叙事性电影》中提出了一个重要的概念——"Gaze"（凝视）。"凝视的目光，凝视的主体是男性，凝视的客体是女性，在这种凝视的行为及过程当中，男性文化得以表达、确认，得以消解它一些内在的矛盾。"②显然，简·坎皮恩导演恰恰是借劳拉之语反其意而用之。此外，在开端即揭示真相，更加强化了本片之意并不在于给观众讲一个老掉牙的谋杀故事，而是想让观众通过皮特之眼留意每一个细节。

（一）关于菲尔的细节

菲尔首次在片中出现时，他横穿了3个窗口，如此"凝视"显然是在呼应片头处的画外音，再度重申皮特的视点。劳作完的菲尔拒绝用房间里的浴缸洗澡（25年来从未用过），他喜欢独自一人在隐秘的河道旁先自慰再沐浴。关于菲尔慰沐，影片有两场重要的展示。第一场是乔治不听菲尔的劝阻把罗丝娶进家门，两人新婚之夜的呻吟使隔壁的菲尔迅速躲避到马棚。他先是温柔地抚摸布朗科·亨利（Bronco Henry）的遗物马鞍，之后便去河中沐浴。在这场戏中，观众大概会明显地感受到菲尔的愤怒，主流意识形态会悄然将观众的主观视点与菲尔的视点进行缝合，从而使观众与菲尔产生高度认同。但正如前文所述，简·坎皮恩导演已经精巧地为观众提供了皮特的视点，所以我们才有机会得以撕裂主流意识形态的缝合之术，看到关于"愤怒的真相"——"怒之因"和"怒之果"。首先，菲尔愤怒的原因始于乔治对他"至高无上"的权力的挑衅。从赶牛时对菲尔口中崇拜的布朗科的无动于衷，到执意娶了菲尔口中"下贱的阴谋家"罗丝，乔治在不断地僭越把"父之名"奉为圭臬的菲尔的"父权"。其次，菲尔愤怒的结果：感到权力松动的他马上去深情地抚摸布朗科的马鞍——"胯下之物"，随后在河中沐浴获得"新身"，仪式般地完成了"父"之重新赋权。再度掌权的他变本

① 宋家玲：《影视叙事学》，中国传媒大学出版社2007年版，第178页。
② 戴锦华：《犹在镜中——戴锦华访谈录》，知识出版社1999年版，第152页。

加厉地展开了对罗丝的暴力，从最初直白的言语攻击"老头想让我们把房契寄给他（暗示罗丝不配觊觎家产）、我不是你哥哥（拒绝接纳她成为家庭成员）、你这个下贱的阴谋家（把她定性为低人一等）"升级为用班卓琴声和口哨声嘲讽戏弄罗丝的钢琴声（在阶层与性别的双重维度打压她）、直接破坏乔治为正式接纳罗丝为家人而举办的聚会、用各种阴阳怪气的表情和眼神鄙视罗丝……

如果说在第一场慰沐中，没有捕捉到简·坎皮恩导演提供的皮特视点的观众还会惯性地认同"第一主人公"菲尔的话，那么在第二场，由于皮特的直接闯入，使观看突然间发生了一次较为强烈的警醒，此刻观众可能会意识到原来他们能看到菲尔的秘密是因为借用了皮特的"眼睛"。当菲尔用鄙夷的口哨声嘲讽了躲在后巷偷偷饮酒的罗丝后，他立刻去巡视了在河中裸浴的牛仔们，他作为至高无上的"男/父"不仅在精神上训诫了"女"，而且检阅了崇拜他的"子"。他的"父/男权"得到彰显与加持，因此他从裆下掏出了印有布朗科名字缩写（BH）的纱巾，仪式般地在"圣地""圣洗"自己的身躯并用纱巾自慰——与布朗科神交——再巩固与强化父/男权。此刻他的霸权意识已然蓄势待发，所以当他看到闯入"圣地"的皮特时，才会怒不可遏地叫嚣着"你这个小婊子，滚出去！听到吗，滚出去——"他侮辱皮特的方式就是称皮特为"小婊子"——被污名化的女性，或者是南茜小姐（Nancy，英语中多为女孩名，也有娘娘腔之意）。显然，在主流意识形态中父/男权认为把男性称呼为女性，就是对男性最大的侮辱，"像女孩子一样"的皮特没有"人样"（片中菲尔对皮特的评价）。

其实除了上述两场重要的隐喻之外，还有一些细节是笔者必须提醒观众需要注意的。首先，菲尔收藏着男性裸体照片的画册（印章显示属于布朗科），且言必提及布朗科如何如何，说明他们都爱慕阳刚的身体，且是同性恋人。不仅如此，布朗科还是菲尔的精神之父，正如他在影片中的存在方式一样，活在话语中，是形而上的，是父/男权意识形态的象征。其次，菲尔为了煽动父母一起来排斥罗丝母子，写信说："乔治跟一个丈夫自杀的寡妇纠缠，还有个乳臭未干的儿子。"言外之意就是这个贪婪、恶毒的女人和她的孩子在觊觎我们的家产。再次，菲尔烧毁皮特做的纸花，却为他编织一条牛皮绳，说明在菲尔眼中制作纸花和种花是女人才做的事情，因而是低等的，他要用此绳"拉拢"并"鞭策"皮特"穿上靴子，别让你妈把你变成娘娘腔！"另有，菲尔故意当着罗丝的面跟被牛仔们称为"小基佬"的皮特聊天，亲自教他骑马，和他组成一对儿……毫无疑问，菲尔这么做的目的之一就是要让罗丝的精神逐渐崩溃，再通过把她的儿子夺走（去势），彻底把她击垮。"男人具有特权的地位，来自他在生物学上的进攻角色和家长、主人的社会职能的结合；正是通过这种职能，生理差别才具有全部意义。因为在这个世界上，男人至高无上，他要求实施他的愿望所采用的暴力作为他至高无上的标志。"[1]"没有女人，男人能独立思想。没有男人，女人不能独立思想。女人是由男人决定的，除此之外，她什么也不是。"[2]显而易见，菲尔完全是这种菲勒斯罗格斯中心主义（Phallologocentrism）的精准具象呈现。因此最后他的终结不是一个个体的死去，而是"父/男之霸权"的灭亡。

（二）关于皮特的细节

当皮特出现在观众面前时，他与众不同的长相和仪态一定会即刻吸引大家的注意：五官

① [法]西蒙娜·德·波伏瓦：《第二性》卷二，郑克鲁译，上海译文出版社2011年版，第13页。
② [法]西蒙娜·德·波伏瓦：《第二性》卷二，郑克鲁译，上海译文出版社2011年版，第9页。

清秀柔美,行如弱柳扶风,语似和风细雨⋯⋯,这些特征皆与主流意识形态塑造的男性主人公差别很大,因此在菲尔眼中他是"南茜小姐"——"被阉割过的男人",要想成为一个真正的"人",必须即刻摆脱母亲的影响。但是在菲尔没有介入罗丝和皮特的关系之前,皮特已经这样成长了近20年,他的存在是影片打破社会性别建构刻板印象的一个典型。"性别—社会性别体系既是一种社会文化建构也是一种语言机制,一种指定个人在社会中的意义(身份、价值、声望、在血族关系中的位置以及社会地位等等)的再现体系。如果社会性别的再现代表着不同含义的社会地位的话,那么某个人被表示成或自表为男或女也就意味着承认了整个社会性别的意义体系。"①"性别作为一种意识形态,也有其产生的具体社会与物质环境,也有其自身历史的过程。疏离理论的目的就是为了去自然化和陌生化,去掉那些看上去很自然、不可避免、天经地义、永恒不变的意识形态⋯⋯当性别是'被疏离'或者被突出,观众能够看见一系列关于性别的表象、言词、姿态、观念、态度等符号系统,这一符号系统组成了性别专用语汇,看到这些语汇是一种假象(幻觉)的束缚,被不断增加,随意笼罩在男性与女性的身体之上。"②唯物主义女性主义学者艾琳·戴尔蒙德在戏剧家布莱希特的"不是—而是"的表演理论中获得灵感,认为通过对社会性别进行疏离化的表演,能够让隐形的性别意识形态变得可见。下面,我们来看简·坎皮恩导演是如何让皮特通过"疏离化的表演"来解构性别意识形态中的刻板印象的。

除了上文中提到的皮特的外貌和体态,他在片中的首次出场是在制作菲尔口中"哪个小姑娘做的"精美的纸花。当母亲罗丝夸赞他的纸花和画册时,他开心地笑了,甚至在餐厅还惬意地向菲尔介绍他的纸花和餐布。即,在菲尔没有带着"父/男之秩序"来框束他之前,他的身体是自在的,意志是自由的,精神是愉悦的。面对菲尔的嘲笑与羞辱,皮特感到非常气愤与伤心,虽然他摔门而去,却也不过是转个呼啦圈来发泄一下情绪而已,没有传递或转嫁伤害。或许在主流性别观念中,这种行为又要被贴上娘娘腔的标签,成为被"父/男权"歧视的对象。果不其然,在之后的牧场劳作中,当皮特走去看鸟巢时,牛仔们都戏谑地凝视着他,对他吹口哨、喊他南茜。这当然要"归功"于菲尔对牛仔们的影响和教化,在他们的偏见中,皮特这个娘娘腔一定是"软弱的、无能的、下贱的⋯⋯"。

但事实真的如此吗?在皮特和菲尔一起看山的场景中,皮特一语中的"狂吠的犬",瞬间斩开了菲尔的"圣景"之秘,在震惊菲尔的同时把布朗科搬下了"圣坛"。此外,二人在野外搬木料的段落,因为兔子腿被压伤,菲尔让皮特给它个痛快,皮特竟马上亲手扭断了兔子的脖子,正如他虽然喜爱兔子却可以为了医学无情地解剖它们。显而易见,皮特在不断地打破性别刻板印象形成的壁垒,他通过"疏离化的表演"解构了那些看上去很自然、不可避免、天经地义、永恒不变的性别意识形态⋯⋯其实对于解构,最具冲击力和实效的莫过于最后的"弑父"。当皮特看到因卖牛皮事件而癫狂的菲尔可能会对罗丝暴力相向时(菲尔曾虐打一匹母马并辱骂它"你这个'大饼脸'的婊子"),他给菲尔献上了感染炭疽病的小牛皮。牛皮这个意象,前文有述,首先是用来制作成"鞭绳"拉拢并训诫皮特的,它象征着"父/男之秩序",所以片尾处皮特把牛皮绳推进床底(拒绝秩序)。其次,菲尔即使烧掉牛皮也不肯卖给

---

① [美]佩吉·麦克拉肯主编:《女权主义理论读本》,艾晓明、柯倩婷副主编,广西师范大学出版社2007年版,第206页。
② 刘敬:《中国当代女性电影创作研究:1978—2016》,厦门大学出版社2020年版,第14页。

"低贱的"印第安人，表明牛皮不仅指代他的私有财产，而且是他种族歧视的一次显影。然而最终，象征"父/男之秩序"的牛皮绳要了菲尔（父/男权）的命。

（三）关于罗丝的细节

作为影片中一位重要的女性角色，罗丝的遭遇和她的儿子皮特非常相似，他们都因为具备主流意识形态中的女性特征而被菲尔打压与歧视。在餐馆招待牛仔的场景中，菲尔故意当着皮特的面用纸花点烟，罗丝在厨房透过缺失了一小块玻璃的窗口看到了这一幕，这是简·坎皮恩导演为观众提供的一个隐秘的新视点，恰好呼应之前皮特的视点。即刻感同身受的罗丝迅速冲进餐厅收走了餐桌上所有的纸花。当天晚上的餐侍，皮特又被嘲弄，虽然他强忍住了泪水，但再度感同身受的罗丝在厨房悲伤地痛哭起来。如前文所述，在菲尔没来餐馆之前，皮特不过是一个乖巧听话的孩子，罗丝也不过是一个勤劳地操持着家业的女人，没有谁站在"父/男权"的制高点来打压他们，使他们痛苦。

然而"正如无意识一样，意识形态是永恒的"，作为生活在"父/男权"社会中的女性迟早有那么一刻会遭遇"秩序"的来临，尤其是当她被"摆上祭坛"时，避无可避。罗丝跟随乔治来到牧场的第一个晚上，虽然户外非常寒冷，但她依然选择坐在门口等乔治一起进门。这一举动不仅显示了她对于菲尔的规避，也凸显了她对于乔治的信赖。但即便如此，仍未能躲过菲尔的有意刁难，罗丝不仅没有炉火可以取暖，而且被暗嘲休想打房契的主意，并被辱骂"下贱的阴谋家"。但事实却是，罗丝有自己的旅馆生意（经济上自给自足），她从未引诱乔治。当乔治钦慕她并向她表白时，她一脸愕然地表示："我现在很忙。"执着的乔治平静地陪着她，并且在罗丝需要帮手时，主动担起招待工作，并把吵闹的客人安抚好。罗丝通过小窗口看到这一幕时，她欣慰地笑了。没错，此处罗丝的观看，又被简·坎皮恩导演设置在那个小窗口的位置，同前文罗丝窥视菲尔形成了一种极具反差的对照。显而易见，罗丝后来愿意嫁给乔治是因为他作为一位男性，对她的体恤与尊重。

如果在一个家庭结构中，夫妻之间彼此关爱与尊重，没有歧视和压迫，或许可以达到一种理想的生活状态，正如影片最后罗丝和乔治如释重负地深情拥吻。但菲尔的存在将这一理想一再地延宕。罗丝的婚后生活过得极为艰辛，为了躲避菲尔夜以继日的言语暴力与性别歧视，她只能偷偷地练琴、悄悄地行走，甚至为了排解巨大的精神压力开始酗酒，变成了自己最讨厌的酒鬼。不料如此一来，罗丝真的具备了菲尔眼中女性的特征，"软弱、无能、下贱、贪婪……"。但是笔者不得不强调一点，罗丝变化的这个过程不恰恰是性别意识形态塑造刻板印象的过程吗？通过打压与迫害使之变成标签的样子，然后又大声宣告"瞧，她就是那个样子！"

罗丝如果继续对这种压迫逆来顺受，那么她的结局可能像皮特口中的父亲一样上吊自杀（原小说中有揭示菲尔造成了皮特父亲的自杀），但显然她没有放弃反抗，当她知晓菲尔把牛皮视若珍宝时，她拼尽最后一丝力气将之全部送出。影片对这个场景的展示极具意味，从罗丝开始追逐印第安人到她晕倒，一段听起来好似《野蜂飞舞》般异常流畅与急速的琴声陪伴她完成了此次僭越。这段琴声，一方面是对之前菲尔用班卓琴弹奏/口哨吹《拉德茨基进行曲》嘲讽她弹得磕磕绊绊的反抗，另一方面是对皮特拨弄梳子（被侮辱后在沉思）发出声音的回应。从叙事角度来看，罗丝对牛皮的处理无疑是皮特得以实现"弑父"计划的重要推手，虽然两人看似是于不期然间合作了一次谋杀，但从影片主旨来看，合作又是一种必然。

作为被"父/男权"迫害的罗丝和皮特其实是"一个"人，是被社会性别秩序建构的"女性"。

（四）关于乔治的细节

"像妇女一样，男性也被社会化了，被动地接受性别歧视的意识形态。当他们不需要为自己接受性别歧视而责备自己时，他们必须承担消除它的责任……男性没有受到性别歧视的剥削和压迫，但他们在某种方式上也受到它的迫害。这种迫害是不能被忽略的。当没有办法消除男性对妇女的虐待和压迫的严重性，或者否定男性对剥削行为所负的责任的时候，男性所经历的痛苦便可以作为一种呼吁引起对变化的需要的注意的催化剂。"①乔治这个角色在影片中恰好发挥了"催化剂"的作用，是他"引'犬'入室"，加速了菲尔的死亡。

乔治与其兄长菲尔的性格与行事风格完全不同，他温柔和善、待人彬彬有礼，对于兄长日常的教化和小嘲讽，也多采用装呆扮傻的方式化解。比如每次当菲尔向他提起布朗科的"丰功伟绩"，乔治都一脸木讷毫无反应，或者直言："我不知道你在说什么。"但乔治也并非总是消极应对，当他邂逅罗丝母子时，他承受的"痛苦"被深化了、被警醒了，所以他提醒菲尔"你今天评价她儿子的话，使她哭了。"甚至在婚后，他开始针对菲尔的辱骂反唇相讥："老太太的感受是一个伯班克夫人对另一个伯班克夫人"，"不，我很喜欢听她弹琴"，"镇长太太会介意你没有梳洗就上桌"，"够了，菲尔，这有什么坏处呢，牛皮迟早都要被烧毁……"。

作为加速"父/男权灭亡"的催化剂，乔治只有在罗丝面前才能袒露心扉。在两人一起回牧场的路上，罗丝让乔治和她"并肩"一起欣赏壮美的群山景象，而且耐心、温柔地教乔治跳舞。乔治激动得热泪盈眶："你真了不起，罗丝……不再孤单的感觉真太好了！"随后二人的深情拥抱代表的不仅仅是彼此之间的认同与尊重，还包含着彼此给予的力量。最后在菲尔的葬礼上，当医生质疑其死因时，乔治马上否认："他从没接触过患病动物，他一直很小心。"这句话不仅让彼时焦虑难安的皮特摆脱了谋杀的嫌疑，而且为他们三人以后的生活翻开了"新篇章"。

三、结语

影片《犬之力》作为简·坎皮恩导演的最新力作，再度彰显了她对于被压迫的女性的强烈关注，她作为一个引士，一直在为被歧视被压迫的女性呐喊，一直在给予她们精神力量。2021年，简·坎皮恩导演在一次访谈中明确表示，菲尔是"怪物"（Monster），这样的怪物是不应该存在于世界上的，最终都是不能被接受的。如果说早前的《钢琴课》的视野还主要集中在被压迫的女性身上，那么当下的《犬之力》则把视野拓展到了被社会性别意识形态建构为"女性"的两性身上；如果说《钢琴课》的主题是生活在男权社会中的女性用拒绝的方式在为自己构建一个"新社会"，那么在欧美女性一直呐喊却每况愈下的现实处境和风云诡谲的性霸权思潮愈演愈烈之际，《犬之力》的主题变得更加激进与深刻：被压迫的"女性和男性"必须奋起反抗直至颠覆"父/男权"才有活下去的希望，才能使其生存的社会走向"和谐"。

作者简介：金陵老年大学文史语言系教师。

---

① ［美］贝尔·胡克斯：《女权主义理论——从边缘到中心》，晓征、平林译，江苏人民出版社2001年版，第85—86页。

老年大学钢琴教材曲目选择的实践探索

张　睿

近年来,各地老年大学钢琴专业的招生十分火爆,体现了老年人不断对精神生活的高雅追求。但是,在钢琴教材的曲目选择和使用上,有些问题仍值得商榷。笔者依据几年来的老年大学教学经验,认为应该以老年学员为本,合理安排曲目,突出教材曲目的经典性、文化性与老年人的兴趣相契合。

一、老年钢琴教学现行教材情况调查与分析

目前市场上钢琴教材种类繁多,老年大学使用的教材主要有以下几种类型。

(一)传统儿童入门钢琴启蒙教材

这部分教材占有市场主流,包括《约翰·汤姆森钢琴教程》《哈农》《拜厄》和《车尔尼练习曲》系列等。这些教材具有很强的专业性,使得很多教学机构和老年大学的钢琴教师将其作为主要的成人教材来使用。它的特点是为学员在掌握钢琴演奏技巧和识读乐谱与音乐知识等方面打下坚实的基础。但是老年人学习钢琴,掌握的进程较慢,长时间乏味的基础训练使学习者不能尽快接触到优美完整的乐曲,会影响学习兴趣。

(二)成人应用型钢琴教材

成人应用型钢琴教材主要有两种,分别是人民音乐出版社的《成人应用钢琴教程》和上海音乐出版社的高等师范院校试用教材《钢琴基础教程》。这两种教材是针对成人生理和心理已经成熟的特点所开发出的一种速成教材。但在老年大学教学应用中的缺点,是钢琴弹奏基础训练薄弱,连奏、断奏、半连奏、跳奏等四个基础弹奏法的训练不系统,影响乐曲的表现效果。

(三)针对老年人开发的教材

老年人学习钢琴的热潮引发了很多音乐工作者的思考和关注,市场上出现了很多针对老年人学习钢琴的教材。具有代表性的教材有黄佩莹著的《趣味钢琴曲选》,郭佩安、陈漪莲著的《老年钢琴实用教程》,上海老年大学主编的《老年大学钢琴教程》,吉林省老年大学主编的《钢琴基础教程》等。这些钢琴教材本着"老有所学、老有所乐"的原则,为老年人量身打造。内容从零开始,边学边练,循序渐进,既介绍了钢琴演奏技能,也同步学习了音乐理论知识,还有相关程度的基本功训练、练习曲和乐曲。

二、老年大学钢琴曲目选择的教学实践

在老年大学多年的钢琴教学实践中,笔者通过不断地了解老年学员的要求,并根据老年大学教学的规律,总结出老年钢琴教学曲目的选择特点。

（一）应有基本训练内容

主要包括两个方面。一方面是手指练习。手指练习比较好的曲目有《哈农手指练习》和李文岚的《儿童钢琴手指练习》，它有利于练习手指的灵活度和力度。此外，手指练习不应当在开始练琴的时候就弹，而应当放在一首到两首练习曲或乐曲之后弹奏，这样做的好处在于避免日后对手指练习的依赖——不做手指练习就弹不动曲子。到了一定阶段（车尔尼849）之后，就应当减少手指练习的强度，而要加入音阶、琶音、半音阶等基础练习。另一方面是陈庆峰的《音阶与琶音》练习。尤其要突出的是二十四个大小调、正向、同向和反向练习。任何音乐作品都不外乎音阶和琶音的各种形式的不同组合。因此，练习音阶和琶音就是练习构成音乐的基本语言，音阶和琶音练习好了，就能够适应很多风格的作品。

（二）有针对性选择练习曲

以车尔尼为代表的教育家创作并出版了大量的钢琴技巧性练习曲，可是这种类型练习曲音型复杂、指法多变、难度较大、篇幅较长，其实质就是拿独奏曲代替练习曲。勿论老年人，即便是年轻人也经常因手指不够灵活而不得不延长练琴时间，老年人耗费精力过多导致他们感觉钢琴难学，钢琴教学进度缓慢。所以应该选择有代表性的技巧练习曲目，如，拜厄基础练习以及车尔尼599、849等。选择练习曲目的原则是程度由浅入深，循序渐进。笔者在老年大学教学中发现，由于老年人身体机能的逐渐衰退，记忆力、学习能力、手指灵活度也会逐渐下降。如果一味追求技术而练曲子，对老年人必然会产生手臂酸麻、手腕僵硬等负面反应，他们更会对练习曲目失去兴趣。因此，在每学期安排一至两首技巧练习曲即可。

（三）选择中国乐曲与西方经典乐曲为主要教材

相对于手指练习和技巧练习，乐曲练习应该更多一些。在教材曲目的选择上，应贴合老年人生活的时代背景而做出选择，符合老年人的兴趣爱好。一般来说，老年人比较喜欢经典怀旧乐曲。每个大的时代背景下都会有经典的音乐作品，对于当今社会的老年人来说，他们所熟知的音乐作品应该是以学堂乐歌、革命歌曲、改革开放初期的流行音乐及群众歌曲为主。笔者在教学中发现，比较受欢迎的国外歌曲有《莫斯科郊外的晚上》《雪绒花》《国际歌》等，而西方经典歌剧除了《卡门》和《天鹅湖》等名剧选段之外，老年学员的兴趣不大。因为老年人文化认知早已根深蒂固，强烈的民族情结使他们更愿意演奏一些耳熟能详的中国民族乐器、民歌、诗歌等改编的中国风格的钢琴作品。故而中国乐曲是最受老年人喜欢的，应该加大比例。这类型曲目有革命歌曲《保卫黄河》、民歌改编《大红枣儿送亲人》、电视剧主题曲《渴望》、怀旧经典《甜蜜蜜》等。

（四）加强通俗曲目弹奏的比例

之所以要把通俗曲目单列出来谈，是因为经常有老年学员提出需求，希望在节假日家庭或退休老同志聚会时，自己能演奏一首能够"震惊"全场的曲目。可平时学的要么是练习曲，要么就是太"高大上"的曲目，能够被非音乐爱好者接受并听懂的曲目太少。因此，老年人弹琴不需要炫技，只需要让大家听懂并产生共鸣即可。优秀的通俗曲目有很多，如下所列。

1. 理查德·克莱德曼浪漫钢琴系列

《梦中婚礼》《童年的回忆》《水边的阿狄丽娜》《献给爱丽丝》等，还有中国乐曲《梁山伯与祝英台》《山歌好比春江水》《太阳最红，毛主席最亲》。有的曲目可能会有一定的难度，但可以选择改编的简易版本弹奏,这样可以使不同学习阶段的学员都有机会弹奏这些经典曲目。

2.怀旧经典系列

《绒花》《橄榄树》《送别》《月亮代表我的心》《我的祖国》《浏阳河》等。这些曲目贴近时代,令老年学员易产生共鸣,可提高练琴意愿。

3.新世纪音乐系列

久石让的《天空之城》《菊次郎的夏天》《梦的星空》,石进的《夜的钢琴曲》,李闰珉的《雨的印记》,2008年北京奥运主题曲《我和你》等。新世纪音乐界于通俗和严肃音乐之间,既有通俗音乐的流畅、易领悟、音韵优美平和等诸多特点,也有严肃音乐的深邃意境、较高雅的艺术享受品位等精神化和硬件化特点。不断赢得老年钢琴爱好者的喜爱。

三、合理安排适应老年人学习钢琴的教学教材

目前,现行的老年人钢琴教材的问题主要是:练习曲偏多,乐曲较少;古典乐曲偏多,现代乐曲偏少;严肃音乐偏多,通俗流行音乐偏少。而钢琴作为西洋乐器中演奏技术最纷繁复杂的乐器,很容易使老年人遇到困难时望而却步,失去学习兴趣。在老年大学钢琴教学周期中,到中级班掉队的学员最多。而保证钢琴教材的合理设置,增强对老年学员的吸引力和练琴的成就感,不失为一个防止掉队的好途径。

实践证明,理想的教材内容安排可以分为以下两大部分。

(一)基本技能技巧的强化训练

这部分主要以《哈农》为主的指法练习和几个常用调的音阶与琶音练习。学习钢琴就像小孩子学走路,首先要站得稳,才能跑起来,基本功练习必不可少。音阶、琶音基本训练中的每一分努力,都将得到加倍的回报。例如,在音阶、琶音、和弦的基本训练中花了一个小时的学习时间,完全有可能在音乐作品的练习中节省两个小时以上的学习时间,练琴效率更高,得到更好的效果。很多老年人都希望在一些聚会场合能够展现自己的钢琴技艺,而"良好的开端是成功的一半",干净利落的音阶和琶音会给听众留下一个先声夺人的良好印象。

(二)各类曲目内容与技术程度的合理搭配

曲目编配,遵循由浅入深、化繁为简、循序渐进的原则。同时,要全方位把握曲目的篇幅、结构、旋律的音型,也要防止同质化曲目反复出现。以此为原则,手指练习与技巧练习适当即可,不宜多;增加中国乐曲的数量,尤其是现代通俗流行曲目;对于西洋古典曲目,挑选具有代表性的让学员们了解即可,以免由于文化隔阂而失去兴趣。

为了曲目内容选择的经典性,可以适当改编一些曲目,如以《山丹丹花开红艳艳》为例,它既可以是钢琴考级十级曲目,也可以经过改编成为老年学员练习的初级曲目。一切以老年人学习钢琴的特点为核心,在保持音乐原曲性质与和声一致的同时,适当改编,降低技术上的难度,便于处于不同学习阶段的老年学员学习。

老年钢琴教育,是老年大学教学中的重要部分之一,更是促进社会和谐的有效途径。一套适合老年人的钢琴教材,一些吸引老年人的钢琴曲目,会帮助老年人真正实现"老有所学、老有所乐"。

作者简介:吉林省老年大学器乐系教师。

提高老年声乐教学质量的关键是培养情感与审美能力

金　红

声乐课通常是老年大学音乐课程的主要教学科目之一,同时,声乐学习具有一定的身体运动、养生的积极作用,学习、演唱优秀的艺术歌曲对于老年人的心理平衡、调整和精神升华具有较好的推动作用。因而,声乐作为一门歌唱的艺术,以其得天独厚的优势深受老年人的欢迎。积极并以合理的方式开展歌唱活动不仅对老年人的生理、心理健康均有不同程度的改善,进而对老年艺术素质教育的普及与社会成人声乐艺术水平的提高起到相当的推动和表率作用。因此,本文探讨的焦点主要以老年大学中的声乐教学为主,为实现老年声乐艺术的推广、普及,构建相对实用且具有针对性的老年大学声乐教学,以更好更适合的教学为老年人服务。如何在声乐教学中培养老年学员的情感与审美,是声乐教学过程中重要的环节。

一、声乐教学中情感与审美能力

(一)声乐情感的界说

声乐情感,主要是指经过声乐的表演将演唱者的情感表现出来。声乐中的情感包括许多种,比如,爱国的情感、爱人民的情感、亲情友情爱情等等。在声乐教学中,符合演唱的表达情感是非常关键的一项教学内容,在任何的音乐中,打动人心的不仅仅只是唱功,还有从唱功中所表达出来的对歌曲的感悟,因为专业的技巧大部分人是听不出来的,丰富的情感非常容易引起观众的共鸣。因此,在声乐教学中,培养音乐情感有更高的要求,拥有充沛情感的同时,还要拥有对于音乐审美的能力。对于音乐审美的能力,就是在理解其他创作者思想以及感受的情感基础上,培养自身的音乐情感。

(二)声乐审美能力的界说

审美是人类理解世界的一种特殊形式,指人与世界(社会和自然)形成一种无功利的、形象的和情感的关系状态。审美是在理智与情感、主观与客观上认识、理解、感知和评判世界上的存在。审美亦即有"审"有"美",在审美中,"审"作为一个动词,它表示一定有人在"审",有主体介入;同时,也一定有被审的对象之"美",即审美客体。审美现象是以人与世界的审美关系为基础的,是审美关系中的现象。声乐审美能力,主要表现在声乐欣赏以及声乐演唱方面,主要包含了对声乐内容和情感的理解和欣赏。

声乐审美的能力可以分为三个方面。其一是欣赏,学习者要懂得去欣赏音乐作品,从根本上去理解音乐想要表达的内容以及情感;其二是模仿,学习者根据自己的领悟能力去模仿，在这个过程中，发现自己存在的问题，从而更认真地学习；其三是创造，自身在拥有较高唱功的同时，还要学会去创造，实现声乐乐曲的第二次创作。学习声乐的演唱者，既要有声乐审美的能力，同时在这个基础上，还要研究适合自身的创作方式，经过对声乐审美能力的理解，展示在自身的声乐歌唱中，依靠着良好的审美能力，创造出更多优秀的作品。

（三）声乐情感与声乐审美能力的关系

声乐与其他的音乐形式是不一样的，主要是依靠人的嗓音来完成表演的，因此对人的嗓音有较高的要求。在展现声乐曲目的过程中，其基本的要求，就是要有准确的节奏和音阶以及专业的唱功。但是，在历史上，声乐作为最悠久的音乐，必须要追求人类最根本的东西——情感。只是单纯地运用嗓音来表达音乐是完全不够的，在这个过程中，必须要添加对声乐歌曲的理解并将理解转化为情感，从而实现一场完美的表演。演唱者的情感，要求演唱者必须从根本上对作品进行认识、感受、解读和想象等，而这些均与其对声乐的审美能力密切相关。因此，声乐的审美能力从根本上决定了表演者对声乐情感的领悟和创造，培养表演者的情感，关键就是要提升对声乐的审美能力。审美能力的提高，是培养声乐情感的最重要的前提条件。

二、老年声乐教学中情感与审美能力培养的作用

（一）维系演唱者的情感与乐曲情感

演唱者演唱自己创作的作品时，非常容易按照自身所创作的背景以及意图，来表达声乐的情感。但是对于那些非创作者的演唱者，想要更好地表达声乐的情感，关键在于先去领悟原创作者想要表达的内容，这种领悟，离不开良好的审美能力，在进行演唱的过程中，要有效地将自身对歌曲情感的领悟表达出来，这种情感的融合，也是离不开审美能力的。演唱者在演唱的过程中，只有先打动自己，才能去感动观众。所以，提高音乐的审美能力是至关重要的，不仅能对演唱者的情感进行维系，同时也能维系乐曲的情感。

（二）帮助老年学员树立高尚的审美人格

在老年声乐的教学过程中，培养老年学员的乐曲情感与审美能力是至关重要的，有利于学生树立审美的人格。音乐本是一种艺术的展现形式，能够有效地反映出对审美的追求以及审美的眼光，成长在优美的音乐熏陶中，从而创建良好的价值观念。

（三）发挥老年声乐教学的价值

老年声乐教学的价值，就是对老年学员的情感以及审美能力进行培养。从表层来看，老年声乐教学主要是拥有专业的唱功，但是从深层来看，不仅要有过硬的唱功，更应培养老年学员的审美能力以及乐曲情感，从而使老年学员能够建立健全的人格。从具体的情况来看，进行老年声乐教学，主要是培养老年人才，其实，开展老年声乐教学课程的目的，是通过老年声乐的教学为老年人才提供帮助，提高老年学员的审美能力，在这个过程中不断学习、不断成长。

（四）在声乐乐曲鉴赏中奠定音乐审美基础

在老年声乐教学的过程中，老年学员学习声乐，离不开鉴赏优秀的声乐作品。在最初开始学习的过程中，老年学员难免会出现鉴赏能力有限的情况，在这个过程中，教师必须耐心

地向老年学员讲解声乐作品的背景。学生在领悟到声乐曲目的情感时,指导学员将自己的情感融入歌曲中,然后再表达、演绎出来,使老年学员能够从根本上对每一部鉴赏的声乐作品都能掌握。学员的积累量达到一定要求之后,把过去鉴赏过的作品拿出来作对比,找出不一样的地方,因为每一部声乐作品都有自身的优点。

三、注重老年学员的声乐审美体验

笔者在每节课的教学设计中都比较注意以音乐审美为核心这个基础理念,将这一理念贯穿老年音乐教学的全过程,在潜移默化中培养老年学员美好的情操和健全的人格。在课堂中巧妙地把音乐基础知识有机地渗透到音乐艺术的审美体验中,注重培养老年学员的学习兴趣,充分发挥音乐艺术的魅力,实施教学过程中不仅设计生动、活泼的教学形式,而且将老年学员对音乐的感受和对音乐律动的参与放在重要位置。

首先,笔者从自身的点滴做起。一方面,上课时注意歌声美、琴声美、语言美、服饰美等,让老年学员从教师身上体会美的想象力,从而使老年学员喜爱教师,进而喜欢上声乐课;另一方面,通过聆听音乐、表现音乐、音乐创造等审美活动,使学生充分体验蕴含于音乐中的美和丰富的情感,为音乐曲目所表达的真善美理想境界所吸引、所陶醉,与之产生情感的共鸣,使音乐艺术净化心灵,陶冶情操,启迪智慧,以利于学生养成健康、高尚的审美情趣和积极乐观的生活态度。

四、给老年学员适当的活动空间、思维空间及时间

在教学过程中,笔者每节课留出 5 分钟时间,让老年学员表现自己,鼓励老年学员在他人面前自信地表演,树立老年学员的自信心。每节课还设计一些值得研究、可讨论的问题,让老年学员创造性地思考回答。注重发展老年学员的发散思维,并且从不用教师的思维定式去约束老年学员,尊重老年学员对音乐的感受及理解,让老年学员充分发挥自己的想象力。

五、注重发展老年学员的创造性思维

创造是艺术乃至整个社会历史发展的根本动力,是艺术教育功能和价值的重要体现。在老年声乐教学过程中,设计生动有趣的创造性活动内容、形式和情景,发展老年学员的想象力,增强老年学员的创造意识。以往的声乐课有个误区,即把"声乐创造"单纯地看成是作曲。笔者觉得声乐课中的创造可以多种多样、丰富多彩。

六、创新老年声乐的教学模式

随着教育的不断改革,在教学课堂中更加重视老年学员的主体地位,这对于调动老年学员的积极性非常有帮助,从而也使得教师的课堂效率得到提升。传统的老年声乐教学中,忽视了对老年学员自主学习能力的培养,只是单纯地以唱功和发音为主,只注重基础的教育,却忽视了老年学员全面发展的重要性。所以,在声乐教学过程中,创新声乐的教学模式至关重要,对于提高老年学员的审美能力以及情感体验有非常关键的意义。

当前,在老年声乐教学的过程中,以老年学员为中心,是教师必须遵守的原则,通过训练,增强老年学员的自信心,提高老年学员的整体声乐水平。创新老年声乐的教学模式,是

当下老年声乐教学中的关键,也是提高老年学员审美能力以及丰富老年学员情感体验的重要保证。通过创新型的老年声乐教学模式,可以为老年学员营造轻松愉快的学习课堂,调动老年学员的积极性,在老年学员学习声乐的过程中,提高老年学员的审美能力,实现老年声乐教学的目的和意义。

总而言之,在老年声乐教学中培养老年学员的情感以及审美能力是至关重要的,不仅能充分地发挥教师教学的价值,同时还能够帮助老年学员树立高尚的审美人格。将两者有效结合起来,对老年声乐教学的内容进行合理的设置,教师在平常的教学过程中,不断创新教学模式,重视因材施教。只有如此,才能有效推动学员对声乐作品形成深刻的感悟,从而逐步提高音乐审美的能力和综合素养,在老年声乐专业上获得更好的发展。

作者简介:淮安市老年大学声乐系教师。

提高老年舞蹈教学质量须重视舞蹈的美育教育

左媛媛

随着我国经济的发展,我国人口老龄化不容忽视,老年人口占了总人口的1/3。越来越多的老年人追求精神生活的富足,老年人对于美也有了更高的追求,大部分老人都渴望自己能有个丰富多彩的晚年生活,于是,老年大学就成为实现老年人这一愿望的"好去处"。老年舞蹈课程是陶冶情操、强身健体的热门课,但是,老年舞蹈教学难度大,可供一线教师学习和借鉴的经验又非常有限。在笔者参与老年舞蹈教学的7年中发现,舞蹈美育在舞蹈教育中一直被忽视,却又是一个不可或缺的部分。

一、舞蹈美育教学在老年舞蹈教学中的重要地位

(一)舞蹈美育的界说

美育,又称美感教育。即通过培养人们认识美、体验美、感受美、欣赏美和创造美的能力,从而使我们具有美的理想、美的情操、美的品格和美的素养。狭义的美育,是专指"艺术教育";其一般的定义认为美育指"美感教育""审美教育""审美观和美学素养教育"等。广义的美育,则为"真正的美育是将美学原则渗透于各科教学后形成的教育"。

舞蹈美育,是指以舞蹈艺术为内容和实施手段对人们进行审美教育,以促进人的心灵净化和个性完美的社会实践活动。舞蹈是一种通过人体的姿态、动作来表现内心情感和社会生活的感受、把握的艺术。换言之,舞蹈美是以运动中的人体美为主要内容的一种形式美。

它通过在时间中的节奏、空间中的构图这样一些形式美的要素，来塑造形象，表达艺术家的审美经验、审美情感和审美理想。作为一种人体艺术和人体文化，舞蹈艺术是生命力和青春美的表征。它对于我们人来说，从幼年、少年、青年、壮年直至老年，都具有身心双重的美育功能。世界上的所有民族都离不开舞蹈。正因为如此，我国近代著名教育家蔡元培先生说："美育者，应用美学理论于教育，以陶养感情为目的者也。"美育是审美与教育相结合的产物。

（二）老年舞蹈美育的功能

老年舞蹈的美育教学不仅可以带给老年学员气质美、和谐美、心灵美，还能够培养老年学员对美的鉴赏能力与创造能力。

1. 舞蹈美育教学带来气质美

舞蹈训练是一项全面的身体运动，舞蹈动作训练了头、颈、肩、臂、膝与脚等各个部位。舞蹈教学有助于老年学员记忆力的改善，培养出良好性格与提高个人的心理素质。老年大学的舞蹈课程通过一定程度的练习，在老年学员适应舞蹈动作要求后，可以纠正在日常生活中不良坐姿与站姿，形成端庄的仪表。从而提高个人的自信心。舞蹈的训练也可以提升老年学员的心肺活力，在学习舞蹈动作的同时获得强健的体魄，还能够塑造优雅的体态。完整的舞蹈训练会要求学员通过舞蹈内容，能够精准拿捏舞蹈所表达的情感，学员在理解舞蹈思想以后，个人修养与个人气质就都能够得到提高，形成气质之美。

2. 舞蹈美育教学带来形体美

老年学员在舞蹈学习与训练中必然会提升个人音乐素养。舞蹈与音乐相辅相成，二者缺一不可，舞蹈动作贯穿音乐节拍中。老年学员在舞蹈训练过程中，通过感受音乐、把握节奏、感受音乐情感，从而明白音乐的内涵意义，这就是舞蹈美育实现的乐感美。舞蹈动作的多样性、舞蹈形式的多变性，舞蹈学员因个人身体素质的不同、对舞蹈作品的理解不同，最终结合成完整的舞蹈，舞蹈美育教育不仅实现动作美，而且把舞蹈动作与音乐完美融合在一起，丰富舞蹈思想，形成了形体美。

3. 舞蹈美育教学带来心灵美

老年大学的舞蹈教学多是群体性学习，老年学员在群体学习过程中，培养学员们相互协作、相互配合的团队精神；在排练中也可以训练学员的相互包容、相互体谅的友好心态。在老年舞蹈教学过程中，舞蹈通过服装、妆发、旋律、歌词与动作让所表达的人物或者事物更加生动形象，这种行为可以带领学员感受舞蹈内涵与魅力。例如，红色舞蹈有助于培养舞蹈者爱国情操，浪漫柔情的舞蹈有助于培养舞蹈者浪漫主义思想，热烈奔放的舞蹈有助于培养舞蹈者热爱生活的积极态度，这就是舞蹈教学实现的心灵美。

4. 舞蹈美育教学培养老年学员创造美的能力

舞蹈美育除了对老年学员的自身美发展有帮助之外，对好的作品的发展也起了积极作用。老年学员在舞蹈学习的过程中，通过人生不同的体验，可以用舞蹈表达每个人不同的情感，随着舞蹈经验增加与个人阅历丰富，舞蹈美育教学有利于舞蹈的创编，把舞蹈推向一个更高层面，这就是舞蹈美育教学对创造能力的培养。

二、舞蹈美育教学的方式方法

老年舞蹈教学虽然内容丰富，形式也多种多样，但是老年学员的人生阅历、理解能力、情感感知能力要强于其他年龄段的学员。老年舞蹈教师不仅要帮助老年学员在学习中逐渐建立审美意识，指导老年学员在学习中了解动作的来源、学习舞蹈语汇、领悟各个民族舞蹈的风格特点，还要能够通俗易懂地教授舞蹈动作、注重动作细节与舞蹈情感的处理。笔者认为，在舞蹈教学中实施美育要达到以下几个方面的要求。

（一）科学设置老年学校舞蹈课程

1.增设赏析类课程与讲座，提高老年学员舞蹈鉴赏水平

舞蹈美育是对老年学员的心灵教育，是抛开舞蹈技术技巧的教育。要持续地对老年学员进行美育教育，提高老年学员的审美水平。首先，要让老年学员学会欣赏舞蹈。可以增设舞蹈作品赏析课、舞蹈讲座，通过带领学员欣赏、分析、解读一些优秀的舞蹈作品，提高老年学员的舞蹈审美能力。教师在赏析课之前，要认真仔细地筛选出主题明确、立意深刻、有较高的欣赏价值的舞蹈作品。这样的舞蹈作品将会对学员的审美水平起到一个积极的导向作用。让老年学员在欣赏舞蹈作品的同时得到情感的共鸣、心灵受到震撼与启发，从而提高老年学员的审美意识与水平。其次，通过舞蹈作品向学生讲授中华民族优秀历史文化，用不同优秀文化熏陶学生，增强学生对美的鉴赏能力，培养学生气质。

舞蹈教师应该尽可能地收集每一个作品的完整资料，加上自己的感悟，为老年学员做专业细致的分析与鉴赏，使老年学员明白每一个舞蹈作品深刻的主题和深远的寓意，而不再仅仅停留在舞蹈动作本身。要通过分析与鉴赏使学生能够多角度、全方位地独立欣赏舞蹈作品。

2.增设音乐鉴赏讲座，提高老年学员的音乐鉴赏水平

舞蹈学习与音乐有着不可分割的联系，一段完整舞蹈一般是在音乐伴奏下完成的。老年大学的舞蹈系也可以选择增设"音乐鉴赏讲座"，教师带领老年学员了解音乐、鉴赏音乐，引导老年学员把舞蹈融入音乐，在音乐中结合舞蹈语汇。这就要求老年学员把握好音乐节奏与内涵，领会到舞蹈内容真谛。舞蹈教师可以通过带领老年学员看、听、练的方法，培养学生对音乐的鉴赏与判别能力。

（二）舞蹈美育教学的方式方法

1.选择教学内容须严谨又灵活

舞蹈美是通过内、外、神、形的统一体现出来的，主要的因素是形体动作。舞蹈动作来源于生活却又高于生活，是经过美化和规范的，具有严格的动作标准，讲究节奏和韵律。但是，鉴于老年学员的年龄和身体素质的特殊性，舞蹈教师在舞蹈教学中就需要灵活地做出改变，不能刻板地严格要求动作的规范性，在保持流畅、优美的同时减小动作的幅度、减少一度空间与三度空间的运用。特别是老年舞蹈教师在设计舞蹈动作训练时，应该做到在遵循教学大纲要求的同时，又要符合老年人身体实际情况的运动。舞蹈教师应该理论与实践相结合，利用传统教学法与科学技术相结合的教学方法，向学生展现正确而基本的动作姿态，让学生深刻理解姿态优美的重要性，以达到老年学员主动追求美、积极训练的教学目的。在教学中让老年学员了解原本规范的动作到底是什么样的，这一点非常有必要，以此提高学员的舞蹈审美能力。在舞蹈动作美的教育上，教师要关注到细节，一步一步地分解步伐、手臂路线、身体的韵律，由浅入深、由简到繁，让学员逐步领悟舞蹈之美。舞蹈教育核心就是引导人发展。

2.舞蹈美育教学从动作升华到作品的情感理解

教师在老年学员完全掌握和完成舞蹈动作的情况下,还可以结合舞蹈内容,提炼舞蹈中心思想,以激发他们表达情感的能力和感知美感的能力。同时,鼓励老年学员积极尝试更多种类的舞蹈,通过不同舞种体会不同的精神内涵,开阔老年学员的艺术视野。在舞蹈教学过程中,我们要自始至终贯彻美学教育。与其他教学不同,舞蹈教学是一种比较特殊的教学形式。舞蹈美是通过优美、流畅的身体动作,感受隐藏于其后的思想情感,为了使老年学员更好地体会舞蹈美的本质,必须在舞蹈教学中实施美育,给学生传授审美思想,让他们在自觉的欣赏与陶醉中完成对舞蹈的学习。

只有科学设置课程与一线教师的创新教学相结合,老年舞蹈教育才能有的放矢地使老年学员不仅能掌握一定的审美知识、艺术节奏与生活审美的方法,而且能够形成审美经验和审美态度与观念,最终陶冶老年学员的性情,净化他们的心灵,进一步激发他们对美的追求。这才是从身心两方面提高老年人生活品质的合格学科。

作者简介:淮安市老年大学舞蹈系教师。

试论校本课程的开发与应用

张传龄

随着我国老年大学课程建设的力度不断加大,校本课程开发的重要性日益显现出来。很多老年大学教师和教学管理工作者,由于对校本课程开发的概念认识比较模糊,在校本课程开发过程中缺乏必要的环节,在一定程度上影响了校本课程开发质量。老年大学课程实施的范围和水平,一方面,取决于课程资源的丰富程度,另一方面,更取决于课程开发水平。加强老年大学课程建设,实行规范性办学,离不开对老年大学校本课程开发理论与实践问题的研究。

一、"校本课程开发"的界说

所谓课程开发,是指根据一定的价值取向,选择、组织课程内容,确定实施流程和评价方式的活动。具体包括教科书和教学材料的编订与选择、教学参考资料与教具的配备以及基本的操作程序和评价手段的确立。

课程开发因其诉求不同,主要分为三类:一是以高等学校为代表的学院式课程开发体系;二是以中小学为代表的校本课程开发体系;三是以各大中型企业为代表的实战课程开发体系。学院式课程开发的主要特点,是教学知识的系统、全面,教学内容讲究严谨、科学。校本课程开发体系的主要特点,是充分利用地方课程资源以彰显学校办学个性,对国家课程和地方课程的实施予以补充。企业实战课程开发体系的主要特点,是教学知识的操作性和实用性强,教学内容与工作联系紧密。根据开发诉求不同,课程开发技术与课程设计方法也不尽相同。学院式课程开发体系因其学术理论的科学和严谨性,所采用的课程开发技术以美国著名教育学家加涅的课程设计方法为基础。校本课程开发强调结合学校实际,对校内外课程资源的合理开发与利用,所采用的课程开发技术是课程改革专家塞勒等人提出的"问题解决模式"。从三类课程开发的技术和方法来看,比较适合老年大学课程开发的当属第二类,介于纯理论和纯技术之间的校本课程开发。

校本课程开发,是指学校为了达到教育目的或解决学校的教育问题,依据学校自身的性质、特点、条件以及可以利用和开发的资源,由学校教育人员与校外团体或个人合作开展的课程开发活动。校本课程开发涉及课程目标的制订、课程内容的选择、课程实施、课程评价等课程开发的基本要素。校本课程开发重视学校及社区资源的开发与利用,强调学校办学特色与理念的凸显,关注教师作为课程开发的主体作用的发挥。

二、老年大学校本课程开发立足点

满足老年人对感兴趣知识的需求、提高生活质量和生命质量的需求、完善自我人生的需求及适应和参与现代社会的需求,老年大学的校本课程是体现老年大学办学水平的一个重要质量指标。开发校本课程须引入本地历史文化,对老年人的学习兴趣和精神需求具有引领和激发作用。这样的校本课程才能对老年学员具有吸引力。

(一)传承地方历史文化

我国老年大学举办的地点都在某一个行政区划中,都有一定的地方性。由于我国是一个有着5000年文明史的国度,各个地方都有一定的历史传统与文化积淀。建立在各地的老年大学,不能忽略当地历史文化传统的存在,而应通过校本课程开发,积极挖掘当地具有传承价值的优秀传统文化,使地方老年大学担当起一定的传承地方历史文化的责任,通过相关课程设置与实施,营造浓郁的地方历史文化氛围。当地优秀的传统文化是建设先进文化的重要"源头活水",也是使老年大学学校文化具有民族特色、地域特点的重要保证。

建设徐州老年大学的校本课程,须立足于本地的历史文化传统积淀,开发和利用地方教育资源。徐州市的历史文化资源相当丰富,具体有以下本土历史文化。

1.两汉文化

汉文化的发源地,不是西安、洛阳,而是徐州,正所谓:"秦唐文化看西安,明清文化看北京,两汉文化看徐州。"徐州历史上为华夏九州之一,6000多年前,徐州先民就在此生息劳作,有超过2600年的建城史,始称彭城。楚汉时,西楚霸王建都在这里,西汉时属楚国,东汉时属彭城国,三国时彭城改称为徐州。"自古彭城列九州,龙争虎斗几千秋。"徐州自古便是兵家必争之地,历史上在此发生过几百次大小战役,出过9位帝王,其中最出名的就是汉高祖刘邦。刘邦的故乡也是在徐州,刘邦当年从徐州沛县走出去,打下来一片江山,建立了汉朝,中国人自称汉民族就是源自汉朝。"楚韵汉风、南秀北雄"是徐州最为鲜明的地域文化特质。以汉兵马俑、汉墓、汉画像石为代表的两汉文化最为夺目。汉兵马俑位于徐州东郊狮子山附近的楚王陵中,总数4000多件,徐州汉墓已发掘的有300余座,徐州汉画像石题材广博、内容丰富,反映了汉代人寻常生活场景。这是徐州两汉文化的代表。两汉文化是纳入教材的重要组成部分。

2.彭祖文化

徐州古称彭城,是彭祖故国,彭祖文化的发祥地,也是世界彭姓的发源地。彭祖文化的构成,包括两个部分:彭祖养生学、彭祖历史研究(含养生文化史、鼓乐文化史、军事文化史、建筑文化史、尊老文化史、彭祖后裔源流史)。彭祖篯(jiān)铿,是中国历史上第一位卓越的养生学家和令人仰慕的中华大寿星。彭祖不但长寿,而且还留下了博大精深的文化遗产,从理论与实践的结合上树立了养生长寿的楷模。毛主席1952年10月到徐州市,他在接见徐州市领导干部时说:"徐州是养生学的发祥地。尧时,有位叫篯铿的,是历史上有文字记载的第一位养生学家。尧封他到大彭,也就是徐州市区周围这块地方,建立了大彭国。"彭祖文化也是加入校本课程的重中之重。

3.东坡文化

东坡文化,又称三苏文化,是三苏文化成就而衍生形成的,是具有广博的学科领域、民本的思想基础和广大的传承群体的中华优秀传统文化。"三苏",北宋散文家苏洵和他的儿子苏轼(苏东坡)、苏辙。"三苏"之名,始见于北宋王辟之著《渑水燕谈录》:"苏氏文章擅天下,目其文曰三苏。盖洵为老苏、轼为大苏、辙为小苏也。""三苏"的文化成就,以苏东坡为代表,因此"三苏文化"又称"东坡文化"。苏氏父子参与和推进了欧阳修倡导的古文运动,在散文创作上都取得了很高成就,皆被列入"唐宋散文八大家"。"三苏"中,苏轼以其天才全能和在多个学科领域的卓越贡献,在2000年法国《世界报》评选1001—2000年世界杰出人物活动中,被评为"千年英雄";在评出的12位杰出人物中,苏轼是唯一入选的中国人。

徐州有"苏徐州"之说。1077年,苏轼自山东密州转任徐州知州,在徐州两年间,抗洪水,挖煤炭,抓冶铁,造兵器,劝农桑,修水利,留下了300多篇描绘徐州山水人事的诗文佳作。现位于徐州中轴线最北端的黄楼公园,是老城区市中心商业区的一片绿洲,主体建筑黄楼与镇河铁牛、五省通衢牌坊毗邻而立,构成了黄河南路、庆云桥东的人文景观,是徐州东坡文化的重要景点。因此,东坡文化应收入徐州老年大学课程之中。

4.红色文化

淮海战役是解放全中国的决定性战役,是解放战争时期中国人民解放军华东野战军、中原野战军在以徐州为中心,对国民党军进行的战略性进攻战役。我华东野战军和中原野战军共歼灭国民党军55.5万余人;我军伤亡及失踪人数13.6万余人,其中伤亡12.4万余人。淮海战役在解放战争三大战役中,是政治影响最大、歼敌数量最多、解放军牺牲人数最重、战争复杂性最强的重大战役,战役双方的参与人数创世界战争史之最,留下了可歌可泣的动人诗篇。淮海战役支撑起了徐州的红色文化底蕴,这些红色文化应纳入徐州老年大学课程范围内。

(二)满足和引导老年人的学习需求

校本课程开发除了引入本地历史文化资源之外,还应激发老年学员学习兴趣和精神需求。实践证明,凡是老年学员入学数量连年增长的老年大学,校本课程均功不可没。随着人们治病防病及保健意识的不断增强,老年群体对中医药、针灸按摩、养生保健、体育健身等课程十分感兴趣。随着人们文化水平和社会文明程度的不断提高,很多老年人对声乐、舞蹈、书法、绘画、摄影、雕刻、插花、茶艺、剪纸、布艺、泥塑、棋牌、旅游、文学作品欣赏、文学创作、儒学等方面的兴趣十分浓厚。随着社会科技水平的不断提高，老年人对现代信息技术学习的意识大大增强，老年群体迫切要求参与到现代化社会发展的进程中去，以分享科技现代化给人类带来的成果，主动迎接信息化的挑战。很多老年学员要求学习电脑操作、网络、数码摄影、影像处理、光盘制作、图形处理、动画等技术。徐州市老年大学不断开发相应的校本课程，以满足老年学员的兴趣和需要，保持学校与周围环境的动态平衡，持续保持老年教育的吸引力。

（三）彰显办学特色

学校特色是一所学校整体的办学思路或者在各项工作中表现出的积极的与众不同之处。特色是学校积极的、进取的个性的表现，一所学校的特色使之区别于其他学校。美国哈佛大学教授霍华德·加德纳的多元智能理论指出，人的智能是多元的，而且不同智能的发展不是均衡的。老年大学特色学校建设有利于满足某些特殊智能学员的发展需要，也有利于培养更多学员在某些智能方面的积极发展。特色学校建设可以在某些方面满足老年学员个性发展的需要。只有立足本土才能形成特色。

作为常规课程的补充，校本课程有利于形成学校办学的特色，满足"个性化"的学校发展需求。大量特色学校创建的成功经验证明，特色课程的开发是形成学校办学特色的重要途径。老年大学应依据自己独特的优势，探索个性化办学路径，使校本课程的开发在最大可能条件下为学员的个性发展提供机会，尽最大努力满足不同层次学员的教育需求。

三、校本课程的开发与利用

（一）调查开发校本课程的现实条件

调查开发校本课程的现实条件，包括三个方面。一是需求评估，即对学员的需求以及学校发展规划等因素做出有说服力的判断。二是资源调查，即弄清校本课程开发的资源，比如，教师的数量、知识经验和能力、教辅人员的情况、各种课程材料和设备及相应的资金情况、办公设备和用品、课程计划的弹性空间、社区潜在资源、学校教师和学员的可能反应等。三是存在的问题，即要明确现实和理想之间的差距，找到有利条件和短板，弄清学员现有的知识水平和能力状况以及现行课程内容是否与学校的实际相符合、是否能够激发学员的求学动机等等。

（二）组建开发校本课程的领导小组

学校要成立课程开发领导小组，课程开发领导小组的成员应该具有广泛的代表性，要以本学校教师为主体，吸纳学员代表和校外专家。不仅为整个校本课程开发提供必要的组织保证，而且它本身也应该成为一个进行宣传和动员，提供支持和服务，增进交流、对话和理解，增强凝聚力和归属感的过程。课程开发领导小组的工作程序要体现民主、开放、科学和合作的精神，要有利于教师专业自主性的充分发展和体现。

（三）拟订课程目标

课程目标可以分为两个部分，一个是一般目标，另一个是具体目标，就是老年学员在学习结束时应该达到的知识与能力水平。开发校本课程的人员在考虑直接与学科领域有关的目标时,要注意防止忽略学校的一般目标。同时,具体目标的制订要尊重和满足不同类型学员的学习需求、发展的水平和潜能,体现不同的层次要求。

(四)编制具体实施方案

开发校本课程是一项系统工程,需要有一个完整的规划。从学校层面来说,主要是把校本课程作为一个完整的部分,置于整个学校课程计划之中来进行规划,制订《校本课程规划方案》。规划方案的制订过程是一种科学的探究过程,可避免课程开发的随意性。让教师参与规划方案的制订,可以补充他们的课程知识与提高课程开发能力,也有利于统一开发具体课程的教师的思想和认识。

(五)实施和修订方案

尽管制订了详细的方案,课程实施仍会暴露出一些出乎意料的问题,需要进行特别的处理和解决,比如新旧安排之间的冲突以及由此而造成的混乱,课时表、场地和教师的分配问题,有关评价系统的决定以及如何吸收反馈信息的问题,等等。这些问题有的可以依靠校本课程开发的支持系统比如密切与学校管理层的联系来解决,有的可以依靠校外专家的帮助来解决,有的问题可以通过课程开发小组反思过去的经验、分析研究相关的革新理论进行解决。

开发校本课程,操作模式并不是一个僵化的线性行动步骤,而是一个滚动发展的动态过程,需要根据学校的实际情况进行不断的调整和充实。有效的校本课程开发将有助于扩大教育与社会生活和学校实际发展水平之间、发展需求和发展目标之间的联系,使教育变成一个广泛参与和集思广益的过程,而不是将教学目标窄化,甚至仅仅只有照本宣科的课堂教学。

作者简介:徐州老年大学国学教师,特约研究员。